权威·前沿·原创

皮书系列为
“十二五”“十三五”国家重点图书出版规划项目

中国社会科学院创新工程学术出版项目

连片特困区蓝皮书
BLUE BOOK OF
CONTIGUOUS DESTITUTE AREAS

中国连片特困区发展报告（2018~2019）

THE DEVELOPMENT REPORT OF CHINA CONTIGUOUS DESTITUTE AREAS (2018-2019)

产业扶贫的生计响应、益贫机制与可持续脱贫

主　编／游　俊　冷志明　丁建军

社会科学文献出版社
SOCIAL SCIENCES ACADEMIC PRESS (CHINA)

图书在版编目(CIP)数据

中国连片特困区发展报告：产业扶贫的生计响应、益贫机制与可持续脱贫. 2018～2019 / 游俊，冷志明，丁建军主编. -- 北京：社会科学文献出版社，2019.7
（连片特困区蓝皮书）
ISBN 978-7-5201-4980-8

Ⅰ.①中… Ⅱ.①游… ②冷… ③丁… Ⅲ.①贫困区-区域经济发展-研究报告-中国-2018-2019 Ⅳ.①F127

中国版本图书馆 CIP 数据核字（2019）第 110664 号

连片特困区蓝皮书
中国连片特困区发展报告（2018～2019）
——产业扶贫的生计响应、益贫机制与可持续脱贫

主　　编 / 游　俊　冷志明　丁建军

出 版 人 / 谢寿光
责任编辑 / 薛铭洁

出　　版 / 社会科学文献出版社·皮书出版分社（010）59367127
地址：北京市北三环中路甲 29 号院华龙大厦　邮编：100029
网址：www.ssap.com.cn
发　　行 / 市场营销中心（010）59367081　59367083
印　　装 / 天津千鹤文化传播有限公司

规　　格 / 开　本：787mm×1092mm　1/16
印　张：24.25　字　数：365 千字
版　　次 / 2019 年 7 月第 1 版　2019 年 7 月第 1 次印刷
书　　号 / ISBN 978-7-5201-4980-8
定　　价 / 128.00 元

连片特困区蓝皮书
编 委 会

主要编撰者简介

游　俊　二级教授，博士生导师，国家特殊津贴专家。“武陵山片区扶贫与发展”湖南省2011协同创新中心主任、湖南省特色专业智库“民族地区扶贫与发展研究中心”主任，兼任中国民族史学会、中国民族学学会副会长，《连片特困区蓝皮书：中国连片特困区发展报告》主编之一。主要从事民族历史、民族文化教学与研究。著有《湖南少数民族史》等多部学术专著，在《民族研究》《世界宗教研究》《中国高等教育》《中国高教研究》等学术刊物上发表论文50余篇。主持国家社科基金重大项目、重点项目各1项，国家自科基金管理学部应急管理项目1项，主持并完成国家社科基金项目和湖南省社科基金项目、软科学基金项目多项。获得国家级教学成果二等奖、湖南省教学成果一等奖和二等奖、湖南省“五个一工程”理论文章奖、湖南省哲学社会科学优秀成果奖一等奖等多项成果奖。

冷志明　博士后，二级教授，博士生导师，教育部“新世纪优秀人才支持计划”人选，湖南省学科带头人，湖南省“121”人才工程人选，湖南省管理科学学会副会长，《连片特困区蓝皮书：中国连片特困区发展报告》主编之一。现任吉首大学副校长。主要从事区域协同创新、区域发展资源环境评价、贫困地区企业创新研究。主持国家自科、国家社科、教育部人文社科等国家和省部级项目10余项。获湖南省人民政府社科成果二等奖、三等奖各1项，获湖南省教学成果一等奖、二等奖各1项。在《地理学报》《经济学动态》《地理研究》等权威刊物上发表论文60余篇，出版专著、教材共5部。

丁建军 博士，教授，博士生导师，美国马歇尔大学商学院访问学者，中国区域经济学会常务理事，湖南省“121”人才工程人选，“武陵山片区扶贫与发展”湖南省2011协同创新中心办公室主任，湖南省特色专业智库“民族地区扶贫与发展研究中心”常务副主任，湖南省青年骨干教师，《连片特困区蓝皮书：中国连片特困区发展报告》主编之一。现任吉首大学商学院副院长。主要从事区域经济学、产业经济学、发展经济学以及连片特困区减贫与发展研究。主持国家自科、国家社科、湖南省社科等项目10余项，获湖南省人民政府社科成果奖二等奖、三等奖，湖南省教学成果奖一等奖各1项。在《中国工业经济》《地理学报》《经济学动态》《旅游学刊》等权威刊物上发表论文50余篇，出版专著《连片特困区统筹发展与多维减贫研究》等7部。

摘　要

产业扶贫位于精准扶贫方略“五个一批”之首，是实现脱贫的根本之策。脱贫攻坚战略实施以来，连片特困区的产业扶贫实践取得了明显的成效，但也面临益贫效应有待提升、扶贫产业可持续发展能力有限以及未能充分体现产业扶贫本质要求等挑战。在脱贫攻坚的决胜阶段，关注产业扶贫对农户的生计影响、益贫机制进而提出可持续益贫脱贫建议对于巩固脱贫攻坚成效很有必要。

《中国连片特困区发展报告（2018～2019）》以“产业扶贫的生计响应、益贫机制与可持续脱贫”为主题，采用“点面结合”的研究样本选择原则，一方面选择4个连片特困区的4个样本县进行抽样调查，全面考察县域层面产业扶贫实践特点、成效、农户的生计响应及影响因素，另一方面选择7个样本村，在深度访谈、调研的基础上，以个案的方式呈现产业扶贫的基层实践、农户响应、益贫成效及可持续脱贫建议。本书由总报告、县域篇和村寨篇3部分共12个章节构成。其中，总报告基于4个连片特困区的4个样本县、28个乡镇、55个村、2363户农户的调查数据，测度和对比分析了农户对产业扶贫的生计响应特征及其影响因素，提出了益贫机制创新与可持续脱贫的建议。县域篇分为4章，分别为滇桂黔石漠化片区瓮安县、武陵山片区花垣县、六盘山片区临洮县和罗霄山片区桂东县4县的产业扶贫实践、农户生计响应及影响因素、脱贫成效分析与可持续脱贫建议。村寨篇共7章，分别为4个片区内海原县贺堡村、镇雄县三滴水村、永仁县大坝村、贵定县谷兵村、安化县兴果村、桂东县寨坪村和花垣县董马库村等7个典型贫困村的产业扶贫实践、农户生计响应及减贫成效的调查分析。

本报告基于“人业地”耦合协同关系的视角，阐释了“生计响应－多维益贫－持续脱贫”的产业减贫逻辑，建构了“四维度－三强度”生计响应测度要素与体系，指出产业扶贫中农户的生计响应至关重要，其响应维度、强度直接影响贫困户的参与度以及益贫的维度和强度，进而影响到产业扶贫的总体成效以及可持续脱贫目标的实现。由于贫困人口的生计转型升级是可持续脱贫的微观基础，所以产业扶贫应注重农户的生计响应，创新多维益贫机制，引领农户特别是贫困户生计转型升级。面对当前产业扶贫面临益贫效应有待提升、扶贫产业可持续发展能力有限以及未能充分体现产业扶贫本质要求的挑战，应以资产、收入、能力和精神益贫的多维益贫机制创新为抓手，创新产业扶贫资金使用方式、推进产业扶贫政策服务转向、突出产业扶贫的生计转型引领功能。

引导农户生计响应，创新产业益贫机制（代前言）

黄承伟*

习近平总书记指出，发展产业是实现脱贫的根本之策，因地制宜，把培育产业作为推动脱贫攻坚的根本出路。作为精准扶贫方略“五个一批”之首，产业扶贫在脱贫攻坚战中“地位显赫”，要求70%的扶贫资金用于产业扶贫。然而，产业扶贫也是脱贫攻坚实践中的难点。发展什么产业、如何发展产业、产业如何带动贫困户持续脱贫等一直是困扰脱贫攻坚一线干部的难题，也是扶贫研究者面临的挑战。参与式扶贫理论认为，忽视贫困者“自我”的“他者”帮扶难以发挥贫困者的主动性和能动性，建议要充分尊重穷人的意愿并邀请他们参与决策。具体到产业扶贫中，则可理解为要充分尊重并引导农户的生计响应，创新产业益贫机制，让贫困户在参与扶贫产业的发展中形成可持续生计能力。

一　产业扶贫是打好打赢脱贫攻坚战的根本出路

2015年11月29日，中共中央国务院《关于打赢脱贫攻坚战的决定》中，产业扶贫脱贫被列为“五个一批”之首，要求“制定贫困地区特色产业发展规划”。2018年6月15日，《关于打赢脱贫攻坚战三年行动的指导意见》发布，进一步提出“加大产业扶贫力度”“强化到村到户到人精准帮扶举措”。可见，作为扶贫脱贫的重要路径和方式，产业扶贫无论是在精准扶贫方略的

* 黄承伟，国务院扶贫办全国扶贫宣传教育中心主任，研究员、博士生导师。

顶层设计上还是在脱贫攻坚的具体实践中，都具有非常重要的地位。

产业扶贫作为“五个一批”之首的重要性还体现在易地扶贫搬迁脱贫一批、生态补偿脱贫一批以及教育扶贫脱贫一批等都与产业扶贫或扶贫产业的发展密切相关。易地扶贫搬迁要求不仅要“搬得出”，还得“稳得住”，而“稳得住”的关键在于在安置点周边配套发展好具备可持续发展能力的扶贫产业，让易地搬迁户“有业可就”；生态补偿脱贫一批一方面通过公益林补贴、生态公益岗位等提供收入补偿，另一方面同样要为因生态保护而放弃传统生计方式的农户的生计转型、升级等提供机会，而这些机会需要扶贫产业发展来创造；教育扶贫脱贫一批虽然主要通过保障贫困家庭孩子的教育进而切断贫困代际传递来实现持久脱贫，但对于那些家庭成员不处于受教育阶段的贫困家庭而言，职业教育、技能培训、就业培训等也是教育扶贫的重要内容，而这些培训同样需要与扶贫产业对接，或者以“干中学”的方式培训，或者为其学成之后提供就业岗位。

打好打赢脱贫攻坚战要求实现高质量脱贫，即“脱真贫、真脱贫、不返贫”。其中，真脱贫、不返贫要求为贫困户提供稳定的可持续生计，并且形成可持续的生计能力。而可持续发展的扶贫产业是前提。

二　益贫机制创新是提升产业扶贫成效的核心要点

产业扶贫是以市场为导向，以贫困地区特色资源禀赋为基础，以产业规划、产业选择、产业发展为核心，以经济效益为中心，以产业扶贫政策为支撑，以贫困人口脱贫增收、贫困地区区域经济增强为目的的一种扶贫方式。[①] 扶贫产业则是以产业扶贫方式发展起来的支撑贫困人口就业、增收和贫困地区经济发展的相关产业。产业扶贫肩负着贫困地区“一次性扶贫”向“可持续性扶贫”迈进的重要使命，既要因地制宜、体现特色、突出比

① 国务院扶贫办政策法规司、国务院扶贫办全国宣传教育中心：《脱贫攻坚干部培训十讲》，中国出版集团研究出版社，2019，第86页。

较优势、增强市场适应性和竞争性，更要探索扶贫产业的健康运行机制，凸显扶贫产业的益贫性。

产业扶贫的益贫性是指产业扶贫对穷人的有利程度，贫困地区产业扶贫推进使贫困人口获利程度越高于其他人群，则益贫性越强。通常由于贫困人口在资金、能力等方面的劣势，产业扶贫容易出现“精英捕获”现象，贫困人口难以获利甚至利益受损，进而与产业扶贫的初衷相悖。因而，产业扶贫成败的关键在于其益贫性，益贫性、脱贫成绩应该成为产业扶贫成效最主要的衡量指标。不过，值得强调的是益贫性不能仅仅局限于经济利益或者收入，与多维贫困对应，益贫性也应该体现在多个维度上，如更有利于贫困人口的收入增长、更有利于贫困人口的就业机会、更有利于贫困人口的能力提升、更有利于贫困人口自信心和自强意识的培育等，即强调产业扶贫的多维益贫性。

产业扶贫并非天然具有益贫性，要发挥扶贫产业的益贫性需要建立贫困户与产业发展各主体之间的利益联结机制、共享机制等益贫机制。目前，通过股份制、股份合作制、土地托管、订单帮扶等多种形式，让贫困人口分享了产业发展的收益，取得了显著的成效，但仍存在很大的提升空间，特别是在多维益贫效应发挥、多维益贫机制创建方面还有很大潜力可挖。而益贫机制创新是发挥产业扶贫多维益贫性，提升产业扶贫成效的核心要点和主要抓手。

三　益贫机制创新不能忽视农户生计响应

产业扶贫的益贫性一方面取决于扶贫产业本身的发展、产业扶贫中多元主体“责权利”联结与分享机制等，另一方面还取决于贫困户自身的生计响应。即要做到“他者”外援与“自我”发展的有机统一。

生计即谋生的方式、办法或者生活的状况，是生计主体应对外部消极影响（如自然灾害、社会冲突等自然和社会环境脆弱性）或积极干预（如脱贫攻坚、产业扶贫等）的适应性选择结果。生计响应则是在这一适应性过程中，生计主体对外部环境“冲击”的主动或被动的感知、意愿及行动的行为。这些行为可以是发生在生计资本、生计方式、生计产出和生计空间等不同的维度或生计链条的不同环节上。可见，农户生计响应是不同响应维度和响应强度的综合表征。

在产业扶贫中，农户生计响应对产业扶贫益贫机制起着强化或抑制的作用，进而影响产业扶贫的可持续脱贫成效。如果产业扶贫项目被农户（贫困户）充分知晓，与其发展意愿以及生计资本（自然资本、物质资本、人力资本、社会资本、金融资本）等高度一致或协调，农户（贫困户）将积极响应，强化产业扶贫益贫机制作用，提升扶贫产业的益贫性。反之，如果产业扶贫项目不被农户（贫困户）知晓，或者与其发展意愿、生计资本（自然资本、物质资本、人力资本、社会资本、金融资本）等不一致、不协调，农户（贫困户）只会被动参与扶贫产业，形成消极的生计响应，进而制约产业扶贫益贫机制作用，抵消扶贫产业的益贫效应。因而，产业扶贫益贫机制创新中，要充分尊重农户（贫困户）的生计特征、生计意愿，将引导农户生计响应内化到产业扶贫益贫机制构建中，从而为提升产业扶贫成效提供有效的益贫机制保障。

游俊教授等编撰的《中国连片特困区发展报告（2018～2019）》以“产业扶贫的生计响应、益贫机制与可持续脱贫”为主题，是对产业扶贫这一根本脱贫之道的核心要点中益贫机制创新的关注。该成果基于“人业地”耦合协同关系的视角，阐释了“生计响应－多维益贫－持续脱贫”的产业减贫逻辑，建构了“四维度－三强度”生计响应测度要素与体系，采用“点面结合”的研究样本选择原则，一方面选择4个连片特困区的4个样本县进行抽样调查，全面考察县域层面产业扶贫实践特点、成效、农户的生计响应及其影响因素，另一方面选择7个样本村，在深度访谈、调研的基础上，以个案的方式呈现产业扶贫的基层实践、农户响应、益贫成效及可持续脱贫建议。这部蓝皮书延续了以往3部蓝皮书“以统一的理论框架贯穿全书各章节”的风格，能让大家有更系统、更深刻的理解。作为该蓝皮书的顾问，对该书的出版表示祝贺，也希望团队继续努力，以习近平总书记对贫困问题的重要论述为指引，为讲好中国扶贫故事、总结中国扶贫经验、传播中国减贫方案多做贡献。

目　录

Ⅰ　总报告

Ⅱ　县域篇

Ⅲ　村寨篇

皮书数据库阅读**使用指南**

总 报 告

General Report

B.1

产业扶贫的生计响应、益贫机制与可持续脱贫建议*

——基于4片区县、28个乡镇、55个村、2363户农户调查数据的分析

游 俊 冷志明 丁建军**

摘 要： 产业扶贫位于精准扶贫方略“五个一批”之首，是实现脱贫的根本之策。近年来，连片特困区的产业扶贫实践取得了明显

* 本文受国家自科基金项目“武陵山片区城镇化的农户生计响应与减贫成效分异研究（41761022）”资助；湖南省社科基金重点项目“武陵山片区乡村振兴与新型城镇化联动研究”资助。

** 游俊，“武陵山片区扶贫与发展”湖南省2011协同创新中心主任，湖南省特色专业智库“民族地区扶贫与发展研究中心”主任，二级教授，博士生导师，中国民族史学会、中国民族学学会副会长，研究方向为民族地区发展；冷志明，博士，应用经济学博士后，二级教授，博士生导师，吉首大学副校长，研究方向为区域经济学；丁建军，博士，教授，博士生导师，研究方向为区域经济与产业经济。

的成效，探索出了发展带动型、瞄准型和救济式产业扶贫三大类型以及多样化的实践模式，但也面临益贫效应有待提升、扶贫产业可持续发展能力有限以及未能充分体现产业扶贫本质要求等挑战。基于“人业地”耦合协同关系的视角，本报告首先阐释了“生计响应－多维益贫－持续脱贫”的产业减贫逻辑，建构了“四维度－三强度”生计响应测度要素与体系。然后，基于武陵山片区等4个连片特困区的4个样本县、28个乡镇、55个村、2363户农户的调查数据，测度和对比分析了农户对产业扶贫的生计响应特征及其影响因素，发现：(1) 4个样本县产业扶贫的农户生计响应程度一般，处于“中等认同”状态。4分维度中，生计方式响应强度最高，生计空间响应次之，生计产出响应和生计资本响应更弱；3类响应强度上，感知、意愿的响应指数差距较小但与行动响应的差距较大。(2) 县域层面上，瓮安县农户对产业扶贫的响应在各维度都较明显，花垣县则各维度上的响应均相对偏弱；群体层面上，贫困户相对于非贫困户对产业扶贫有较高程度和更为一致性的响应；农户层面上，生计产出响应以及生计资本响应中物质、人力、金融资本响应差异较大。(3) 地理区位、扶贫产业类型、基层组织能力、乡村风气等外部环境和资源禀赋、收入来源、年龄结构、健康状况、教育程度、劳动力数量、政策信任、信贷可得性、社会网络等内部家庭因素对农户生计响应有着显著影响，但在不同维度、不同强度类型响应上存在差异。最后，结合“生计响应－多维益贫－持续脱贫”的产业减贫框架以及连片特困区产业扶贫实践面临的挑战，提出创新资产益贫、收入益贫、能力益贫和精神益贫的多维益贫机制，创新产业扶贫资金使用方式、推进产业扶贫政策服务转向、突出产业扶贫的生计转型引领功能等建议。

关键词： 产业扶贫　生计响应　益贫机制　持续脱贫　四维度－三强度

一　引言

2001年中共中央、国务院印发的《中国农村扶贫纲要（2001～2010）》正式提出产业化扶贫的概念。2016年7月，习近平总书记在宁夏固原考察时强调，“发展产业是实现脱贫的根本之策，要因地制宜，把培育产业作为推动脱贫攻坚的根本出路”。在“五个一批”精准扶贫方略中，发展生产脱贫一批始终列在首位。“十三五”规划中，再次把特色产业扶贫作为脱贫攻坚“八大重点工程”的第一大工程。例如，河南省在《“十三五”特色产业精准扶贫规划》中计划在53个贫困县投资1136亿元实施特色产业精准扶贫，其中财政资金553亿元，占总投入的48.7%；计划通过产业扶贫实现145.3万名贫困人口脱贫，占计划总脱贫人口的33.8%。四川省提出到2020年底，要通过发展农业产业使173.7万名贫困人口脱贫，占全省脱贫人口目标的49.7%。贵州省则设立脱贫攻坚产业扶贫子基金，拟筹集1200亿元，重点支持贫困地区农业龙头企业、农民合作社、农业专业培训机构等实施产业扶贫。可见，产业扶贫在我国脱贫攻坚中占有十分重要的地位，产业扶贫的成效大小关乎脱贫攻坚的成败。连片特困区作为我国脱贫攻坚的主战场，脱贫任务重，减贫难度大，虽自连片特困区区域发展与扶贫攻坚规划特别是精准扶贫方略实施以来，这些区域取得了显著的减贫成效，但绝大部分深度贫困地区、深度贫困县等仍分布于此。并且，这些地区产业基础十分薄弱，产业扶贫实施难度大，产业扶贫实践面临多方面的挑战，难以实现预期减贫成效。与此同时，产业扶贫实践中农户的生计响应对产业扶贫成效的影响不容忽视。充分尊重和引导农户生计响应的产业扶贫在实现资产益贫、收入益贫、能力益贫和精神益贫方面将有更好的表现，这种多维益贫机制则是可持续脱贫的有效保障。因而，基于农户生计响应，创新和培育产业扶贫的多维益贫机制是发挥产业扶贫可持续脱贫效应的根本出路。本报告首先基于“人业地”综合贫困的视角，阐释了产业扶贫的“生计响应－多维益贫－持续脱贫”逻辑，建构了农户生计响应的“四维度－三强度”测度要素体系，然后概述了代表性连片特困区产业扶贫实践及其面临的主要挑战，并基于4个连片特困区的样本县、28个样本乡镇、55个样本村的2363户农户的调查数据，对产业扶贫实践中的农户生计响应进行了比较分析，进而基于回归分析识别了产业扶贫生计响应的主要影响因素，最后，报告提出了连片特困区产业扶贫益贫机制创新与可持续脱贫的建议。

二　产业扶贫的“生计响应－多维益贫－持续脱贫”框架

产业扶贫作为精准扶贫“五个一批”中排在第一位的扶贫减贫举措，在可持续脱贫中有着不可替代的地位。然而，产业扶贫既要“因地制宜”，又要当地农户特别是贫困户的“积极参与”，让贫困户在扶贫产业的发展中通过“干中学”，实现收入、能力和精神等多维度减贫、脱贫，促进贫困主体“人”、贫困中介“业”和贫困情境“地”的耦合协同发展，全面提升“人业地”三大要素的自我发展能力，从而实现“户脱贫、村出列、县摘帽”和区域性整体脱贫的可持续脱贫目标。在这一链条中，农户的生计响应至关重要，其响应维度、响应强度直接影响贫困户的参与度以及产业扶贫的益贫维度和强度，进而影响到产业扶贫的总体成效以及可持续脱贫目标的实现。因而，基于农户生计响应的视角，本报告提出产业扶贫的“生计响应－多维益贫－持续脱贫”的产业减贫分析框架。如图1所示。

（一）农户生计响应的“四维度－三强度”建构

生计即谋生的方式、办法或者生活的状况，关注农户生计是贫困研究和扶贫实践的重要视角。可持续生计理论认为，个人或家庭所拥有和获得的、能用于谋生和改善长远生活状况的资产、能力和有收入活动的集合即可持续生计，可持续生计是可持续脱贫的根本保障。生计作为谋生的手段，不可避免地受外部环境的影响，是生计主体应对外部消极影响（如自然灾害、社

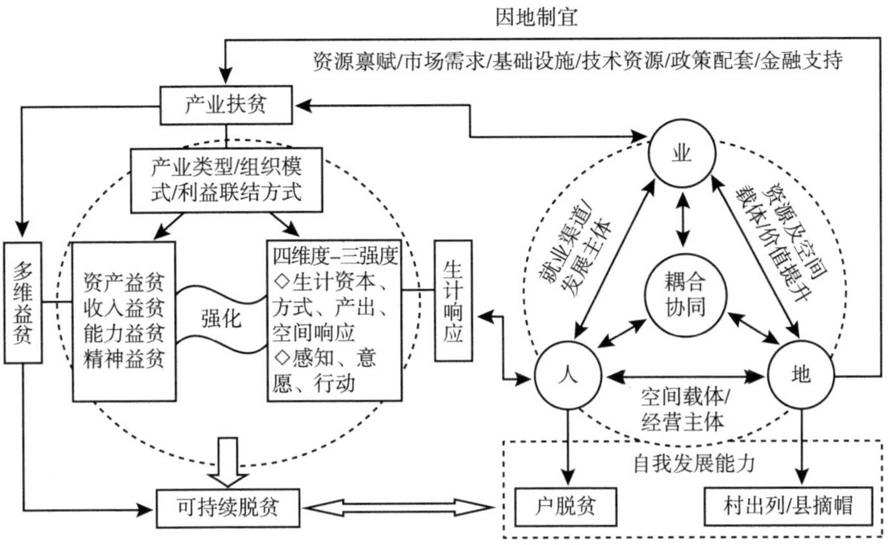

图1　产业扶贫的"生计响应–多维益贫–可持续脱贫"产业减贫框架

注：①就业渠道/发展主体；②资源及空间载体/价值提升；③空间载体/经营主体。

会冲突等自然和社会环境脆弱性）或积极干预（如脱贫攻坚、乡村振兴战略等）的适应性选择结果。而生计响应则是在这一适应性过程中，生计主体对外部环境"冲击"的主动或被动的感知、意愿及行动的行为。同时，这些行为可以是发生在生计资本、生计方式、生计产出和生计空间等不同的维度或生计链条的不同环节上。因而，要全面反映产业扶贫的农户生计响应，必然要综合考虑生计的不同响应维度和响应强度。以现有可持续生计分析理论为基础，本报告提出农户生计响应的"四维度–三强度"建构，即认为农户的生计响应是对包括生计资本、方式、产出和空间4个维度上受外部环境"冲击"的感知、意愿和行动的反应集合。在此基础上，进一步从生计资本、生计方式、生计产出和生计空间4个维度与感知、意愿和行动3类强度上设计产业扶贫的农户生计响应测度要素（见表1），具体为：①生计资本响应（自然、社会、物质、人力和金融5大生计资本响应）；②生计方式响应（对非农就业机会如做生意、务工、兼职等以及乡村生计方式受产业扶贫影响的反应）；③生计产出响应（对产业扶贫引起的产出水平、收入渠道以及受自然、市场影响的反应）；④生计空间响应（对居住、就业、就学、就医、购物、娱乐空间等受产业扶贫影响的反应）。

表1　农户生计响应“四维度－三强度”建构的测度要素

响应维度		测度要素	响应强度
生计资本响应	自然资本	对耕地、林地、菜地、鱼塘等由于产业扶贫而被征收或流转的认知、态度和行为反应	感知
			意愿
			行动
	物质资本	对购房或住房改建中家居（小车、家具等）受产业扶贫影响的认知、态度及行为反应	感知
			意愿
			行动
	人力资本	对家庭成员的见识、技能及对教育的认识等受产业扶贫影响的认知、态度和行为反应	感知
			意愿
			行动
	社会资本	对邻里、亲戚和朋友关系等社会网络资源受产业扶贫影响的认知、态度和行为反应	感知
			意愿
			行动
	金融资本	对持有金融产品、发生金融业务及与金融机构互动频率和方式受产业扶贫影响的认知、态度和行为反应	感知
			意愿
			行动
生计方式响应		对非农就业机会（做生意、务工、兼职等）以及乡村生计方式受产业扶贫影响的认知、态度与行为反应	感知
			意愿
			行动
生计产出响应		对产业扶贫引起的产出水平、收入渠道以及受自然条件（灾害、恶劣天气等）、市场条件（价格、需求等）影响的认知、态度及行为反应	感知
			意愿
			行动
生计空间响应		对生计活动的空间（居住、就业、就学、就医、购物、娱乐空间等）受产业扶贫影响的认知、态度和行为反应	感知
			意愿
			行动

（二）“人业地”综合贫困视域下的可持续脱贫

“人业地”综合贫困分析框架认为，贫困是特定时空情境下“人”（贫困主体）、“业”（生计活动）、“地”（自然和社会环境）维度上的剥夺或三者之间未能实现协调发展的过程与状态。因而，“人业地”综合视域下的可持续脱贫就是要通过“人”“业”“地”要素层面上“靶向干预”以及三者互动层面上的“系统干预”，实现“人业地”的耦合协同发展，并在耦合协同中培育和形成“人”“业”“地”的自我发展能力，确保“户脱贫、村出列、县摘帽”的稳定性和可持续性，从而实现“脱真贫、真脱贫”的目的。在“人业地”的耦合协同过程中，“业”为“人”提供就业渠道，“人”是“业”的发展主体，“地”为“业”的发展提供资源及空间载体，“业”的发展促进“地”的价值提升；同时“地”也是“人”发展的空间载体，“人”又是“地”的经营主体。“户脱贫、村出列、县摘帽”既要实现贫困户的“两不愁三保障”，形成村级主导产业和集体经济，改善基础设施、完善基本公共服务，提升县域经济发展水平和包容性，更要理顺村域、乡（镇）域、县域以及片区层面的“人业地”之间的关系，通过产业扶贫、教育扶贫、易地搬迁扶贫、生态补偿扶贫、社会兜底扶贫等“五个一批”干预措施，提升自我发展能力，促进“人业地”的协同发展和可持续发展。其中，产业扶贫干预是直接面向“业”的干预，但这种干预必须以“地”的特征为基础，因“地”制宜地干预，同时，要充分调动“人”的积极性，通过以“业”引领“人”的生计调适，改变“地”的承载方式，构建“人业地”耦合协同发展新路径。

（三）生计响应、多维益贫与可持续脱贫逻辑

产业扶贫既是“五个一批”干预措施中最为核心、实现可持续脱贫最根本性的举措，同时也是实施难度最大、影响因素最广、成效评估最复杂的扶贫举措之一。产业扶贫成效的取得不仅与扶贫产业类型、组织模式、利益联结方式等相关，也离不开农户特别是贫困户的生计响应。因此，农户的生计响应应成为产业扶贫成效分析逻辑链条中不可或缺的环节。

农户生计响应的维度和强度对产业扶贫益贫机制起着强化或抑制的作用，进而影响产业扶贫的可持续脱贫成效。首先，诊断当前贫困村、贫困乡镇、贫困县乃至贫困片区中“人业地”耦合系统中不协调的问题及原因，

结合“人”“地”特征，如资源禀赋、市场需求、基础设施、技术资源、政策配套和金融支持等，因地制宜地规划扶贫产业项目；其次，在扶贫项目规划设计及实施中，充分调查农户尤其是贫困户的生计响应，依据生计响应4个维度（生计资本、生计方式、生计产出和生计空间）及3类强度（感知、意愿和行动）的特征，调适和优化产业扶贫的产业类型、组织模式和利益联结方式；再次，借助能更有效地激发农户尤其是贫困户生计响应的产业类型、组织模式和利益联结方式，强化扶贫产业的多维益贫效应，即资产益贫、收入益贫、能力益贫和精神益贫效应，多维益贫效应反过来又成为农户生计响应的激励，并形成良性循环；最后，在农户生计响应和多维益贫的良性循环下，产业扶贫通过多维益贫机制促进和保障可持续脱贫。可见，在生计响应、多维益贫与可持续脱贫的逻辑中，生计响应与多维益贫的正向循环是关键，而科学的产业扶贫规划和实施设计，即合适的产业类型、组织模式和利益联结机制等是前提（见图2）。

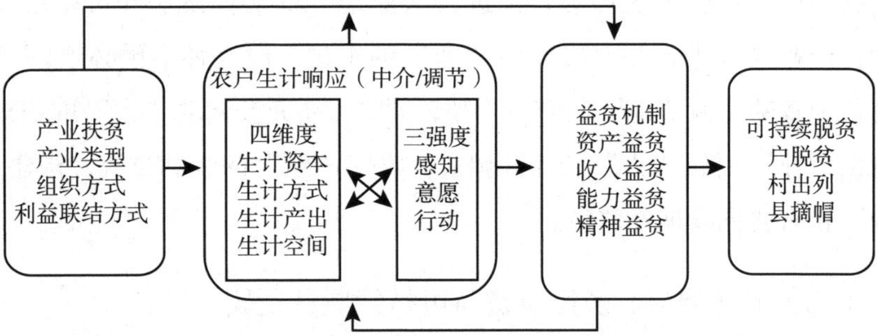

图2　生计响应、多维益贫与可持续脱贫逻辑

三　连片特困区产业扶贫实践及面临的主要挑战

（一）代表性片区产业扶贫实践

1. 武陵山片区产业扶贫实践

武陵山片区是典型的资源富饶型贫困区域，区域内自然生态资源、民族文化资源丰富。近年来，片区内各级政府立足自身资源，积极探索产业扶贫模式创新，涌现了不少产业扶贫典型。

湘西州花垣县发展龙头企业 19 家、专业合作社 529 家、家庭农场 481 家、大户 385 家，助推茶叶、蚕桑、水果、烤烟、蔬菜、中药材、油茶、优质稻、花卉和畜禽水产养殖业等十大特色产业加快发展。同时，规划建设占地 68.5 平方千米、总投资 50.7 亿元的湖南湘西国家农业科技园区（花垣核心区），着力打造“一园一带七大基地”，目前累计完成投资超过 12 亿元，引进企业及合作社 42 家，建成猕猴桃基地 3200 亩、优质稻基地 1.2 万亩、蔬菜基地 2.6 万亩、烟草基地 8000 亩、茶叶基地 6000 亩、油茶基地 1.78 万亩、牧草基地 3500 亩、中药材基地 7200 亩。

恩施州咸丰县提出建立“121 +3”模式，即开展“一村一品”计划，投入建设 2 个合作型组织，对接好 1 个龙头企业；积极打造 3 社，即在县级开办 1 个专业合作联合社、每个乡镇建 1 个供销合作社、每个贫困村建 1 个村集体经济股份合作社。通过加快推进“121 +3”模式，咸丰县精准扶贫工作取得显著成效，实现了“抱团式”扶贫、“红利式”扶贫、“链条式”扶贫和“开放式”扶贫。建始县则结合自身贫困状况，开创了“六个一”产业扶贫模式，即强力打造一个优势产业、组建一支技术服务团队、确立一个产业攻关项目、培育一个产业扶贫龙头企业、整合一批农民专业合作社、带动一批农民脱贫致富。

铜仁市碧江区通过引进铁骑力士集团，打造了“1211”生猪代养模式和“1 +8”产业链嵌入式扶贫模式。“1211”即指 1 栋圈舍、夫妻 2 人，年出栏生猪 1000 头，实现养殖利润 10 万元。其做法是家庭农场记账从公司领取猪苗、饲料、药品、疫苗等所有投入品，并按公司标准进行饲养，龙头企业和家庭农场按照合理标准签订收购合同，将收购价再扣除生产资料赊账返还家庭农场以形成利润。“1 +8”产业链嵌入式扶贫模式则是在“1211”生猪代养模式基础上，贫困户将扶贫资金、金融扶贫贷款及现有资源产权化、资本化并捆绑量化投入家庭农场形成一定股份，其中，“1”代表一户具有乡村能人特征的家庭农场，“8”代表八户贫困户。

2. 滇桂黔石漠化片区的产业扶贫实践

滇桂黔石漠化片区涉及云南、广西、贵州三省（区）的 15 个地（市、州）、91 个县（市、区），是全国 14 个片区中扶贫对象最多、少数民族人口最多、所辖县数最多、民族自治县最多的片区。原国家林业局、水利部是主要的帮扶单位。产业扶贫实践中，林业、乡村旅游等生态产业是主要的扶贫产业。“十二五”期间，片区贫困人口通过参与林业生态建设和产业发展获得收入占总收入的 27%，片区林业产业产值达到 2130 亿元。

广西岑溪市为每个贫困村提供 50 万元产业扶持资金。利用这笔资金，均昌村近年来陆续签订了 2000 多亩的山林地种植澳洲坚果的发展协议，以资金和土地入股，利用企业技术和市场资源发展种植业。贵州省仅“十二五”期间新造刺梨、茶叶等为主的特色经济林 210 万亩，先后组建了 1285 家林业专业合作社，有力促进了林业规模经营。

广西中西部地区、桂北少数民族地区、中越边境地区、西南部的石漠化地区等特困区则通过发展差异化乡村旅游，解决贫困人口创业、就业问题，让贫困人口共享旅游发展红利。如龙胜结合梯田资源优势，开发“龙脊梯田”特色景观度假区，总计带动 2.5 万名贫困人口脱贫。此外，在“十三五”期间，广西规划到 2020 年，通过扶持 550 个贫困村发展旅游业，实现 20 万人脱贫，力争通过旅游产业融合发展带动 80 万人脱贫。

滇桂黔石漠化云南片区是云南石漠化最集中、生态环境最脆弱的地区，该区重点支持高原特色农业、清洁能源、现代服务业等具备资源优势、有市场需求的项目。如红河县利用稻田水产养殖长势快、产出高、收益大等特点，鼓励和支持贫困户发展梯田水产养殖，通过“塘 - 田 - 鱼”养殖模式脱贫增收。迤萨镇利用得天独厚的热区自然优势条件，在牛多乐片区实施了战略性万亩沃柑产业项目，2018 年，项目区已开发 5000 余亩土地，标准化种植沃柑 3000 余亩，探索了基于“认购帮扶”的“扶贫 + 公益”“产业 + 公益”的产业扶贫新模式。

3. 其他片区产业扶贫实践

秦巴山片区的十堰市统筹存量财政资金 3 亿元设立精准扶贫产业基金，

拨付丹江口、郧阳、郧西、竹山、竹溪、房县各5000万元，支持各县市区特色产业和龙头企业发展，实施“四个百万”工程和以茶叶、林果、草牧业、中药材、蔬菜、水产（饮）品为主的“61”产业强农计划。积极探索“以龙头企业带动主导产业、以主导产业联动试点区农户”“公司+基地+农户+协会+市场”的经营模式，形成了“县有主导产业、村有支柱产业、户有致富项目”的新格局，一大批扶贫企业快速成长，成为带动县域经济发展、辐射千家万户农民脱贫致富的龙头企业。

吕梁山片区的绥德县立足实际，大力发展以山地苹果、核桃、红枣、芝麻蜜香瓜、养殖、文化旅游、特色小吃为主的本地优势产业，初步形成“一镇一业、一村一品”的产业发展格局。其中，核桃种植面积已达10万亩，涉及全县15个乡镇160多个村。此外，绥德县还重点从点菜式扶持、务工扶持、配股扶持、培训扶持、创业扶持、电商扶持、借还扶持和光伏扶贫8种扶持模式上下功夫，建成了龙头企业、合作社、中小创新和电商企业600多家、现代农业园区59个，形成了以省级园区为支撑，市、县级园区为依托的三级园区集群发展格局，以及种、养、加、销一体化园区建设体系，产业规模不断扩大，产业引领作用日益凸显。

大别山片区利用地区资源优势，发展旅游、种植等产业实现脱贫。以红安县为例，由于其农业、生态、红色文化等资源优势明显，该县因村而宜选产业、因户而定选产业，突出农业、林业、畜牧、水产、旅游业等，大力发展青茶、油茶、苗圃、大棚蔬菜等特色产业扶贫，扶贫效果良好。旅游产业扶贫方面，初步形成了政企合作模式、战略联合模式、休闲农业与乡村旅游模式及区域联动模式4种旅游产业扶贫模式。

南疆三地州贫困地区则围绕特色种养业、民族手工业，推出“农户自营”“农民专业合作社经营”“公司带动的订单生产”三类相对成熟的产业扶贫开发模式。不过，调查发现“农户自营”模式的农户认可度最低，“农民专业合作社经营”模式略好于“农户自营”模式，“公司带动订单生产”模式农户认可度最高，但与人们预期依然存在一定距离。

（二）连片特困区产业扶贫面临的主要挑战

代表性连片特困区产业扶贫实践的调查发现，连片特困区产业扶贫大体上分为三种类型。一是支持农业龙头企业等新型经营主体发展，通过农业龙头企业带动农业、乡村旅游以及农旅一体化发展，政府一方面以贷款贴息、财政补助和财政奖励等方式给予资金支持，另一方面以财政资金撬动金融资本参与产业扶贫；二是直接支持贫困农户发展生产活动，如通过赠送种苗、提供技术培训等，鼓励贫困户发展庭院经济；三是利用产业扶贫资金开展资产收益扶贫，通过“户贷企用”，或以土地入股、扶贫资金入股等方式，通过分红增加贫困户收入。这三大产业扶贫类型可归结为产业发展带动扶贫、瞄准型产业帮扶和救济式产业帮扶三种模式①，这些模式分别面临如下挑战。

1. 发展带动型产业扶贫的益贫效应有待提升

发展带动型产业扶贫是连片特困区产业扶贫的主要模式。各连片特困区由于产业发展基础薄弱，产业扶贫的前提条件是支持地方特色产业发展，通过扩大产业发展基础，创造就业岗位，增加贫困户收入、提升贫困户生产能力。不过，这一产业扶贫模式在实践中往往容易偏离扶贫的目标，将产业扶贫项目变成了产业发展项目，扶贫资源被更具竞争力的资本持有者、能人、强人以及新型经营主体等精英俘获，真正的贫困者、极端贫困者则可能因为自身或外部原因等有意无意地被排除在外，从而导致产业扶贫精准性不足、益贫性不强。如何增强扶贫产业的包容性，提升贫困者的参与意愿和参与能力，进而提升产业扶贫的益贫性是连片特困区发展带动型产业扶贫模式所必须克服的难题。

2. 瞄准型产业扶贫的可持续发展能力有限

与发展带动型产业扶贫模式不同，瞄准型产业扶贫精准性更高，通常更关注贫困户的参与意愿和参与能力，通过“量身定做”，打造和发展适宜贫困

---

① 林万龙、华中昱、徐娜：《产业扶贫的主要模式、实践困境与解决对策——基于河南、湖南、湖北、广西四省区若干贫困县的调研总结》，《经济纵横》2018 年第 7 期，第 102 ~ 108 页。

户参与的产业，并且多为种植业、养殖业等传统农业产业。这种模式的优点是较好地将产业发展与贫困户的增收、发展能力提升衔接起来，但其面临的最大挑战则是这些扶贫产业本身的可持续发展能力问题。一方面，通过赠送种苗、提供技术培训，鼓励贫困户发展庭院经济等，仍是一种“小农”经济模式，无法在市场经济中抵御市场风险，缺乏可持续增收和发展能力。不少贫困地区扶贫产业难以走出“丰产不丰收”和在不同产业中反复折腾的困境就是其具体表现。另一方面，贫困户参与产业扶贫的意愿和能力千差万别，并且分布分散，在较小的区域内（如行政村内部）实施产业精准扶贫难以形成规模效应，帮扶成本高，产业竞争力不强，可持续带动脱贫能力有限。

3. 救济式产业扶贫未能体现产业扶贫的本质

“户贷企用”“一股了之”的救济式产业扶贫模式由于操作简单、推广速度快，曾一度成为产业精准扶贫的主导模式，如河南省农业厅 2016 年总结的 22 个产业扶贫典型范例中有 18 个与救济式产业扶贫模式有关。不过，从 2018 年起，国务院扶贫办叫停了“户贷企用”这一小额信贷产业扶贫模式。目前，单一的救济式产业扶贫模式在实践中的占比趋于下降。产业扶贫本质上是一种集收入扶贫、能力扶贫和精神扶贫于一体的综合性扶贫模式，即不仅要通过产业帮扶增加贫困户的收入，更应通过参与产业发展，在“干中学”中提升可行能力，破除“等靠要”思想等。显然，救济式产业扶贫与产业扶贫的本质要求并不一致，通过“户贷企用”获得稳定分红与对贫困农户直接的现金补贴无异，贫困户并没有参与生产活动，与企业、产业以及市场没有联系，无助于提升市场意识和发展能力。因而，救济式产业扶贫难以实现产业扶贫的多维减贫预期目标。

四 代表性片区产业扶贫农户生计响应测度与比较

（一）资料来源

课题组成员于 2018 年 7 ~ 8 月，对武陵山片区的花垣县、罗霄山片区的桂东县、滇桂黔石漠化片区的瓮安县以及六盘山片区的临洮县等4个片区县28个乡镇、55个村、2363户农户进行了实地调查。调查方式为资料收集、问卷调查和半结构式访谈。首先，走访县扶贫办等相关部门，通过座谈等方式收集县级产业扶贫规划、产业扶贫典型项目、产业扶贫总体成效等相关素材，了解该县产业扶贫概况；然后，结合县级座谈所获取的信息抽取4个以上乡镇和10个以上贫困村，走访乡镇及村部，通过座谈进一步获取相关乡镇和贫困村产业扶贫进展相关资料，并与各乡镇、样本村负责人以及村寨中的“意见领袖”进行半结构式深度访谈；最后，每个村随机抽取40户左右农户进行面对面问卷调查，每户调查时间约为20~40分钟。问卷调查的内容主要包括两个层面，一是农户家庭基本状况（户主性别、年龄、收入来源、教育程度、劳动力数量、社会网络等），二是对应于表1测度要素所设计的问题。半结构式访谈则旨在了解产业扶贫农户生计响应的影响因素等。

表2　调查基本情况

	调查乡镇个数(个)	调查村寨数(个)	占比(%)	调查户数(户)	占比(%)	建档立卡户(户)	占比(%)
花垣县	4	15	27.27	640	27.08	296	28.06
桂东县	6	10	18.18	480	20.31	342	32.42
瓮安县	13	15	27.27	609	25.77	261	24.74
临洮县	5	15	27.27	634	26.83	156	14.79
总计	28	55	100.00	2363	100.00	1055	100.00

如表2所示，4个县调研户数占比分别为27.08%、20.31%、25.77%和26.83%，调查对象为建档立卡户的比例为44.65%。此外，所调查农户年龄结构中有14岁以下小孩和60岁以上老人的家庭最多，占33.73%；有慢性病人的家庭占比较高，达到42.87%；最高受教育程度为初中的家庭占比最高，为42.11%，其次是大专或大学本科，占22.77%；收入来源中以种植或养殖收入为主的家庭占比最高，约占49.09%，其次是务工收入为主的家庭，占比39.06%；劳动力数量为2~3人的家庭占比最高，为59.46%；土地、林地、池塘等自然资本数量和质量都一般的农户占比最高，

为 58.15%，其次是数量少且质量差的农户，占比 19.09%；社会网络方面，没有亲戚朋友是干部或参与了扶贫工作的家庭占比最高，达 75.84%，其次是有亲戚朋友是干部或参与扶贫工作但联系不多的农户，占比 8.42%。总体而言，样本农户家庭抚养比较高、教育程度较低、以务工和务农收入为主，社会资源有限，较好地反映了连片特困区农户的特征，样本代表性强。

（二）测度方法

1. 生计响应测度要素与评分

产业扶贫的农户生计响应是指在实施扶贫产业开发过程中农户主动或被动地在生计资本、方式、产出和空间等方面的感知、意愿和行动反应。从响应维度上看，生计响应包括生计资本、生计方式、生计产出和生计空间响应；从响应强度上看，则可分为感知、意愿和行动响应。结合“四维度－三强度”响应框架设计生计响应测度要素及调查问题。针对农户对生计响应测度要素问题的回答进行李克特量表（Likert Scale）得分计算。李克特量表等级评分的依据为：对所设定测度要素问题回答“完全同意”计 5 分，“基本同意”计 4 分，“不知道/不清楚”计 3 分，“基本不同意”计 2 分，“完全不同意”计 1 分。

2. 响应维度与强度的权重确定

权重确定中综合应用主观赋权和客观赋权相结合的方法。其中，主观赋权采用专家打分法，即针对生计响应各维度（生计资本、生计方式、生计产出、生计空间响应以及生计资本响应中的自然、物质、人力、社会和金融资本响应）和响应强度（感知、意愿和行动响应）的相对重要性，结合 5 位专家的意见综合确定各自权重。该方法体现了专家对各响应维度相对重要性的专业判断，但具有一定的主观性。客观赋权则采用熵值法，该方法适合多指标权重计算，能有效克服指标间的信息重叠，可信度较高。最后，将主观权重和客观权重各占 50% 合成综合权重，作为生计响应测度的基准权重。具体权重见表 3。

表3　总体农户生计响应测度要素与权重

<table>
<tr><th colspan="2">响应维度</th><th>测度要素</th><th>响应强度</th><th>主观权重</th><th>客观权重</th><th>综合权重</th></tr>
<tr><td rowspan="20">生计资本</td><td rowspan="3">自然资本</td><td rowspan="3">对耕地、林地、菜地、鱼塘等由于产业扶贫而被征收或流转的认知、态度和行为反应</td><td>感知</td><td>0.10</td><td>0.14</td><td>0.12</td></tr>
<tr><td>意愿</td><td>0.30</td><td>0.16</td><td>0.23</td></tr>
<tr><td>行动</td><td>0.60</td><td>0.70</td><td>0.65</td></tr>
<tr><td colspan="3">自然资本响应权重</td><td>0.20</td><td>0.35</td><td>0.28</td></tr>
<tr><td rowspan="3">物质资本</td><td rowspan="3">对购房或住房改建中家居（小车、家具等）受产业扶贫影响的认知、态度及行为反应</td><td>感知</td><td>0.10</td><td>0.27</td><td>0.19</td></tr>
<tr><td>意愿</td><td>0.30</td><td>0.31</td><td>0.30</td></tr>
<tr><td>行动</td><td>0.60</td><td>0.42</td><td>0.51</td></tr>
<tr><td colspan="3">物质资本响应权重</td><td>0.20</td><td>0.17</td><td>0.18</td></tr>
<tr><td rowspan="3">人力资本</td><td rowspan="3">对家庭成员的见识、技能及对教育的认识等受产业扶贫影响的认知、态度和行为反应</td><td>感知</td><td>0.10</td><td>0.27</td><td>0.18</td></tr>
<tr><td>意愿</td><td>0.30</td><td>0.30</td><td>0.30</td></tr>
<tr><td>行动</td><td>0.60</td><td>0.43</td><td>0.52</td></tr>
<tr><td colspan="3">人力资本响应权重</td><td>0.20</td><td>0.18</td><td>0.19</td></tr>
<tr><td rowspan="3">社会资本</td><td rowspan="3">对邻里、亲戚和朋友关系等社会网络资源受产业扶贫影响的认知、态度和行为反应</td><td>感知</td><td>0.10</td><td>0.29</td><td>0.19</td></tr>
<tr><td>意愿</td><td>0.30</td><td>0.36</td><td>0.33</td></tr>
<tr><td>行动</td><td>0.60</td><td>0.35</td><td>0.48</td></tr>
<tr><td colspan="3">社会资本响应权重</td><td>0.20</td><td>0.12</td><td>0.16</td></tr>
<tr><td rowspan="3">金融资本</td><td rowspan="3">对持有金融产品、发生金融业务及与金融机构互动频率和方式受产业扶贫影响的认知、态度和行为反应</td><td>感知</td><td>0.10</td><td>0.27</td><td>0.19</td></tr>
<tr><td>意愿</td><td>0.30</td><td>0.34</td><td>0.32</td></tr>
<tr><td>行动</td><td>0.60</td><td>0.39</td><td>0.49</td></tr>
<tr><td colspan="3">金融资本响应权重</td><td>0.20</td><td>0.18</td><td>0.19</td></tr>
<tr><td colspan="4">生计资本响应权重</td><td>0.25</td><td>0.19</td><td>0.22</td></tr>
<tr><td colspan="2" rowspan="3">生计方式</td><td rowspan="3">对非农就业机会（做生意、务工、兼职等）以及乡村生计方式受产业扶贫影响的认知、态度与行为反应</td><td>感知</td><td>0.10</td><td>0.26</td><td>0.18</td></tr>
<tr><td>意愿</td><td>0.30</td><td>0.22</td><td>0.26</td></tr>
<tr><td>行动</td><td>0.60</td><td>0.52</td><td>0.56</td></tr>
<tr><td colspan="4">生计方式响应权重</td><td>0.25</td><td>0.23</td><td>0.24</td></tr>
<tr><td colspan="2" rowspan="3">生计产出</td><td rowspan="3">对产业扶贫引起的产出水平、收入渠道以及受自然条件（灾害、恶劣天气等）、市场条件（价格、需求等）影响的认知、态度及行为反应</td><td>感知</td><td>0.10</td><td>0.28</td><td>0.19</td></tr>
<tr><td>意愿</td><td>0.30</td><td>0.30</td><td>0.30</td></tr>
<tr><td>行动</td><td>0.60</td><td>0.42</td><td>0.51</td></tr>
<tr><td colspan="4">生计产出响应权重</td><td>0.25</td><td>0.35</td><td>0.30</td></tr>
<tr><td colspan="2" rowspan="3">生计空间</td><td rowspan="3">对生计活动的空间（居住、就业、就学、就医、购物、娱乐空间等）受产业扶贫影响的认知、态度和行为反应</td><td>感知</td><td>0.10</td><td>0.30</td><td>0.20</td></tr>
<tr><td>意愿</td><td>0.30</td><td>0.31</td><td>0.30</td></tr>
<tr><td>行动</td><td>0.60</td><td>0.39</td><td>0.50</td></tr>
<tr><td colspan="4">生计空间响应权重</td><td>0.25</td><td>0.23</td><td>0.24</td></tr>
</table>

3. 生计响应测算

根据各响应维度和强度的权重以及对应的测度要素评分可计算出农户的生计响应指数。综合生计响应指数为：

$$LHR = \Sigma_{i=1}^{4} \Sigma_{j=1}^{3} W_{ij} S_{ij} \quad (1)$$

式中：W_{ij}为第 i 个响应维度第 j 类响应强度的权重，S_{ij}则为第 i 个响应维度第 j 类响应强度的李克特量表得分（若第 i 个响应维度第 j 类响应强度有多个测度子要素，则取各测度子要素李克特量表得分均值）。值得一提的是，生计资本响应由于涉及自然资本、物质资本、人力资本、社会资本和金融资本五个子维度，因而，生计资本响应得分需采用（2）式先行计算。

$$LHR_c = \Sigma_{m=1}^{5} \Sigma_{n=1}^{3} W_{mn} S_{mn} \quad (2)$$

式中：W_{mn}为第 m 类生计资本第 n 类响应强度的权重，S_{mn}则为第 m 类生计资本第 n 类响应强度的李克特量表得分（若第 m 类生计资本第 n 类响应强度有多个测度子要素，则取各测度子要素李克特量表得分均值）。

为了进行更深入的比较分析，文章还分别计算了各响应维度的响应指数，即生计资本响应指数（LHR_c）、生计方式响应指数（LHR_w）、生计产出响应指数（LHR_p）和生计空间响应指数（LHR_s）以及生计感知响应指数（LHR_a）、生计意愿响应指数（LHR_i）和生计行动响应指数（LHR_b）。

（三）测度结果分析

基于调查数据和生计响应测度要素与方法，分别得到生计资本、生计方式、生计产出、生计空间 4 个维度以及综合响应指数，并对各指数中 3 类响应强度进行比较分析。生计响应测度前对量表进行了效度与信度检验，数据信度检验的 Cronbach's alpha 系数为 0.778，效度检验的 KMO 值为 0.823，Bartlett 球体检验 F 值为 0，说明数据存在良好的信度与效度。

1. 产业扶贫的农户响应

图 3、图 4 分别从感知、意愿、行动的均值和标准差两个层面比较了花垣县、桂东县、瓮安县、临洮县 4 县样本农户对产业扶贫的整体响应情况。

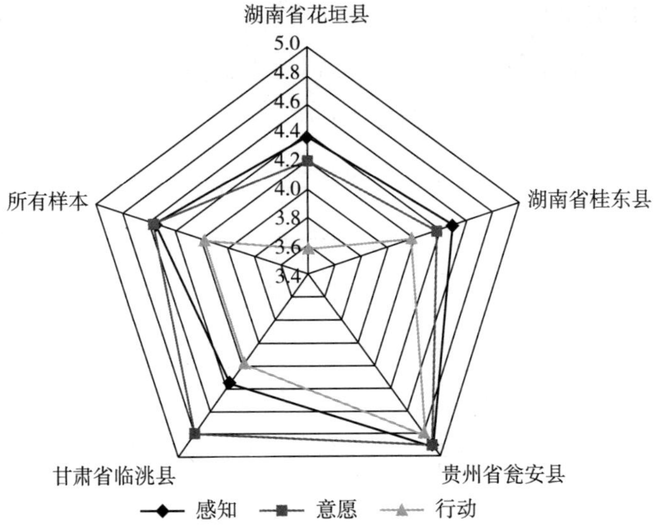

图 3　四县产业扶贫农户感知、参与意愿与行动（均值）

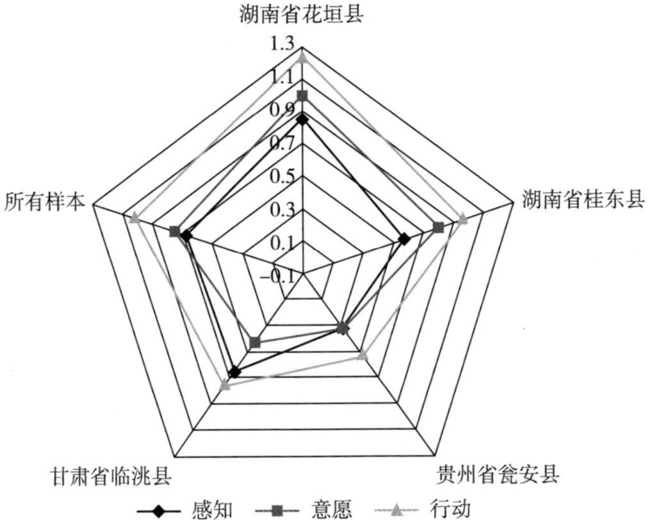

图 4　四县产业扶贫农户感知、参与意愿与行动（标准差）

从图中来看，花垣县、桂东县响应强度上由感知、意愿到行动依次递减，响应强度差异上则反之，由感知、意愿到行动依次递增。瓮安县感知、意愿和行动的响应强度均在较高水平，图中表现为高度重合，响应强度差异上，瓮安县感知、意愿几乎一致，行动差异性略高。临洮县较其他三县有所不同，在响应强度上由意愿、感知和行动递减，响应强度差异反之。这表明，在花垣县、桂东县与临洮县扶贫实践中，虽然有更多农户知晓且也有较高的意愿参与，但有相当部分并未实际参与。临洮县农户参与的积极性高但可能由于政策宣传不到位出现了感知低于意愿的情形。而在瓮安县，由于执行力强，当地农户的感知与意愿几乎完全转化为行动，扶贫产业实际参与度高。

从样本县的比较来看，瓮安县的响应强度要明显高于其他三县，其产业扶贫感知、意愿和行动得分均在4.8分以上，且瓮安县农户个体间感知、意愿与行动的响应强度差异均为四个县中的最小值，这表明瓮安县产业扶贫的农户响应情况要好于其他样本县。响应情况最差的是花垣县，从响应强度看，花垣县感知、意愿和行动的响应强度均小于据所有样本计算的对应值，且在行动这一项上，花垣县响应强度仅有3.57，说明该县扶贫产业的实际参与率较低。从响应强度差异看，花垣县的各项响应强度差异均为四个样本县的最大值，表明花垣县农户在产业扶贫响应上存在较大分歧。桂东县的响应较为均衡，各项指标均处于中间状态。临洮县的响应较为特殊，表现为感知的响应强度低而意愿的响应强度很高，前者为4.37低于花垣县的4.38，而后者为4.80，仅次于瓮安县的4.90，这意味着当地农户有强烈的参与扶贫产业的意愿，但部分农户对当地扶贫产业的了解有限。从所有样本的角度看，农户的感知、意愿、行动得分分别为4.53、4.56、4.18，表明样本县的农户基本知晓并愿意参与扶贫产业，但在行动响应上仍与感知、意愿响应存在一定差距，实际参与度还有待进一步提升。

2. 生计资本响应

由表4可知，生计资本响应指数均值为3.91、标准差为0.68，均在4个维度中最小，表明生计资本的响应程度最低且农户间差异较小。从4个县的对比来看，瓮安县、临洮县、桂东县和花垣县的响应指数依次递减，分别为4.68、3.61、3.59和3.55，并且瓮安县的标准差也较小，这表明，瓮安县农户的生计资本响应程度较高且农户间的一致性较强。进一步对比5类生计资本的响应指数发现（见图5），社会资本的响应程度最高（4.12）并且标准差最小（0.79），表明农户对邻里、亲戚和朋友关系等社会网络资源受产业扶贫影响认同度高；其次是物质资本响应（4.11），但标准差偏大（0.91），表明物质资本总体上受产业扶贫的影响比较大，但不同农户之间也存在一定的差异；自然资本响应指数最小（3.66），标准差最大（1.21），说明自然资本总体上受产业扶贫影响比较小，且在不同农户之间差异较大。此外，4个县中瓮安县5类生计资本的响应指数均最高，花垣县4类生计资本（除自然资本外）响应指数最低，临洮县则自然资本响应指数最低。

表4　样本农户生计响应指数分维度比较

	生计资本响应		生计方式响应		生计产出响应		生计空间响应		综合生计响应	
	均值	标准差	均值	标准差	均值	标准差	均值	标准差	均值	标准差
花垣县	3.55	0.56	3.55	0.72	3.17	0.91	3.75	0.89	3.48	0.60
桂东县	3.59	0.48	4.07	0.74	3.83	0.72	4.21	0.57	3.93	0.47
瓮安县	4.68	0.46	4.77	0.47	4.69	0.55	4.73	0.50	4.72	0.43
临洮县	3.61	0.56	4.39	0.61	4.20	0.63	3.80	0.62	3.99	0.47
所有样本	3.91	0.68	4.20	0.79	3.97	0.92	4.12	0.78	4.05	0.67
	自然资本响应		物质资本响应		人力资本响应		社会资本响应		金融资本响应	
	均值	标准差	均值	标准差	均值	标准差	均值	标准差	均值	标准差
花垣县	3.95	0.95	3.56	0.99	3.31	0.99	3.74	0.85	3.25	0.74
桂东县	3.27	1.07	3.84	0.76	3.78	0.78	3.79	0.77	3.49	0.88
瓮安县	4.74	0.50	4.74	0.52	4.69	0.53	4.72	0.48	4.58	0.78
临洮县	2.64	0.99	4.24	0.80	3.95	0.78	4.15	0.63	4.17	0.71
所有样本	3.66	1.21	4.11	0.91	3.94	0.94	4.12	0.79	3.90	0.94

从3类响应强度来看（见表5），生计资本感知、意愿和行动响应指数均值分别为4.16、4.12和3.77。其中，感知、意愿、行动响应指数在4个维度中得分分别排名第3、第3、第4。4个县中，瓮安县的生计资本感知、意愿和行动响应指数均最高，花垣县和桂东县响应指数较低，感知、意愿和行动响应指数均在4以下。临洮县出现了感知、意愿响应指数高而实际参与率低的情形，其感知、意愿指数分别为4.19、4.18，仅次于瓮安县，但其行动响应指数仅有3.26，在4县中最低。在生计资本的5类资本中，5类资

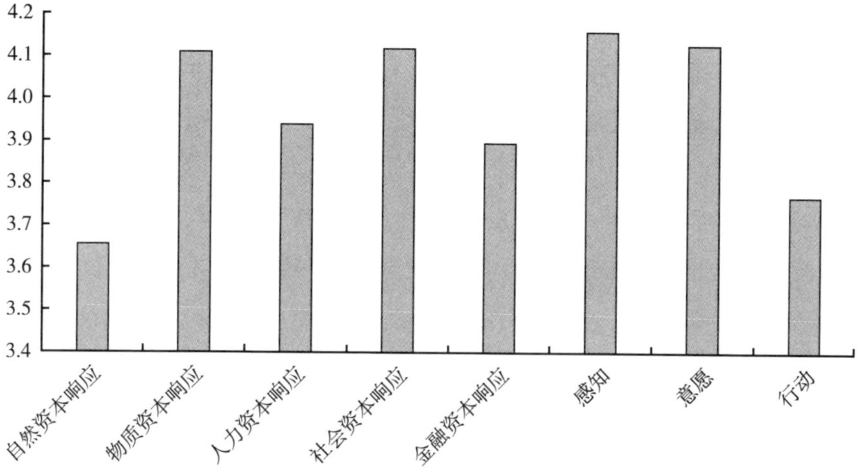

图5　生计资本响应指数（所有样本均值）

表5　样本农户生计响应强度指数均值比较

	生计资本响应			生计方式响应			生计产出响应			生计空间响应			综合生计响应		
	感知	意愿	行动	感知	意愿	行动	感知	意愿	行动	感知	意愿	行动	感知	意愿	行动
花垣县	3.85	3.65	3.41	3.82	3.93	3.26	3.47	3.39	2.93	3.98	3.80	3.64	3.76	3.67	3.28
桂东县	3.70	3.79	3.53	4.08	4.30	3.97	3.87	3.73	3.87	4.16	4.10	4.34	3.95	3.98	3.93
瓮安县	4.70	4.70	4.66	4.81	4.80	4.75	4.68	4.71	4.69	4.76	4.74	4.70	4.74	4.74	4.70
临洮县	4.19	4.18	3.26	4.53	4.75	4.19	4.29	4.44	4.03	3.83	3.98	3.67	4.20	4.32	3.78
所有样本	4.16	4.12	3.77	4.32	4.45	4.04	4.08	4.08	3.87	4.18	4.15	4.07	4.18	4.20	3.94
	自然资本响应			物质资本响应			人力资本响应			社会资本响应			金融资本响应		
	感知	意愿	行动	感知	意愿	行动	感知	意愿	行动	感知	意愿	行动	感知	意愿	行动
花垣县	4.42	4.31	3.70	3.83	3.62	3.41	3.67	3.41	3.11	3.91	3.67	3.73	3.47	3.25	3.16
桂东县	3.62	4.28	2.86	3.81	3.74	3.92	3.78	3.70	3.84	3.73	3.69	3.88	3.60	3.35	3.53
瓮安县	4.81	4.79	4.70	4.79	4.73	4.72	4.70	4.73	4.67	4.71	4.71	4.72	4.59	4.60	4.56
临洮县	4.04	3.82	1.95	4.40	4.52	4.07	4.09	4.20	3.80	4.28	4.23	4.06	4.32	4.51	3.96
所有样本	4.26	4.29	3.32	4.22	4.17	4.03	4.07	4.02	3.85	4.18	4.09	4.11	4.02	3.96	3.81

本的感知响应指数均高于4，最高的是自然资本感知响应指数，为4.26，最低的为金融资本感知响应，为4.02。与此同时，自然资本的意愿、行动指数在5类资本中排名分别第1、第5，两者分别为4.29、3.32，这表明大部分农户不仅感知到产业扶贫对自然资本的影响，而且也愿意以自然资本参与

扶贫产业，但在行动上依然滞后，这可能与各地区产业发展对自然资本需求的差异有关。意愿和行动响应指数都相对较低的是金融资本，两者分别为3.96、3.81，这意味着样本农户在金融资本上对产业扶贫态度不够积极，行动上比较滞后。4个县中，虽然5类资本的感知、意愿和行动响应指数各有差异，但总体上都遵循“感知大于意愿，意愿高于行动”的排序，仅有自然资本“意愿大于感知”、社会资本“行动大于意愿”，行动与感知差距最大的是自然资本响应，差距最小的是社会资本响应。

3. 生计方式响应

表4显示，生计方式响应指数均值为4.20，在4维度中排名第1，高于生计空间、生计资本、生计产出的响应指数，标准差为0.79，在4维度中排名第2，略高于生计资本响应和生计空间响应。这意味着样本县产业扶贫的农户生计方式响应程度高且农户间存在一定差异。4县中，瓮安县的响应指数最高、标准差最小（0.47），表明瓮安县农户对产业扶贫的生计方式响应突出且彼此间响应差异较小，花垣县的响应指数最小，低于4，仅为3.55，标准差较大（0.72），意味着花垣县农户生计方式对产业扶贫的响应较弱，且彼此间响应差异较大。临洮县和桂东县较为接近，但前者无论是在响应强度还是在响应一致性上都略高于后者。从3类响应强度来看（见表5），感知、意愿和行动响应指数均值分别为4.32、4.45和4.04，在4个维度中分别排第1、第1、第2位，感知响应指数和意愿响应指数均在4个维度中排名第1，行动响应指数仅低于生计空间的行动响应指数。4个县中，瓮安县的感知、意愿和行动响应指数均为最高，且行动与感知的差距最小，而花垣县的感知、意愿和行动的响应指数均为最低，且行动和感知差距最大。这表明花垣县农户虽然能在一定程度上感知到产业扶贫对生计方式带来的影响，但可能受诸多因素的制约，生计方式的实际变化不大（行动响应指数仅为3.26），相反，瓮安县的行动力则更强。

4. 生计产出响应

生计产出响应指数均值为3.97，在4个维度中排名第3，标准差为0.92，在4个维度中排名第1，这意味着农户的生计产出总体上受产业扶贫的影响相对较小并且农户间差异相对较大。4个县中，瓮安县、临洮县、桂东县、花垣县的响应指数依次递减，花垣县不仅响应指数最小，而且标准差最大，可见，花垣县农户的产业扶贫生计产出响应相对迟缓且分化相对严重。从3类响应强度来看，感知、意愿响应指数在4个维度中都最小，行动响应指数仅略高于生计资本响应。表明农户对产业扶贫生计产出响应的感知、意愿和行动认可度都不高。4个县中，瓮安县、临洮县、桂东县、花垣县的生计产出感知指数依次递减，且瓮安县、临洮县的生计产出意愿、行动响应指数也相对较高，花垣县生计产出响应最差，感知、意愿和行动响应指数分别为3.47、3.39、2.93。行动与感知差距最小的是瓮安县，差距最大的是花垣县，这意味着在生计产出响应方面瓮安县的行动力要高于花垣县。

5. 生计空间响应

生计空间响应指数均值为4.12，在4个维度中排名第2，标准差为0.78，在4个维度中排名第3，意味着农户在生计空间维度的响应相对较强，并且农户之间的差异相对较小。4个县中，瓮安县响应指数最高且标准差较小，农户间的一致性较高，花垣县响应指数最低、标准差最大，农户响应滞后且分化明显，桂东县的响应指数与标准差分别排名第2、第3，临洮县响应指数排名第3但标准差排名第2。从3类响应强度来看，感知、意愿响应指数在4个维度中均排第2，行动响应指数排名第1。4个县中，瓮安县的感知、意愿和行动的响应指数均为最高，花垣县行动响应指数最低且行动与感知之间的差距最大，瓮安县则行动与感知之间的差距最小，行动力较强。

6. 综合生计响应

基于综合加权法可得到农户综合生计响应指数及3类强度指数，见表4、表5。综合生计响应指数均值为4.05，标准差为0.67。4个县中，瓮安县最高、标准差最小，花垣县最低、标准差最大，桂东县、临洮县响应指数及标准差居中。可见，在响应最积极的瓮安县，农户响应的一致性更高，在响应最消极的花垣县，农户响应分化更明显，响应居中的桂东县和临洮县，农户响应的趋同性相对较高。从3类响应强度来看，感知、意愿响应指数随瓮安县、临洮县、桂东县、花垣县的排序依次递减；行动响应指数上则随瓮安县、桂东县、临洮县、花垣县的顺序递减。行动与感知差距最小的是桂东县和瓮安县（0.02、0.04），意味着瓮安县和桂东县农户能及时将产业扶贫对生计影响的认知转化为实际调适策略，行动力更强。相反，花垣县的行动响应大大滞后于感知响应，行动力弱。

7. 贫困户与非贫困户生计响应比较

图6、图7分别从响应指数均值及标准差的角度比较了扶贫产业发展中贫困户和非贫困户的生计响应。整体而言，贫困户的响应指数均值大于非贫困户，而标准差小于非贫困户，这意味着，贫困户对于产业扶贫的响应程度总体高于非贫困户且群体内部差异略小、一致性程度较高。此外，贫困户与非贫困户在生计空间响应指数、综合生计响应指数、感知响应指数、行动响应指数、自然资本响应指数、物质资本响应指数、生计资本行动响应指数上的差异更为明显，而在生计方式响应指数、意愿响应指数、人力资本响应指

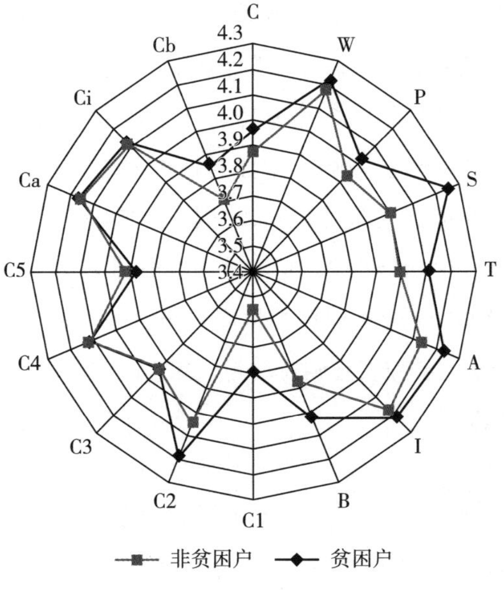

图6　贫困户与非贫困户产业扶贫生计响应均值比较

注：C1～C5分别表示自然资本、物质资本、人力资本、社会资本、金融资本响应指数；Ca、Ci、Cb分别代表生计资本感知、生计资本意愿、生计资本行动响应指数；C、W、P、S、T分别代表生计资本、生计方式、生计产出、生计空间和综合生计响应指数；A、I、B分别表示感知、意愿和行动响应指数。

数、社会资本响应指数、金融资本响应指数以及生计资本的感知和意愿响应指数上的差异则比较小。内部响应差异上，贫困户和非贫困户在生计空间响应、物质资本响应上的内部差异存在明显不同，但在其他响应上内部差异的差别不大，从图形总体来看，非贫困群体的内部差异要略大于贫困群体的内部差异。

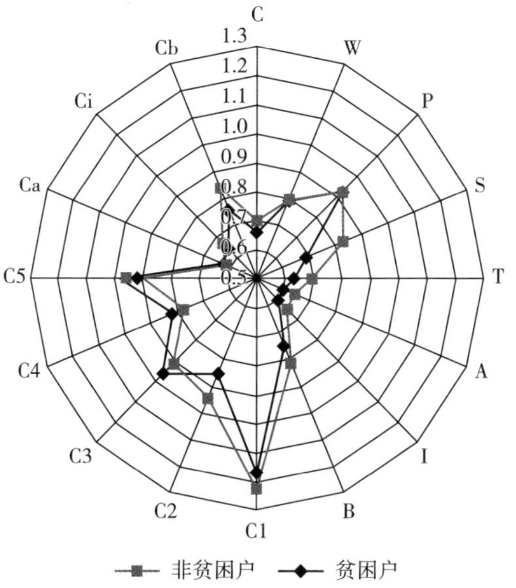

图 7　贫困户与非贫困户产业扶贫生计响应标准差比较

8. 小结

综合来看，4 个样本县产业扶贫的农户生计响应程度一般（综合响应指数为 4.05），处于“中等认同”状态，四分维度中，生计方式响应强度最高，生计空间响应次之，生计产出响应和生计资本响应更弱。三类响应强度上，感知、意愿的响应指数差距较小但与行动响应的差距较大。县域层面上，瓮安县农户对产业扶贫的响应在各维度都较明显，花垣县则各维度上的响应均相对偏弱；群体层面上，贫困户相对于非贫困户对产业扶贫有较高程度和更为一致性的响应；农户层面上，生计产出响应以及生计资本响应中物质、人力、金融资本响应差异较大。

五 产业扶贫农户生计响应的影响因素分析

（一）外部环境因素的影响

外部环境对样本农户产业扶贫生计响应的总体影响较为明显，并对不同维度和不同强度类型响应的影响存在一定差异（见表6）。

1. 地理区位对除生计空间外的各维度以及感知、意愿和行动响应均有显著影响

以离最近集镇2小时以上的时间距离为参照，综合响应上，离最近集镇时间距离半小时（*dlqw1*）、半小时到1小时（dlqw2）、1到2小时（dlqw3）的农户的响应指数分别高0.17、0.23、0.24，显著性水平分别为10%、5%和5%。生计资本响应上，离最近集镇时间距离半小时（*dlqw1*）、半小时到1小时（*dlqw2*）、1到2小时（*dlqw3*）的农户的响应指数高0.35、0.34、0.28，显著性水平为1%、1%和5%。生计方式响应上，仅有离最近集镇1到2小时距离（*dlqw3*）的农户在10%的显著性水平上响应指数高0.23。生计产出响应上，离最近集镇半小时到1小时（*dlqw2*）、1到2小时（*dlqw3*）的农户分别在1%和5%的显著性水平上响应指数高0.29、0.26。感知、意愿与行动响应上，在1%的显著性水平下，离最近集镇半小时（*dlqw1*）、半小时到1小时（*dlqw2*）、1到2小时距离（*dlqw3*）的农户的感知、意愿与行动响应指数均高于对照组农户，高出0.74~0.96，且总体上距离越远，响应指数越高①。

2. 扶贫产业类型对生计响应各维度以及感知、意愿和行动响应均有显著影响

以种植业和林业作为参照，综合响应上，农户对旅游业（*fpcy2*）、多产业混合（*fpcy4*）的响应指数低0.41、0.11，且都在1%的显著性水平下显著。生计资本响应上，农户对旅游业（*fpcy2*）、多产业混合（*fpcy4*）的响应

---

① 鉴于篇幅，本报告没有给出生计感知、意愿和行动响应的影响因素识别结果表7，若有需要可想作者索取。

指数分别在10%、1%的显著性水平下低0.21、高0.13。生计方式响应与综合生计响应类似，农户对旅游业（*fpcy2*）、多产业混合（*fpcy4*）的响应指数均在1%的显著性水平下低0.63、0.25。生计产出响应则稍有不同，农户除对旅游业（*fpcy2*）、多产业混合（*fpcy4*）的响应指数均在1%的显著性水平下低0.45、0.31外，对农产品及其他加工业（*fpcy3*）的响应指数在5%的显著性水平下高0.24。生计空间响应上，农户对旅游业（*fpcy2*）、多产业混合（*fpcy4*）的响应指数在10%的显著性水平下低0.30和高0.07。感知响应上，农户仅对养殖业（*fpcy1*）的响应指数上高0.10，显著性水平为1%。意愿响应上，农户对养殖业（*fpcy1*）、旅游业（*fpcy2*）的响应指数分别在1%、5%的显著性水平下高0.11和0.32。行动响应上，农户对养殖业（*fpcy1*）、旅游业（*fpcy2*）、农产品及其他加工业（*fpcy3*）、多产业混合（*fpcy4*）四种扶贫产业类型的响应指数均与对照组有显著差异，分别在1%、1%、5%、5%的显著性水平下低0.11、低0.50、高0.19、低0.09。

3. 基层组织能力对绝大多数生计响应维度和三类响应强度有着显著影响

基层组织能力对生计响应绝对多数维度①以及各强度类型的影响均在1%的显著性水平显著。相对于“能力不强、做事欠公正、没有威信”的村“两委”，在具有“能力强、公平公正、有威信”（*jcnl1*）的村“两委”的村的农户其综合响应、生计资本响应、生计方式响应、生计产出响应、生计空间响应以及感知、意愿和行动响应指数依次要高0.54、0.47、0.51、0.44、0.77、0.44、0.40、0.76。所在村村“两委”“能力一般、做事公正”（*jcnl2*）的农户在与上述维度上的响应指数依次高0.34、0.32、0.29、0.21、0.56、0.27、0.24、0.52。而所在村村“两委”“能力强但是做事不是很公正”（*jcnl3*）的农户的综合响应、生计资本响应、生计方式响应、生计空间响应以及感知、意愿和行动响应指数依次要高0.21、0.19、0.30、0.11、0.26、0.19、0.23、0.31。可见，加强基层组织能力建设对于提升产业扶贫的农户响应，提高产业扶贫成效有着十分重要的意义。

---

① 仅生计产出响应上，“能力强但是做事不是很公正”的村“两委”（*jcnl3*）的影响不显著。

4. 乡村风气对除生计方式响应外的各响应维度和三类响应强度存在较为显著的影响

以“风气差、集体办不好事、等靠要思想严重”的村为参照，综合生计响应上，“风气好、团结和睦、积极上进”（*xcfq1*）、“风气一般、基本和睦、上进心不足”（*xcfq2*）的村农户产业扶贫响应指数分别高 0. 23、0. 19，显著性水平分别为 1%、5%。生计资本响应上，仅有“风气好、团结和睦、积极上进”（*xcfq1*）的村农户响应指数在 5% 的显著性水平下高 0. 18。生计产出响应上，“风气好、团结和睦、积极上进”（*xcfq1*）、“风气一般、基本和睦、上进心不足”（*xcfq2*）的村农户响应指数高 0. 21、0. 23，显著性水平为 10%、5%。生计空间响应上，“风气好、团结和睦、积极上进”（*xcfq1*）、“风气一般、基本和睦、上进心不足”（*xcfq2*）、“风气不好，邻里关系不太好，做事不积极”（*xcfq3*）的村农户响应指数分别高 0. 42、0. 30、0. 36，显著性水平为 1%、5%、5%。而在感知、意愿与行动响应上，“风气好、团结和睦、积极上进”（*xcfq1*）、“风气一般、基本和睦、上进心不足”（*xcfq2*）、“风气不好，邻里关系不太好，做事不积极”（*xcfq3*）村的农户的感知、意愿和行动响应指数均在 1% 的显著性水平上高 0. 32 ~ 0. 68，并随着乡村风气的逐渐变差，响应指数也在逐渐变小。显然，乡村风气对当地农户的产业扶贫生计响应有着重要的影响，且呈现正相关关系，乡村风气较好的村农户的生计响应指数也较高。

表 6　总体农户生计响应维度影响因素识别结果

模型		模型 1	模型 2	模型 3	模型 4	模型 5
因变量		*LHR*	LHR_c	LHR_w	LHR_p	LHR_s
自变量						
外部环境						
地理区位	*dlqw1*	0. 17 (0. 09) *	0. 35 (0. 11) ***	0. 15 (0. 12)	0. 15 (0. 11)	0. 05 (0. 13)
	dlqw2	0. 23 (0. 09) **	0. 34 (0. 11) ***	0. 15 (0. 12)	0. 29 (0. 11) ***	0. 13 (0. 13)
	dlqw3	0. 24 (0. 10) **	0. 28 (0. 12) **	0. 23 (0. 13) *	0. 26 (0. 12) **	0. 17 (0. 14)

续表

模型		模型 1	模型 2	模型 3	模型 4	模型 5
扶贫产业类型	*fpcy1*	-0.04 (0.03)	0.03 (0.03)	-0.05 (0.04)	-0.06 (0.04)	-0.07 (0.04)
	fpcy2	-0.41 (0.11)***	-0.21 (0.12)*	-0.63 (0.12)***	-0.45 (0.17)***	-0.30 (0.16)*
	fpcy3	0.03 (0.11)	0.01 (0.11)	-0.08 (0.15)	0.24 (0.11)**	-0.12 (0.14)
	fpcy4	-0.11 (0.03)***	0.13 (0.03)***	-0.25 (0.04)***	-0.31 (0.05)***	0.07 (0.04)*
基层组织能力	*jcnl1*	0.54 (0.06)***	0.47 (0.06)***	0.51 (0.07)***	0.44 (0.08)***	0.77 (0.07)***
	jcnl2	0.34 (0.05)***	0.32 (0.05)***	0.29 (0.07)***	0.21 (0.08)***	0.56 (0.07)***
	jcnl3	0.21 (0.06)***	0.19 (0.05)***	0.30 (0.07)***	0.11 (0.08)	0.26 (0.07)***
乡村风气	*xcfq1*	0.23 (0.08)***	0.18 (0.09)**	0.12 (0.11)	0.21 (0.12)*	0.42 (0.12)***
	xcfq2	0.19 (0.08)**	0.03 (0.09)	0.16 (0.11)	0.23 (0.11)**	0.30 (0.12)**
	xcfq3	0.01 (0.11)	-0.11 (0.12)	-0.15 (0.15)	-0.06 (0.17)	0.36 (0.16)**
家庭因素						
贫困程度	*poor*	0.01 (0.03)	-0.01 (0.03)	0.01 (0.03)	-0.01 (0.04)	0.05 (0.03)
资源禀赋	*zybf1*	0.21 (0.03)***	0.14 (0.03)***	0.21 (0.04)***	0.33 (0.05)***	0.13 (0.04)***
	zybf2	0.02 (0.04)	-0.02 (0.04)	-0.01 (0.06)	0.06 (0.07)	0.03 (0.06)
	zybf3	0.25 (0.04)***	0.20 (0.05)***	0.22 (0.05)***	0.33 (0.06)***	0.21 (0.05)***
收入来源	*srly1*	0.20 (0.06)***	0.04 (0.06)	0.34 (0.08)***	0.28 (0.10)***	0.08 (0.08)
	srly2	0.07 (0.06)	0.01 (0.06)	0.09 (0.08)	0.10 (0.10)	0.06 (0.08)
	srly3	0.07 (0.08)	-0.05 (0.09)	0.15 (0.10)	0.13 (0.12)	0.04 (0.10)
	srly4	0.25 (0.10)***	0.17 (0.10)*	0.22 (0.13)*	0.28 (0.16)**	0.29 (0.12)**

续表

模型		模型 1	模型 2	模型 3	模型 4	模型 5
年龄结构	*nljg1*	0.02 (0.03)	0.05 (0.04)	0.00 (0.04)	0.03 (0.05)	0.01 (0.04)
	nljg2	-0.05 (0.03)*	-0.03 (0.03)	-0.03 (0.04)	-0.02 (0.04)	-0.12 (0.03)***
	nljg3	0.04 (0.03)	0.05 (0.03)	0.04 (0.04)	0.06 (0.05)	-0.00 (0.04)
健康状况	*jkzk*	-0.09 (0.02)***	-0.07 (0.02)**	-0.14 (0.03)***	-0.11 (0.03)***	-0.03 (0.03)
教育程度	*jycd1*	0.07 (0.04)*	0.03 (0.04)	0.10 (0.05)**	0.06 (0.06)	0.09 (0.05)*
	jycd2	0.11 (0.04)***	0.05 (0.04)	0.15 (0.05)***	0.11 (0.06)*	0.15 (0.05)***
	jycd3	0.09 (0.04)**	0.07 (0.04)	0.08 (0.05)	0.09 (0.06)	0.11 (0.05)**
	jycd4	-0.10 (0.21)	-0.12 (0.19)	-0.28 (0.27)	-0.09 (0.29)	0.08 (0.25)
劳力数量	*ldls1*	0.03 (0.07)	0.04 (0.08)	0.03 (0.09)	0.07 (0.10)	-0.01 (0.09)
	ldls2	0.18 (0.07)**	0.15 (0.08)**	0.18 (0.09)**	0.27 (0.10)***	0.07 (0.09)
	ldls3	0.09 (0.07)	0.10 (0.08)	0.11 (0.09)	0.18 (0.11)	-0.04 (0.09)
政策信任	*zcxr1*	0.23 (0.11)**	0.20 (0.10)**	-0.07 (0.13)	0.37 (0.17)**	0.39 (0.13)***
	zcxr2	0.20 (0.12)*	0.12 (0.11)	0.01 (0.15)	0.45 (0.18)**	0.16 (0.15)
	zcxr3	0.24 (0.10)**	0.10 (0.09)	0.05 (0.13)	0.48 (0.17)***	0.26 (0.12)**
信贷可得性	*xdkd1*	0.56 (0.04)***	0.55 (0.04)***	0.51 (0.05)***	0.68 (0.06)***	0.46 (0.05)***
	xdkd2	0.33 (0.04)***	0.28 (0.04)***	0.32 (0.06)***	0.43 (0.06)***	0.26 (0.06)***
	xdkd3	0.22 (0.04)***	0.15 (0.04)***	0.20 (0.05)***	0.32 (0.06)***	0.18 (0.05)***
	xdkd4	0.01 (0.04)	-0.05 (0.04)	-0.04 (0.05)	0.07 (0.06)	0.05 (0.05)

续表

模型		模型 1	模型 2	模型 3	模型 4	模型 5
社会网络	*shwl1*	0.24 (0.04)***	0.33 (0.04)***	0.21 (0.05)***	0.29 (0.06)***	0.12 (0.05)**
	shwl2	0.14 (0.04)***	0.20 (0.04)***	0.15 (0.05)***	0.19 (0.05)***	0.03 (0.05)
	shwl3	-0.01 (0.04)	0.02 (0.04)	-0.03 (0.05)	0.02 (0.05)	-0.05 (0.05)
Loglikelihood		-1755.298	-1929.591	-2347.887	-2660.553	-2317.011
Adj. R^2		0.41	0.35	0.30	0.33	0.30
Prob(F-statistic)		0.0000	0.0000	0.0000	0.0000	0.0000

注：（1）模型 1~5 分别为生计资本响应、生计方式响应、生计产出响应、生计空间响应和综合生计响应的影响因素识别；（2）所有模型均经过多重共线性、异方差等检验修正，并采用 White 异方差一致性估计量估计；（3）***、**、*分别表示在 1%、5% 和 10% 的显著性水平上显著。

（二）家庭因素的影响

相对于外部环境而言，家庭因素（除贫困程度以外）对产业扶贫的农户生计响应影响差异更明显。

1. 家庭资源禀赋对各响应维度以及感知、意愿和行动响应存在较为显著的影响

以“自然资本数量少且质量差的”的农户为参照，“自然资本数量和质量都一般”（*zybf1*）的农户的综合响应、生计资本响应、生计方式响应、生计产出响应、生计空间响应以及感知、意愿和行动响应指数依次较对照组高 0.21、0.14、0.21、0.33、0.13、0.24、0.29、0.23。“数量和质量都还好”（*zybf3*）的农户上述维度和强度的响应指数较对照组依次高 0.25、0.20、0.22、0.33、0.21、0.26、0.31、0.29。“数量多但质量差或者数量少但质量还好”（*zybf2*）的农户仅在意愿指数上较对照组显著高出 0.11。可见，家庭资源禀赋对产业扶贫的农户生计响应的影响较为复杂，受自然资本的数量与质量匹配关系的影响，只有数量和质量都有所提升时，农户对产业扶贫的生计响应才会更积极。

2. 收入来源对各响应维度以及感知、意愿和行动响应产生较为显著的影响

以其他收入来源为参照，以种植或养殖收入（*srly1*）为主要收入来源和政府转移性收入（*srly4*）为主要收入来源的农户较对照组的综合响应、生计方式和生计产出响应指数分别要高出0.20（显著性水平均为1%）、0.25（显著性水平均为1%），0.34（显著性水平为1%）、0.22（显著性水平为10%）和0.28（显著性水平为1%）、0.28（显著性水平为5%）。生计资本和生计空间响应上，仅有以政府转移性收入（*srly4*）为主要收入来源的农户的生计响应指数较对照组显著增高，分别高0.17、0.29，显著性水平依次为10%、5%。感知、意愿和行动响应上，以种植或养殖收入（*srly1*）、“务工收入”（*srly2*）、“经商收入”（*srly3*）和政府转移性收入（*srly4*）为主要收入来源的农户的响应指数较对照组都有显著提高，且大多在1%的显著性水平上显著，并以政府转移性收入（*srly4*）为主要收入来源的农户的响应指数增幅最大，其次是以种植或养殖收入（*srly1*）为主要收入来源的农户。

3. 年龄结构仅对综合响应、生计空间响应以及行动响应有影响

以“有14岁以下小孩和60岁以上老人”的家庭为参照组，在综合响应指数上，“无14岁以下小孩，有60岁以上老人”（*nljg2*）的农户较对照组响应指数要低0.05，显著性水平为10%。在生计空间响应上，“无14岁以下小孩，有60岁以上老人”（*nljg2*）的农户较对照组响应指数水平要低0.12，显著性水平为1%。在行动响应上，“所有人年龄都在14~60岁”（*nljg3*）的农户的响应指数在1%的显著性水平较对照组高0.11。

4. 健康状况对除生计空间外的各维度以及行动响应均有显著影响

以“家中无人长期生病”作为参照，在综合生计响应与生计资本、生计方式、生计产出响应上，“家中有人长期生病”（*jkzk*）农户的响应指数依次低0.09、0.07、0.14、0.11，显著性水平为1%、5%、1%、1%，在行动响应上，“家中有人长期生病”（*jkzk*）在1%的显著性水平上响应指数低0.07。

5. 教育程度对除生计资本外的各维度及感知、意愿和行动响应均有影响

以家庭成员中最高教育程度为“小学及以下”的农户为参照组，在综合响应上，最高教育程度为“初中”（*jycd1*）、“高中”（*jycd2*）、“大专或本

科”（*jycd3*）的农户的响应指数依次高 0. 07、0. 11、0. 09，显著性水平分别为 10%、1%、5%；在生计方式上，最高教育程度为“初中”（*jycd1*）、“高中”（*jycd2*）的农户的响应指数分别高 0. 10、0. 15，显著性水平依次为 5%、1%；在生计产出响应上，最高教育程度为“高中”（*jycd2*）的农户在 10% 的显著性水平上响应指数高 0. 11；在生计空间响应上，最高教育程度为“初中”（*jycd1*）、“高中”（*jycd2*）、“大专或本科”（*jycd3*）的农户响应指数依次高 0. 09、0. 15、0. 11，显著性水平分别为 10%、1%、5%。在感知、意愿与行动响应上，最高教育程度为“初中”（*jycd1*）的农户的响应指数依次高 0. 15、0. 14、0. 11，最高教育程度为“高中”（*jycd2*）的农户的响应指数依次高 0. 19、0. 19、0. 16，最高教育程度为“大专或本科”（*jycd3*）的农户的感知和意愿响应指数分别高 0. 11、0. 16，且均在 1% 的显著性水平下显著。需要说明的是，最高教育程度为“研究生及以上”（*jycd4*）的农户的生计响应指数与对照组的差异在统计上都不显著，这可能与样本中具有研究生及以上学历家庭成员的农户样本数量极少有关。

6. 劳动力数量对综合生计响应，生计资本、生计方式、生计产出响应以及感知、意愿和行动响应有影响

以“无劳动力”的家庭为参照，“有 2～3 个劳动力”（*ldls2*）的农户的综合生计响应，生计资本、生计方式、生计产出响应指数依次高 0. 18、0. 15、0. 18、0. 27，显著性水平为 5%、5%、5%、1%。在感知、意愿与行动响应方面，“有 1 个劳动力”（*ldls1*）的农户的响应指数依次高 0. 32、0. 27、0. 29，“有 2～3 个劳动力”（*ldls2*）的农户的响应指数分别高 0. 46、0. 44、0. 42，“有 3 人以上劳动力”（*ldls3*）的农户的响应指数分别高 0. 42、0. 36、0. 29，且显著性水平均为 1%。

7. 政策信任对综合响应，生计资本、生计产出、生计空间响应以及感知、意愿和行动响应有一定影响

以“新农合和农村社保都没参加”的家庭为参照，在综合响应上，“参加了新农合”（*zcxr1*）、“参加了农村社保”（*zcxr2*）、“两项都参加了”（*zcxr3*）的农户的响应指数依次高 0. 23、0. 20、0. 24，显著性水平分别为

5%、10%、5%。在生计资本响应上，“参加了新农合”（*zcxr1*）的农户在5%的显著性水平响应指数高0.20。在生计产出响应上，“参加了新农合”（*zcxr1*）、“参加了农村社保”（*zcxr2*）、“两项都参加了”（*zcxr3*）的农户的响应指数高0.37、0.45、0.48，其显著性水平依次为5%、5%、1%。在生计空间响应上，“参加了新农合”（*zcxr1*）、“两项都参加了”（*zcxr3*）的农户的响应指数分别高0.39、0.26，显著性水平为1%、5%。在感知、意愿与行动响应方面，“参加了新农合”（*zcxr1*）的农户的响应指数分别高1.03、1.10、0.77。“参加了农村社保”（*zcxr2*）的农户的响应指数分别高0.94、1.03、0.85。“两项都参加了”（*zcxr3*）的农户的感知、意愿与行动响应指数分别高0.99、1.12、0.77，且都在1%的显著性水平显著。

8. 信贷可得性对生计响应各维度以及感知、意愿和行动响应均有显著影响

以“产业发展贷款难”为参照，“认为比较难”（*xdkd1*）的农户在综合生计响应，生计资本、生计方式、生计产出、生计空间响应以及感知、意愿和行动响应上的响应指数依次高0.56、0.55、0.51、0.68、0.46、0.43、0.44、0.71；“认为一般”（*xdkd2*）的农户在上述响应排序下响应指数依次高0.33、0.28、0.32、0.43、0.26、0.22、0.20、0.50；“认为比较容易”（*xdkd3*）的农户在上述的响应排序下响应指数依次高0.22、0.15、0.20、0.32、0.18、0.20、0.20、0.27。这三类信贷可得性农户生计响应指数差异均在1%的显著性水平下显著。不过，“认为产业发展贷款很容易”（*xdkd4*）的农户与对照组农户的生计响应的差异均不显著。

9. 社会网络对生计响应各维度以及感知、意愿和行动响应均有显著影响

以“没有亲戚朋友是干部或参与了扶贫工作”的农户为参照组，“有亲戚朋友是干部或参与了扶贫工作且联系较多”（*shwl1*）的农户在综合生计响应，生计资本、生计方式、生计产出、生计空间响应以及感知、意愿和行动响应上的响应指数依次高0.24、0.33、0.21、0.29、0.12、0.23、0.21、0.27，且显著性水平除生计空间响应在5%的显著性水平上显著外其他各维度均在1%的显著性水平上显著。“有亲戚朋友是干部或参与了扶贫工作但联系不多”（*shwl2*）的农户在综合生计响应，生计资本、生计方式、生计产

出响应以及感知、意愿和行动响应上的响应指数依次高 0.14、0.20、0.15、0.19、0.13、0.15、0.19，且显著性水平均为 1%。而“有亲戚朋友是干部或参与了扶贫工作但几乎不联系”（*shwl3*）的农户与对照组农户的生计响应的差异不显著。

六 产业扶贫益贫机制创新与可持续脱贫建议

近年来连片特困区的产业扶贫对脱贫攻坚成效的取得做出了重要贡献，但在促进可持续脱贫方面也面临着诸多挑战，进一步创新产业扶贫益贫机制，发挥产业扶贫作为脱贫攻坚最根本举措的效应，对连片特困区全面打赢脱贫攻坚战，实现“脱真贫、真脱贫”目标依然十分重要。

（一）益贫机制创新

利益联结机制是产业扶贫最核心的机制，益贫机制是利益联结机制的重要组成部分，也是实现产业扶贫目标的根本保障。产业扶贫一方面要将产业做大做强，另一方面要让贫困人口在产业发展中获益维度更广、获益程度更高，并通过扶贫产业引领，全面提升贫困人口的自我发展能力，最终跨越贫困陷阱。而要达到这一目标，产业扶贫的益贫机制必然是多维的益贫机制，包括资产益贫、收入益贫、能力益贫和精神益贫机制。

1. 资产益贫机制

虽然穷人的资产通常非常有限，但多少拥有一些生计资本，如耕地、林地、鱼塘等自然资本，房屋等物质资本，以及人力资本、社会资本和金融资本等。这些生计资本并非没有价值，而是因为在传统的生计情境下其价值难以有效发挥，致使贫困人口无法基于这些生计资本实现脱贫致富。若能改变生计情境，重塑“人业地”地域关系，如通过发展乡村旅游、特色民俗产业等有可能将“青山绿水”“穷山恶水”变为“金山银山”，让贫困人口生计资本转化为宝贵的资产，并且在产业发展中不断实现保值增值，为贫困人口带来长期稳定的资产收益。因而，产业扶贫要注重对贫困人口生计资本的开发，通过创建新的产业业态、重塑生计情境，创新生计资本转化和整合形式，构建资产益贫长效机制。

2. 收入益贫机制

收入增加是降低经济贫困最直接的手段，也是产业扶贫成效最直观的表现形式。通过扶贫产业发展给贫困人口带来收入相对更快的增长，缩小收入差距，是判断扶贫产业益贫性的重要标准之一。当前产业扶贫中的扶贫小额信贷资金户贷企用、入股分红等是收入益贫渠道之一，但不能成为唯一的渠道，更多地，应该延长和拓展扶贫产业链，创造更多的扶贫就业岗位，通过就业收入益贫。此外，还可以通过创建新的收入益贫通道，让穷人的收入益贫多元化，分散单一收入益贫渠道的风险。

3. 能力益贫机制

可行能力理论认为，贫困的根源在于可行能力缺失，提升贫困人口的可行能力是帮助穷人跨越贫困陷阱的根本途径。产业扶贫作为一种开发式扶贫手段，其最重要的价值在于利用“干中学”的机会提升贫困人口的人力资本等可行能力，从这个意义上说，产业扶贫的本质是能力扶贫。然而，连片特困区的产业扶贫实践表明，这是当前产业扶贫实践的最大短板和难点。一方面，是地方扶贫成效考核中“重收入、轻能力，重短期、轻长远”的考核导向有关，另一方面，是给予贫困人口“干中学”机会的成本太高，对于产业发展的市场主体而言，不是理性的选择。因而，产业扶贫必须破除这一困境，通过考核机制、利益联结机制以及委托代理关系等方面的改革创新，创建产业扶贫“干中学”的能力益贫长效机制。

4. 精神益贫机制

扶贫先扶志，“智志”双扶，强调了精神扶贫的重要性。然而，精神扶贫并不只是通过“道德讲堂”、谈心谈话等方式来实现。产业扶贫也是精神扶贫的重要途径和场所。精神贫困的产生与观念、眼界和长期缺乏成就感等有关，虽然“给钱给物”的输血式扶贫在一定程度上助长了“等靠要”的思想，但关键因素还是前者。充分发挥产业扶贫的“干中学”、市场参与、决策参与、技能竞赛、集体生活、同事社交等形式多样、内容丰富的活动形式，能有效转变贫困人口的观念、拓宽视野、提升人际交往能力、增强追求美好生活的内生动力等。因而，在产业扶贫中，要充分发挥产业扶贫这一精神益贫的优势，建立精神益贫长效机制。

（二）实现可持续脱贫的产业扶贫建议

产业扶贫的“生计响应－多维益贫－持续脱贫”逻辑表明，贫困人口的生计转型升级是可持续脱贫的微观基础，因而，产业扶贫应注重农户生计响应，创新多维益贫机制，引领农户特别是贫困户生计转型升级。结合当前连片特困区产业扶贫实践所面临的挑战，本报告提出以下建议。

1. 创新产业扶贫资金使用方式，发挥好现有产业的扶贫效应

产业扶贫资金占扶贫资金比重很大，约占五至七成，同时资金“趴账”现象也最为严重，原因在于产业扶贫难度大，不知道发展什么产业。一是有些产业风险太大，怕花钱打水漂；二是有些产业门槛高，贫困户干不了；三是产业扶贫责任主体过于下沉，贫困村村干部或驻村干部的产业发展能力有限。因而，创新产业扶贫资金使用方式，解决资金“趴账”问题，提升产业扶贫资金使用效率是提升产业扶贫成效的前提。具体而言，一是要走出“产业扶贫资金用于新开发扶贫产业”的认识误区，对于已有一定发展基础的产业只要其达到带动贫困户的要求，具有较强的包容性、益贫性，便可给予扶贫资金的支持，事实上，现有产业仍有很大的产业扶贫潜力可挖，应充分发挥其扶贫带动效应；二是要避免将产业扶贫资金层层分解、层层下拨，过于分散使用，而应以县为单位建立产业扶贫基金，在全县范围内竞标使用，将资金使用权利与减贫责任、脱贫任务紧密挂钩，遵循产业发展的市场规律和发挥现有产业、市场主体的产业发展比较优势。

2. 推进产业扶贫政策的服务转向，激发市场活力与农户响应

产业扶贫虽不同于产业发展，但也不能违背市场规律，否则难以持续发展。连片特困区过去及当前的产业扶贫实践中，政府的政策定位与聚焦不够合理，过多地干预了产业发展本身，如主导产业选择等，这种试图直接“改造农民”和“驾驭市场”的做法，导致了“动员－失败－再动员”的

扶贫产业发展困境。要走出这一困境，需要反思产业扶贫政策的定位，应推进产业扶贫政策的服务转向，即将政策焦点转向农业基础设施建设、生产性服务提供、农民技术培训等生产软硬环境的建构和增加公共产品供给。一方面，为市场主体、市场要素等参与产业扶贫创造良好的环境，激发市场活力；另一方面，通过服务转向将农户的需要和诉求置于核心位置，充分了解和尊重农户对扶贫产业的生计响应，充分赋权于农户，通过构建自下而上的政策参与渠道，发挥农户的主体性，使其以积极的方式参与决策和做出政策反馈，以增强扶贫产业选择的环境适应性和农户的参与性，使扶贫产业得以持续发展，产业扶贫效应得以长效发挥。

3. 突出产业扶贫生计转型引领功能，夯实可持续脱贫微观基础

从“为生存而生产”向“为市场而生产”转型是农业农村现代化的必然要求，同时也是生计转型升级的客观需要，产业扶贫则是促进这一转变和转型升级的重要抓手和途径。产业扶贫的本质是能力扶贫，手段是生计改造与重塑，即通过重新挖掘和开发农户生计资本的价值，调适生计方式，提升生计产出，拓展生计空间，进而提升农户尤其是贫困户的可行能力。因而，产业扶贫要突出生计转型升级的引领功能，全面提升贫困户的可行能力，夯实可持续脱贫的微观基础。首先，在确定扶贫产业前要系统深入地考察农户尤其是贫困户的生计现状与困境；其次，在“人业地”耦合协调框架下因“地”制宜地提出备选扶贫产业类型，测度和比较农户尤其是贫困户对备选扶贫产业的生计响应；再次，综合农户生计响应、农户的决策参与以及市场主体选择明确扶贫产业类型，并为扶贫产业发展中农户生计资本整合、生计方式调适、生计空间拓展创造软硬环境；最后，激励市场主体发展扶贫产业，督导和考核产业扶贫成效。

县 域 篇

County Level Parts

B.2
滇桂黔片区瓮安县产业扶贫典型模式与可持续脱贫经验*

游俊　李晓冰**

摘　要： 瓮安县以做强“茶产业”为核心，统筹推进“1+6+N”产业扶贫布局，建立股份、订单、就业务工三种产业利益联结机制，搭建产业园区、技术支持、销售服务三个产业持续发展平台，取得了明显的扶贫效果。通过调查该县13个乡镇（街道）15个村（社区）的产业扶贫实践以及609户农户产

* 本文受国家自科基金项目“武陵山片区城镇化的农户生计响应与减贫成效分异研究（41761022）”资助；湖南省社科基金重点项目“武陵山片区乡村振兴与新型城镇化联动研究”资助。

** 游俊，湖南省高校2011协同创新中心“武陵山片区扶贫与发展”协同创新中心主任，湖南省特色专业智库“民族地区扶贫与发展研究中心”主任，二级教授，博士生导师，中国民族学学会、中国民族史学会副会长，研究方向为民族地区发展；李晓冰，吉首大学历史与文化学院2017级民族学专业博士生，研究方向为民族地区扶贫与发展。

业扶贫生计响应发现：(1) 瓮安县产业扶贫农户响应情况总体较好，农户感知度高、意愿度强，但农户响应强度由感知、意愿到行动依次递减。在农户响应四维度中，响应强度由弱到强依次为生计产出响应、生计资本响应、生计空间响应、生计方式响应。(2) 瓮安县产业扶贫农户响应的影响因素主要表现在干部帮扶情况、农户家庭情况、产业资金到位情况、地理环境与产业类型、基层组织建设等五个方面。(3) 瓮安县产业扶贫的益贫路径与机制主要有资产益贫、收入益贫、能力益贫、精神益贫。基于调研，得出该县产业扶贫与可持续脱贫的重要启示，即稳定增收是核心、农户响应是重点、各方参与是关键、稳扎稳打是根本、苦干实干是保障，为此才能优化产业功能、提升脱贫质量、巩固帮扶成效、夯实稳定脱贫基础。

关键词： 瓮安县　产业扶贫　生计响应　典型模式　可持续脱贫

瓮安县地处乌江中游、黔中腹地，隶属于贵州省黔南布依族苗族自治州，原是国家集中连片特困区滇桂黔石漠化片区县，县域面积为1974平方千米，辖10镇、1乡、2街道，总人口为53万人，其中少数民族人口占4.3%。瓮安是生命起源之地，千年文明古邑。距今6.1亿年前的动物群化石，是人类迄今为止发现的最早生命。自唐置建安县以来，至今已有近1400年历史。瓮安是人文毓秀之域，崇文尚礼家园。是龙狮文化之乡、全国民间文化艺术之乡、中国辞赋之乡、全国文化先进县和全国群众体育工作先进县。瓮安是红色革命老区，豪杰壮士摇篮。红军长征曾四过瓮安，猴场会议彪炳史册，重新恢复了党指挥枪的光辉原则，周恩来称之为“伟大转折的前夜”。瓮安是投资兴业热土，休闲旅游胜地。

已探明磷矿储量36亿吨，占全国总量的1/5，4条高速公路形成了“黔中大十字”的交通格局，朱家山国家森林公园、江界河国家级风景名胜区、草塘千年古邑4A级景区生态优美、风景迷人。瓮安发展蓬勃向上，人民安居乐业。2018年，该县实现地区生产总值增长10.80%，财政总收入增长7.80%，城镇和农村常住居民人均可支配收入分别增长9.1%、10.1%，全面小康实现程度达到99.4%，群众安全感和满意度持续排在贵州省前列。

作为滇桂黔石漠化片区县、红色革命老区，瓮安县始终以习近平总书记关于扶贫工作的重要论述为指引，大力培育和弘扬“团结奋进、拼搏创新、苦干实干、后发赶超”的新时代贵州精神以及“热爱家乡、服务人民、高扬正义、奋发进取”的瓮安攻坚精神，坚持以脱贫攻坚统揽经济社会发展全局，把脱贫攻坚作为头等大事和第一民生工程，全县党员干部带着牢记嘱托、感恩奋进的政治责任，带着心系贫困群众、改变乡村面貌的使命情怀，带着撕掉贫困标签、实现全面小康的历史担当，举全县之力决战脱贫攻坚。截至2018年底，全县建档立卡贫困人口降至1761户、4331人，综合贫困发生率降至1.04%[①]，群众认可度提至96.73%[②]。2018年7月，经国务院扶贫开发领导小组组织第三方评估机构专项评估检查，并报请国务院扶贫开发领导小组同意，贵州省人民政府于2018年9月21日正式批准瓮安县退出滇桂黔石漠化片区县，实现脱贫攻坚减贫摘帽、精彩出列，成功撕掉贫困标签。

一　瓮安县产业扶贫概况

瓮安县坚持把发展产业作为实现脱贫的根本之策，走生态产业化、产业

① 瓮安县人民政府门户网站：《瓮安县2019年政府工作报告》，http://www.wengan.gov.cn/doc/2019/03/20/315124.shtml。

② 《国务院扶贫办关于反馈贵州省2017年贫困县退出专项评估检查结果的函》（国开办函〔2018〕136号）。

生态化的绿色脱贫道路，着力用好生态优势，提高产业附加值，推进产业与贫困户利益有效联结，全县109个企业、99个合作社等经营主体与86个村（社区）进行产业联结，覆盖贫困人口16810户、62850人。全县有近3万贫困人口通过产业扶贫实现脱贫。

（一）明确“1+6+N”产业扶贫布局

1. 做强“一个”主导产业

按照贵州省“一县一业”的要求以及瓮安县“一城两带三组团”空间布局[①]（见图1），将茶产业作为群众增收致富主导产业，重点打造“建中－中坪－玉山、猴场－永和－岚关”2个重点茶产业带，集中连片打造茶产业扶贫示范基地，形成农旅精品线路。建设建中和岚关2个省级现代农业（茶叶）示范园区，建成“贵州绿茶”国家级农产品地理标志示范样板县，带动全县茶产业发展。依托贵山茶业、岚清白茶、苗岭雾海等茶叶龙头企业，推进都匀毛尖瓮安“欧标茶”[②]基地建设，推进精深加工、销售、冷链物流等全产业链，形成瓮安茶旅一体化发展格局。目前全县茶园面积近20万亩，全年干茶产量8600吨，其中荣获国家地理标志产品称号的“瓮安黄金芽”“瓮安白茶”等名优茶439吨，全年茶叶产值达13.5亿元，直接受益人口达36500人，涉及贫困人口698户、2443人，带动贫困人口务工10000余人次，实现户均增收2100元以上。

2. 培育“六大”特色产业

通过招商引资，引进发展潜力大、市场前景好的农业产业化龙头企业入驻，或培育县内有发展潜质的农业龙头企业、专业合作社，采取

① “一城”：以县城区为中心划定县域主要生活空间。“两带”：“基础工业区－开发区－临港工业区”大工业经济带；“草塘古邑区－永和－朱家山国家森林公园”文农旅产业经济带。“三组团”：岚关－平定营－建中绿色生态组团；以建中－中坪－玉山茶旅为龙头的现代山地观光农业组团；以珠藏－江界河为龙头的生态特色养殖组团。

② “欧标茶”：指经过欧标认证，符合欧盟进口有机食品安全标准的茶品。

"龙头企业+农户""专业合作社+基地+农户"等模式，重点发展肉兔、辣椒、花卉、乌骨蛋鸡、食用菌、精品果等六大特色产业，实现户均增收1500元以上。依托贵黔养殖公司、黄维养殖场等发展生态禽（绿壳蛋鸡）养殖，存栏绿壳蛋鸡达30万只，禽蛋产量为0.65万吨；依托良好的辣椒种植基础，常年种植辣椒20万余亩，直接受益人口达98650人，涉及贫困户2331户，覆盖贫困人口8150人；采取大户带散户形式，种植中药材33500亩，带动2000多户农户增收，直接受益人口为8600人；大力发展精品水果，种植各类水果10.3万亩，带动贫困户1228户、4298人。

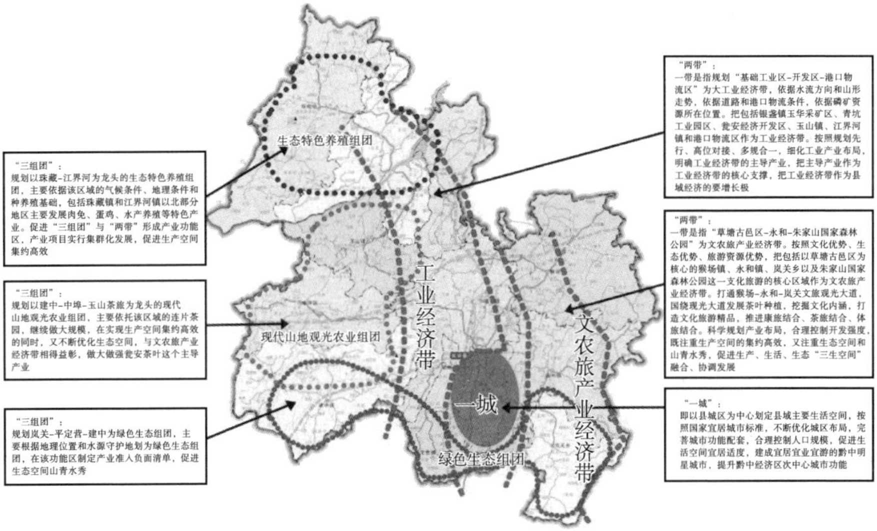

图1　瓮安县"一城两带三组团"空间布局

3. 积极发展"N种"产业

对产业基础薄弱的村，积极引导农民发挥自身的优势，按照宜养则养，宜种则种，鼓励农民积极调整产业结构，实现产业百花齐放。如珠藏镇桐梓坡村发动村民种植大葱1000余亩，涉及农户126户，户均增收5000余元。中坪镇为900户贫困户购买仔猪900头，按每头补助饲料60斤，让贫困户养殖生猪脱贫致富。围绕农业园区、旅游景区打造精品水果产业，大力发展休闲、观光、采摘体验精品果园，成功打造乡村旅游示范点10余处，带动发展农家乐60家，旅游直接从业人员为1000人，间接从业人员为2000余人。

（二）建立三种产业利益联结机制

1. 实行股份联结

依托农村资源变资产、资金变股金、农民变股东的“三变改革”试点，通过土地入股、资金入股、土地托管等模式，贫困户以土地或特惠贷款资金入股合作社或企业，年终分红，已入股2420.3亩，实现8559名农民变股东。以资源变资产折股量化入股2942人；以资金量化入股5617人。以“金融机构+贫困农户”模式，将特惠贷联结的贫困群众8914户，发放特惠贷4.2亿元，通过产业协会入股主导产业，每年按10%的信贷分红，完成分红463万元。

2. 实行订单联结

积极引导全县农业龙头企业、专业合作社与农户特别是贫困户建立利益共享机制。龙头企业（专业合作社）为农户提供种（苗）、农药、化肥、栽培技术等，开展订单合作。农户按照企业技术要求和标准进行种养，生产出来的产品交给龙头企业（专业合作社）进行统一销售，解决了贫困户发展特色产业缺技术和产品销售难的问题。目前，该县109个企业（其中龙头企业75个）、99个合作社、3所学校、2个学生营养餐配送企业、1个批发市场、3个超市、2所监狱与86个村（社区）进行产业联结，现该县86村与219个企业、合作社联结覆盖贫困户10512户、37998人。

3. 实行就业务工联结

出台政策，对带动群众增收成效显著的农业经营龙头企业，给予现金奖励，促进农业专业化发展，带动农村群众发展产业、增加就业机会。农户就近到龙头企业和专业合作社内务工、参与管理实现务工收入，让公司（合作社、家庭农场、专业大户）带动贫困户增加收入，全县农业龙头企业常年吸纳农民工达3800人以上，季节性用工5000人以上，农村群众务工收入达1285.75万元。积极联系县内企业参与脱贫攻坚，出台企业吸纳建档立卡就业奖补政策，开发4000余岗位，解决困难群众就业。

（三）搭建三个产业持续发展平台

1. 搭建产业园区平台

制定出台《瓮安县推进现代高效农业示范园区建设工作意见》，积极引导鼓励和支持社会资本、民间资本、工商资本投资园区建设，促进产业规模经营、集中经营，推动园区一二三产业发展，打造园区产业体系。全县有省、州级农业产业园区9个，园区内经营主体151个，建核心示范基地3.8万亩，辐射带动8.6万亩，带动农户2.5万户，涉及6.6万人。

2. 搭建技术支持平台

成立产业扶贫工作专班，组建产业扶贫技术服务团队，开展有针对性地技术指导服务，开展农业实用技术培训，组织开展培训296场次，累计培训10086人次。整合职业技术学校、县人社局培训资源，结合市场、企业用工需求和就业特点，有针对性地开展技能培训。充分利用省派第三批“万名农业专家服务‘三农’行动”专家技术力量，帮扶指导脱贫攻坚、农业产业发展、农业园区建设；选派了100余名科技特派员、驻村农技员到农村、到企业定点开展科技推广和技术指导工作，通过院坝会、现场示范等方式一对一、手把手开展贫困户技能培训，确保有需求的贫困户都有1项以上的脱贫增收技能。

3. 搭建销售服务平台

组建由农工、商务、教育、工信等单位为成员的农产品销售团队，帮助群众寻找市场，确保生产出的农产品有销路。采取“农户＋合作社＋电商平台”模式，依托现有各大电商平台，推动农业产业园区、农业专业合作社、加工企业等发展电子商务，现已培育电子商务企业和个体户300余家，建成农村电子商务便民服务站82个，上架销售产品74

个，实现网络零售额2800余万元。积极与广州市海珠区对接，销售农产品。定期举办特色农产品展销会，组织农业企业参与各类农产品展销会、订货会，推介宣传瓮安农产品，扩大市场占有份额。引导县内学校、机关单位食堂、企业食堂等优先消费县内生产的生态农产品。有效的产销联结，保证了农民“产不愁销”、市场“以质定产”良性合作机制不断发挥作用、取得效益。

二　瓮安县产业扶贫的农户生计响应测度

（一）资料来源

为全面深入了解瓮安县产业扶贫农户生计响应情况，课题组于2018年8月赴瓮安县13个乡镇（街道）的15个村（社区）开展调研，采集到609户农户生计响应数据（见表1）。

调研中，共分成三个阶段进行。第一阶段：干部访谈。调研组先后访谈了当地的县委、县政府、县农工局、县扶贫局、县茶办等部门分管产业扶贫工作的负责人，对瓮安县扶贫产业的整体情况有了较为全面的了解。然后，按照全县所有乡镇全覆盖的原则，每个乡镇随机选择1～2个村列入进村入户调研计划。第二阶段：入户调研。调研工作以两人一组进行，入户前先到村委会与村干部召开见面会，听取村干部关于本村的扶贫产业情况介绍，之后根据村委会提供的农户名单，随机访谈40户左右农户，并以一问一答的方式分别填写调查问卷。同时，在入户时每到一户群众家，都记录了访谈对象的姓名和身份证件号码，并拍摄了与该户访谈时的场景图片，真正做到调研到户见人，进一步确保了调查数据的真实性。第三阶段：产业考察。调研组根据县级干部访谈与村干部介绍，重点选择了一批有规模、有特色、有亮点、有成效的扶贫产业项目，进行实地考察，使调研组对该县扶贫产业有了更为直观的感受。

表1　调研村名单

调研乡镇	调研村(社区)	调研户数	调研乡镇	调研村(社区)	调研户数
瓮水街道	茅坡社区(出列贫困村)	40	永 和 镇	垛丁社区(非贫困村)	41
雍阳街道	仙桥社区(出列贫困村)	39	中 坪 镇	茶店村(出列贫困村)	39
银 盏 镇	木老坪社区(出列贫困村)	38	天 文 镇	乌江村(出列贫困村)	40
猴 场 镇	青池村(出列贫困村) 马场坪村(非贫困村)	80	建 中 镇	果水村(出列贫困村)	40
			江界河镇	茶园村(出列贫困村)	40
平定营镇	三合村(出列贫困村)	40	岚 关 乡	茶海村(非贫困村) 岚关村(非贫困村)	81
珠 藏 镇	羊鹿村(出列贫困村)	40			
玉 山 镇	深溪村(非贫困村)	51	合计	15	609

（二）瓮安县产业扶贫的农户生计响应特征

基于以上调查数据和“四维度－三强度”响应框架测度方法①，分别得到生计资本、生计方式、生计产出、生计空间四个维度以及综合响应指数，并对各指数中三类响应强度进行了分析，得出了瓮安县产业扶贫的农户生计响应的五大特征。

1. 产业扶贫总体响应较好，农户感知度高、意愿度强

以满分5分计算，问卷中“产业扶贫总体响应”的调查数据显示，农户感知、意愿、行动的响应指数均值分别为4.90、4.89、4.80。从以上数值可以看出：（1）瓮安县产业扶贫总体响应较好。无论是感知强度、意愿强度，还是行动强度，都达到4.8分以上，这说明瓮安县在组织发动群众方面成效明显，产业扶贫总体响应较好，农户脱贫愿望比较强烈。（2）农户响应强度由感知、意愿到行动依次递减。与此同时，响应强度差异上则由感

① “四维度－三强度”响应框架：即生计资本、生计方式、生计产出、生计空间四个维度，感知、意愿和行动三个强度，并以此设计响应测度要素及调查问题。针对农户对生计响应测度要素问题的回答进行李克特量表（Likert Scale）得分计算。李克特量表等级评分的依据为：对所设定测度要素问题回答“完全同意”计5分，“基本同意”计4分，“不知道/不清楚”计3分，“基本不同意”计2分，“完全不同意”计1分。为确保响应测度的准确性和科学性，本文使用了主观赋权和客观赋权相结合的方法，对响应维度与强度设计了相应的基准权重。

知、意愿到行动依次递增。这表明，瓮安县产业扶贫中，虽然有大多数农户对产业扶贫的感知度高、意愿度强，但是相对来说参与度方面还有待进一步提升。

2. 生计资本响应不均衡，获取资本能力还有提升空间

调查数据显示，生计资本响应指数均值为4.69，在四个维度中排名第三。这说明，相对于其他维度而言，该县的生计资本响应较强。在5个资本响应中，自然资本与物质资本的响应程度最高，同为4.74；其次是社会资本与人力资本，响应指数分别为4.72、4.70，表明社会资本、人力资本总体上受产业扶贫的影响也比较大；金融资本响应指数最小，为4.58，意味着农户对持有金融产品、发生金融业务及与金融机构互动频率和方式受产业扶贫影响的认同度偏低。总之，通过以上五个基础资本的比较分析，发现整个生计资本响应呈现出不均衡特点，说明获取资本能力还有提升空间。

3. 生计方式响应最好，产业发展方式转变明显

调查数据显示，生计方式响应指数均值为4.77，在四个维度中排名第一。这说明，相对于其他维度而言，该县的生计方式响应最好，产业发展方式转变明显。这一点，课题组体会最为深刻。入户问卷时发现，多数农户都认为参与村级扶贫产业后，自家的生计来源以及养家糊口的方式越来越多样化。建中镇果水村农户张华向课题组介绍："以前靠种玉米生活和贴补家用，一年下来连件像样的衣服都买不起。现在把土地流转给公司种茶叶，每天在茶山上务工，收入高多了，也稳定多了，一年大概有20000元的纯收入，种茶叶还是有搞头。"据许多村干部介绍，之前大多数农户都是种植玉米，一亩玉米产值也就是600元左右，而种植茶叶、辣椒、食用菌、银杏、太子参等高效经济作物，亩产值可能是玉米的十倍甚至四十倍还要多，后来在县里和驻村干部的引导下，许多持观望态度的农户也都纷纷实施了新的种植计划。调研组发现，这与该县实施的农业产业结构调整密不可分。据了解，该县近年来大力调减玉米等传统农作物（仅玉米一项就调减17.93万亩），着力增加茶、蔬菜、中药材等附加值高的农作物，把"为吃而种"变"为卖而种"，大大拓宽了农户的收入渠道，增加了农户的致富收入。

4. 生计产出响应相对一般，农户获得感相对较好

调查数据显示，生计产出响应指数均值为4.68，在四个维度中排名第四。这说明，相对于其他维度而言，该县的生计产出响应一般，但是相对于满分5分而言，也属于中等偏上等级，这也说明该县实施的扶贫产业确实是大大增加了农户的获得感。入户问卷时发现，多数农户认为通过参与村级扶贫产业自家的收入增加了、受自然灾害的影响少了，与市场联系更紧密了，收入更稳定了。听许多村干部介绍，之前村里种植大葱、辣椒、茶叶、太子参等经济作物，一是没有销售渠道，不知往哪里卖；二是没有技术服务，遇到虫灾等自然灾害不知如何应对，后来村里建设了专业合作社，大大增强了农户对自然环境以及市场环境的应对能力。据了解，该县注册登记各类农民专业合作社的数量连年递增，一定程度上提高了农户的生计产出响应程度。

5. 生计空间响应相对较强，产业益贫性有效发挥

调查数据显示，生计空间响应指数均值为4.73，在四个维度中排名第二。这说明，相对于其他维度而言，该县的生计空间响应较强，扶贫产业的益贫性得到有效发挥。入户问卷时发现，多数农户认为参与村级扶贫产业后自家的生活空间可能发生变化，并预期通过参与村级扶贫产业，拓展自己的生活空间范围，有更多的机会与外界接触，和不同的人交流。可见，多数农户表现出渴望与外界交流接触，并希望自己的子女能走出本村去就学、就业。听驻村干部介绍，有的村实施了易地扶贫搬迁工程，但是许多农户有顾虑，担心搬后的生活问题、就业问题，迟迟不肯搬迁。后来县里出台了一系列优惠政策，提供了一系列配套服务，响应的农户越来越多。调研组发现，这与该县近年来实施的“农业转移人口市民化”“农村户籍改革”“城乡一体化”等改革息息相关，大大增强了农户生计空间响应度，使产业的益贫性得到有效发挥。

三　瓮安县产业扶贫农户生计响应的影响因素

结合问卷中的数据分析，得出以下五个影响瓮安县产业扶贫农户生计响应的因素。

（一）干部帮扶情况

经统计，有效问卷的 609 户中，建档立卡户有 299 户，占调研总数的 49%，而非建档立卡户有 310 户，占调研总数的 51%。众所周知，相对于建档立卡户而言，非建档立卡户的生计响应程度会普遍偏低。因为每一名建档立卡户都有一名结对帮扶干部，而非建档立卡户则没有。这样在帮扶干部的组织引导下，大部分建档立卡户对扶贫产业的响应程度会高于非建档立卡户。但是，我们从瓮安县扶贫部门了解到，2017 年下半年，该县脱贫攻坚工作进入了强化成效阶段，并实施了三个“全贯通”。一是工作对象全贯通。把工作对象从建档立卡贫困户扩大到全体农户，建立“户户清”大数据民情台账，对全县 11.37 万名农户实行精准化、数据化管理，并做好帮扶。二是工作组织全贯通。按照 30～50 户农户组为 1 个网格，把全县划分为 3392 个网格，实行“乡村网格化”，下派 2805 名县乡干部，实行“局长驻村、常务看家”，调动全县资源全力强化脱贫成效。三是目标任务全贯通。把打赢脱贫攻坚战、完成全面小康任务和夯实乡村振兴基础列为强化成效的三大目标，实施产业扶贫、教育医疗和社会保障、安全饮水、村组公路、住房保障、人居环境“六大歼灭战”，全面提升乡村路、房、水、环境、产业等发展基础，同时进一步做好最后一批贫困户的工作，努力最大限度地降低贫困发生率。这样无论是建档立卡户，还是非建档立卡户，都能享受到一定的帮扶，从而大大提高了产业扶贫农户生计响应程度。这应该是该县农户产业扶贫响应高的原因之一。

（二）农户家庭情况

通过数据统计分析，发现该县农户家庭情况具有以下三个特点。

1. 家庭年龄结构合理，青壮年劳动力充足

从“家庭年龄结构”的调查情况看，有 14 岁以下小孩和 60 岁以上老人的家庭有 223 户，占调研总数的 36%，这种“上有老下有小”的家庭占比最高。从问卷第 33 题关于“家中劳动力数量”的调查情况看，劳动力人

数1人的有99户，占调研总数的16%；劳动力人数2～3人的有365户，占调研总数的60%。可见，瓮安县大多数农户的家庭年龄结构较为合理，青壮年劳动力较多，比较有利于发展扶贫产业。

2. 外出务工人员较多，不利扶贫产业发展

从“家庭收入的主要来源”的调查情况看，依靠种植或养殖业的有244户，占调研总数的40%；依靠务工收入的有304户，占调研总数的49%；依靠经商收入的有16户，占调研总数的3%。虽然从事种植或养殖业的占据了较高比例，但是选择外出务工的农户数量最多，造成农村劳动力相对缺乏，这也在一定程度上影响了扶贫产业的发展。

3. 受教育程度一般，阻碍劳动技能获取

从“受教育程度”的调查情况看，家人受教育程度最高为小学及以下的有80户，占调研总数的13%；家人受教育程度最高为初中的有276户，占调研总数的45%；家人受教育程度最高为高中的有128户，占调研总数的21%；家人受教育程度最高为大专或大学本科的有122户，占调研总数的20%。

调研中了解到，瓮安历史悠久、书香馥郁、桃李满园，具有人文毓秀之域、崇文尚礼家园之称，该县“基本普及十五年教育”通过省级验收、义务教育均衡发展获得国家认定，学前教育入园率、义务教育巩固率、高中阶段毛入学率居贵州全省前列，高考二本以上上线总数连续七年居黔南州第一。这在一定程度上促进了该县扶贫产业的发展。但是，推动扶贫产业发展的主体归根结底是广大农户，而农户本身受教育程度低、接受新事物能力较差的现状依然阻碍劳动技能的获取，影响产业扶贫的生计响应程度。

（三）产业资金到位情况

产业资金是发展扶贫产业的重要保障，产业资金的主要来源有农户自筹和银行贷款。

1. 农户自筹

在产业资金自筹中，影响农户自筹的因素有很多，而看病的医疗费就是

其中之一。从“家中是否有人长期生病”的调查情况看，家中有人长期生病的有 170 户，占调研总数的 28%；家中没有人长期生病的有 439 户，占调研总数的 72%。虽然因病致贫的农户较少，但是仍有 28% 的农户家中有人长期生病。如果农户家中有人长期生病，多数农户都会把家里的钱先用作治疗费去看病，这在一定程度上会影响产业资金的筹措，进而影响扶贫产业的发展。但是，从农户参与新农合的调查情况看，调研对象中参加新农合或新农村社保的农户达到 100%，因此因病致贫的农户，如果有新农合的配套，也会大大减少农户看病支付费用，从而客观上为发展产业提供便利条件。

2. 银行贷款

产业资金除了农户自筹以外，还有一个重要渠道就是银行贷款，而农户贷款的容易程度对农户生计响应更是至关重要。调研中发现，认为家里向银行借钱发展产业容易的有 305 户，占 50%；比较容易的有 95 户，占 15%；一般的有 98 户，占 16%；比较难的有 53 户，占 8%。可见，瓮安县产业资金相对来说匹配比较到位。

（四）地理环境与产业类型

通过调研分析得知，地理特点、交通条件以及扶贫产业类型的选择等都对农户响应起着决定性影响。

1. “山地多、耕地少”的地理特点影响产业规模化发展

认为自家的土地、林地、池塘等自然资本数量少且质量差的有 61 户，占调研总数的 10%；认为数量和质量都一般的有 395 户，占调研总数的 64%；认为数量多但质量差或者数量少但质量还好的有 32 户，占调研总数的 5%。据了解，瓮安县地处滇桂黔石漠化片区，属于喀斯特地貌，山地多、耕地少，土地、林地的数量和质量一般，实施产业扶贫规模化发展难度较大，一定程度上影响了扶贫产业的发展。

2. “不搬则通，不通则搬”的交通条件促进农户响应

调查发现，与最近集镇的时间距离半小时以内的有 368 户，占调研总数

的 60%；与最近集镇的时间距离半小时到 1 小时的有 214 户，占调研总数的 35%；与最近集镇的距离时间 1 ~2 小时的有 26 户，占调研总数的 4%。据了解，瓮安县在 2014 年实施了撤乡并镇工作，把 23 个乡镇合并为 13 个乡镇（街道），265 个村（社区）合并为 99 个村（社区），因此多数农户家距离集镇较远。但是，瓮安县按照“不搬则通，不通则搬”的原则，实施了易地扶贫搬迁工程和“组组通硬化路”工程。易地扶贫搬迁方面，完成 13 个生态移民搬迁安置点住房建设 4041 套，安置一方水土养不起一方人且居住分散的农户 4041 户、17605 人。组组通硬化路工程方面，在实现村村通硬化路的基础上，全面推进全县 831 个 30 户以上村民组 1330. 633 千米“组组通”公路硬化任务，成为贵州省第一个实现“组组通”公路的县。制约农村发展的交通瓶颈得以解决，广大农户交通出行更加便利，大大地缩减了到集镇上所花的时间，提升了其对扶贫产业的生计响应度。

3. “短、平、快、优”的扶贫产业类型提升农户响应

选择主要扶贫产业类型为种植业或林业的农户有 410 户，占调研总数的 67%；选择主要扶贫产业类型为养殖业的农户有 86 户，占调研总数的 14%；选择主要扶贫产业类型为农产品及其他加工业的农户有 12 户，占调研总数的 0. 19%；选择主要扶贫产业类型为多种产业混合但规模都不大的农户有 100 户，占调研总数的 16%。从以上数据看出，该县种植业或林业扶贫项目发展较快、农户响应度较强，而旅游业、农产品加工业发展相对较慢，多种混合产业的规模也都不大。据了解，瓮安县主要构建了以茶为主导产业，辣椒、花卉、食用菌、精品果、肉兔、乌骨蛋鸡为特色产业，太子参、大葱、银杏、烤烟、油橄榄、生猪等为辅助产业的“1 +6 + N”产业布局。因此，该数据很好印证了该县产业布局的规划和发展。

（五）基层组织建设

1. 基层组织建设好，农村干部作风优良

认为村“两委”及村干部能力强、公平公正、有威信的农户是 471 户，占调研总数的 77%；认为能力一般、做事公正的农户是 131 户，占调研总

数的 21%；认为能力强但是做事不是很公正的农户是 4 户，占调研总数的 0.6%；认为能力不强、做事也欠公正、没有威信的农户是 3 户，占调研总数的 0.4%。从以上数据可知，多数农户对村干部的评价比较好，认为他们能力强、办事公正。调研中还发现，有亲戚或朋友是干部或参与了扶贫工作且联系较多的农户是 111 户，占调研总数的 18%；有但联系不多的农户是 86 户，占调研总数的 14%；有但几乎没有联系的农户是 41 户，占调研总数的 6.7%；没有亲戚或朋友是干部或参与了扶贫工作的农户是 372 户，占调研总数的 61%。可见，大多数农户都是没有亲戚或朋友是干部或参与了扶贫工作。

2. 农村风气较好，农户干事创业激情足

认为本村风气好、团结和睦、积极上进的农户有 492 户，占调研总数的 80%；认为本村风气一般、基本和睦、上进心不足的农户有 105 户，占调研总数的 17%；认为本村风气不好、邻里关系不太好、做事不积极的农户有 3 户，占调研总数的 0.4%；认为本村风气差、集体办不好事、等靠要思想严重的农户有 9 户，占调研总数的 1.4%。可见，大多数农户都认为本村风气较好，大家干事创业的激情足。

四　瓮安县产业扶贫的益贫路径与机制

通过对瓮安县产业扶贫的调研、访谈，并结合瓮安县“六型模式”消除空壳村，发展壮大村级集体经济等相关资料的整理、分析，课题组总结出了该县产业扶贫在资产益贫、收入益贫、能力益贫、精神益贫等方面的益贫路径与机制。

（一）资产益贫

1. 资源开发益贫

结合县内资源富集的优势，瓮安县鼓励村集体单独或吸收其他资金参股联合，对村域内的山林、水面、矿产和“四荒”等资源进行合理开发，或者利用现有的产业资源优势，依托企业进行开发，进行“村企共建”，增加集体经济收入，使资源优势转化为经济优势。例如，建中镇果水村利用境内的茶产业基地优势，通过贵州苗岭雾海茶叶有限责任公司与果水村联合，利用“龙头 + 基地 + 合作社 + 农户”发展模式体系，深挖茶叶资源优势，打造茶叶优质品牌，辐射带动村级旅游发展。永和镇白水河村利用煤矿资源整合的时机，通过将集体所有的大洞河煤矿的股份进行变卖，吸收资金进行开发，获取集体经济收入，白水河村的集体经济积累达 280 余万元。

2. 资产盘活益贫

针对部分村（社区）集体所有的办公用房、厂房、机器设备等资产闲置的现状，瓮安县鼓励村级组织以股份合作、使用权有偿转让、租赁、公开招投标等形式，物尽其用、变废为宝，变存量为增量，把闲置资产盘活，实现集体资产的保值增值。例如，该县江界河镇山星村将村集体 100 余亩荒山承包给个体发展养殖（养羊），年承包费约为 5000 元。雍阳街道中心社区在闲置的村集体场地上兴办了洗车场，主要提供洗车、汽车美容、汽车装饰、停车等服务，既盘活村级资产，增加了村级集体经济收入，又解决 7 名当地居民的就业。雍阳街道河滨社区、瓮水街道鼓楼社区等通过将村集体闲置的资产进行公开租赁，获取租金，保证了村级集体经济的积累和壮大。

3. 土地营运益贫

为了实现集体土地的集约化经营，创造更大的财富，许多村级组织把农户分散的土地通过流转的方式集中起来，统一出租、经营，有的把土地作价入股到其他企业或合作社，参与分红，获取收益。例如，江界河镇渡江社区采取集体土地流转方式积极支持小城镇建设，每流转农村宅基地 1 平方米提取工作经费 1 元，连片租用土地 400 亩种植精品水果（樱桃、中华寿桃、核桃等），以此增加村级集体经济。瓮水街道新庄社区、茅坡村流转荒山、土地 6000 余亩，新建茶园 4000 余亩，发展养心菜特色种植 1000 亩。茅坡村还以土地入股的方式，联合有关投资方修建“江沣驾校”，每年可增加集体经济收入 6000 元。建中镇保护村通过山林流转及其他途径实现村集体经济收入 40 余万元。

（二）收入益贫

1. “三变”改革增收

启动实施农村资源变资产、资金变股金、农民变股东的“三变”改革，依托交通干线、优势产业、自然景观，在全县大力推进农旅、茶旅一体化建设，推动经济发展，实现企业增效，促进农民脱贫增收。目前，促进5280亩农村耕地、林地、草地、水域、四荒地入股变资产，促进3050.58万元农村资金变股金，促进8559名农民变股东，其中贫困人口有4180人。例如，在该县原老坟嘴、小河山乡，通过项目资金量化到户、入股企业、保本分红、滚动发展的“扶贫企业+农户”利益联结扶持机制，将280万元财政扶贫资金量化到560户贫困户，每户异地入股省级优秀龙头企业贵州苗岭雾海茶业公司入股5000元，企业在同等条件下优先吸收贫困户就业，使每户贫困户增收5000元以上，增加村级集体经济收入13万元。

2. 就业带动增收

（1）全员培训“授之以渔”提升就业技能。按照因地制宜选项目、因人而异定课程、因时而动搞培训的原则，充分考虑贫困人员的培训需求和意愿，确保每一名有培训意愿的贫困人员“应训尽训”，实现贫困户“1户1人1技能”全覆盖。对参加职业技能培训的建档立卡户每人每天发放40元生活补贴。通过培训提升农村群众就业技能，进行推荐就业，实现就业稳定脱贫。（2）因人设岗“定向招聘”实现精准就业。紧紧抓住东西部协作契机，对省内外用工企业岗位需求进行研判，梳理精选就业岗位，将岗位需求信息编印成就业口袋书通过网格员发放到村到组点对点宣传推荐就业，同时，深入开展“百企帮百村·千商扶千户”活动，动员县内企业积极开发新岗位，帮助贫困人口就业。（3）公岗安置“三无两有”确保就业兜底。对无法离寨、无业可扶、无力脱贫又有劳动能力和就业意愿的“三无两有”建档立卡贫困劳动力对象，该县整合部门资源，创造性开发村级公路保洁员，护林员、水管员、河道保洁员等公益性岗位，解决此类人员就业问题。

结合岗位不同实际情况，每个公益性岗位每年可获得 3000 ~ 10000 元不等的稳定性劳务报酬。

3. 三产联动增收

（1）依托独特的生态资源，大力发展茶叶、肉兔、辣椒、花卉、乌骨蛋鸡、食用菌、精品水果等优势产业。同时，重点挖掘太子参、银杏、花卉苗圃、油橄榄、油茶、养蜂等特色产业，实现全县“一县一业”“一乡一特”“一村一品”“一户一社”的百花齐放局面，形成村村示范抓产业、户户链接促增收的生动场景。（2）依托富集的磷矿资源，大力发展以磷化工为主的新型工业，加大实施工业扶贫项目，引进规模以上工业企业 83 家，深入推进“百企帮百村”，提高贫困户在各类企业的就业比重，实现困难群众县内企业就业 4000 余人。（3）依托丰富的旅游资源，着力打造以“草塘十二塘”为核心的千年古邑旅游区核心景区，以龙头带动、精品推动，全面提升旅游扶贫能力。目前，打造建中茶旅小镇、岚关嘉岚茶谷等农旅一体化基地等乡村旅游示范点 12 处，带动贫困户就业 3200 余人。

4. 金融支撑增收

充分发挥农村金融在产业发展中作用，实施精准扶贫“特惠贷”，惠及贫困户 9180 户。围绕瓮安茶叶、辣椒等特色产业，创新开发“鑫源贷”“网汇通”“信扶贷”等扶贫信贷产品，实施利率优惠政策。探索创新“银行 + 企业 + 贫困户”“公司 + 贫困户”“公司 + 合作社 + 贫困户”“大户 + 贫困户”等模式，打造建中镇“鑫产园茶业生产基地”、永和镇“七星鱼养殖”、江界河镇“香猪养殖”、白水河“香菇种植基地”等 16 个产业发展金融扶贫示范点，带动全县 2800 余户贫困户 7000 余人实现脱贫致富。探索建立产业扶贫创业基金，以珠藏镇羊关村为代表，通过采取社会赞助、部门资助和县级领导挂帮扶贫资金定点投放等多种形式筹集资金 30 余万元建立产业扶贫创业基金，对有意愿发展产业、扶贫创业的贫困户给予奖励或贷款贴息，着力解决贫困群众创业启动资金难题。

5. 政府兜底增收

该县坚持把民政低保作为解决家庭结构缺陷的托底措施，实现“两线合一”，农村低保保障标准提高到3876元。2014年以来，对老人户、单一劳动力户、体弱多病户等加大分类施保力度，对低保对象中生活仍有困难的老年人、重度残疾人、重病患者等九类对象增发特殊困难补助金，累计发放农村低保金15224.3万元，涉及建档立卡贫困对象8934人、农村五保户764人。建成乡村敬老院8个、农村幸福院34个，全县农村养老保险参保率达98%，建档立卡贫困户参保率达100%，让贫困老人“老有所养”。

（三）能力益贫

推进产业扶贫，必须加强基层党建。针对农村党员带动力不强、非公企业党员示范引领作用不明显的问题，瓮安县积极探索村级党组织与辖区非公企业党组织联建“双支部”，通过“组织共建、党员共管、产业共创、发展共享”，增强了基层党组织的凝聚力、战斗力。

1. 组织共建，夯实基层堡垒

通过创新组织设置，全县组建农业企业和行业党支部86个，在86个村（社区）组建“双支部”党建工作联合体。通过创新管理模式，实行“双支部”书记双向互挂，交叉任职，非公企业党支部书记挂任村党总支部委员，村党总支书记担任企业党支部党建指导员，企业所在的村党小组纳入企业党支部管理，党建引领发展的作用得到较好的发挥。通过创新工作机制，建立“双支部”联席会议制度、集中学习制度和主题党日活动等。在村企双向互动中，“双支部”以院坝会、田埂会、培训会、双向组织生活等为载体，化解矛盾纠纷1472件，为脱贫攻坚献计210条，为群众解决好事实事4210余件。

2. 党员共管，促进作用发挥

在开展党员共管过程中，“双支部”以“双培”“双带”活动为载体，促进了党支部和党员作用的发挥。通过实施“把致富能人培养成党员，把党员培养成致富能手”的“双培”工程，在企业开办农民学习班的基础上，全县各“双支部”还搭建了互助学习平台，举办培训班17期次，公开授课

15门，培训学员人数达14560人次。培养了如苗岭雾海党支部书记赵连富、旭东农业党支部书记李跃祥等一批带富能人，引来了如开阳县花梨乡村支部书记冉涛等一批的脱贫攻坚领头人。通过培养农村党员带头致富能力和带领群众致富的能力，大力开展“双带”活动，在涉农企业的生产、加工一线为党员设岗定责，“双支部”将组织生活开在茶山上、田坝间、厂房内，既激活了党员干事创业的热情，又帮助了企业发展，培养了生产骨干。自开展“双培”“双带”活动以来，全县共培养党员创业带富能手829名，引导致富带头人创办企业38家，发展茶叶、蔬菜、水果4.1万亩，发展养殖大户35户，带领10200户贫困户稳定脱贫。

3. 产业共创，助推经济发展

“双支部”通过产业共创，引导企业把资金、技术、信息等资源流向农村，村党支部积极为企业发展提供土地、劳动力和创业环境，有效助推了经济发展。村党总支重点围绕产业抓基础建设，茶海村建设完成了茶山路网，丰岩村建设乡村旅游设施，高枧、白花等村建设了乡村产业、文化大舞台，果水村大胆探索集体土地入市，配合建中镇建设了茶旅小镇，果水村荣获“2016贵州十佳美丽乡村”荣誉称号。企业党支部重点围绕发展抓产业，锦绣园艺在平定营种植花卉基地800亩，中梁公司在珠藏养鹿村养殖肉兔3万只，鑫产园在果水村种植优质生态茶叶1.2万亩。在“双支部”引领下，推动了全县4个省级、5个州级农业园区建设，89家重点农业龙头企业采取“公司+基地+农户+贫困户”的方式，发展养殖业37个，种植业70个，面积40.57万亩，覆盖了12056户贫困户。

4. 发展共享，实现脱贫目标

通过“双支部”实践，坚持绿色可持续发展的理念，加快了城乡统筹，壮大了集体经济，促进了企业增效、农民增收，实现互利共赢、发展共享。在“双支部”引领下，村企带动助推农民专业合作社发展，全县109个企业、99个合作社与86个村（社区）进行产业链接，实现46个贫困村全覆盖，同时也发展壮大了村级集体经济。落实就近龙头企业实施“特惠贷金融扶贫”，既帮助了企业发展，解决了融资难的问题，又让利于民，2017 年，全县 8914 户贫困户获分红 463 万元。通过联产联业、联股联心，采取“公司（合作社、家庭农场、专业大户）+农户”的模式，既建立了市场调控的利益联结机制，又较好地推动了农村经济的发展。

（四）精神益贫

习近平总书记强调，贫困群众既是脱贫攻坚的对象，更是脱贫致富的主体，要激励和引导贫困群众靠自己的努力改变命运。瓮安在贯彻落实中，着力给贫困群众输送精神食粮，引导他们增强主体意识，从根本上铲除滋生贫穷的土壤，进一步激发群众内生动力，为广大农户积极响应产业扶贫打下坚实基础。

1. “大宣讲”强化宣传教育

利用全县 112 所新时代农民（市民）讲习所开展全覆盖宣讲，全面打通群众“思想关节”，重塑贫困群众整体素质。以村为单位，组建驻村第一书记、包村书记、村党支部书记“三书记”宣讲团，开展百场党的方针政策宣讲。整合新时代农民讲习所、道德讲堂、村民小组会、院坝会、动员会等平台，通过现身说法、微宣讲、相声、快板、山歌、知识抢答赛等方式，将扶贫政策全面、系统、精准地宣讲到户到人，引导贫困群众树立正确的“脱贫观”，摒弃“等、靠、要”的落后思想观念，真正变“懒惰”为“勤奋”，厚植脱贫文化。例如，永和镇白水河社区脱贫攻坚工作队率先召开了“治懒扶志·勤劳致富”大家谈活动，并成立白水河社区脱贫攻坚“治懒扶志·勤劳致富”现身说法宣讲团，由乡贤寨老、党员致富带头人、种养殖大户等身边典型及身残志坚残疾人代表通过讲述自身故事经验，让因“懒”致贫群众转变思想。

2. “树典型”强化示范引领

（1）开展日常评比。所有行政村（社区）每季度开展“评先评懒”等活动，在村寨醒目位置设置光荣榜、群英榜、积德榜、曝光台等进行公示，通过村比村、组比组、户比户，传播正能量，激发广大群众比、学、赶、超的内生动力。猴场镇青池村的“比一比、晒一晒”公示牌每天按时更新，每轮公示都吸引上百名群众前来“对标”，励志脱贫的故事相互激荡。（2）开展集中表彰。评选表彰“基层党员示范户”“孝老爱亲示范户”“助人为乐示范户”“遵纪守法示范户”“清洁庭院示范户”“自立自强示范户”“产业发展示范户”共计4307户，激发广大群众比、学、赶、超的内生动力，形成了由争当贫困户向争当示范户的转变。脱贫致富的内生动力充分激发，过去比谁家吃了低保，现在比谁家脱贫快，追求美好生活已经蔚然成风。建中镇果水村，村民们在接受完勤劳致富的现身说法后，共同唱起了《没有共产党就没有新中国》。（3）实行文化惠民。依托“瓮水长歌乡村行”平台，采取“政府采购、群众参与，社会联动，文化惠民”的方式，鼓励文艺小分队创作反映农村群众致富脱贫、因懒致贫等作品。群众自己编、自己演、自己唱，让群众成为宣传党的声音的宣传者、脱贫攻坚的参与者与动员者，形成全社会共同参与脱贫攻坚的良好氛围。

3.“齐参与”强化主体地位

瓮安在推进脱贫攻坚中，充分挖掘群众的智慧和力量，最大限度激发群众的主体作用。（1）增强群众主体意识。创新村民自治的有效实现形式，建立村务监督委员会、村民议事会，形成民事民办、民事民管的多层次协商格局，让农民自己说事、议事、主事，扎实做好引导群众积极参与脱贫攻坚各项工作，鼓励群众共建家园。在水、电、路等具体项目建设实施中，让群众参与土地协调、环境保护、质量监督、验收评估等工作。需要投工投劳的项目，优先安排有劳动能力的贫困群众参与。（2）充分吸纳群众意见。在村务管理和村庄环境治理中，注重听取和尊重他们的意见，及时做好村务公开，全面保障贫困群众的知情权、表达权和监督权。同时，加强农村法治宣传教育，完善农村法治服务、引导干部群众遵法学法守法用法，依法表达诉求、解决纠纷、维护权益，形成村内自我服务、自我决策的自治氛围。在贫困对象确认、扶贫计划制定，到村到户项目的选择等方面，把群众的意见建议吸纳到脱贫攻坚决策中，使脱贫攻坚各项决策部署更接地气、更体现民意、更科学。（3）强化村民自我管理。围绕脱贫攻坚、产业发展、乱搭乱建、滥办酒席等重点难点问题，引导村民将“扶贫不扶懒”“破除等靠要”“三改一拆”“严遏滥办酒席风”等写入村规民约，引导群众自我约束、自我教育、自我管理。将党恩教育、富而思源的理念与群众的生产生活、情趣爱好结合起来，在村寨悬挂敬语标识，展现良好的民风民俗、精神风尚。组织开展制家训亮家风活动，将尊老爱幼、邻里和睦、勤劳致富等家风家训在门庭、院墙、门头等显著位置上书写悬挂，形成村村有敬语、户户明家训，推进乡风文明建设。

五 瓮安县产业扶贫与可持续脱贫的重要启示

通过调研，课题组最大的感受和启示就是要充分认识产业扶贫在脱贫攻坚中的独特地位和重要作用，要坚决把产业扶贫及其农户响应作为提升脱贫质量、巩固帮扶成效、夯实稳定脱贫基础的重要抓手，坚定意志、坚持精准、久久为功，确保扶贫工作务实、脱贫过程扎实、脱贫结果真实，扶真贫、真扶贫、真脱贫，以实实在在的脱贫成效真正获得群众认可、经得起实践和历史检验。

（一）稳定增收是核心

习近平总书记指出，产业扶贫是稳定脱贫的根本之策。课题组认为，产业扶贫是促进群众增收的核心，是实现就业、稳定脱贫、巩固成效的重大举措。无论是产业扶贫还是就业扶贫，都必须以促进贫困群众稳定增收为核心，只有收入增加了、稳定了，脱贫成效才能巩固，脱贫效果的可持续性才能实现。如何稳定增收？瓮安县开展了许多创新，也做出了许多探索。比如，转变干部群众思想观念，革除小农经济等落后观念，将“为吃而生产”转变为“为卖而生产”。按照瓮安县“一城两带三组团”空间布局，深入推进农业供给侧结构性改革，大力调整优化农业产业结构，把玉米等低效传统产品调下来，把茶叶、辣椒、中药材、食用菌等附加值高的绿色优质产品调上去。因地制宜、因村布局发展“短、平、快、优”等带动性强的产业，打好点面兼顾、长短结合、大小并举等“组合拳”，为稳定增收、可持续脱贫奠定坚实基础。瓮安县的实践证明，只要紧紧围绕农户稳定增收这个核心，牢牢把握发展生产扶贫的主攻方向，最大限度地实现产业、就业两业融合，努力做到户户有增收项目、人人有脱贫门路，就能全面夯实稳定脱贫的基础。

（二）农户响应是重点

习近平总书记指出，贫困群众是扶贫攻坚的对象，更是脱贫致富的主体。课题组认为，产业扶贫要取得实效并有持久性，必须处理好外力、内力这组关系。外部帮扶固然重要，但是贫困户自身不努力、不作为，无动于衷或被动接受，即使外力再大也难以有效。因此，必须重视内力农户的主体作用，最大限度地提高农户对产业扶贫的感知度、意愿度、参与度。如何提升农户响应？瓮安县主要有以下几点探索：第一，算账。扶贫干部把扶贫产业的种养成本、收入算给农户听，让农户自己考虑划算不划算。第二，示范。开展产业发展示范户、示范基地评选，选出典型，树立榜样，做给农户看。第三，实干。扶贫干部扑下身子带着农户干，全程参与帮扶对象扶贫产业，主动帮助解决产业扶贫中遇到的各种困难和问题。比如，做好生产培训、技术服务，解决技能缺乏的问题，做好资金筹措、产销对接，解决资金缺乏、产品销路的问题，全程为农户从事扶贫产业保驾护航，最大程度提升农户产业扶贫响应强度。瓮安县的实践证明，只要把广大农户特别是贫困户从事扶贫产业的顾虑打消，配套建立各项机制，主动解决各种难题，账目算给他们听，榜样做给他们看，甩开膀子带着他们干，广大农户的主体意识就能树立起来，就能最大限度地提高农户响应强度，实现贫困地区的可持续脱贫。

（三）各方参与是关键

习近平总书记指出，扶贫开发是全党全社会的共同责任，要动员和凝聚全社会力量广泛参与。课题组认为，脱贫致富不仅是贫困地区的事，也是全社会的事，要大力弘扬中华民族扶贫济困的优良传统，充分发挥我国的政治优势和制度优势，更加广泛、更加有效地动员和凝聚各方面力量。如何凝聚各方？瓮安县在推进产业扶贫中，重点凝聚了新型经营主体、东西部扶贫协作、非公领域党组织等力量参与，使得脱贫攻坚的合力、凝聚力、战斗力进一步增强。比如，以广州市海珠区与瓮安县开展东西部扶贫协作结对帮扶为契机，一方面引进或转移海珠区更多有实力的企业到瓮安投资建厂，帮助解决就业，实现群众增收，巩固脱贫成果；另一方面借助海珠区商贸聚集地的市场资源优势，探索共建农特产品销售中心，拓宽精准扶贫农特产品销售渠道，助推瓮安县农特产品打开销路、进驻广州及东部市场销售。此外，瓮安县还充分发挥非公领域党组织优势，深入开展“百企帮百村·千商扶千户”活动，参加贫困村村企结对非公企业 65 家，结对帮扶贫困村 46 个，广泛开展礼聘“春晖使者”活动，感召贵阳瓮安商会企业家回乡领办产业，带动群众增收致富。瓮安县的实践证明，只要把政府、市场、社会的互动作用发挥好，把行业扶贫、专项扶贫、社会扶贫的联动作用调动好，切实强化各方合力，产业扶贫的农户响应强度就能提升，扶贫产业的脱贫可持续性就能持久。

（四）稳扎稳打是根本

习近平总书记指出，打赢脱贫攻坚战不是搞运动、一阵风，要真扶贫、扶真贫、真脱贫，要经得起历史检验。课题组认为，推进产业扶贫见实效绝非朝夕之功，不是轻轻松松冲一冲就能解决，必须树立正确的政绩观，落实以人民为中心的发展思想，不急一时之功，不图一时之利，把让贫困群众增收致富、过上好日子作为产业扶贫的着眼点和落脚点，坚定意志、久久为功、稳扎稳打，一个阶段接着一个阶段办，一年接着一年干，由浅入深，从点到面，循序渐进，全力推进。如何稳扎稳打？瓮安县做出了一些创新。据了解，在 2014 年以来的脱贫攻坚中，瓮安县把推进产业扶贫工程划分为引领脱贫阶段、攻坚克难阶段、强化成效阶段、巩固提升阶段等四个阶段，实行有步骤、分阶段的方式进行推进。比如，在摘帽后的巩固提升阶段，瓮安县依然紧抓扶贫产业不放松，通过实施“三下沉五示范”①，做到摘帽不摘责任，摘帽不摘政策，摘帽不摘帮扶，摘帽不摘监管，主动做好脱贫攻坚与乡村振兴战略的衔接，让广大农户在巩固脱贫成效、实现全面小康、推进乡村振兴中有了更多获得感、幸福感。瓮安县的实践证明，只要从实际出发，把握并处理好扶贫产业推进的力度、发展的速度、当地的财力承受度以及农户的接受度，坚持精准扶贫精准脱贫基本方略，咬定目标、铆足劲头，以钉钉子精神一锤一锤接续敲、一棒一棒接力干，就一定能稳扎稳打地高质量打赢产业扶贫攻坚战。

（五）苦干实干是保障

习近平总书记指出，脱贫攻坚工作要实打实干，一切工作都要落实到为贫困群众解决实际问题上。课题组认为，天有日月星、地有水火风、人有精气神。干事创业，贵在精神。如果没有改革创新的锐气、攻坚克难的勇气、苦干实干的精神气，是打不赢产业扶贫攻坚战这场硬仗的。调研中了解到，瓮安县所在的贵州省，是全国脱贫攻坚的主战场、是脱贫攻坚任务最重的省份。习近平总书记非常牵挂、非常关心贵州，对贵州打赢脱贫攻坚战寄予很高期望。近年来，包括瓮安县在内的贵州全省上下牢记嘱托、感恩奋进，大力弘扬“团结奋进、拼搏创新、苦干实干、后发赶超”的新时代贵州精神，以“贫困不除、愧对历史，群众不富、寝食难安，小康不达、誓不罢休”的信心决心，补齐了一块又一块短板，攻克了一个又一个堡垒，打赢了一场又一场硬仗。调研中，多数群众向调研组反映该县的扶贫工作做得好，对扶贫干部评价比较高，认为他们在产业发展、基础设施、公共服务、人居环境等方面对自己帮助很大，许多群众还自发地在家中贴上毛主席、习近平总书记的画像，用各种纯朴的方式感恩新时代、感恩共产党、感恩总书记。瓮安县的实践证明，扶贫干部只要有信念坚定

① “三下沉五示范”：干部下沉、服务下沉、考评下沉，产业示范、环境示范、治理示范、文化示范、组织示范。

一心为民的政治品质、勇挑重担攻坚克难的奋斗情怀、脚踏实地埋头苦干的务实作风、无怨无悔大爱无疆的奉献精神，始终把群众的安危冷暖放在心上，全心全意为群众办实事、做好事、解难事，就一定能赢得群众的认可和拥护，就一定能提升产业扶贫的农户响应强度，夺取脱贫攻坚战的最后胜利。

B.3

花垣县产业扶贫、农户生计响应与益贫机制创新*

丁建军　李骥龙　王　璋**

摘　要： 武陵山片区花垣县十八洞村是“精准扶贫”方略的首倡地。作为精准扶贫试点县，花垣县以“现代特色农业”为抓手，通过加大投入、培育新型主体、依托园区平台、推进三次产业融合、创新利益联结等加快扶贫产业发展，取得了较明显的减贫成效。通过调查该县4个镇、15个贫困村的产业扶贫实践以及640余户农户对产业扶贫的生计响应发现：(1)花垣县产业扶贫的农户生计响应程度不高，生计空间、生计资本响应度相对较高，而生计方式、生计产出响应更弱，并且各乡镇、村寨以及各维度上的响应存在明显差异；(2)村部基层组织能力、乡村风气、扶贫产业类型、地理区位等外部因素以及贫困程度、教育程度、劳动力数量、信贷可得性等家庭因素对农户生计响应有重要影响，并对不同维度、不同强度响应的影响存在差异。基于农户生计响应的视角，建议花垣县产业扶贫益贫机制创新要注重农户的生计响应、优化村部软硬环境、实施分类差异化帮扶、突

* 本文受国家自科基金项目“武陵山片区城镇化的农户生计响应与减贫成效分异研究（41761022）”资助；湖南省社科基金重点项目“武陵山片区乡村振兴与新型城镇化联动研究”（18ZDB031）资助；吉首大学研究生创新项目“产业扶贫的农户生计响应与益贫机制创新研究”资助。

** 丁建军，博士，教授，博士生导师，研究方向为区域贫困与发展；李骥龙，博士研究生，研究方向为生态扶贫；王璋，硕士研究生，研究方向为区域经济。

出生计方式和产出响应以及防控风险、脆弱性和“精英俘获”。

关键词： 产业扶贫　生计响应　益贫机制　花垣县

花垣县是武陵山片区腹地湘西自治州的一个国家级贫困县，湖南省深度贫困县。该县位于湖南省西部，武陵山脉中段，湘黔渝交界处，人称“一脚踏三省”“湘楚西南门户”。该县国土面积为1109.35平方千米，下辖12个乡镇、217个村、16个社区、8个居委会，2017年总人口为31.27万人。花垣县有着丰富的矿产储备，锰矿探明储量居湖南省之最、中国第二，铅锌矿探明储量居湖南省第二、中国第三，故有“东方锰都”“有色金属之乡”的称誉。同时，花垣县是民族地区、革命老区，有着特色鲜明的自然和人文景观。有大小龙洞瀑布群、边城茶峒风景区、古苗河蚩尤风景区等自然风光；也有10万年前古人类活动遗址、乾嘉苗民起义古战场遗址、沈从文笔下的边城茶峒等人文景观；还是古朴神秘的“百里苗乡”，苗语文、苗画、苗族生成哲学等苗族文化古朴神秘，是苗族巴岱艺术之乡、唢呐艺术之乡、苗山歌之乡、“中国民间文化艺术之乡”、“中国苗绣织锦艺术之乡”、“全国蚩尤文化研究基地”。曾经的花垣县，在矿业经济的驱动下，在武陵山片区是经济明星县，先后被评为“全国最具投资潜力中小城市百强”“全国最具区域带动力中小城市百强”“湖南省县域经济强县”。然而，伴随国家对矿业经济整治和环境污染治理的推进，花垣县“一矿独大”的经济结构使其陷入了发展困境，再度成为贫困县。2013年11月，习近平总书记走进花垣县十八洞村，首提“精准扶贫”方略，开启了中国扶贫的“精准扶贫”时代，花垣县紧抓作为全省、周边省市乃至全国精准扶贫试点县的先机，精心谋划，开拓创新，取得了显著的减贫成效。特别地，围绕突破“一矿独大”的产业结构困境，该县以现代特色农业为抓手，开启了特色农业产业精准扶贫时间探索。2018年，全县扎实推进“四跟四走”产业扶贫，142个贫困村发展产业项目640多个（含基础设施建设），通过龙头带动、能人带动、专业合作，联结贫困人口5.2万人，脱贫42个村、1.68万人，贫困发生率下降到4.5%，产业扶贫取得实效，城乡居民人均可支配收入分别实现24506元、8692元，同比增长8.5%、10.6%。

一　花垣县产业扶贫实践

花垣县坚持把发展特色现代农业与精准扶贫紧密结合，在资金投入、产业建设、利益联结、风险防控等方面不断探索，农业产业助推精准脱贫取得了明显成效。

（一）突出农业产业地位，加大投入力度

近年来，花垣县高度重视农业产业发展，将发展现代特色农业作为优化县域经济结构和助推精准扶贫的重要抓手。一方面，为破解以前“一矿独大”产业困境，出台了系列政策扶持县内工矿企业投入绿色生态农业，促进经济转型提质。另一方面，逐年加大产业扶贫资金投入，把发展生产脱贫工程放在精准扶贫十大工程最突出的位置，作为助推精准脱贫的动力源泉。2016年以来，累计整合涉农资金3.63亿元用于扶持农业产业发展。2017年以来，全县先后召开了茶叶、蚕桑、竹狸、中药材等重点产业建设的动员会和推进会。为加快发展茶叶、油茶、生猪、蚕桑等重点产业，分别成立专门办公室、配备工作队伍、安排工作经费，全力推动产业发展。

（二）引导多种主体参与，创新扶贫模式

为加快特色现代农业发展，花垣县出台了一系列扶持政策，积极培育龙头企业、专业合作社、家庭农场、大户等新型农业经营主体，大力引导其参与发展扶贫产业，使之成为精准扶贫的生力军。目前，全县已发展龙头企业19家、专业合作社529家、家庭农场481家、大户385家，助推茶叶、蚕桑、水果、烤烟、蔬菜、中药材、油茶、优质稻、花卉和畜禽水产养殖业等

十大特色产业加快发展。2017 年全县特色种植面积达 31.78 万亩、特色养殖规模达 110.6 万头（羽、尾），实现特色产业总产值 11.39 亿元。通过政策引导，各类新型农业经营主体灵活采取直接帮扶、委托帮扶、股份合作等方式，不断创新精准扶贫模式。比如，按照“跳出十八洞村建设十八洞产业”的思路，十八洞村与苗汉子合作社进行股份合作，在湘西农业科技园区流转土地 1197 亩开发猕猴桃基地，发展“飞地经济”，创新了易地产业扶贫模式。同时，针对产业扶贫过程中出现联结对象不够精准等问题，创新帮扶对象评定模式，即每年开展一次脱贫困难户评选认定，将脱贫困难户作为委托帮扶利益联结分红对象，并由原来帮扶主体自主选择分红对象改变为由县统筹安排，这样既解决了部分产业项目实施地附近无足额分红对象问题，又解决了产业滞后地区贫困户无人帮扶的问题。

（三）依托农业园区平台，壮大脱贫产业

花垣县形成了以园区建设为平台，以产业开发为载体，以企业带动为抓手，着力建设“一点多片”的扶贫产业发展思路。其中“一点”为湖南湘西国家农业科技园区，“多片”为百亩、千亩、万亩农业精品园和一二三产融合园。一方面，花垣县规划建设了占地 68.5 平方千米、总投资 50.7 亿元的湖南湘西国家农业科技园区（花垣核心区），着力建设“一园一带七大基地”，目前累计完成投资超过 12 亿元，引进企业及合作社 42 家，其中龙头企业 19 家，建成猕猴桃基地 3200 亩、优质稻基地 1.2 万亩、蔬菜基地 2.6 万亩、烟草基地 8000 亩、茶叶基地 6000 亩、油茶基地 1.78 万亩、牧草基地 3500 亩、中药材基地 7200 亩。另一方面，因地制宜地发展规模特色种植、养殖业，打造“一乡一业”“一村一品”经济，目前全县建有一二三产融合园 2 个、万亩精品园 3 个、千亩标准园 36 个、百亩示范园 284 个。全县农业园区点片相连，形成了烟叶 4 万亩、蔬菜 10 万亩、油茶 12 万亩、中药材 1 万亩、桑叶 1 万亩、水果 6 万亩、湘西黄牛 2 万头、乳鸽 50 万羽等特色种养规模。通过产业带动、土地流转、就业务工等方式，全县各类农业园区共带动贫困人口 5.6 万多人，每年安排

2.6 万多名农民就近务工就业，农民直接增收 2.13 亿元，已成为特色现代农业的重要载体和精准脱贫的强大引擎。

（四）着眼长效稳定脱贫，推进三产融合

一是提升农产品精深加工水平。按照“政府扶助为辅、企业自筹为主”的模式，德农牧业、苗汉子、五龙红茶等龙头企业相继建成了肉牛屠宰、果蔬加工、红绿茶精深加工生产线，培育出了“德农牛肉”“苗外婆”“十八洞黄金茶”等优质品牌。目前全县有 12 家龙头企业和专业合社建成了精深加工生产线。通过精深加工和品牌培育，农产品产值呈现翻倍增长的效应。二是大力发展农旅一体化。将农业科技园区与紫霞湖休闲观光带进行整体规划，已建成和在建的有十八洞苗汉子 3200 亩猕猴桃观光采摘园、梓鑫玫瑰 2500 亩风情园、神笔公司 1250 亩黄桃农庄、五龙红茶 4000 亩生态茶叶农庄、金溶村 2500 亩“金溶花海”等一批农业观光园。规划在紫霞湖畔建设 2000 亩的十八洞乐园建成后将成为湘黔渝鄂边区最大的休闲观光、扶贫展示、科技体验、采摘品尝的现代农业综合基地。三是加快“互联网 + 农业”步伐。加快交通、通信、电商服务、农村物流配送等网络提质升级，建设“互联网 + 农业”绿色发展通道。目前，全县境内拥有各级公路 2534 千米；建成 4G 基站 310 个，建制村宽带网络覆盖率 100%；县内注册物流仓储企业 25 家，建成“万村千乡”农家店 126 家、邮政综合服务站 135 个、供销网点 15 个，拥有“农村淘宝”“盘古电商”“黑土麦田”等农村电商专业服务团队；整合菜鸟、京东、苏宁易购、邮政、村级服务站、交通班线等物流平台，初步形成了县、乡、村三级物流运营模式，县乡村配送实现 1 小时送达。2017 年以来，通过借助各类网络平台，全县农产品线下、线上销售利润平均提高近 20%。

（五）强化带动减贫效应，优化利益联结

积极探索建立农业产业与贫困户和村级集体经济的利益联结机制。2017 年起，逐年扩大全县统筹发展产业资金的比例，依托农业龙头企业和专业合

作社，采取直接帮扶、委托帮扶、股份合作等模式，结合金融扶贫，严格利益联结规定，督促企业不低于市场价回收产品、每年按比例发放保底收益或分红。2018 年，为加快贫困户脱贫步伐，全县整合 1.76 亿元产业发展资金，直接帮扶按照 2∶8 的比例，委托帮扶和股份合作按照 2.5∶1∶6.5 的比例，折股作为扶贫主体、贫困村和扶贫对象的股份，由县扶贫办根据产业项目资金数额，按照 4000 元/人标准量化到项目联结带动的贫困人口。具体利益联结分红办法，如采取股份合作方式的，前 5 年应对入股的贫困户采取“保本保底收益 + 按股分红”模式，保障贫困户的本金安全，年分红比例不低于股金的 10%；5 年期过后，入股贫困户与扶贫主体同股同利、风险共担。采取委托帮扶方式的，受托龙头企业等扶贫主体前 5 年分成比例不低于投资资金 10% 的收益；5 年期过后，贫困户与扶贫主体同股同利、风险共担。通过建立产业利益联结机制，2014 年以来，花垣县农业产业累计带动贫困户 15898 户 65181 人，每年安排 2.6 万多名农民就近务工就业，农民直接增收 2.13 亿元，已脱贫 8821 户、36170 人。2018 年，约带动 1.68 万名贫困人口脱贫。

二　花垣县产业扶贫的农户生计响应测度

（一）资料来源

借鉴陈佳等的调查思路和方法，课题组成员于 2018 年 7 ~8 月，对花垣县吉卫镇、龙潭镇、石栏镇、双龙镇的 15 个贫困村的 640 户农户进行了实地调查。调查方式为资料收集、问卷调查和半结构式访谈。首先，走访县扶贫办等相关部门，通过座谈等方式收集县级产业扶贫规划、产业扶贫典型项目、产业扶贫总体成效等相关素材，了解该县产业扶贫概况；然后，结合县级座谈所获取的信息抽取 4 个乡镇和 15 个贫困村，走访乡镇及村部，通过座谈进一步获取相关乡镇和贫困村产业扶贫进展相关资料，并与各乡镇、样本村负责人以及村寨中的“意见领袖”进行半结构式深度访谈；最后，每个村随机抽取40户农户（其中选择一个村作为重点，调查80户）进行面对面问卷调查，每户调查时间约为20～40分钟。问卷调查的内容主要包括两个层面，一是农户家庭基本状况（户主性别、年龄、收入来源、教育程度、劳动力数量、社会网络等），二是在可持续生计分析框架基础上，从生计资本、生计方式、生计产出和生计空间四个维度和感知、意愿和行动三类强度上设计测度要素和问题，具体为：①生计资本响应（自然、社会、物质、人力和金融5大生计资本响应）；②生计方式响应（对非农就业机会如做生意、务工、兼职等以及乡村生计方式受产业扶贫影响的反应）；③生计产出响应（对产业扶贫引起的产出水平、收入渠道以及受自然、市场影响的反应）；④生计空间响应（对居住、就业、就学、就医、购物、娱乐空间等受产业扶贫影响的反应）。半结构式访谈则旨在了解产业扶贫农户生计响应的影响因素等。

表1　调查基本情况

	调查村寨数（个）	占比(%)	调查户数（户）	占比(%)	建档立卡户（户）	占比(%)
吉卫镇	2	13.33	80	12.50	37	12.50
龙潭镇	3	20.00	120	18.75	59	19.93
石栏镇	6	40.00	240	37.50	116	39.19
双龙镇	4	26.67	200	31.25	84	28.38
总计	15	100.00	640	100.00	296	100.00

如表1所示，本研究共调查15个村寨，填写问卷640份。其中，4个乡镇调研户数占比分别为13.33%、20.00%、40.00%和26.67%，调查对象为建档立卡户的比例为46.25%。此外，所调查农户年龄结构中有14岁以下小孩和60岁以上老人的家庭最多，占40.63%；家里有人长期生病的家庭占比高，达到55.63%；最高受教育程度为初中的家庭占比最高，为44.84%；其次是小学，占比19.06%；收入来源中以务工收入为主的家庭占比最高，约占41.40%，其次是种植或养殖收入为主的家庭，占比为37.50%；劳动力数量为2～3人的家庭占比最高，为53.75%；家里土地、

林地、池塘等自然资本数量少且质量差的农户占比最高，为36.72%，其次是数量和质量都一般的农户，占比为34.53%；社会网络方面，没有亲戚或朋友是干部或参与了扶贫工作的家庭占比最高，达80.47%，其次是有亲戚或朋友是干部或参与扶贫工作但几乎没有联系的农户，占比7.81%。总体而言，样本农户家庭抚养比较高、教育程度低、以务工和务农收入为主，社会资源非常有限，较好地反映了贫困山区农户的特征，样本代表性强。

表2 农户视角下的扶贫产业主要类型（频次）

	养殖业	种植业或林业	农产品及其他加工业	多种产业混合，但规模不大	旅游业
吉卫镇懂马村	38	2			
吉卫镇联龙村	30	10			
龙潭镇板塘村	1	3	1	35	
龙潭镇开支村				40	
龙潭镇青龙村	6	14	4	6	10
石栏镇猫儿坡村	1			39	
石栏镇排吾村				40	
石栏镇排乍村	2	3		35	
石栏镇朋岩村				40	
石栏镇三塘村	5	4	5	17	9
石栏镇石栏村				40	
双龙镇董马库村	1	26	2	51	
双龙镇鼓戎湖村	13	12	1	13	1
双龙镇鸡坡岭村	14	8		18	
双龙镇岩锣村		2	1	37	

（二）生计响应测度

1. 响应维度与强度的权重确定

依据B1的响应测度要素评分及权重确定分法，得到农户生计响应测度要素权重（见表3）。

表 3　农户生计响应测度要素与权重

响应维度		测度要素	响应强度	主观权重	客观权重	综合权重
生计资本	自然资本	对耕地、林地、菜地、鱼塘等由于产业扶贫而被征收或流转的认知、态度和行为反应	感知	0.10	0.16	0.13
			意愿	0.30	0.21	0.26
			行动	0.60	0.63	0.61
	自然资本响应权重			0.20	0.20	0.20
	物质资本	对购房或住房改建中家居(小车、家具等)受产业扶贫影响的认知、态度及行为反应	感知	0.10	0.29	0.20
			意愿	0.30	0.31	0.30
			行动	0.60	0.40	0.50
	物质资本响应权重			0.20	0.12	0.16
	人力资本	对家庭成员的见识、技能及对教育的认识等受产业扶贫影响的认知、态度和行为反应	感知	0.10	0.28	0.19
			意愿	0.30	0.30	0.30
			行动	0.60	0.42	0.51
	人力资本响应权重			0.20	0.25	0.23
	社会资本	对邻里、亲戚和朋友关系等社会网络资源受产业扶贫影响的认知、态度和行为反应	感知	0.10	0.27	0.18
			意愿	0.30	0.39	0.35
			行动	0.60	0.34	0.47
	社会资本响应权重			0.20	0.26	0.23
	金融资本	对持有金融产品、发生金融业务及与金融机构互动频率和方式受产业扶贫影响的认知、态度和行为反应	感知	0.10	0.31	0.20
			意愿	0.30	0.35	0.33
			行动	0.60	0.34	0.47
	金融资本响应权重			0.20	0.17	0.18
生计资本响应权重				0.25	0.13	0.19
生计方式		对非农就业机会(做生意、务工、兼职等)以及乡村生计方式受产业扶贫影响的认知、态度与行为反应	感知	0.10	0.26	0.18
			意愿	0.30	0.26	0.28
			行动	0.60	0.48	0.54
生计方式响应权重				0.25	0.26	0.26
生计产出		对产业扶贫引起的产出水平、收入渠道以及受自然条件(灾害、恶劣天气等)、市场条件(价格、需求等)影响的认知、态度及行为反应	感知	0.10	0.28	0.19
			意愿	0.30	0.30	0.30
			行动	0.60	0.42	0.51
生计产出响应权重				0.25	0.19	0.22
生计空间		对生计活动的空间(居住、就业、就学、就医、购物、娱乐空间等)受产业扶贫影响的认知、态度和行为反应	感知	0.10	0.28	0.19
			意愿	0.30	0.30	0.30
			行动	0.60	0.42	0.51
生计空间响应权重				0.25	0.42	0.33

2. 生计响应测度结果分析

应用B1的生计响应测度要素与方法，基于调查数据，分别得到生计资本、生计方式、生计产出、生计空间4个维度以及综合响应指数，并对各指数中3类响应强度进行比较分析。生计响应测度前对量表进行了效度与信度检验，数据信度检验的Cronbach's alpha系数为0.607，效度检验的KMO值为0.715，Bartlett球体检验F值为0，说明数据存在良好的信度与效度。

（1）产业扶贫的农户响应

图1、图2分别从感知、意愿、行动的均值和标准差两个层面比较了花垣县4乡镇15个样本村农户对产业扶贫的整体响应情况。整体而言，响应强度上由感知、意愿到行动依次递减，响应强度差异上则反之，由感知、意愿到行动依次递增。这表明，花垣县产业扶贫实践中，虽然有更多的农户知晓并且也有较高的意愿参与，但有相当部分并未实际参与。

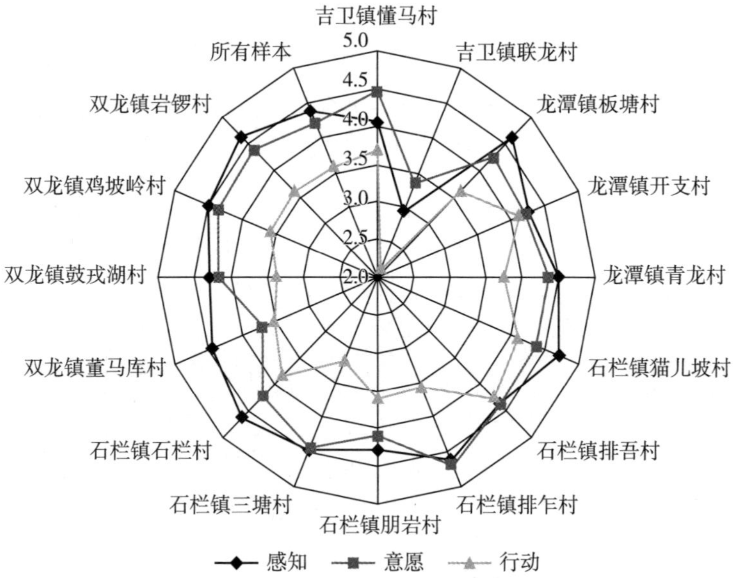

图1　花垣县4乡镇15村产业扶贫农户感知、参与意愿与行动（均值）

从样本村的比较来看，响应强度较高的主要有龙潭镇开支村、石栏镇猫儿坡村、石栏镇排吾村，这三个村农户产业扶贫感知、意愿和行动得分均在

4 分以上，并且除猫儿坡村以外，农户个体间响应强度差异也较小，即这三个村产业扶贫的农户响应情况要好于其他样本村。响应情况最差的是吉卫镇联龙村，该村除意愿得分高于 3 分以外，感知、行动得分在 2 至 3 分之间，即大多数农户表示对“知道村里发展了扶贫产业、自己参与了扶贫产业”均表示“基本不同意”。响应强度差异最大的是双龙镇董马库村、石栏镇排乍村，这意味着这两个村的农户在产业扶贫响应上存在较大分歧。而所有样本农户的感知、意愿、行动得分分别为 4.38、4.21、3.57，表明花垣县农户基本知晓并愿意参与扶贫产业，但实际参与度还有待进一步提升。

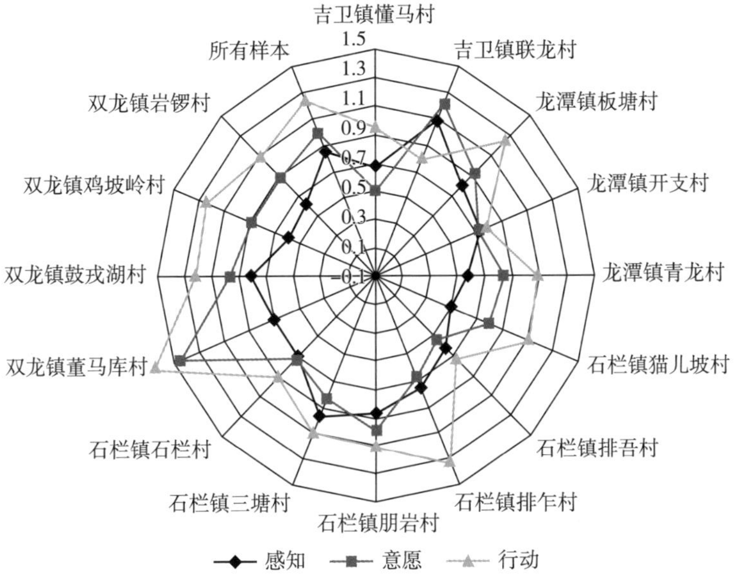

图 2　花垣县 4 乡镇 15 村产业扶贫农户感知、参与意愿与行动（标准差）

（2）生计资本响应

由表 4 可知，生计资本响应指数均值为 3.55，处于“弱认同”状态，在 4 个维度中排第 2 位，强于生计方式和生计产出响应，标准差在 4 个维度中也最小，意味着在农户的产业扶贫生计响应中生计资本的响应程度较高且农户间差异较小。从 4 个乡镇的对比来看，石栏镇、龙潭镇、双龙镇和吉卫镇的响应指数依次递减，分别为 3.76、3.64、3.38 和 3.24，并且石栏镇和龙潭镇的标准差也较小，这表明，石栏镇和龙潭镇农户的生计资本响应程度较高且农户间的一致性较强。进一步对比5类生计资本的响应指数发现（见图3）：自然资本的响应程度最高（3.95）但标准差较大（0.95），达到“基本认同”状态但农户间有较大差异；其次是社会资本响应，响应指数为3.74，标准差居中（0.85），表明自然资本总体上受产业扶贫的影响也比较大，且农户之间也存在一定差异；金融资本响应指数最小（3.25），意味着农户对持有金融产品、发生金融业务及与金融机构互动频率和方式受产业扶贫影响的认同度偏低。此外，4个乡镇中石栏镇、龙潭镇的5类生计资本的响应指数均较高，分别位列第1、第2位，吉卫镇4类生计资本（除物质资本外）响应指数最低，双龙镇则物质资本响应指数最低。

表4　样本农户生计响应指数分维度比较

	生计资本响应		生计方式响应		生计产出响应		生计空间响应		综合生计响应	
	均值	标准差	均值	标准差	均值	标准差	均值	标准差	均值	标准差
吉卫镇	3.24	0.49	3.41	0.65	3.03	0.75	3.24	0.99	3.21	0.57
龙潭镇	3.64	0.35	3.59	0.64	3.54	0.76	3.87	0.68	3.66	0.43
石栏镇	3.76	0.46	3.71	0.64	3.26	0.88	3.98	0.80	3.64	0.48
双龙镇	3.38	0.67	3.38	0.82	2.91	0.99	3.62	0.93	3.29	0.70
所有样本	3.55	0.56	3.54	0.72	3.17	0.91	3.75	0.89	3.48	0.60
	自然资本响应		物质资本响应		人力资本响应		社会资本响应		金融资本响应	
	均值	标准差	均值	标准差	均值	标准差	均值	标准差	均值	标准差
吉卫镇	3.55	0.99	3.52	0.84	2.84	0.73	3.36	0.76	2.94	0.61
龙潭镇	4.05	0.85	3.59	0.78	3.35	0.74	3.85	0.74	3.43	0.56
石栏镇	4.01	0.92	3.84	0.85	3.69	0.98	3.92	0.77	3.30	0.67
双龙镇	3.97	0.99	3.21	1.19	3.01	1.04	3.62	0.96	3.21	0.89
所有样本	3.95	0.95	3.56	0.99	3.31	0.98	3.74	0.85	3.25	0.74

从3类响应强度来看（见表5），生计资本感知、意愿和行动响应指数均值分别为3.85、3.64和3.41。其中，感知、意愿、行动响应指数在4个维度中得分分别排名第2、第3、第2。4个乡镇中，石栏镇的生计资本感知、

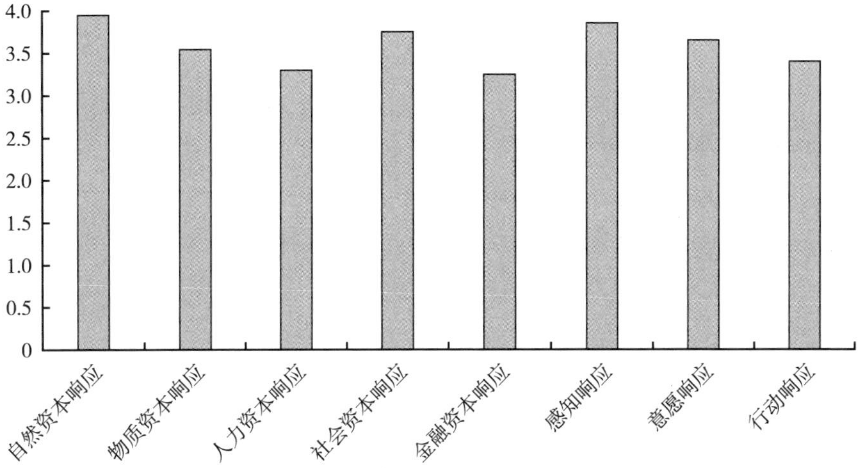

图3　生计资本响应指数（所有样本均值）

表5　样本农户生计响应强度指数均值比较

	生计资本响应			生计方式响应			生计产出响应			生计空间响应			综合生计响应		
	感知	意愿	行动	感知	意愿	行动	感知	意愿	行动	感知	意愿	行动	感知	意愿	行动
吉卫镇	3.98	3.51	2.84	3.97	4.63	2.61	3.72	3.33	2.61	3.67	3.52	2.95	3.79	3.70	2.73
龙潭镇	3.82	3.66	3.57	3.99	3.78	3.34	3.72	3.69	3.35	4.13	3.78	3.79	3.92	3.73	3.52
石栏镇	4.06	3.85	3.62	3.99	3.93	3.50	3.51	3.45	3.05	4.19	4.04	3.87	3.90	3.79	3.47
双龙镇	3.57	3.45	3.29	3.45	3.73	3.18	3.19	3.15	2.69	3.75	3.64	3.56	3.46	3.46	3.13
所有样本	3.85	3.64	3.41	3.82	3.93	3.26	3.47	3.39	2.93	3.98	3.80	3.64	3.76	3.67	3.28
	自然资本响应			物质资本响应			人力资本响应			社会资本响应			金融资本响应		
	感知	意愿	行动	感知	意愿	行动	感知	意愿	行动	感知	意愿	行动	感知	意愿	行动
吉卫镇	4.61	4.27	3.04	4.18	3.87	3.04	3.72	3.05	2.41	3.78	3.41	3.16	3.63	2.99	2.63
龙潭镇	4.27	4.17	3.93	3.73	3.57	3.53	3.73	3.51	3.11	3.91	3.59	4.00	3.47	3.49	3.35
石栏镇	4.53	4.45	3.71	4.10	3.88	3.73	4.02	3.75	3.51	4.10	3.87	3.88	3.53	3.25	3.25
双龙镇	4.31	4.26	3.80	3.42	3.25	3.10	3.19	3.07	2.92	3.72	3.59	3.63	3.34	3.21	3.15
所有样本	4.42	4.31	3.70	3.83	3.62	3.41	3.67	3.41	3.11	3.91	3.67	3.73	3.47	3.25	3.16

意愿和行动响应指数均最高，其次是龙潭镇，除生计资本感知响应指数排第3外，其余2个指数均排名第2，吉卫镇的行动响应指数最低，低于3。在生计资本的5类资本中，仅有自然资本感知响应指数高于4，为4.42，最低的是金融资本感知响应，仅为3.47。与此同时，自然资本的意愿、行动指

数在5类资本中排名分别第1、第2，两者分别为4.31、3.70，这表明大部分农户不仅感知到产业扶贫对自然资本的影响，而且也愿意以自然资本参与扶贫产业，但在行动上依然滞后。意愿和行动响应指数都较低的是金融资本资本，两者分别为3.25、3.16，这意味着样本农户在金融资本上对产业扶贫态度不够积极，行动上更为滞后。4个乡镇中，虽然5类资本的感知、意愿和行动响应指数各有差异，但总体上都遵循“感知大于意愿，意愿高于行动”的排序，仅有社会资本“行动大于意愿”，行动与感知差距最大的是自然资本响应，差距最小的是社会资本响应。

（3）生计方式响应

表4显示，生计方式响应指数均值为3.54，略高于生计产出响应指数，在4个维度中排名第3，标准差为0.72，在4个维度中排名第3，这意味着花垣县产业扶贫的农户生计方式响应程度不高且农户间存在一定差异。4个乡镇中，石栏镇的响应指数最高、标准差并列最小，表明石栏镇农户对产业扶贫的生计方式响应相对突出且彼此间差异较小，双龙镇的响应指数最小，标准差最大，意味着双龙镇农户生计方式对产业扶贫的响应较弱且农户间差异大。龙潭镇和吉卫镇较为接近，但前者无论是在响应强度还是在响应一致性上都略高于后者。从3类响应强度来看（见表5），感知、意愿和行动响应指数均值分别为3.82、3.93和3.26，在4个维度中分别排第3、第1、第3位，除意愿响应指数最高外，感知、行动响应指数仅高于生计产出的感知和行动指数。4个乡镇中，龙潭镇、吉卫镇、石栏镇的感知、意愿和行动响应指数分别最高，行动与感知差距最大的是吉卫镇，差距最小的是双龙镇，这意味着吉卫镇农户虽然感知到产业扶贫对生计方式带来的影响，并且非常愿意进行调适（意愿响应指数最高，为4.63），但可能受诸多因素的制约，生计方式的实际变化不大，相反，双龙镇的行动力则更强。

（4）生计产出响应

生计产出响应指数均值为3.17，在4个维度中排名第4，标准差为0.91，在4个维度中排名第1，这意味着农户的生计产出总体上受产业扶贫的影响小并且农户间差异大。4个乡镇中，龙潭、石栏、吉卫和双龙镇的响应指数依次递减，双龙镇不仅响应指数最小，而且标准差最大，可见，双龙镇农户的产业扶贫生计产出响应相对迟缓且分化相对严重。从3类响应强度来看，感知、意愿和行动响应指数在4个维度中都最小，表明农户对产业扶贫生计产出响应的感知、意愿和行动认可度都不高。4个乡镇中，龙潭、吉卫、石栏和双龙镇的生计产出感知指数依次递减，且龙潭、石栏镇的生计产出意愿、行动响应指数也相对较高，行动与感知差距最小的是龙潭镇，差距最大的是吉卫镇，这意味着在生计产出响应方面龙潭镇的行动力要高于吉卫镇。

（5）生计空间响应

生计空间响应指数均值为3.75，在4个维度中最大，标准差为0.89，在4个维度中排名第2，意味着农户在生计空间维度的响应程度相对较高，但农户之间的差异相对较大。4个乡镇中，石栏镇响应指数最高但标准差较大，农户间的一致性较低，吉卫镇响应指数最低、标准差最大，农户响应滞后且分化明显，龙潭镇的响应指数排名第2且标准差最小，双龙镇响应指数排名第3但标准差排名第2。从3类响应强度来看，感知、行动响应指数在4个维度中均最高，意愿响应指数则排名第2。4个乡镇中，石栏镇感知响应指数最高，吉卫镇行动响应指数最低且行动与感知之间的差距最大，双龙镇则行动与感知之间的差距最小，行动力略强。

（6）综合生计响应

基于综合加权法可得到农户综合生计响应指数及3类强度指数，见表4、表5。综合生计响应指数均值为3.48，标准差为0.60。4个乡镇中，大体形成两类，龙潭镇和石栏镇较为接近，为响应强度较高、农户间差异较小的一类，其中龙潭镇响应强度最高、标准差最小。吉卫镇和双龙镇为另一类，响应强度较低、农户间差异较大，其中吉卫镇响应程度最低，标准差较大，而双龙镇响应程度较低，标准差最大。可见，在响应较积极的乡镇中，农户响应的一致性更高，在响应较消极的乡镇中，农户响应分化更明显。从3类响应强度来看，感知响应指数随龙潭、石栏、吉卫、双龙镇的排序依次递减；意愿响应指数上石栏镇最高，吉卫、龙潭镇接近，双龙镇最低；行动响应指数上龙潭、石栏镇接近，双龙镇次之，吉卫镇最低，并低于3。行动与感知差距最小的是双龙镇，意味着双龙镇农户能及时将产业扶贫对生计影响的认知转化为实际调适策略，行动力更强。相反，吉卫镇的行动响应大大滞后于感知响应，行动力弱。

（7）贫困户与非贫困户生计响应比较

图4、图5分别从响应指数均值及标准差的角度比较了扶贫产业发展中贫困户和非贫困户的生计响应。整体而言，贫困户的响应指数均值大于非贫困户，而标准差小于非贫困户，这意味着，贫困户对于产业扶贫的响应程度总体高于非贫困户且群体内部差异也更小、一致性程度更高。此外，贫困户与贫困户在感知响应指数、意愿响应指数、自然资本响应指数、物质资本响应指数、金融资本响应指数、生计资本感知响应指数、生计资本意愿响应指数、生计资本行动响应指数、生计资本响应指数、生计空间响应指数和综合响应指数上的

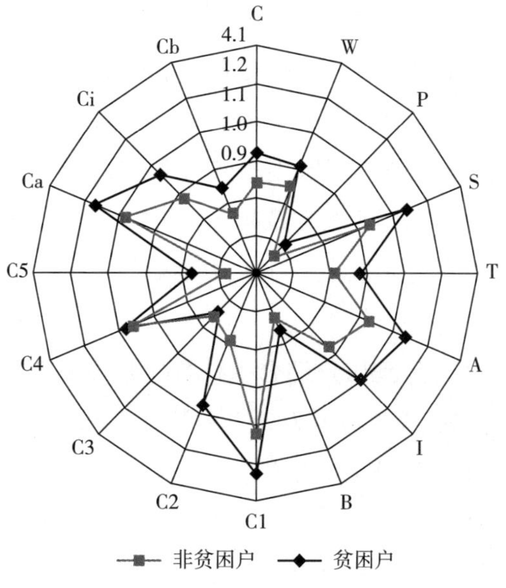

图4　贫困户与非贫困户产业扶贫生计响应比较*

*各字母的含义分别为：C1～C5分别表示自然资本、物质资本、人力资本、社会资本、金融资本响应指数；Ca、Ci、Cb分别代表生计资本感知、生计资本意愿、生计资本行动响应指数；C、W、P、S、T分别代表生计资本、生计方式、生计产出、生计空间和综合生计响应指数；A、I、B分别表示感知、意愿和行动响应指数。

差异更为明显，而在行动响应指数、人力资本响应指数、社会资本响应指数、生计方式响应指数和生计产出响应指数上的差异则比较小。内部响应差异上，贫困户和非贫困户在自然资本响应、人力资本响应、金融资本响应、生计资本感知响应、生计方式响应、意愿响应上的内部差异较为接近，但在感知响应、行动响应、物质资本响应、社会资本响应、生计产出响应、生计空间响应和综合响应上的内部差异明显不同，非贫困群体的内部差异更大。

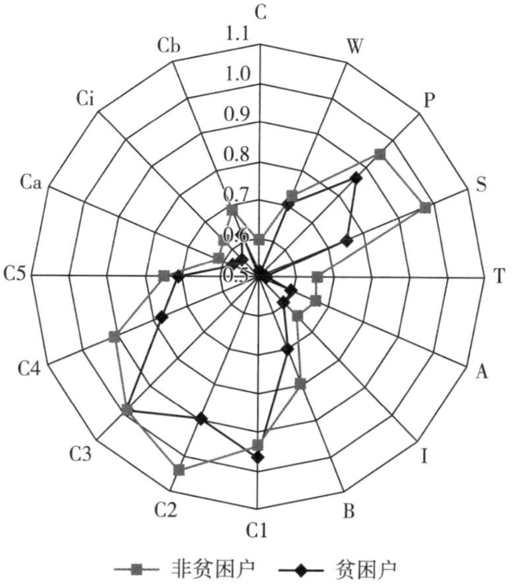

图 5　贫困户与非贫困户产业扶贫生计响应标准差比较*

*各字母的含义分别为：C1 ~ C5 分别表示自然资本、物质资本、人力资本、社会资本、金融资本响应指数；Ca、Ci、Cb 分别代表生计资本感知、生计资本意愿、生计资本行动响应指数；C、W、P、S、T 分别代表生计资本、生计方式、生计产出、生计空间和综合生计响应指数；A、I、B 分别表示感知、意愿和行动响应指数。

（8）小结

花垣县产业扶贫的农户生计响应程度一般，处于“弱认同”状态，4 分维度中，生计空间响应强度最高，生计资本响应和生计方式响应次之，生计产出响应最弱。3 类响应强度上，感知、意愿和行动响应依次递减，并且行动响应差距较大。农户间差异上，生计产出响应、生计空间响应以及生计资本响应中自然、物质、人力资本响应差异较大。样本村中龙潭镇开支村、石栏镇猫儿坡村、石栏镇排吾村农户对产业扶贫的响应较明显，吉卫镇联龙村响应最小。贫困户相对于非贫困户对产业扶贫有更高程度和更加一致性的响应。

三　花垣县产业扶贫农户生计响应的影响因素

（一）影响因素识别

结合现有的研究，本部分选取外部环境因素与内部家庭因素两大类共 14 大因子作为解释变量，构建如下多元回归模型分析各因子对不同响应维度、不同响应强度①的影响效应。

$$Y = \beta_0 + \sum_i \beta_i Industrytype_i + \sum_j \beta_j Exenviron_j + \sum_k \beta_k Famfactor_k + \varepsilon \quad (1)$$

其中被解释变量 Y 为生计响应指数（*LHR*）、生计资本响应指数（LHR_c）、生计方式响应指数（LHR_w）、生计产出响应指数（LHR_p）、生计空间响应指数（LHR_s）以及生计感知响应指数（LHR_a）、生计意愿响应指数（LHR_i）和生计行动响应指数（LHR_b）。解释变量 *X* 涉及外部环境和家庭因素两大类，具体包括地理区位（依据与最近集镇的时间距离设定虚拟变量 *dlqw1*、*dlqw2*、*dlqw3*）、扶贫产业类型（基于产业类型设置虚拟变量 *fpcy1*、*fpcy2*、*fpcy3*、*fpcy4*）、基层组织能力（根据村“两委”工作能力与作风设置虚拟变量 *jcnl1*、*jcnl2*、*jcnl3*）、乡村风气（根据乡村风气设置虚拟变量 *xcfq1*、*xcfq2*、*xcfq3*）、贫困程度（依据是否为建档立卡户设置虚拟变量 *poor*）、资源禀赋（依据家庭自然资本状况设置虚拟变量 *zybf1*、*zybf2*、*zybf3*）、收入来源（针对主要收入来源设置虚拟变量 *srly1*、*srly2*、*srly3*、*srly4*）、年龄结构（针对家庭成员年龄构成设置虚拟变量 *nljg1*、*nljg2*、*nljg3*）、健康状况（依

① 限于篇幅，文中并没有完整报告生计感知响应、生计意愿响应和生计行动响应 3 类响应强度的回归结果，若有需要，可向作者索取。

据家里是否有长期病人设置虚拟变量 *jkzk*）、教育程度（依据家庭成员中最高教育程度设置虚拟变量 *jycd1*、*jycd2*、*jycd3*、*jycd4*）、劳动力数量（根据家庭中实际劳动力人数设置虚拟变量 *ldls1*、*ldls2*、*ldls3*）、政策信任（根据是否参与了新农合和新农村社保设置虚拟变量 *zcxr1*、*zcxr2*、*zcxr3*）、信贷可得性（根据产业贷款难易程度感知设置虚拟变量 *xdkd1*、*xdkd2*、*xdkd3*、*xdkd4*）和社会网络（根据是否有亲戚或朋友是扶贫干部或参与了扶贫及其联系强度设置虚拟变量 *shwl1*、*shwl2*、*shwl3*）等 14 类影响因素 42 个解释变量。ε 为随机扰动项，β_o 为截距项，β_i、β_j 和 β_k 为回归待定系数，表示各因素对各生计响应指数的影响程度。

（二）外部环境因素的影响

外部环境对样本农户产业扶贫生计响应的总体影响较为明显，并对不同响应维度和不同响应强度的影响存在一定显差异（见表 6）。

1. 地理区位对生计方式响应、意愿响应和行动响应有影响

在 5% 的显著性水平下，以离最近集镇 2 小时以上的时间距离为参照，离最近集镇时间距离半小时（*dlqw1*）的农户其生计产出响应指数低 0.51。意愿响应上，在 10% 的显著性水平下，离最近集镇 1 到 2 小时距离（*dlqw3*）的农户相对于离最近集镇 2 小时以上农户，其意愿响应指数下降 0.43。行动响应上，在 5% 的显著性水平下，离最近集镇 1 到 2 小时距离（*dlqw3*）的农户相对于离最近集镇 2 小时以上农户，其行动响应指数上升 0.74。这表明，在集镇的半小时圈内，农户的生计空间响应明显偏弱①，意愿响应在距离集镇 1 到 2 小时范围内有明显下降，行动响应则在集镇 1 到 2 小时距离范围内有显著上升。

2. 扶贫产业类型对生计响应各维度以及感知、意愿和行动响应均有显著影响

综合响应上，相对于种植业或林业，农户对养殖业（*fpcy1*）、农产品及

① 这可能与离集镇较近的农户其生计方式相对于离集镇较远的农户的生计方式在实施产业扶贫项目之前已有一定的多样化、非农化基础有关。

其他加工业（*fpcy3*）、多产业混合（*fpcy4*）的扶贫产业类型的响应指数分别高0.26、0.35和0.31，且都在5%的显著性水平下显著。生计资本、生计方式、生计产出的响应情况大体与综合响应相似。不同的是，农户对农产品及其他加工业的生计方式响应、对多产业混合的生计产出响应程度更高变得不再显著，生计空间响应指数则仅对多产业混合的扶贫产业类型在1%的显著性水平下高0.41。在感知响应上，相对于种植业或林业，农户对养殖业、旅游业、多产业混合的扶贫产业类型的响应更明显，显著性水平分别为1%、10%和1%；在意愿响应上，农户对种植业或林业之外的扶贫产业类型有更高的意愿，显著性水平分别为1%、1%、5%和1%；在行动响应上，相对于种植业或林业，农户对农产品及其他加工业、多产业混合的扶贫产业类型的响应程度更高，分别在10%、1%的显著性水平下显著。

3. 基层组织能力对生计响应各维度以及感知、意愿和行动响应同样有着显著影响

相对于“能力不强、做事欠公正、没有威信”的村支两委，“能力强、公平公正、有威信”（*jcnl1*）、“能力一般、做事公正”（*jcnl2*）、“能力强但是做事不是很公正”（*jcnl3*）的村“两委”将带动当地农户对产业扶贫的生计响应显著提升，特别是前者，在1%的显著性水平上提升0.48～0.84。其中，对生计空间响应的影响更为突出，响应指数显著高出0.56～0.84，不过，“能力强但是做事不是很公正”的村支两委（*jcnl3*）在产业扶贫农户生计产出响应方面的正向影响不显著，在综合响应、生计资本响应和生计空间响应方面的正向影响程度也明显减弱。感知、意愿和行动响应方面，“能力强、公平公正、有威信”（*jcnl1*）、“能力一般、做事公正”（*jcnl2*）、“能力强但是做事不是很公正”的村“两委”（*jcnl3*），相对于“能力不强、做事欠公正、没有威信”的村支两委而言，在1%的显著性水平下都能提升当地农户的响应程度，并且对行动响应的提升程度更高。可见，加强基层组织能力建设对于提升产业扶贫的农户响应，提高产业扶贫成效有着十分重要的意义。

4. 乡村风气仅对生计资本响应、感知响应有影响

相对于“风气差、集体办不好事、等靠要思想严重”的村而言，“风气好、团结和睦、积极上进”（*xcfq1*）、“风气一般、基本和睦、上进心不足”（*xcfq2*）的村农户产业扶贫生计资本响应指数更高，分别在1%的显著性水平下高0. 47和0. 42。感知响应上，“风气不好、邻里关系不太好、做事不积极”的村的农户相对于“风气差、集体办不好事、等靠要思想严重”的村的农户而言，感知响应指数更高，并在5%的显著性水平显著。

表6　农户生计响应维度影响因素识别结果

模型		模型 1	模型 2	模型 3	模型 4	模型 5
因变量		LHR	LHR_c	LHR_w	LHR_p	LHR_s
自变量						
外部环境						
地理区位	*dlqw1*	0. 11 (0. 46)	0. 10 (0. 48)	-0. 51 (0. 02) **	0. 03 (0. 91)	-0. 11 (0. 58)
	dlqw2	0. 02 (0. 88)	0. 16 (0. 26)	0. 32 (0. 13)	-0. 09 (0. 74)	-0. 18 (0. 39)
	dlqw3	0. 30 (0. 17)	-0. 05 (0. 78)	0. 45 (0. 12)	0. 56 (0. 15)	0. 08 (0. 79)
扶贫产业类型	*fpcy1*	0. 26 (0. 00) ***	0. 22 (0. 00) ***	0. 21 (0. 05) *	0. 40 (0. 00) ***	0. 16 (0. 23)
	fpcy2	0. 20 (0. 15)	0. 03 (0. 79)	0. 12 (0. 43)	0. 37 (0. 12)	0. 17 (0. 41)
	fpcy3	0. 35 (0. 02) **	0. 28 (0. 02) **	0. 21 (0. 37)	0. 77 (0. 00) ***	-0. 00 (0. 99)
	fpcy4	0. 31 (0. 00) ***	0. 41 (0. 00) ***	0. 27 (0. 00) ***	0. 18 (0. 12)	0. 41 (0. 00) ***
基层组织能力	*jcnl1*	0. 62 (0. 00) ***	0. 48 (0. 00) ***	0. 57 (0. 00) ***	0. 56 (0. 00) ***	0. 84 (0. 00) ***
	jcnl2	0. 50 (0. 00) ***	0. 36 (0. 00) ***	0. 45 (0. 00) ***	0. 41 (0. 00) ***	0. 76 (0. 00) ***
	jcnl3	0. 37 (0. 00) ***	0. 35 (0. 00) ***	0. 41 (0. 00) ***	0. 19 (0. 16)	0. 56 (0. 00) ***

续表

模型		模型 1	模型 2	模型 3	模型 4	模型 5
乡村风气	*xcfq1*	0.17 (0.35)	0.47 (0.00)***	0.09 (0.70)	0.07 (0.83)	0.14 (0.59)
	xcfq2	0.20 (0.28)	0.42 (0.00)***	0.15 (0.53)	0.15 (0.66)	0.13 (0.63)
	xcfq3	0.20 (0.30)	0.25 (0.12)	0.06 (0.82)	0.16 (0.67)	0.34 (0.26)
家庭因素						
贫困程度	*poor*	0.07 (0.13)	0.11 (0.01)**	0.06 (0.29)	-0.02 (0.70)	0.17 (0.01)**
资源禀赋	*zybf1*	0.04 (0.39)	0.05 (0.29)	-0.01 (0.78)	0.12 (0.16)	-0.00 (0.98)
	zybf2	0.02 (0.73)	0.01 (0.79)	-0.06 (0.43)	0.09 (0.35)	0.00 (0.96)
	zybf3	0.12 (0.16)	0.06 (0.41)	0.09 (0.39)	0.23 (0.08)*	0.04 (0.70)
收入来源	*srly1*	0.05 (0.48)	-0.03 (0.64)	0.18 (0.03)**	-0.05 (0.65)	0.12 (0.24)
	srly2	0.09 (0.16)	0.02 (0.75)	0.08 (0.31)	0.08 (0.48)	0.18 (0.06)*
	srly3	0.07 (0.66)	-0.11 (0.38)	0.16 (0.30)	0.05 (0.81)	0.12 (0.55)
	srly4	0.04 (0.76)	-0.05 (0.71)	-0.11 (0.55)	-0.17 (0.55)	0.52 (0.03)**
年龄结构	*nljg1*	-0.08 (0.25)	-0.12 (0.07)*	-0.07 (0.41)	0.02 (0.88)	-0.18 (0.09)*
	nljg2	-0.19 (0.00)***	-0.08 (0.08)*	-0.13 (0.05)*	-0.21 (0.02)**	-0.30 (0.00)***
	nljg3	-0.08 (0.28)	-0.01 (0.86)	-0.15 (0.11)	-0.05 (0.64)	-0.09 (0.41)
健康状况	*jkzk*	0.02 (0.56)	-0.05 (0.20)	0.03 (0.64)	0.02 (0.71)	-0.12 (0.08)*

续表

模型		模型 1	模型 2	模型 3	模型 4	模型 5
教育程度	*jycd1*	0. 14 (0. 04) **	0. 16 (0. 00) ***	0. 16 (0. 04) **	0. 08 (0. 40)	0. 15 (0. 11)
	jycd2	0. 23 (0. 00) ***	0. 26 (0. 00) ***	0. 38 (0. 00) ***	0. 22 (0. 06) *	0. 10 (0. 34)
	jycd3	0. 05 (0. 51)	0. 10 (0. 18)	0. 10 (0. 30)	0. 12 (0. 32)	-0. 10 (0. 43)
	jycd4	-0. 31 (0. 14)	-0. 14 (0. 62)	-0. 74 (0. 02) **	-0. 43 (0. 23)	0. 10 (0. 84)
劳力数量	*ldls1*	0. 09 (0. 43)	0. 12 (0. 26)	-0. 18 (0. 20)	0. 11 (0. 59)	0. 27 (0. 14)
	ldls2	0. 22 (0. 04) **	0. 17 (0. 13)	-0. 10 (0. 45)	0. 28 (0. 14)	0. 43 (0. 01) **
	ldls3	0. 04 (0. 74)	0. 04 (0. 75)	-0. 21 (0. 12)	0. 15 (0. 48)	0. 12 (0. 50)
政策信任	*zcxr1*	0. 08 (0. 56)	-0. 02 (0. 79)	-0. 31 (0. 12)	0. 31 (0. 16)	0. 21 (0. 36)
	zcxr2	0. 32 (0. 06) *	0. 17 (0. 18)	0. 07 (075)	0. 62 (0. 01) **	0. 27 (0. 29)
	zcxr3	0. 09 (0. 53)	-0. 08 (0. 41)	-0. 38 (0. 04) **	0. 48 (0. 03) **	0. 14 (0. 54)
信贷可得性	*xdkd1*	-0. 02 (0. 75)	-0. 03 (0. 73)	-0. 13 (0. 19)	-0. 01 (0. 92)	0. 05 (0. 69)
	xdkd2	0. 19 (0. 01) **	0. 13 (0. 06) *	-0. 12 (0. 28)	0. 39 (0. 00) ***	0. 27 (0. 00) ***
	xdkd3	0. 15 (0. 02) **	0. 12 (0. 04) **	0. 07 (0. 40)	0. 24 (0. 02) **	0. 11 (0. 21)
	xdkd4	0. 02 (0. 66)	-0. 02 (0. 64)	-0. 03 (0. 65)	0. 09 (0. 38)	0. 03 (0. 71)
社会网络	*shwl1*	0. 04 (0. 74)	0. 10 (0. 32)	0. 05 (0. 73)	0. 17 (0. 34)	-0. 16 (0. 37)
	shwl2	0. 04 (0. 65)	0. 01 (0. 91)	0. 19 (0. 09) *	0. 11 (0. 41)	-0. 15 (0. 20)
	shwl3	-0. 07 (0. 35)	-0. 07 (0. 30)	-0. 18 (0. 09) *	0. 08 (0. 52)	-0. 17 (0. 18)

续表

模型	模型1	模型2	模型3	模型4	模型5
Loglikelihood	-480.40	-440.75	-627.67	-793.51	-744.64
Adj. R^2	0.21	0.20	0.13	0.10	0.18
Prob(F - statistic)	0.00	0.00	0.00	0.00	0.00

注：（1）模型1~5分别为生计资本响应、生计方式响应、生计产出响应、生计空间响应和综合生计响应的影响因素识别；（2）所有模型均经过多重共线性、异方差等检验修正，并采用White异方差一致性估计量估计；（3）***、**、*分别表示在1%、5%和10%的显著性水平上显著。

（三）家庭因素的影响

相对于外部环境而言，家庭因素对产业扶贫的农户生计响应影响差异更明显。

1. 贫困程度对生计资本、生计空间响应以及感知、意愿响应有影响

相对于非贫困户而言，建档立卡贫困户（*poor*）在生计资本、生计空间方面对产业扶贫的响应度分别高出0.11和0.17，均在5%的显著性水平显著。在感知和意愿响应上，贫困户的感知、意愿响应指数在5%和1%的显著性水平下高0.13。这表明，贫困户相对于非贫困户对于产业扶贫政策和实践主动或被动地更为积极。

2. 家庭资源禀赋仅对生计产出响应有影响

相对于“自然资本数量少且质量差”的家庭而言，“自然资本数量和质量都还好”（*zybf3*）的农户对产业扶贫的生计产出响应指数高出0.23，在10%的显著性水平下显著。可见，资源禀赋对农户的产业扶贫生计响应的影响并没有预期的大，只是资源禀赋具有一定优势的农户的生计产出响应程度略高。

3. 收入来源对生计方式、生计空间和感知响应有影响

以其他收入来源为参照组，以种植或养殖收入（*srly1*）为主要收入来源的农户对产业扶贫的生计方式响应指数在5%的显著性水平下高出0.18，以务工收入（*srly2*）、政府转移性收入（*srly4*）为主要收入来源的农户对产

业扶贫的生计空间响应指数分别在 10%、5% 的显著性水平下上升 0.18 和 0.52。感知响应上，以务工收入（*srly2*）和政府转移性收入（*srly4*）为主要收入来源的农户，其感知响应指数也分别高出 0.13 和 0.42。

4. 年龄结构对生计响应各维度以及感知、行动响应有影响

以“有 14 岁以下小孩和 60 岁以上老人”的家庭为参照组，“无 14 岁以下小孩，有 60 岁以上老人”（*nljg2*）的农户的综合生计响应指数在 1% 的显著性水平下低 0.19；“有 14 岁以下小孩，无 60 岁以上老人”（*nljg1*）和“无 14 岁以下小孩，有 60 岁以上老人”（*nljg2*）的农户，其生计资本响应指数在 10% 的显著性水平下低 0.12 和 0.08，其生计空间响应指数显著地低 0.18 和 0.30；与此同时，“无 14 岁以下小孩，有 60 岁以上老人”（*nljg2*）的农户其生计方式响应、生计产出响应指数显著地低 0.13 和 0.21。感知响应上，“无 14 岁以下小孩，有 60 岁以上老人”（*nljg2*）和“所有人年龄都在 14～60 岁”（*nljg3*）的农户感知响应指数在 5% 的显著性水平下低 0.14 和 0.20；此外，“无 14 岁以下小孩，有 60 岁以上老人”（*nljg2*）农户的行动响应指数也低 0.27 且在 1% 的显著性水平下显著。

5. 教育程度对除生计空间外各生计响应各维度及感知、意愿和行动响应均有影响

以“小学及以下”为参照组，家庭成员中最高教育程度为“初中”（*zgjy1*）、“高中”（*zgjy2*）的农户在综合响应、生计资本、生计方式和生计产出响应上均有更高的得分，其中最高教育程度为“高中”（*zgjy2*）的农户各响应指数更高，高出 0.22～0.38。最高教育程度为“研究生及以上”（*zgjy4*）的农户则生计方式响应程度有所下降，指数低 0.74。感知、意愿和行动响应上，家庭成员中最高教育程度为“初中”（*zgjy1*）的农户的感知、意愿指数分别高 0.16 和 0.17，最高教育程度为“高中”（*zgjy2*）的农户的感知、意愿、行动响应指数分别高 0.29、0.24 和 0.20；家庭成员中最高教育程度为“大专或本科”（*zgjy3*）的农户仅意愿响应指数在 5% 的显著性水平下高 0.20；最高教育程度为“研究生及以上”（*zgjy4*）的农户则行动响应指数显著地低 0.55。

6. 劳动力数量仅对综合响应、生计空间响应以及行动响应有影响

以无劳动力的家庭为参照，在5%的显著性水平下，“有2~3个劳动力”（*ldls2*）的农户的综合响应和生计空间响应指数分别高0.22和0.43。行动响应上，“有2~3个劳动力”（*ldls2*）的农户其行动响应指数在10%的显著性水平下高0.29。

7. 政策信任对除生计方式、生计产出响应以及感知、意愿响应有一定影响

以“新农合和农村社保都没参加”的家庭为参照，“参加了农村社保”（*zcxr2*）的农户其综合响应、生计产出响应指数分别高0.32、0.62，“两项都参加了”（*zcxr3*）的农户的生计产出响应指数高0.48，但生计方式响应指数低0.38。感知响应上，相对于“新农合和农村社保都没参加”的农户，“参加了新农合”（*zcxr1*）、“参加了农村社保”（*zcxr2*）的农户的感知响应指数分别高0.26和0.32，而“两项都参加了”（*zcxr3*）的农户的感知响应指数低0.33。此外，“参加了农村社保”（*zcxr2*）的农户的意愿响应指数在10%的显著性水平高出0.33。

8. 信贷可得性对除生计方式外各维度响应以及感知、意愿和行动响应有影响

以“产业发展贷款难”为参照，“认为一般”（*xdkd2*）、“认为比较容易”（*xdkd3*）的农户的综合响应指数、生计资本、生计产出和生计空间响应指数分别高出0.13~0.39，大都在5%及以上显著性水平显著。此外，“认为比较容易”（*xdkd3*）的农户的感知、意愿响应指数在5%的显著性水平下分别高0.16和0.19，而“认为一般”（*xdkd2*）的农户的行动响应指数在1%的显著性水平下高0.33。

9. 社会网络仅对生计方式响应有影响

在10%的显著性水平下，相对于“没有亲戚朋友是干部或参与了扶贫工作”而言，“有但联系不多”（*shwl2*）的农户的生计方式响应指数高0.19，而“有但几乎没有联系”（*shwl3*）的农户的生计方式响应指数则要低0.18。

10. 健康状况仅对生计空间响应有影响

家中有长期病人的农户，其产业扶贫的生计空间响应指数平均地低 0.12，在 10% 的显著性水平下显著。

四　花垣县产业扶贫益贫机制创新建议

花垣县以“现代特色农业”为抓手，通过加大投入、培育新型主体、依托园区平台、推进三产融合、创新利益联结等加快扶贫产业发展，取得了较明显的减贫成效。不过，从调查 4 个乡镇、15 个贫困村的产业扶贫项目以及农户生计响应来看，花垣县产业扶贫还存在新型经营主体数量偏少且产业发展能力不强、产业规模不大且深加工水平较低、农产品品牌效应不强且销售渠道不畅、仓储冷链等配套设施建设滞后以及农户生计响应强度不高等问题。农户是扶贫产业发展的主体，只有农户积极参与并在生计资本、生计产出、生计方式和生计空间上积极响应产业扶贫，产业扶贫才能更好地发挥减贫效应，达到预期目标。本部分基于农户生计响应及其影响因素的视角，结合花垣县产业扶贫实际，提出如下创新产业扶贫益贫机制的建议。

（一）注重农户的生计响应，提升产业扶贫中益贫对象的能动性

当前产业扶贫实践中，对口帮扶单位、地方政府、驻村干部、第一书记、新型经营主体等“外部”主体在扶贫产业选择、产业扶贫模式构建中发挥了更为重要的作用，却往往忽视了扶贫产业的大多数参与主体、扶贫产业益贫对象的想法。花垣县产业扶贫中农户响应不高、生计响应偏低客观上佐证了这一观点。农户响应不够积极，自然影响产业扶贫的益贫成效。因而，花垣县产业扶贫中首先要更加重视农户的响应，特别是生计响应，在全面调查和测度产业扶贫农户生计响应的基础上，优化扶贫产业类型、产业扶贫模式和利益联结机制，充分发挥农户作为扶贫产业的主要参与主体和受益对象的主观能动性，从根源上杜绝“干部热、群众冷”“上面热、下面冷”的产业扶贫尴尬局面。如扶贫产业类型上，相对于种植业或林业，所调查乡

镇的农户对养殖业、农产品及其他加工业、多产业混合的扶贫产业类型的响应程度更高。其次，通过引导和激发农户的生计资本响应，降低产业扶贫中资源整合的障碍，为扶贫产业的规模化发展奠定物质基础和群众基础。此外，这也是增强益贫对象内生动力的重要途径。只有充分尊重和考虑了益贫对象的意愿，让其参与其愿意参与的产业类型，变被动参与为主动参与，其内生动力才能更好地激发。

（二）优化村部软硬环境建设，创建产业扶贫益贫效应发挥的良好氛围

农户生计响应的外部影响因素分析表明，基层组织能力、乡村风气以及地理区位对产业扶贫的农户生计响应有着重要影响。“能力强、公平公正、有威信”的村“两委”、“风气好、团结和睦、积极上进”的乡村风气以及离最近集镇时间距离在1～2小时以内的村的农户对产业扶贫的生计响应更为积极。因而，提升产业扶贫成效要跳出产业扶贫本身，加强村部的软硬件环境建设，为提升产业扶贫的农户生计响应，更好地发挥产业扶贫益贫效应创建良好的氛围。软环境方面，一是要加强基层组织建设，借助驻村帮扶的契机，培育作风过硬、工作能力强的村“两委”干部以及后备干部队伍，健全“法制、自治、德治”融合的基层治理体系，形成风清气正的基层政治生态，二是积极推进乡风文明建设，借助“扫黑除恶”行动，加大“村霸”“赌博”等打击力度，破除陈规陋习，肃清不良风气的影响，营造团结和睦、积极上进的乡村新风尚。硬环境方面，继续推进和完善基础设施建设，在打通通村、通组公路“最后一千米”的基础上，进一步扩大通村农村公交运行路线覆盖范围。同时，加快仓储、冷链等农业产业配套设施建设。

（三）实施分类差异化帮扶，增强产业扶贫中益贫规模与路径精准的协同性

农户生计响应的家庭影响因素分析表明，贫困程度、资源禀赋（生计资本）、收入来源、年龄结构、教育程度、劳动力数量、政策信任、信贷可

得性、社会网络等均影响农户对产业扶贫的生计响应，不同类型的农户对产业扶贫会有不同的响应。因而，要提高产业扶贫的成效，就必须“因户施策”，提高精准性。然而，产业扶贫又不同于其他扶贫举措，必须依托产业发展来带动农户脱贫，而产业的自生发展、可持续发展需要产业形成自生能力和一定的竞争力，而一定的规模又是产业具备竞争力和自生能力的前提，这也是产业扶贫中强调“一村一品”“一镇一品”，而非“一户一品”的原因。显然，提升产业扶贫的益贫性要强调扶贫产业规模性与精准性的统一，即既要满足扶贫产业发展的自身规律，又要充分考虑农户的生计响应。因而，花垣县在产业扶贫过程中，可以打破村域界限，通过对相邻村域农户生计响应调查，实施聚类差异化帮扶，即对具有较高响应的农户实施产业帮扶，对具有相似响应的农户实施相同类型产业的帮扶。同时，在产业帮扶模式上也应结合农户的生计响应特征，最大限度地协同益贫规模性和路径精准性之间的协同，提升产业扶贫的益贫效应。

（四）突出生计方式和产出响应，拓展产业扶贫中益贫维度

产业扶贫作为精准扶贫方略中“五个一批”之首，与其在减贫成效的综合性、多维性、系统性密切相关。多维贫困理论认为，贫困不只是收入贫困或消费贫困，还包括能力贫困、权利贫困等。产业扶贫作为最重要的一种扶贫手段，通过引导农户参与产业发展，在产业发展中获得收入、参与决策、改变理念、发展能力等，进而通过“干中学”减缓各维度的贫困，实现全面发展。不过，这是产业扶贫益贫效应的理想状态，要实现这一状态，关键在于农户生计的全面响应。花垣县产业扶贫农户生计响应调查发现，除了总体响应程度不高以外，农户的生计方式和生计产出响应更弱。事实上，在扶贫产业的引领下，农户改变传统生计方式、积极响应非农就业机会，拓宽收入渠道、降低自然条件（灾害、恶劣天气等）对生计产出的影响、提升市场（价格、需求等）敏感性和适应力，是农户减缓收入贫困、提升自我发展能力、实现多维减贫的重要途径。因而，在产业扶贫中要突出农户的生计方式和生计产出响应，坚决杜绝“一股了之”“一分了之”的简单粗暴

式产业扶贫，通过创新产业扶贫模式、益贫机制，拓展产业扶贫益贫成效的维度，努力发挥产业扶贫的理想效应。

（五）防控风险与脆弱性，确保产业扶贫益贫效应的持续性

扶贫产业的自生发展和可持续发展是实现持续稳定长效脱贫的根本保障。然而，扶贫产业相对于一般产业而言先天不足。一是产业本身须具备亲贫性、包容性，或者说是农户、贫困户能广泛参与的产业，这样的产业往往是弱质产业、高脆弱性产业，自然风险、市场风险等本身较高，二是产业的经营主体、参与主体通常人力资本相对欠缺，再加上经营机制体制不够成熟，往往在市场中竞争力不强。这便加大了扶贫产业的风险。因而，产业扶贫中要建立和完善扶贫产业的风险和脆弱性防控机制，一是产业扶贫资金风险防控、产业项目审查防控，从源头上杜绝“套取产业扶贫资金”；二是产业经营风险预警机制，在扶贫产业项目实施过程中，定时开展产业项目效益评估，在产业发展过程中控制风险；三是购买扶贫产业保险，针对花垣县扶贫产业主要为特色农业产业的现实，为扶贫产业购买自然灾害保险等农业保险。此外，还要防控扶贫产业发展到一定程度后被“精英俘获”的风险，即要完善内部治理机制，确保产业的益贫性、包容性，实现产业扶贫益贫效应的长期性和持续性。

B.4

六盘山片区临洮县产业扶贫实践与农户生计响应*

冷志明　殷　强　刘　进**

摘　要： 临洮县通过顶层设计引领产业扶贫、产业培育拓展致富门路、壮大主体延长产业链条、防范风险解决后顾之忧、典型引领创新产业扶贫模式等举措，产业扶贫取得了显著成效，主要表现在产业精准施策取得新成绩、项目建设得到稳步推进、现代农业取得新突破、工业经济迈出新步伐、第三产业展现新活力等方面。在此基础上，文章构建了产业扶贫中的农户生计响应理论体系，分别从农户生计综合响应、生计资本响应、生计方式响应、生计产出响应、生计空间响应等方面分析了临洮县产业扶贫中农户生计响应的特征，并对产业扶贫中农户生计响应的影响因素进行了实证分析，并据此提出临洮县应该从因地制宜，夯实主导产业，确保扶贫产业的可持续发展；培养人才，提高基层组织能力，确保政策落实的“最后一千米”；结对帮扶，改善农户社会网络，拓展农户的社会关系；重视教育，提高农户教育程度，阻断贫困的代际传递；加强宣传，提高农

* 本文受湖南省社科基金重点项目“精准扶贫的科学体系设计与研究（17ZDB025）”、湖南西部经济研究基地项目“民族贫困地区农户生计与贫困干预策略研究（18JDZB024）”、湖南省自然与文化遗产项目“武陵源世界自然遗产地居民可持续生计研究（16JDZB067）”、自然与文化遗产地农户贫困与精准扶贫研究（18JDZB061）资助。

** 冷志明，博士，教授，博士生导师，研究方向为减贫与发展；殷强，博士，助理研究员，研究方向为生态扶贫；刘进，博士研究生，研究方向为生态扶贫。

户的政策信任，确保惠民政策惠及所有贫困户；营造氛围，改善乡村风气，打造美丽文明富裕新乡村等六个方面提升产业扶贫中农户的生计响应。

关键词： 六盘山片区　临洮县　产业扶贫　生计响应

临洮县地处甘肃省中部，定西市西部。东邻安定区，南连渭源县，西与临夏回族自治州的康乐、广河、东乡三县接壤，北接兰州市。地形呈狭长状，地势由东南向西北倾斜。共辖18个乡级政区，包括12个镇、6个乡；辖有6个社区居民委员会、323个村民委员会、12个社区，总人口为55.18万人，其中农业人口为49.34万人，有汉族、回族、东乡族等21个民族。辖区东西最大距离为78千米，南北最大距离为103千米，总面积为2851平方千米。县城距省会兰州80千米、距定西市102千米。2018年临洮县完成生产总值68.2亿元、固定资产投资46.8亿元、大口径财政收入7.4亿元、规模以上企业工业增加值7.2亿元、实现社会消费品零售总额23.55亿元，城乡居民人均可支配收入分别达24359元和7868元，经济发展势头良好。

一　临洮县的产业扶贫成效及经验

（一）临洮县产业扶贫的成效

临洮县产业扶贫的成效主要体现在以下五个方面。

1. 产业精准施策成效显著

第一，基础设施建设得到有效改善。2018年临洮县整合扶贫资金2.93亿元，扶持引导1.2万户贫困群众发展富民产业；接通自来水2300多户，改造农村危房1400多户，基本消除了现存的C级危房。第二，特殊群体得到扶持。针对特殊群体的社会保障体系更加完善、养老服务水平得到提高，就业创业渠道得到拓展，2018 年退出贫困村 61 个，减少贫困人口 1.7 万人。第三，东西部协作扎实推进。扎实推进东西部扶贫协作，推广建设“阳光房”200 余座，启动建设蔬菜种苗繁育中心和 40 余座百合气调库项目，利用“三变”改革资金，基本解决了集体收入不足问题。继续跟踪指导了福·定农特馆运营管理，基本完成了福州外语外贸学院帮扶的衙下中学校容校貌改造提升任务。另外，向福州市输转务工人员 600 余人。继续开展了“携手奔小康”行动，仓山区 4 个镇街、2 个村、4 家企业与临洮县 4 个贫困乡镇、6 个贫困村建立了结对帮扶关系。

2. 项目建设得到稳步推进

第一，招商引资取得新进展。进一步充实完善招商引资项目库。同时，积极主动与东南沿海区域的大企业、大集团对接，年内签约引进项目实现预期目标，资金到位率超过 15%。另外，坚持争取投资、招商引资、启动民资并重，全面盘活了社会资本。第二，项目建设责任得到落实。严格推行项目清单管理制，制定并下发了《2018 年重点项目建设计划》。同时，要进一步强化县级领导、主管部门、实施单位、各乡镇包抓项目主体责任，制定推行项目开工、督查、统计、调度、奖励系列制度，确保了既定项目顺利推进。第三，重点项目得到提前谋划和储备。高度重视项目谋划储备，进一步加强项目谋划论证，有效夯实了项目工作基础，完成了“十三五”后三年项目库充实完善任务。

3. 现代农业取得新突破

第一，制定了现代农业发展规划。制定并完善了马铃薯、蔬菜、百合、中药材、花木林果、草牧等特色产业精准扶贫三年行动工作方案。同时，制定并出台了富民产业到村、到户扶持方案和增收计划。另外，积极争取并全力落实了国家及省、市产业扶贫政策，大力扶持贫困群众发展特色富民产业。第二，优化了产业结构。持续调优产业结构，以国家级产业园区的创建为契机，立足资源优势，重点做好“独一份”（人无我有的绝对优势产业，主要是花木产业，重点是紫斑牡丹，另有芍药和大丽花）、“特中特”（优势特别明显的产业，主要是百合）、“好中优”（人有我优的产业，主要是高原夏菜）、“错峰头”（在时令季节错峰上市的农产品，重点是早熟马铃薯）四篇文章，全面推动了现代农业产业结构的转型升级。

4. 工业经济迈出新步伐

第一，工业项目建设得到强化。持续夯实了园区基础，通过多渠道筹资，基本完成了污水处理厂中水利用、盛和路西段工程、改河沟改道工程等10个基础设施项目的年度建设任务。同时，全力扩张了工业总量，加大招商引资力度，并认真抓好了汉栋塑业、复兴科创等13个工业项目建设，确保金雨洁防水卷材、海能装配式建材等10个项目建成投产。第二，“一企一策”成效显著。按照“一企一策”的办法，帮助企业进行工艺、装备、能效升级改造，支持了临铝公司发展合金棒铸造等下游产品，引导招金公司进一步拓展工业尾渣料利用空间，全力促进了冶金产业全链发展。

5. 第三产业展现新活力

第一，文旅共融展现活力。坚持文旅共融的发展思路，实施马家窑文化产业园、李氏文化园等重点项目11个，规范提升卧龙寺、岳麓山等核心景点及农家乐接待档次，成功举办首届马家窑文化节、第二届紫斑牡丹文化旅游节，全年预计接待游客95万人（次），临洮县被列为省级全域旅游示范区创建单位。临洮体育训练基地被命名为“国家甘肃临洮体育训练基地”，成为西北第二个国家级综合性体育训练基地。第二，文化产业发展迅速。深度开发文化产业，实施了马家窑遗址保护和战国秦长城抢险加固工程，城隍庙大殿、文庙大成殿和洮惠渠列为省级文物保护单位，“彩陶制作技艺”和“紫斑牡丹酒制作技艺”列入省级“非遗”保护名录。第三，物流产业稳步推进。依托中铺工业园，重点打造甘肃南部现代化物流港。同时，依托现代农业产业园，重点打造甘肃南部农产品交易集散港。另外，依托县城商贸业，重点打造日用商品区域物流中心。然后，依托电商产业，争创电子商务进农村综合示范县。

（二）临洮县的产业扶贫经验

1. 顶层设计引领产业扶贫

临洮县2018年出台了一系列政策，来推动产业扶贫的发展。这些政策从产业扶贫的各个方面为产业扶贫提供了全面的政策保障，这些政策主要涉及户产业扶持、贫困村农民合作社全覆盖、龙头企业培育壮大、贫困村果蔬保鲜库建设、科技人员驻村扶贫、农民培训（建档立卡贫困户特色优势产业示范培训和新型职业农民培育）、农村“三变”改革、畜牧良种补贴与结构调整（畜牧良种补贴、畜牧全产业链建设补助、粮改饲补助）、动物疫病防控（强制免疫、动物疫病强制扑杀补助、养殖环节病死猪无害化处理补助）、农业保险、农产品品牌建设及质量安全等。2018年以来，临洮县立足县情实际，结合贯彻落实定西市“551”产业扶贫规划，聚焦县域特色优势产业，提出了“山区药材洋芋饲草加百合、川坪蔬菜花木改饲促旅游、临洮县上下抓好劳务搞养殖”的产业发展思路和“一业一策一龙头、一村一规划、一户一计划”的产业扶贫思路，紧盯全市“6＋X”脱贫主导产业培育计划，结合实际制定了马铃薯、蔬菜、百合、花木、中药材、畜草6个特色产业发展专项规划和6个“一业一龙头”扶持办法，以及《临洮县打赢产业扶贫攻坚战三年行动方案》《临洮县六大特色产业三年行动方案》，临洮县主导产业培育方向和具体发展措施更加明确。

2. 产业培育拓展致富门路

临洮县在定西市率先制定了产业示范村、潜力村建设标准，为临洮县323个行政村确定了畜草、马铃薯、蔬菜、花木、中药材、劳务6大类28种主导产业。同时通过成立混合所有制的县现代农业投资发展公司，解决县内农户的资金问题。2018年以来，临洮县通过全面落实奖补机制，不断加快产业培育。聚焦马铃薯、畜草、花卉、蔬菜、百合、中药材等6大优势产业，因地制宜培育主导产业，积极发挥县担保公司担保贷款的作用，按照每户补助1.5万元的标准，扶持贫困群众发展特色优势产业，逐步提升主导产业占比。2018年，临洮县安排各类到户到人扶贫项目资金25849.59万元，其中按照产业奖补扶持办法安排到户种养业奖补资金5938.53万元、户均4914元，扶持引导种植马铃薯49.39万亩、花卉10036亩、蔬菜15.97万亩、中药材16.08万亩、百合4.05万亩，为3491户贫困户投放西门塔尔等品种基础母牛3761头，发展贫困户牧草种植1985户、6821亩，临洮县贫困村、贫困户主导产业带动增收优势进一步凸显。

3. 壮大主体延长产业链条

按照“壮大一批、引进一批、新建一批”的“三个一批”思路，壮大经营主体经济实力，努力实现产业开发、企业发展、农民增收的“多赢”目标。结合推进农村“三变”和产业扶贫到户奖励扶持办法，制定了《临洮县农民专业合作社建设实施方案》《农民专业合作社规范提升实施方案》等政策文件，将1.02亿元财政扶持资金，按照每股1万元的标准全部折股量化为建档立卡贫困户股金，注入179家龙头企业和合作社，由经营主体按照不低于8%的比例向贫困户保底分红，累计带动贫困户1.02万户，户均增收800元以上，新型经营主体发展活力和带动发展能力明显增强，贫困群众稳定增收渠道进一步拓宽。同时，积极整合农民专业合作社扶持资金294万元，新组建成立农民专业合作社42个，实现了临洮县144个贫困村和43个深度贫困村农民专业合作社全覆盖。

4. 防范风险解决后顾之忧

充分发挥县担保公司1.1亿元担保资金作用，解决龙头企业、合作社、种养大户发展资金短缺的问题，带动贫困群众发展产业、增收致富。完善风险补偿机制，积极筹集1亿元左右的风险补偿金，帮助农业龙头企业、农民专业合作社、家庭农场等新型农业经营主体提升抵御市场风险的能力。加大农业保险力度，全面落实农业保险“增品扩面、提标降费”政策，开发成本保险、收入保险和目标价格、天气指数等创新性保险产品与服务，实现种养、加工、营销全产业链保险全覆盖，特别是持续大力推行“六位一体”发展模式，打造闭环产业发展体系，有效防范自然灾害和市场波动“两个风险”，让贫困户放心种、放心养，新型经营主体放心发展。

5. 典型引领创新产业扶贫模式

临洮县在实践中，注重树立典型，通过典型引领创新产业扶贫模式。形成了致富能人引领型、龙头企业带动型、金融信贷支撑型三种典型的扶贫模式。其中致富能人引领型包括“能人 + 产业”“支部 + 协会”“党建 + 脱贫”等模式；龙头企业带动型包括“农户 + 村集体 + 公司”的混合入股模式、“农户 + 种植基地 + 龙头企业”的现代农业发展模式。、“农户 + 合作社 + 龙头企业”的光伏扶贫模式。“三社合一”的新型农村服务模式、多种村集体经济发展模式；金融信贷支撑型包括“农商会 + 合作社 + 农户”“农商会 + 合作社 + 产业 + 农户”“农商会 + 合作社 + 企业 + 农户”等多种金融扶贫新模式。

二　产业扶贫中的农户生计响应的测度

（一）资料来源

为全面、深入了解六盘山片区临洮县产业扶贫实践与农户生计响应的情况，课题组于 2018 年 6 月至 2018 年 9 月间，组织团队成员赴六盘山片区开展调研。调研分为四个阶段，首先，对县扶贫办相关单位负责人进行访谈。主要了解县级产业扶贫规划与方案，县级产业扶贫典型案例，县级产业扶贫的模式与经验，县级产业扶贫总体成效，县级产业扶贫面临的问题、挑战及下一步计划等。其次，对被调研村村“两委”干部进行访谈。主要了解村级产业扶贫规划与方案，县级产业扶贫典型案例，村级产业扶贫的模式与经验，村级产业扶贫总体成效，村级产业扶贫面临的问题、挑战及下一步计划等。再次，对农户（包括贫困户和非贫困户）进行入户调查。随机对农户进行入户访谈，采用一问一答的方式填写《产业扶贫的农户生计响应调查问卷》。最后，实地考察代表性产业扶贫项目的实施情况。

本次调查采用随机抽样的方法随机抽取六盘山片区临洮县 5 个乡镇的 14 个行政村。每个行政村随机入户调查 40 ~ 80 户农户，最终获得有效问卷 600 份。具体被调研行政村有效问卷份数如表 1 所示。

表 1　被调研行政村有效问卷回收情况

序号	调研行政村	有效问卷份数
1	六盘山片区临洮县八里铺镇王家大庄村	40
2	六盘山片区临洮县康家集乡西沟村	40
3	六盘山片区临洮县连儿湾乡簸箕湾村	40
4	六盘山片区临洮县连儿湾乡大湾村	40
5	六盘山片区临洮县连儿湾乡东升村	40
6	六盘山片区临洮县连儿湾乡连儿湾村	40
7	六盘山片区临洮县连儿湾乡王西湾村	40
8	六盘山片区临洮县窑店镇北大坪村	40
9	六盘山片区临洮县窑店镇翻山村	40
10	六盘山片区临洮县窑店镇黑石湾村	40
11	六盘山片区临洮县窑店镇滩汪村	80
12	六盘山片区临洮县窑店镇杨家山村	40
13	六盘山片区临洮县窑店镇窑店村	40
14	六盘山片区临洮县站滩乡马莲滩村	40
	合　计	600

（二）响应维度与强度的权重确定

权重确定中综合应用主观赋权和客观赋权相结合的方法。其中，主观赋权采用专家打分法，即针对生计响应各维度（生计资本、生计方式、生计产出、生计空间响应以及生计资本响应中的自然、物质、人力、社会和金融资本响应）和响应强度（感知、意愿和行动响应）的相对重要性，结合 5 位专家的意见综合确定各自权重。该方法体现了专家对各响应维度相对重要性的专业判断，但具有一定的主观性。客观赋权则采用熵值法，该方法适合多指标权重计算，能有效克服指标间的信息重叠，可信度较高。最后，将主观权重和客观权重各占 50% 合成综合权重，作为生计响应测度的基准权重（见表 2）。生计响应测算的具体方法见总报告。

表 2　农户生计响应测度要素与权重

响应维度		测度要素	响应强度	主观权重	客观权重	综合权重
总体响应		对村里发展的扶贫产业(如种植业、林业、养殖业、旅游业、农产品及其他加工业)的认知、态度和行为反应	感知	0.1000	0.3370	0.2185
			意愿	0.3000	0.1320	0.2160
			行动	0.6000	0.5310	0.5655
总体响应权重				1.0000	1.0000	1.0000
生计资本	自然资本	对耕地、林地、菜地、鱼塘等由于产业扶贫而被征收或流转的认知、态度和行为反应	感知	0.1000	0.0880	0.0940
			意愿	0.3000	0.2190	0.2595
			行动	0.6000	0.6930	0.6465
	自然资本响应权重			0.2000	0.4910	0.3455
	物质资本	对家里的住房、生产资料(新型农业用具等)、耐用消费品(冰箱、洗衣机等)受产业扶贫影响的认知、态度及行为反应	感知	0.1000	0.2250	0.1625
			意愿	0.3000	0.2200	0.2600
			行动	0.6000	0.5550	0.5775
	物质资本响应权重			0.2000	0.1470	0.1735
	人力资本	对家庭成员的见识、技能及对教育的认识等受产业扶贫影响的认知、态度和行为反应	感知	0.1000	0.2420	0.1710
			意愿	0.3000	0.2200	0.2600
			行动	0.6000	0.5380	0.5690
	人力资本响应权重			0.2000	0.1520	0.1760
	社会资本	对邻里、亲戚和朋友关系等社会网络资源受产业扶贫影响的认知、态度和行为反应	感知	0.1000	0.2300	0.1650
			意愿	0.3000	0.3070	0.3035
			行动	0.6000	0.4630	0.5315
	社会资本响应权重			0.2000	0.0910	0.1455
	金融资本	对持有金融产品、发生金融业务及与金融机构互动频率和方式受产业扶贫影响的认知、态度和行为反应	感知	0.1000	0.2780	0.1890
			意愿	0.3000	0.2130	0.2565
			行动	0.6000	0.5090	0.5545
	金融资本响应权重			0.2000	0.1190	0.1595
生计资本响应权重				0.2500	0.2440	0.2470
生计方式		对家庭的生计来源(养家糊口的方式)渠道(如多样化等)或其他生计方式受产业扶贫影响的认知、态度与行为反应	感知	0.1000	0.2660	0.1830
			意愿	0.3000	0.1840	0.2420
			行动	0.6000	0.5500	0.5750
生计方式响应权重				0.2500	0.2170	0.2335
生计产出		对产业扶贫引起的家庭收入总额、家庭收入稳定性以及受自然条件(环境)、市场条件(价格等)影响的认知、态度及行为反应	感知	0.1000	0.3160	0.2080
			意愿	0.3000	0.2620	0.2810
			行动	0.6000	0.4220	0.5110
生计产出响应权重				0.2500	0.2460	0.2480
生计空间		对生计活动的空间,如就业、就学、就医、购物、娱乐空间的场所和地理范围受产业扶贫影响的认知、态度和行为反应	感知	0.1000	0.3110	0.2055
			意愿	0.3000	0.2920	0.2960
			行动	0.6000	0.3970	0.4985
生计空间响应权重				0.2500	0.2930	0.2715

三 临洮县产业扶贫中的农户生计响应特征

（一）临洮县产业扶贫中的农户整体生计响应特征

1. 整体而言，生计方式响应程度最高，生计资本响应程度最小

从整体农户的生计响应维度来看，生计响应各维度响应程度由大到小依次是：生计方式响应程度、生计产出响应程度、生计空间响应程度、生计资本响应程度。其中生计方式响应程度和生计产出响应程度高，生计空间响应程度和生计资本响应程度较高。

2. 建档立卡户生计响应程度高于非建档立卡户

从不同属性农户来看，建档立卡户生计资本、生计方式、生计产出和生计空间都高于非建档立卡户，说明六盘山片区临洮县建档立卡户生计资本、生计方式、生计产出和生计空间受产业扶贫影响的响应程度高于非建档立卡户（见图1）。

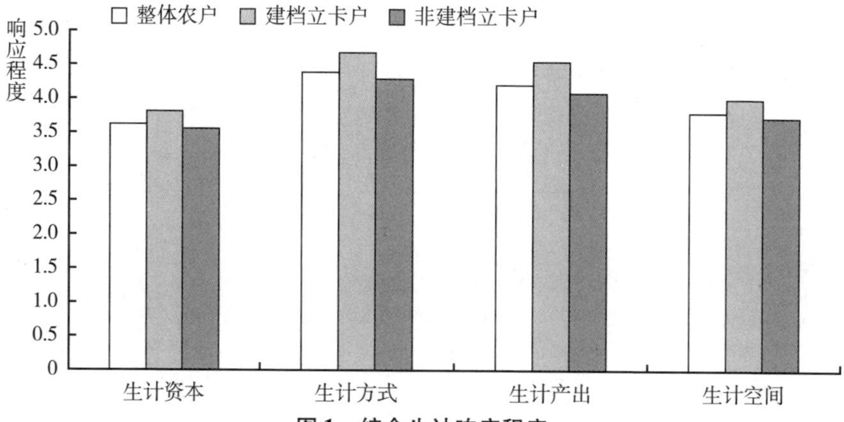

图1 综合生计响应程度

（二）临洮县产业扶贫中的农户生计资本响应特征

1. 自然资本综合响应程度一般，其中生计感知响应最大，生计行动响应程度最小。同时，建档立卡户自然资本响应程度略高于非建档立卡户

从生计资本中自然资本整体农户响应程度来看，自然资本综合生计响应

程度为2.652，处于“基本同意”和“不清楚”之间，响应程度一般。自然资本响应程度由大到小依次是：生计感知响应、生计意愿响应、生计行动响应。其中自然资本生计感知响应程度为4.057，处于“基本同意”和“完全同意”之间，响应程度高；自然资本生计意愿响应程度为3.842，处于“不清楚”和“基本同意”之间，响应程度较高；自然资本生计行动响应程度为1.970，处于“完全不同意”和“基本不同意”之间，响应程度较低。说明六盘山片区临洮县农户自然资本由于产业扶贫而被征收或流转的响应感知程度高，意愿程度较高，行动程度较低。同时，整体农户感知程度和意愿程度高于综合响应程度，行动程度小于综合响应程度。另外，从不同属性农户来看，建档立卡户自然资本综合响应程度要略高于非建档立卡户。其中，建档立卡户自然资本的生计感知、生计意愿响应程度高于非建档立卡户；建档立卡户自然资本生计行动响应程度低于非建档立卡户。即六盘山片区临洮县建档立卡户自然资本由于产业扶贫而被征收或流转的综合响应程度略高于非建档立卡户，且建档立卡户自然资本受产业扶贫影响的感知程度、意愿程度都高于非建档立卡户，而行动程度低于非建档立卡户（见图2）。

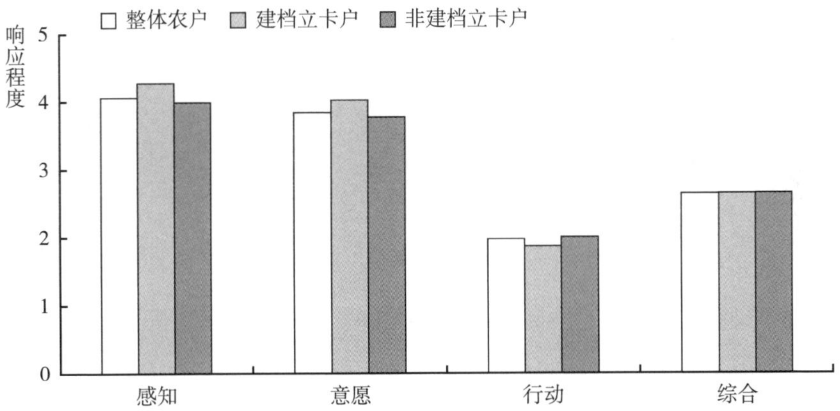

图2　自然资本响应程度

2. 物质资本综合响应程度高，其中生计意愿响应程度最高，生计行动响应程度最低。同时建档立卡户物质资本综合响应程度要高于非建档立卡户

从生计资本中物质资本整体农户响应程度来看，物质资本综合响应程度

为4.254，处于“基本同意”和“完全同意”之间，响应程度高。物质资本响应程度由大到小依次是：生计意愿响应、生计感知响应、生计行动响应。其中物质资本生计意愿响应程度为4.547，处于“基本同意”和“完全同意”之间，响应程度高；物质资本生计感知响应程度为4.413，处于“基本同意”和“完全同意”之间，响应程度高；物质资本生计行动响应程度为4.077，处于“基本同意”和“完全同意”之间，响应程度高。说明六盘山片区临洮县农户物质资本受产业扶贫影响的综合响应程度高，其中意愿程度高、感知程度高、行动程度高，且意愿程度高于感知程度和行动程度。同时，整体农户感知程度和意愿程度高于综合响应程度，行动程度小于综合响应程度。另外，从不同属性农户来看，建档立卡户物质资本综合响应程度要高于非建档立卡户。其中，建档立卡户物质资本的生计感知、生计意愿、生计行动响应程度高于非建档立卡户。即六盘山片区临洮县建档立卡户物质资本受产业扶贫影响的综合响应程度高于非建档立卡户，且建档立卡户对物质资本受产业扶贫影响的感知程度、意愿程度、行动程度都高于非建档立卡户（见图3）。

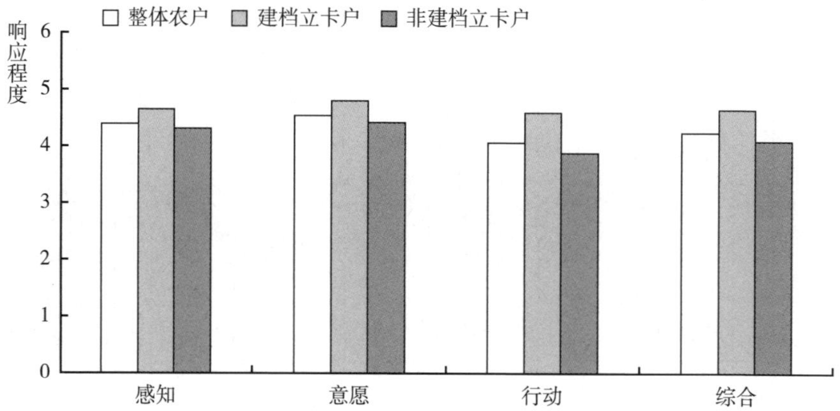

图3　物质资本响应程度

3. 人力资本综合响应程度较高，其中生计意愿响应程度最高，生计行动响应程度最低。同时建档立卡户人力资本综合响应程度要高于非建档立卡户

从生计资本中人力资本整体农户响应程度来看，人力资本综合响应程度

为3.966，处于“不清楚”和“基本同意”之间，响应程度较高。人力资本响应程度由大到小依次是：生计意愿响应、生计感知响应、生计行动响应。其中人力资本生计意愿响应程度为4.215，处于“基本同意”和“完全同意”之间，响应程度高；人力资本生计感知响应程度为4.098，处于“基本同意”和“完全同意”之间，响应程度高；人力资本生计行动响应程度为3.812，处于“不清楚”和“基本同意”之间，响应程度较高。说明六盘山片区临洮县农户人力资本受产业扶贫影响的综合响应程度较高，其中意愿程度高、感知程度高、行动程度较高，且意愿程度高于感知程度。同时，整体农户感知程度和意愿程度高于综合响应程度，行动程度小于综合响应程度。另外，从不同属性农户来看，建档立卡户人力资本综合响应程度要高于非建档立卡户。其中，建档立卡户人力资本的生计感知、生计意愿、生计行动响应程度都高于非建档立卡户。即六盘山片区临洮县建档立卡户人力资本受产业扶贫影响的综合响应程度高于非建档立卡户，且建档立卡户对人力资本受产业扶贫影响的感知程度、意愿程度、行动程度都高于非建档立卡户（见图4）。

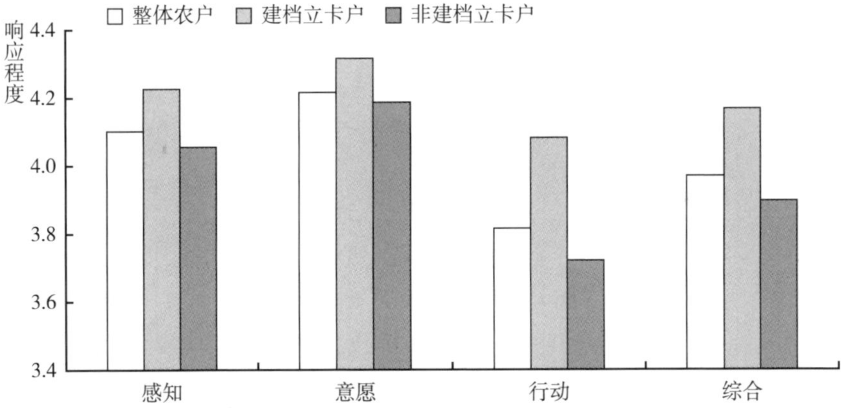

图4　人力资本响应程度

4. 社会资本综合响应程度高，其中生计感知响应程度最高，生计行动响应程度最低。同时建档立卡户社会资本综合响应程度要高于非建档立卡户

从生计资本中社会资本整体农户响应程度来看，社会资本综合响应程度

为4.153，处于“基本同意”和“完全同意”之间，响应程度高。社会资本响应程度由大到小依次是：生计感知响应、生计意愿响应、生计行动响应。其中社会资本生计感知响应程度为4.287，处于“基本同意”和“完全同意”之间，响应程度高；社会资本生计意愿响应程度为4.237，处于“基本同意”和“完全同意”之间，响应程度高；社会资本生计行动响应程度为4.063，处于“基本同意”和“完全同意”之间，响应程度高。说明六盘山片区临洮县农户社会资本受产业扶贫影响的综合响应程度高，其中感知程度高、意愿程度高、行动程度高，且感知程度高于意愿程度，意愿程度高于行动程度。同时，整体农户感知程度和意愿程度高于综合响应程度，行动程度小于综合响应程度。另外，从不同属性农户来看，建档立卡户社会资本综合响应程度要高于非建档立卡户。其中，建档立卡户社会资本的生计感知、生计意愿、生计行动响应程度高于非建档立卡户。即六盘山片区临洮县建档立卡户社会资本受产业扶贫影响的综合响应程度高于非建档立卡户，且建档立卡户对社会资本受产业扶贫影响的感知程度、意愿程度、行动程度都高于非建档立卡户（见图5）。

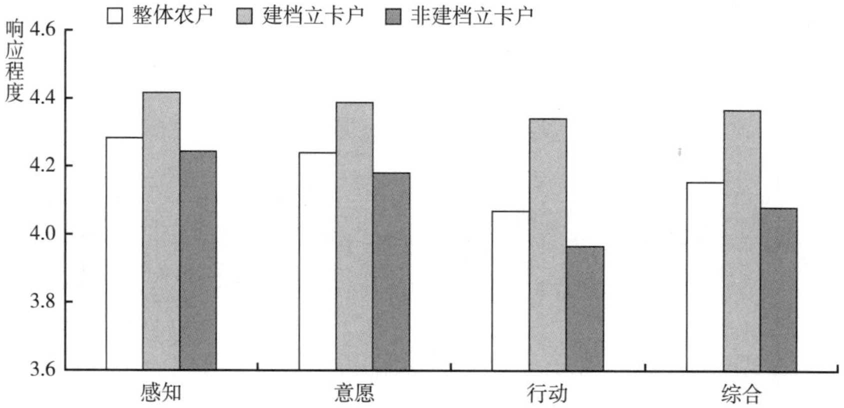

图5　社会资本响应强度

5. 金融资本综合响应程度高，其中生计意愿响应程度最高，生计行动响应程度最低。同时建档立卡户金融资本综合响应程度要高于非建档立卡户

从生计资本中金融资本整体农户响应程度来看，金融资本综合响应程度为4.172，处于“基本同意”和“完全同意”之间，响应程度高。金融资

本响应程度由大到小依次是：生计意愿响应、生计感知响应、生计行动响应。其中金融资本生计意愿响应程度为4.512，处于“基本同意”和“完全同意”之间，响应程度高；金融资本生计感知响应程度为4.328，处于“基本同意”和“完全同意”之间，响应程度高；金融资本生计行动响应程度为3.962，处于“不清楚”和“基本同意”之间，响应程度较高。说明六盘山片区临洮县农户金融资本受产业扶贫影响的综合响应程度高，其中意愿程度高、感知程度高、行动程度较高，且意愿程度高于感知程度，感知程度高于行动程度。同时，整体农户感知程度和意愿程度高于综合响应程度，行动程度小于综合响应程度。另外，从不同属性农户来看，建档立卡户金融资本综合响应程度要高于非建档立卡户。其中，建档立卡户金融资本的生计感知、生计意愿、生计行动响应程度高于非建档立卡户。即六盘山片区临洮县建档立卡户金融资本受产业扶贫影响的综合响应程度高于非建档立卡户，且建档立卡户对金融资本受产业扶贫影响的感知程度、意愿程度、行动程度都高于非建档立卡户（见图6）。

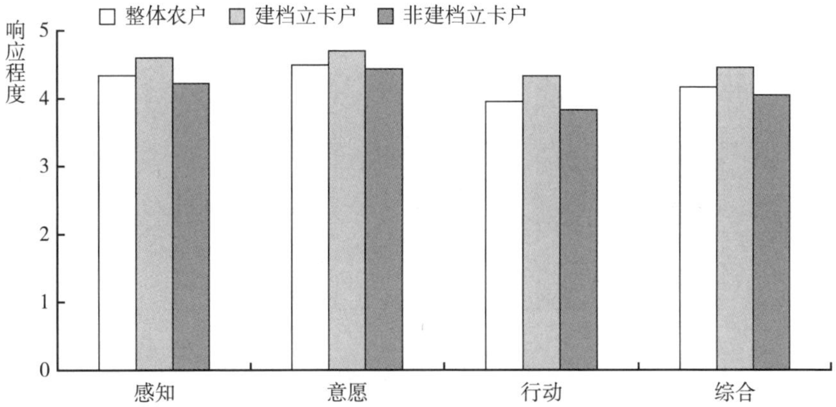

图6　金融资本响应程度

6. 整体而言，生计资本综合响应程度较高，其中物质资本响应程度最高，自然资本响应程度最低。同时，建档立卡户生计资本综合响应程度要高于非建档立卡户

从生计资本整体农户综合响应程度来看，生计资本综合响应程度为

3.622，处于“不清楚”和“基本同意”之间，响应程度较高。生计资本各维度响应程度由大到小依次是：物质资本响应程度、金融资本响应程度、社会资本响应程度、人力资本响应程度、自然资本响应程度。其中整体农户物质资本响应程度高、金融资本响应程度高、社会资本响应程度高、人力资本响应程度较高、自然资本响应程度一般。同时整体农户物质资本、人力资本、社会资本、金融资本响应程度都高于生计资本综合响应程度，自然资本响应程度低于生计资本综合响应程度。另外，从不同属性农户来看，建档立卡户生计资本综合响应程度要高于非建档立卡户。其中，建档立卡户生计资本的自然资本、物质资本、人力资本、社会资本和金融资本的响应程度高于非建档立卡户。即六盘山片区临洮县建档立卡户生计资本受产业扶贫影响的综合响应程度高于非建档立卡户，且建档立卡户对自然资本、物质资本、人力资本、社会资本和金融资本受产业扶贫影响的程度都高于非建档立卡户（见图7）。

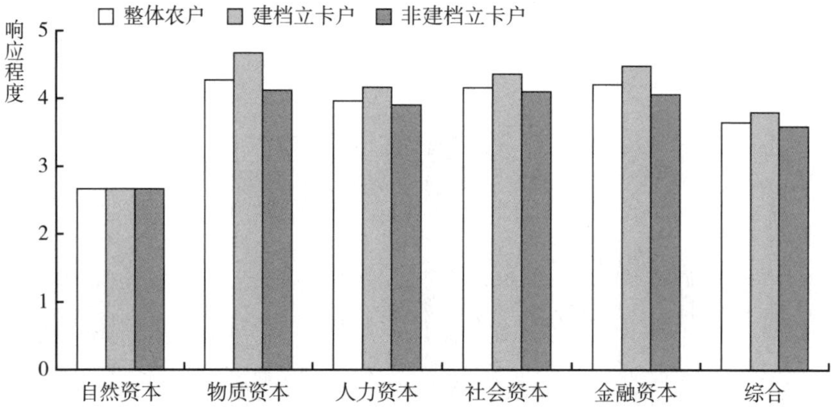

图7　生计资本各维度及整体响应程度

（三）临洮县产业扶贫中的农户生计方式响应特征

1. 生计方式综合响应程度高，其中生计意愿响应程度最高，生计行动响应程度最低

从生计方式整体农户综合响应程度来看，生计方式综合响应程度为

4.390，处于“基本同意”和“完全同意”之间，响应程度高。生计方式响应程度由大到小依次是：生计意愿响应、生计感知响应、生计行动响应。其中生计方式中生计意愿响应程度为4.742，处于“基本同意”和“完全同意”之间，响应程度高；生计方式中生计感知响应程度为4.528，处于“基本同意”和“完全同意”之间，响应程度高；生计方式中生计行动响应程度为4.198，处于“基本同意”和“完全同意”之间，响应程度高。说明六盘山片区临洮县农户生计方式受产业扶贫影响的综合响应程度高，其中整体农户意愿程度高、感知程度高、行动程度高，且意愿程度高于感知程度，感知程度高于行动程度。同时，感知程度和意愿程度高于综合响应程度，行动程度小于综合响应程度（见图8）。

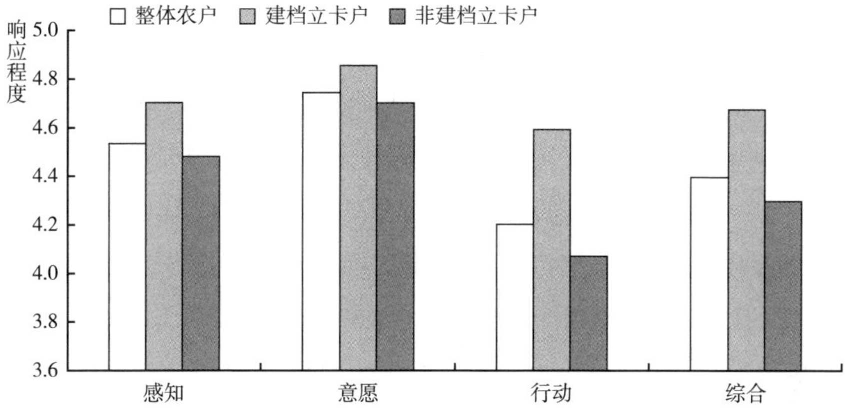

图8　生计方式响应程度

2.建档立卡户生计方式综合响应程度要高于非建档立卡户，建档立卡户生计方式的生计感知、生计意愿、生计行动响应程度都高于非建档立卡户

从不同属性农户来看，建档立卡户生计方式综合响应程度要高于非建档立卡户，其中，建档立卡户生计方式的生计感知、生计意愿、生计行动响应程度都高于非建档立卡户。即六盘山片区临洮县建档立卡户生计方式受产业扶贫影响的综合响应程度高于非建档立卡户，且建档立卡

户对生计方式受产业扶贫影响的感知程度、意愿程度、行动程度都高于非建档立卡户。

（四）临洮县产业扶贫中的农户生计产出响应特征

1. 生计产出综合响应程度高，其中生计意愿响应程度最高，生计行动响应程度最低

从生计产出整体农户综合响应程度来看，生计产出综合响应程度为4.205，处于“基本同意”和“完全同意”之间，响应程度高。生计产出响应程度由大到小依次是：生计意愿响应、生计感知响应、生计行动响应。其中生计产出中生计意愿响应程度为4.450，处于“基本同意”和“完全同意”之间，响应程度高；生计产出中生计感知响应程度为4.303，处于“基本同意”和“完全同意”之间，响应程度高；生计产出中生计行动响应程度为4.030，处于“基本同意”和“完全同意”之间，响应程度高。说明六盘山片区临洮县农户生计产出受产业扶贫影响的综合响应程度高，其中整体农户意愿程度高、感知程度高、行动程度高，且意愿程度高于感知程度，感知程度高于行动程度。同时，整体农户感知程度和意愿程度高于综合响应程度，行动程度小于综合响应程度（见图9）。

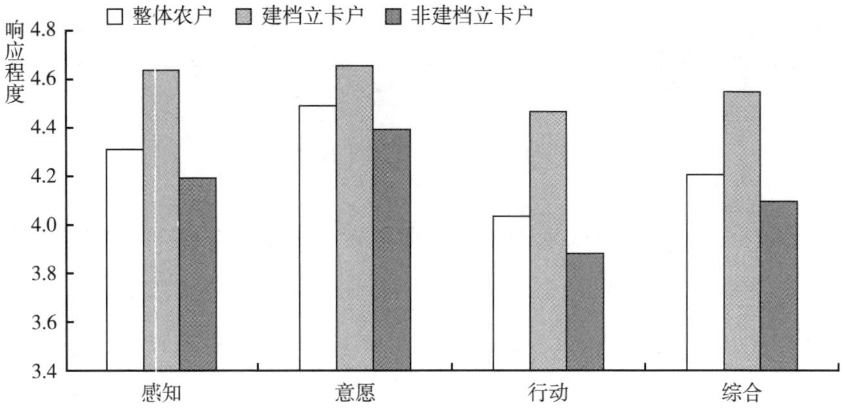

图9 生计产出响应程度

2. 建档立卡户生计产出综合响应程度要高于非建档立卡户，建档立卡户生计产出的生计感知、生计意愿、生计行动响应程度高于非建档立卡户

从不同属性农户来看，建档立卡户生计产出综合响应程度要高于非建档立卡户。其中，建档立卡户生计产出的生计感知、生计意愿、生计行动响应程度高于非建档立卡户。即六盘山片区临洮县建档立卡户生计产出受产业扶贫影响的综合响应程度高于非建档立卡户，且建档立卡户对生计产出受产业扶贫影响的感知程度、意愿程度、行动程度都高于非建档立卡户。

（五）临洮县产业扶贫中的农户生计空间响应特征

1. 生计空间综合响应程度较高，其中生计意愿响应程度最高，生计行动响应程度最低

从生计空间整体农户综合响应程度来看，生计空间综合响应程度为3.794，处于“不清楚”和“基本同意”之间，响应程度较高。生计空间响应程度由大到小依次是：生计意愿响应、生计感知响应、生计行动响应。其中生计空间中生计意愿响应程度为3.982，处于“不清楚”和“基本同意”之间，响应程度较高；生计空间中生计感知响应程度为3.833，处于“不清楚”和“基本同意”之间，响应程度较高；生计空间中生计行动响应程度为3.667，处于“不清楚”和“基本同意”之间，响应程度较高。说明六盘山片区临洮县农户生计空间受产业扶贫影响的综合响应程度较高，其中意愿程度较高、感知程度较高、行动程度较高，且意愿程度高于感知程度，感知程度高于行动程度。同时，整体农户感知程度和意愿程度高于综合响应程度，行动程度小于综合响应程度（见图10）。

2. 建档立卡户生计产出综合响应程度要高于非建档立卡户。其中，建档立卡户生计产出的生计感知、生计意愿、生计行动响应程度高于非建档立卡户

从不同属性农户来看，建档立卡户生计产出综合响应程度要高于非

建档立卡户。其中，建档立卡户生计产出的生计感知、生计意愿、生计行动响应程度高于非建档立卡户。即六盘山片区临洮县建档立卡户生计产出受产业扶贫影响的综合响应程度高于非建档立卡户，且建档立卡户对生计产出受产业扶贫影响的感知程度、意愿程度、行动程度都高于非建档立卡户。

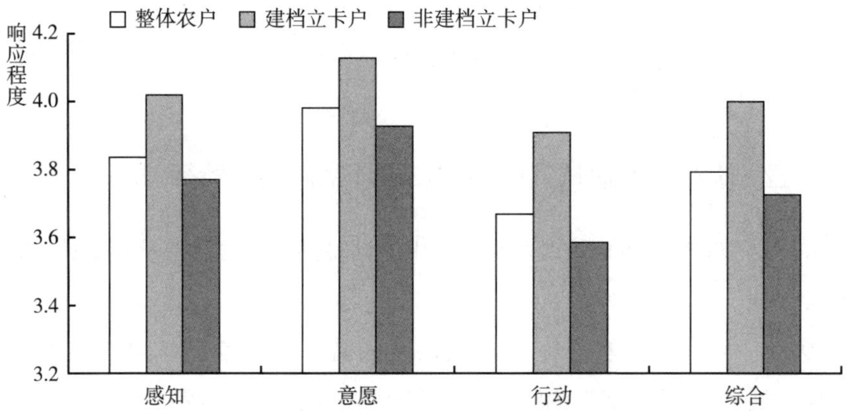

图 10　生计空间响应程度

四　临洮县产业扶贫中农户生计响应的影响因素

（一）描述性统计

由于解释变量的指标属性、量纲等不一致，为了使数据间具有可比性，我们采用极差标准化的方法对解释变量进行标准化处理，极差标准化计算公式如式（1）：

$$X_{sij} = (X_{ij} - X_{j\min})/(X_{j\max} - X_{j\min}) \tag{1}$$

其中，X_{sij} 为 i 样本 j 指标的标准化值，X_{sij} 为 i 样本的 j 指标值，$X_{j\min}$ 为 j 指标的最大值，$X_{j\min}$ 为 i 指标的最小值。

表 3　变量含义及测度问题、计算方法及赋值

变量名称		符号	指标含义或测度问题	计算方法或赋值
被解释变量	综合生计响应指数	LHR	农户的生计响应综合指数	见总报告中式(1)
	生计资本响应指数	LHR_C	农户的生计资本响应指数	见总报告中式(2)
	生计方式响应指数	LHR_W	农户的生计方式响应指数	参照 LHR 计算方法
	生计产出响应指数	LHR_P	农户的生计产出响应指数	参照 LHR 计算方法
	生计空间响应指数	LHR_S	农户的生计空间响应指数	参照 LHR 计算方法
	生计感知响应指数	LHR_A	农户的生计感知响应指数	参照 LHR 计算方法
	生计意愿响应指数	LHR_I	农户的生计意愿响应指数	参照 LHR 计算方法
	生计行动响应指数	LHR_B	农户的生计行动响应指数	参照 LHR 计算方法
解释变量	贫困程度	*poor*	是否为建档立卡户	否 =0,是 =1(正指标)
	收入来源	*srly*	家庭收入主要来源	种植或养殖业 =1,务工收入 =2,经商收入 =3,政府转移性收入 =4,其他 =5
	教育程度	*jycd*	家人最高受教育程度	小学及以下 =1,初中 =2,高中 =3,大专或大学本科 =4,研究生及以上 =5
	年龄结构	*nljg*	家人年龄结构	有 14 岁以下小孩和 60 岁以上老人 =1,有 14 岁以下小孩,无 60 岁以上老人 =2,无 14 岁以下小孩,有 60 岁以上老人 =3,所有人年龄都在 14 ~60 岁之间 =4
	健康状况	*jkzk*	是否有家人长期生病	是 =0,否 =1(负指标)
	劳力数量	*ldls*	家里劳动力数量	0 人 =0,1 人 =1,2 ~3 人 =2,3 人以上 =3
	政策信任	*zcxr*	家人参加新农合和新农村社保的情况	都没参加 =0,参加了新农合 =1,参加了新农村社保 =2,都参加了 =4
	社会网络	*shwl*	家中亲戚或朋友是干部或参与了扶贫工作的情况	没有 =0,有但几乎没有联系 =1,有但联系不多 =2,有且联系较多 =3
	家庭资源禀赋	*zybf*	家里土地、林地、池塘等自然资本的数量和质量情况	数量少且质量差 =0,数量和质量都一般 =1,数量多但质量差或者数量少但质量还好 =2,数量和质量都还好 =3

续表

变量名称		符号	指标含义或测度问题	计算方法或赋值
解释变量	地理区位	*dlqw*	家里离最近的集镇的时间距离（平时到集镇上所花时间）	2 小时以上 =1，1 ~2 小时 =2，半小时到 1 小时 =3，半小时以内 =4
	扶贫产业类型	*fpcy*	村里主要发展的扶贫产业类型	种植业或林业 =1，养殖业 =2，旅游业 =3，农产品及其他加工业 =4，多种产业混合，但规模都不大 =5
	基层组织能力	*jcnl*	对你们村村支两委及村干部工作能力和做事风格的感觉	能力不强，做事也欠公正，没有威信 =1，能力强但是做事不是很公正 =2，能力一般，做事公正 =3，能力强，公平公正，有威信 =4
	乡村风气	*xcfq*	你们村的风气情况	风气差，集体办不好事，等靠要思想严重 =1，风气不好，邻里关系不太好，做事不积极 =2，风气一般，基本和睦，上进心不足 =3，风气好，团结和睦，积极上进 =4
	信贷可得性	*xdkd*	您觉得您家里向银行借钱发展产业的难易程度如何	难 =1，比较难 =2，一般 =3，比较容易 =4，容易 =5

表 4　描述性统计结果

变量名称	符号	样本数	均值	中位数	最大值	最小值	标准差
综合生计响应指数	LHR	600	3.993	4.053	5.000	1.958	0.483
生计资本响应指数	LHR_C	600	3.622	3.639	5.000	2.021	0.566
生计方式响应指数	LHR_W	600	1.025	1.033	1.168	0.510	0.147
生计产出响应指数	LHR_P	600	1.043	1.062	1.240	0.369	0.160
生计空间响应指数	LHR_S	600	1.030	1.086	1.358	0.327	0.173
生计感知响应指数	LHR_A	600	4.203	4.266	5.000	2.268	0.490
生计意愿响应指数	LHR_I	600	4.328	4.382	5.000	2.179	0.454
生计行动响应指数	LHR_B	600	3.786	3.829	5.000	1.603	0.566
贫困程度	*poor*	600	0.257	0.000	1.000	0.000	0.437

续表

变量名称	符号	样本数	均值	中位数	最大值	最小值	标准差
收入来源	*srly*	600	0.075	0.000	1.000	0.000	0.164
教育程度	*jycd*	600	0.420	0.250	1.000	0.000	0.270
年龄结构	*nljg*	600	0.527	0.667	1.000	0.000	0.360
健康状况	*jkzk*	600	0.638	1.000	1.000	0.000	0.481
劳力数量	*ldls*	600	0.662	0.667	1.000	0.000	0.205
政策信任	*zcxr*	600	0.966	1.000	1.000	0.000	0.155
社会网络	*shwl*	600	0.129	0.000	1.000	0.000	0.259
家庭资源禀赋	*zybf*	600	0.332	0.333	1.000	0.000	0.186
地理区位	*dlqw*	600	0.610	1.000	1.000	0.000	0.455
扶贫产业类型	*fpcy*	600	0.141	0.000	1.000	0.000	0.285
基层组织能力	*jcnl*	600	0.567	0.667	1.000	0.000	0.366
乡村风气	*xcfq*	600	0.788	0.667	1.000	0.000	0.262
信贷可得性	*xdkd*	600	0.363	0.500	1.000	0.000	0.252

（二）生计响应的影响因素分析

1. 综合生计响应上，乡村风气对综合生计响应指数的“正”影响程度最大，劳力数量对综合响应指数的“负”影响程度最大

表5中，从综合生计响应影响因素回归结果来看，贫困程度（*poor*）、收入来源（*srly*）、健康状况（*jkzk*）、政策信任（*zcxr*）、家庭资源禀赋（*zybf*）、地理区位（*dlqw*）、信贷可得性（*xdkd*）等对综合生计响应指数（*LHR*）的影响不显著。受教育程度（*jyca*）的回归系数为正数，且在1%显著性水平上显著。说明受教育程度（*jycd*）与综合生计响应指数（*LHR*）呈正相关关系，受教育程度（*jycd*）增加1个单位，综合生计响应指数（*LHR*）增加0.166个单位。年龄结构（*nljg*）的回归系数为负数，且在10%显著性水平上显著。说明年龄结构（*nljg*）与综合生计响应指数（*LHR*）呈负相关关系，年龄结构（*nljg*）增加1个单位，综合生计响应指数（*LHR*）减少0.090个单位。劳力数量（*ldls*）的回归系数为负数，且在5%显著性水平上显著。说明劳力数量（*ldls*）与综合生计响应指数（*LHR*）

呈负相关关系，劳力数量（*ldls*）增加 1 个单位，综合生计响应指数（*LHR*）减少 0. 188 个单位。社会网络（*shwl*）的回归系数为正数，且在 5% 显著性水平上显著。说明社会网络（*shwl*）与综合生计响应指数（*LHR*）呈正相关关系，社会网络（*shwl*）增加 1 个单位，综合生计响应指数（*LHR*）增加 0. 152 个单位。扶贫产业类型（*fpcy*）的回归系数为负数，且在 1% 显著性水平上显著。说明扶贫产业类型（*fpcy*）与综合生计响应指数（*LHR*）呈负相关关系，扶贫产业类型（*fpcy*）增加 1 个单位，综合生计响应指数（*LHR*）减少 0. 174 个单位。基层组织能力（*jcnl*）的回归系数为正数，且在 1% 显著性水平上显著。说明基层组织能力（*jcnl*）与综合生计响应指数（*LHR*）呈正相关关系，基层组织能力（*jcnl*）增加 1 个单位，综合生计响应指数（*LHR*）增加 0. 358 个单位。乡村风气（*xcfq*）的回归系数为正数，且在 1% 显著性水平上显著。说明乡村风气（*xcfq*）与综合生计响应（*LHR*）呈正相关关系，乡村风气（*xcfq*）增加 1 个单位，综合生计响应指数（*LHR*）增加 0. 590 个单位。

从以上分析我们可以知道教育程度（*jycd*）、社会网络（*shwl*）、基层组织能力（*jcnl*）、乡村风气（*xcfq*）与综合生计响应指数（*LHR*）呈正相关关系，其影响程度由大到小依次是乡村风气（*xcfq*）、基层组织能力（*jcnl*）、教育程度（*jycd*）和社会网络（*shwl*）。年龄结构（*nljg*）、劳力数量（*ldls*）、扶贫产业类型（*fpcy*）与综合生计响应指数（*LHR*）呈负相关关系，其影响程度由大到小依次是劳力数量（*ldls*）、扶贫产业类型（*fpcy*）、年龄结构（*nljg*）。

2. 生计资本响应上，基层组织能力对生计资本响应指数的“正”影响程度最大，地理区位对生计资本响应指数的“负”影响程度最大

从生计资本响应影响因素回归结果来看，贫困程度（*poor*）、受教育程度（*jycd*）、年龄结构（*nljg*）、劳力数量（*ldls*）、政策信任（*zcxr*）、家庭资源禀赋（*zybf*）、信贷可得性（*xdkd*）等对生计资本响应指数（LHR_C）的影响不显著。收入来源（*srly*）的回归系数为正数，且在 1% 显著性水平上显著。说明收入来源（*srly*）与生计资本响应指数（LHR_C）呈正相关关系，收入来源（*srly*）增加 1 个单位，生计资本响应指数（LHR_C）增加 0. 427 个单

位。健康状况（*jkzk*）的回归系数为负数，且在5%显著性水平上显著。说明健康状况（*jkzk*）与生计资本响应指数（LHR_C）呈负相关关系，健康状况（*jkzk*）增加1个单位，生计资本响应指数（LHR_C）减少0.100个单位。社会网络（*shwl*）的回归系数为正数，且在5%显著性水平上显著。说明社会网络（*shwl*）与生计资本响应指数（LHR_C）呈正相关关系，社会网络（*shwl*）增加1个单位，生计资本响应指数（LHR_C）增加0.177个单位。地理区位（*dlqw*）的回归系数为负数，且在1%显著性水平上显著。说明地理区位（*dlqw*）与生计资本响应指数（LHR_C）呈负相关关系，地理区位（*dlqw*）增加1个单位，生计资本响应指数（LHR_C）减少0.228个单位。扶贫产业类型（*fpcy*）的回归系数为正数，且在10%显著性水平上显著。说明扶贫产业类型（*fpcy*）与生计资本响应指数（LHR_C）呈正相关关系，扶贫产业类型（*fpcy*）增加1个单位，生计资本响应指数（LHR_C）增加0.153个单位。基层组织能力（*jcnl*）的回归系数为正数，且在1%显著性水平上显著。说明基层组织能力（*jcnl*）与生计资本响应指数（LHR_C）呈正相关关系，基层组织能力（*jcnl*）增加1个单位，生计资本响应指数（LHR_C）增加0.474个单位。乡村风气（*xcfq*）的回归系数为正数，且在1%显著性水平上显著。说明乡村风气（*xcfq*）与生计资本响应指数（LHR_C）呈正相关关系，乡村风气（*xcfq*）增加1个单位，生计资本响应指数（LHR_C）增加0.392个单位。

从以上分析我们可以知道，收入来源（*srly*）、社会网络（*shwl*）、扶贫产业类型（*fpcy*）、基层组织能力（*jcnl*）、乡村风气（*xcfq*）与生计资本响应指数（LHR_C）呈正相关关系，其影响程度由大到小依次是基层组织能力（*jcnl*）、收入来源（*srly*）、乡村风气（*xcfq*）、扶贫产业类型（*fpcy*）、社会网络（*shwl*）。健康状况（*jycd*）、地理区位（*dlqw*）与生计资本响应指数（LHR_C）呈负相关关系，其影响程度最大的是地理区位（*dlqw*），影响程度最小的是健康状况（*jycd*）。

3. 生计方式响应上，乡村风气对生计方式响应指数的“正”影响程度最大，扶贫产业类型对生计方式响应指数的“负”影响程度最大

从生计方式响应影响因素回归结果来看，贫困程度（*poor*）、收入来

源（*srly*）、受教育程度（*jycd*）、健康状况（*jkzk*）、社会网络（*shwl*）、家庭资源禀赋（*zybf*）、地理区位（*dlqw*）、信贷可得性（*xdkd*）等对生计方式响应指数（LHR_W）的影响不显著。年龄结构（*nljg*）的回归系数为负数，且在5%显著性水平上显著。说明年龄结构（*nljg*）与生计方式响应指数（LHR_W）呈负相关关系，年龄结构（*nljg*）增加1个单位，生计方式响应指数（LHR_W）减少0.033个单位。劳力数量（*ldls*）的回归系数为负数，且在5%显著性水平上显著。说明劳力数量（*ldls*）与生计方式响应指数（LHR_W）呈负相关关系，劳力数量（*ldls*）增加1个单位，生计方式响应指数（LHR_W）减少0.067个单位。政策信任（*zcxr*）的回归系数为正数，且在10%显著性水平上显著。说明政策信任（*zcxr*）与生计方式响应指数（LHR_W）呈正相关关系，政策信任（*zcxr*）增加1个单位，生计方式响应指数（LHR_W）增加0.022个单位。扶贫产业类型（*fpcy*）的回归系数为负数，且在1%显著性水平上显著。说明扶贫产业类型（*fpcy*）与生计方式响应指数（LHR_W）呈负相关关系，扶贫产业类型（*fpcy*）增加1个单位，生计方式响应指数（LHR_W）减少0.090个单位。基层组织能力（*jcnl*）的回归系数为正数，且在5%显著性水平上显著。说明基层组织能力（*jcnl*）与生计方式响应指数（LHR_W）呈正相关关系，基层组织能力（*jcnl*）增加1个单位，生计方式响应指数（LHR_W）增加0.047个单位。乡村风气（*xcfq*）的回归系数为正数，且在1%显著性水平上显著。说明乡村风气（*xcfq*）与生计方式响应指数（LHR_W）呈正相关关系，乡村风气（*xcfq*）增加1个单位，生计方式响应指数（*LHRW*）增加0.188个单位。

从以上分析我们可以知道，政策信任（*zcxr*）、基层组织能力（*jcnl*）、乡村风气（*xcfq*）与生计方式响应指数（LHR_W）呈正相关关系，其影响程度由大到小依次是乡村风气（*xcfq*）、基层组织能力（*jcnl*）、政策信任（*zcxr*）。年龄结构（*nljg*）、劳力数量（*ldls*）、扶贫产业类型（*fpcy*）与生计方式响应指数（LHR_W）呈负相关关系，其影响程度由大到小依次是扶贫产业类型（*fpcy*）、劳力数量（*ldls*）、年龄结构（*nljg*）。

4. 生计产出响应上，乡村风气对生计产出响应指数的“正”影响程度最大，扶贫产业类型对生计产出响应指数的“负”影响程度最大

从生计产出响应影响因素回归结果来看，收入来源（*srly*）、受教育程度（*jycd*）、健康状况（*jkzk*）、社会网络（*shwl*）、家庭资源禀赋（*zybf*）、信贷可得性（*xdkd*）等对生计产出响应指数（LHR_P）的影响不显著。贫困程度（*poor*）的回归系数为正数，且在5%显著性水平上显著。说明农户属性与生计产出响应指数（LHR_P）呈正相关关系，贫困程度（*poor*）增加1个单位，生计产出响应指数（LHR_P）增加0.034个单位。年龄结构（*nljg*）的回归系数为负数，且在1%显著性水平上显著。说明年龄结构（*nljg*）与生计产出响应指数（LHR_P）呈负相关关系，年龄结构（*nljg*）增加1个单位，生计产出响应指数（LHR_P）减少0.043个单位。劳力数量（*ldls*）的回归系数为负数，且在1%显著性水平上显著。说明劳力数量（*ldls*）与生计产出响应指数（LHR_P）呈负相关关系，劳力数量（*ldls*）增加1个单位，生计产出响应指数（LHR_P）减少0.075个单位。政策信任（*zcxr*）的回归系数为正数，且在5%显著性水平上显著。说明政策信任（*zcxr*）与生计产出响应指数（LHR_P）呈正相关关系，政策信任（*zcxr*）增加1个单位，生计产出响应指数（LHR_P）增加0.071个单位。地理区位（*dlqw*）的回归系数为正数，且在10%显著性水平上显著。说明地理区位（*dlqw*）与生计产出响应指数（LHR_P）呈正相关关系，地理区位（*dlqw*）增加1个单位，生计产出响应指数（LHR_P）增加0.025个单位。扶贫产业类型（*fpcy*）的回归系数为负数，且在1%显著性水平上显著。说明扶贫产业类型（*fpcy*）与生计产出响应指数（LHR_P）呈负相关关系，扶贫产业类型（*fpcy*）增加1个单位，生计产出响应指数（LHR_P）减少0.091个单位。基层组织能力（*jcnl*）的回归系数为正数，且在1%显著性水平上显著。说明基层组织能力（*jcnl*）与生计产出响应指数（LHR_P）呈正相关关系，基层组织能力（*jcnl*）增加1个单位，生计产出响应指数（LHR_P）增加0.065个单位。乡村风气（*xcfq*）的回归系数为正数，且在1%显著性水平上显著。说明乡村风气（*xcfq*）与生计产出响应指数（LHR_P）呈正相关关系，乡村风气（*xcfq*）增加1个单位，生

计产出响应指数（LHR_P）增加 0. 193 个单位。

从以上分析我们可以知道，贫困程度（*poor*）、政策信任（*zcxr*）、地理区位（*dlqw*）、基层组织能力（*jcnl*）、乡村风气（*xcfq*）与生计产出响应指数（LHR_P）呈正相关关系，且影响程度由大到小依次是乡村风气（*xcfq*）、政策信任（*zcxr*）、基层组织能力（*jcnl*）、贫困程度（*poor*）、地理区位（*dlqw*）。年龄结构（*nljg*）、劳力数量（*ldls*）、扶贫产业类型（*fpcy*）与生计产出响应指数（LHR_P）呈负相关关系，且影响程度由大到小依次是扶贫产业类型（*fpcy*）、劳力数量（*ldls*）、年龄结构（*nljg*）。

5. 生计空间响应上，基层组织能力对生计空间响应指数的“正”影响程度最大，仅有收入来源对生计空间响应指数呈负相关关系

从生计空间响应影响因素回归结果来看，贫困程度（*poor*）、年龄结构（*nljg*）、健康状况（*jkzk*）、劳力数量（*ldls*）、政策信任（*zcxr*）、家庭资源禀赋（*zybf*）、地理区位（*dlqw*）、扶贫产业类型（*fpcy*）、信贷可得性（*xdkd*）等对生计空间响应指数（LHR_S）的影响不显著。收入来源（*srly*）的回归系数为负数，且在 10% 显著性水平上显著。说明收入来源（*srly*）与生计空间响应指数（LHR_S）呈负相关关系，收入来源（*srly*）增加 1 个单位，生计空间响应指数（LHR_S）减少 0. 079 个单位。受教育程度（*jycd*）的回归系数为正数，且在 1% 显著性水平上显著。说明受教育程度（*jycd*）与生计空间响应指数（LHR_S）呈正相关关系，受教育程度（*jycd*）增加 1 个单位，生计空间响应指数（LHR_S）增加 0. 117 个单位。社会网络（*shwl*）的回归系数为正数，且在 1% 显著性水平上显著。说明社会网络（*shwl*）与生计空间响应指数（LHR_S）呈正相关关系，社会网络（*shwl*）增加 1 个单位，生计空间响应指数（LHR_S）增加 0. 087 个单位。基层组织能力（*jcnl*）的回归系数为正数，且在 1% 显著性水平上显著。说明基层组织能力（*jcnl*）与生计空间响应指数（LHR_S）呈正相关关系，基层组织能力（*jcnl*）增加 1 个单位，生计空间响应指数（LHR_S）增加 0. 129 个单位。乡村风气（*xcfq*）的回归系数为正数，且在 1% 显著性水平上显著。说明乡村风气（*xcfq*）与生计空间响应指数（LHR_S）呈正相关关系，乡村风气（*xcfq*）增加 1 个单位，生计空间

响应指数（LHR_S）增加0.112个单位。

从以上分析我们可以知道，教育程度（*jycd*）、社会网络（*shwl*）、基层组织能力（*jcnl*）、乡村风气（*xcfq*）与生计空间响应指数（*LHRS*）呈正相关关系，其影响程度由大到小依次是基层组织能力（*jcnl*）、教育程度（*jycd*）、乡村风气（*xcfq*）、社会网络（*shwl*）。仅有收入来源（*srly*）与生计空间响应指数（*LHRS*）呈负相关关系。

6. 生计感知响应上，乡村风气对生计感知响应指数的“正”影响程度最大，扶贫产业类型对生计感知响应指数的“负”影响程度最大

从生计感知响应影响因素回归结果来看，贫困程度（*poor*）、收入来源（*srly*）、年龄结构（*nljg*）、劳力数量（*ldls*）、政策信任（*zcxr*）、家庭资源禀赋（*zybf*）、地理区位（*dlqw*）等对生计感知响应指数（LHR_A）的影响不显著。教育程度（*jycd*）的回归系数为正数，且在1%显著性水平上显著。说明受教育程度与生计感知响应指数（LHR_A）呈正相关关系，教育程度（*jycd*）增加1个单位，生计感知响应指数（LHR_A）增加0.221个单位。健康状况（*jkzk*）的回归系数为负数，且在5%的显著性水平上显著。说明健康状况（*jkzk*）与生计感知响应指数（LHR_A）呈负相关关系，健康状况（*jkzk*）增加1个单位，生计感知响应指数（LHR_A）减少0.091个单位。社会网络（*shwl*）的回归系数为正数，且在5%显著性水平上显著。说明社会网络（*shwl*）与生计感知响应指数（LHR_A）呈正相关关系，社会网络（*shwl*）增加1个单位，生计感知响应指数（LHR_A）增加0.154个单位。扶贫产业类型（*fpcy*）的回归系数为负数，且在5%显著性水平上显著。说明扶贫产业类型（*fpcy*）与生计感知响应指数（LHR_A）呈负相关关系，扶贫产业类型（*fpcy*）增加1个单位，生计感知响应指数（LHR_A）减少0.164个单位。基层组织能力（*jcnl*）的回归系数为正数，且在1%显著性水平上显著。说明基层组织能力（*jcnl*）与生计感知响应指数（LHR_A）呈正相关关系，基层组织能力（*jcnl*）增加1个单位，生计感知响应指数（LHR_A）增加0.331个单位。乡村风气（*xcfq*）的回归系数为正数，且在1%显著性水平上显著。说明乡村风气（*xcfq*）与生计感知响应指数（*LHRA*）呈正相关关

系，乡村风气（*xcfq*）增加 1 个单位，生计感知响应指数（LHR_A）增加 0.499 个单位。信贷可得性（*xdkd*）的回归系数为正数，且在 10% 显著性水平上显著。说明信贷可得性（*xdkd*）与生计感知响应指数（LHR_A）呈正相关关系，信贷可得性（*xdkd*）增加 1 个单位，生计感知响应指数（LHR_A）增加 0.157 个单位。

从以上分析我们可以知道，教育程度（*jycd*）、社会网络（*shwl*）、基层组织能力（*jcnl*）、乡村风气（*xcfq*）与生计感知响应指数（LHR_A）呈正相关关系，其影响程度由大到小依次是乡村风气（*xcfq*）、基层组织能力（*jcnl*）、教育程度（*jycd*）、社会网络（*shwl*）。健康状况（*jkzk*）、扶贫产业类型（*fpcy*）与生计感知响应指数（LHR_A）呈负相关关系，其影响程度由大到小依次是扶贫产业类型（*fpcy*）、健康状况（*jkzk*）。

7. 生计意愿响应上，乡村风气对生计意愿响应指数“正”影响程度最大

从生计意愿响应影响因素回归结果来看，贫困程度（*poor*）、收入来源（*srly*）、年龄结构（*nljg*）、健康状况（*jkzk*）、劳力数量（*ldls*）、社会网络（*shwl*）、家庭资源禀赋（*zybf*）、地理区位（*dlqw*）、扶贫产业类型（*fpcy*）、信贷可得性（*xdkd*）等对生计意愿响应指数（LHR_I）的影响不显著。教育程度（*jycd*）的回归系数为正数，且在 5% 显著性水平上显著。说明受教育程度与生计意愿响应指数（LHR_I）呈正相关关系，教育程度（*jycd*）增加 1 个单位，生计意愿响应指数（LHR_I）增加 0.146 个单位。政策信任（*zcxr*）的回归系数为正数，且在 1% 显著性水平上限制。说明政策信任（*zcxr*）与生计意愿响应指数（LHR_I）呈正相关关系，政策信任（*zcxr*）增加 1 个单位，生计意愿响应指数（LHR_I）增加 0.400 个单位。基层组织能力（*jcnl*）的回归系数为正数，且在 1% 显著性水平上显著。说明基层组织能力（*jcnl*）与生计意愿响应指数（LHR_I）呈正相关关系，基层组织能力（*jcnl*）增加 1 个单位，生计意愿响应指数（LHR_I）增加 0.356 个单位。乡村风气（*xcfq*）的回归系数为正数，且在 1% 显著性水平上显著。说明乡村风气（*xcfq*）与生计意愿响应指数（LHR_I）呈正相关关系，乡村风气（*xcfq*）增加 1 个单位，生计意愿响应指数（LHR_I）增加 0.435 个单位。

从以上分析我们可以知道，教育程度（*jycd*）、政策信任（*zcxr*）、基层组织能力（*jcnl*）、乡村风气（*xcfq*）与生计意愿响应指数（LHR_I）呈正相关关系，其影响程度由大到小依次是乡村风气（*xcfq*）、政策信任（*zcxr*）、基层组织能力（*jcnl*）、教育程度（*jycd*）。同时，所有负相关关系的统计量都是不显著的。

8. 生计行动响应上，乡村风气对生计行动指数的“正”影响程度最大，劳力数量对生计行动指数的“负”影响程度最大

从生计行动响应影响因素回归结果来看，收入来源（*srly*）、健康状况（*jkzk*）、政策信任（*zcxr*）、家庭资源禀赋（*zybf*）、地理区位（*dlqw*）等对生计行动响应指数（LHR_B）的影响不显著。贫困程度（*poor*）的回归系数为正数，且在5%显著性水平上显著。说明贫困程度（*poor*）与生计行动响应指数（LHR_B）呈正相关关系，贫困程度（*poor*）增加1个单位，生计行动响应指数（LHR_B）增加0.134个单位。教育程度（*jycd*）的回归系数为正数，且在5%显著性水平上显著。说明受教育程度与生计行动响应指数（LHR_B）呈正相关关系，教育程度（*jycd*）增加1个单位，生计行动响应指数（*LHRB*）增加0.163个单位。年龄结构（*nljg*）的回归系数为负数，且在5%显著性水平上显著。说明年龄结构（*nljg*）与生计行动响应指数（LHR_B）呈正相关关系，年龄结构（*nljg*）增加1个单位，生计行动响应指数（LHR_B）减少0.132个单位。劳力数量（*ldls*）的回归系数为负数，且在1%显著性水平上显著。说明劳力数量（*ldls*）与生计行动响应指数（LHR_B）呈负相关关系，劳力数量（*ldls*）增加1个单位，生计行动响应指数（LHR_B）减少0.266个单位。社会网络（*shwl*）的回归系数为正数，且在1%显著性水平上显著。说明社会网络（*shwl*）与生计行动响应指数（LHR_B）呈正相关关系，社会网络（*shwl*）增加1个单位，生计行动响应指数（LHR_B）增加0.200个单位。扶贫产业类型（*fpcy*）的回归系数为负数，且在1%显著性水平上显著。说明扶贫产业类型（*fpcy*）与生计行动响应指数（LHR_B）呈负相关关系，扶贫产业类型（*fpcy*）增加1个单位，生计行动响应指数（LHR_B）减少0.257个单位。基层组织能力（*jcnl*）的回归系数

为正数，且在1%显著性水平上显著。说明基层组织能力（*jcnl*）与生计行动响应指数（LHR_B）呈正相关关系，基层组织能力（*jcnl*）增加1个单位，生计行动响应指数（LHR_B）增加0.375个单位。乡村风气（*xcfq*）的回归系数为正数，且在1%显著性水平上显著。说明乡村风气（*xcfq*）与生计行动响应指数（LHR_B）呈正相关关系，乡村风气（*xcfq*）增加1个单位，生计行动响应指数（LHR_B）增加0.698个单位。信贷可得性（*xdkd*）的回归系数为正数，且在10%显著性水平上显著。说明信贷可得性（*xdkd*）与生计行动响应指数（LHR_B）呈正相关关系，信贷可得性（*xdkd*）增加1个单位，生计行动响应指数（LHR_B）增加0.142个单位。

从以上分析我们可以知道，贫困程度（*poor*）、教育程度（*jycd*）、社会网络（*shwl*）、基层组织能力（*jcnl*）、乡村风气（*xcfq*）、信贷可得性（*xdkd*）与生计行动响应指数（LHR_B）呈正相关关系，其影响程度由大到小依次是乡村风气（*xcfq*）、基层组织能力（*jcnl*）、社会网络（*shwl*）、教育程度（*jycd*）、信贷可得性（*xdkd*）、贫困程度（*poor*）。年龄结构（*nljg*）、劳力数量（*ldls*）、扶贫产业类型与生计行动响应指数（LHR_B）呈负相关关系，其影响程度由大到小依次是劳力数量（*ldls*）、扶贫产业类型、年龄结构（*nljg*）。

五　提升临洮县产业扶贫农户生计响应的对策建议

从研究结果我们可能发现，年龄结构、劳力数量、扶贫产业类型、基层组织能力、社会网络、教育程度、政策信任、乡村风气8个变量对三个以上的生计响应指数有显著的影响。但是年龄结构、劳力数量在短期内不具有可干预性，所以我们认为临洮县可以扶贫产业类型、基层组织能力、社会网络、教育程度、政策信任、乡村风气等6个方面来提升农户的生计响应。

（一）因地制宜，夯实主导产业，确保扶贫产业的可持续发展

扶贫产业类型与农户综合生计响应、生计方式响应、生计产出响应、生计感知响应、生计行动响应呈负相关关系。表明产业类型现代化程度和多样

表 5　生计响应影响因素回归结果

模型	模型 1	模型 2	模型 3	模型 4	模型 5	模型 6	模型 7	模型 7
因变量	LHR	LHR_C	LHR_W	LHR_P	LHR_S	LHR_A	LHR_I	LHR_B
自变量								
C	3. 337 (26. 100)***	3. 302 (20. 350)***	0. 895 (21. 345)***	0. 807 (18. 348)***	0. 819 (15. 954)***	3. 591 (26. 033)***	3. 434 (25. 910)***	3. 222 (21. 656)***
poor	0. 072 (1. 602)	0. 040 (0. 693)	0. 026 (1. 779)	0. 034 (2. 209)**	0. 002 (0. 102)	0. 053 (1. 100)	−0. 039 (−0. 842)	0. 134 (2. 561)**
srly	−0. 003 (−0. 025)	0. 427 (2. 984)***	−0. 029 (−0. 796)	−0. 0001 (−0. 002)	−0. 079 (−1. 741)*	−0. 032 (−0. 260)	−0. 119 (−1. 022)	0. 027 (0. 205)
jycd	0. 166 (2. 586)***	0. 010 (0. 127)	0. 011 (0. 547)	0. 035 (1. 568)	0. 117 (4. 549)***	0. 221 (3. 191)***	0. 146 (2. 199)**	0. 163 (2. 186)**
nljg	−0. 090 (−1. 951)*	0. 007 (0. 113)	−0. 033 (−2. 166)**	−0. 043 (−2. 693)***	−0. 016 (−0. 871)	−0. 071 (−1. 416)	−0. 023 (−0. 478)	−0. 132 (−2. 463)**
jkzk	−0. 040 (−1. 139)	−0. 100 (−2. 258)**	−0. 007 (−0. 611)	−0. 0005 (−0. 040)	−0. 008 (−0. 540)	−0. 091 (−2. 433)**	−0. 054 (−1. 490)	−0. 017 (−0. 409)
ldls	−0. 188 (−2. 271)**	−0. 164 (−1. 562)	−0. 067 (−2. 461)**	−0. 075 (−2. 634)***	−0. 006 (−0. 168)	−0. 074 (−0. 829)	−0. 097 (−1. 134)	−0. 266 (−2. 761)***
zcxr	0. 071 (0. 700)	−0. 061 (−0. 476)	0. 022 (0. 652)*	0. 071 (2. 050)**	−0. 007 (−0. 175)	0. 062 (0. 567)	0. 400 (3. 805)***	−0. 085 (−0. 721)

续表

模型	模型 1	模型 2	模型 3	模型 4	模型 5	模型 6	模型 7	模型 7
shwl	0. 152 (2. 337) **	0. 177 (2. 152) **	0. 006 (0. 269)	0. 015 (0. 682)	0. 087 (3. 335) ***	0. 154 (2. 200) **	0. 080 (1. 192)	0. 200 (2. 655) ***
zybf	0. 058 (0. 663)	-0. 026 (-0. 231)	-0. 004 (-0. 146)	0. 029 (0. 954)	0. 040 (1. 134)	-0. 080 (-0. 853)	0. 081 (0. 892)	0. 106 (1. 047)
dlqw	-0. 041 (-1. 053)	-0. 228 (-4. 571) ***	-0. 015 (-1. 148)	0. 025 (1. 827) *	0. 005 (0. 319)	-0. 024 (-0. 576)	0. 007 (0. 164)	-0. 068 (-1. 493)
fpcy	-0. 174 (-2. 732) ***	0. 153 (1. 893) *	-0. 090 (-4. 321) ***	-0. 091 (-4. 169) ***	-0. 030 (-1. 181)	-0. 164 (-2. 382) **	-0. 056 (-0. 850)	-0. 257 (-3. 458) ***
jcnl	0. 358 (6. 057) ***	0. 474 (6. 308) ***	0. 047 (2. 422) **	0. 065 (3. 190) ***	0. 129 (5. 448) ***	0. 331 (5. 182) ***	0. 356 (5. 812) ***	0. 375 (5. 449) ***
xcfq	0. 590 (7. 557) ***	0. 392 (3. 961) ***	0. 188 (7. 335) ***	0. 193 (7. 201) ***	0. 112 (3. 567) ***	0. 499 (5. 920) ***	0. 435 (5. 375) ***	0. 698 (7. 682) ***
xdkd	0. 110 (1. 481)	0. 075 (0. 796)	0. 037 (1. 515)	0. 037 (1. 463)	0. 017 (0. 575)	0. 157 (1. 959) *	-0. 007 (-0. 095)	0. 142 (1. 649) *
R^2	0. 415	0. 312	0. 315	0. 366	0. 260	0. 338	0. 288	0. 422
F 统计量	29. 605	18. 991	19. 258	24. 106	14. 664	21. 302	16. 885	30. 553
P(F 统计量)	0. 000	0. 000	0. 000	0. 000	0. 000	0. 000	0. 000	0. 000

注：* 表示在 10% 显著性水平上显著；** 表示在 5% 显著性水平上显著；*** 表示在 1% 显著性水平上显著。

化程度越高，农户综合生计响应、生计方式响应、生计产出响应、生计感知响应、生计行动响应程度就越低。究其原因，可能是农户面对过于现代化和多样化的扶贫产业感到迷惘、缺乏信心，所以在发展扶贫产业时要因地制宜，根据农户的接受程度选择、培育、夯实主导产业，而不是遍地开花，一味地追求扶贫产业的现代化和多样化，也不能随意更换或频繁变更已经确定的扶贫产业。在具体工作中，临洮县可以对一些农户响应程度不高的已有扶贫产业重新进行评估和选择，确定扶贫产业后，要加强宣传以及与农户的沟通，并不断完善扶贫产业的相关配套服务和保障机制，确保扶贫产业的可持续发展。

（二）培养人才，提高基层组织能力，确保政策落实的“最后一千米”

基层组织能力与农户综合生计响应、生计资本响应、生计方式响应、生计产出响应、生计空间响应、生计感知响应、生计意愿响应、生计行动响应呈正相关关系。表明基层组织能力越高，农户综合生计响应、生计资本响应、生计方式响应、生计产出响应、生计空间响应、生计感知响应、生计意愿响应、生计行动响应程度就越高。村“两委”及扶贫干部是各项扶贫政策的直接执行者，也是政策落实过程中非常重要的“最后一千米”。农户对各项政策的感知程度高低，很大程度上来自村“两委”及扶贫干部的基层工作是否细致。因此临洮县政府应该继续坚持和不断加强对基层干部的培养和选拔，提高基层组织能力，保障各项政策都能落实到位。具体工作中，临洮县可以选拔村里的能人来参与基层管理工作或者有针对性选拔优秀干部入村扶贫，并且通过树立典型、宣扬典型来进行精神激励，通过提高工资待遇，完善晋升途径来进行物质激励。

（三）结对帮扶，改善农户社会网络，拓展农户的社会关系

社会网络与农户综合生计响应、生计资本响应、生计空间响应、生计感知响应、生计行动响应呈正相关关系。表明家中亲戚或朋友是干部或参与了

扶贫工作的越多，农户综合生计响应、生计资本响应、生计空间响应、生计感知响应、生计行动响应的程度就越高。农户的社会关系会影响其生计响应程度，在扶贫工作中，临洮县应该继续加强和完善结对帮扶制度和措施，根据不同贫困农户的不同情况委派不同的帮扶干部，进而有效地改善农户的社会关系，从而提高产业扶贫中农户的生计响应程度。

（四）重视教育，提高农户教育程度，阻断贫困的代际传递

教育程度和农户综合生计响应、生计空间响应、生计感知响应、生计意愿响应、生计行动响应呈正相关关系。表明农户教育程度越高，农户综合生计响应、生计空间响应、生计感知响应、生计意愿响应、生计行动响应的程度就越高。农户的家庭的受教育水平，决定了一个家庭的视野和胸怀，对一个贫困家庭脱贫致富至关重要。在产业扶贫中，受教育程度高的农户，更加容易接受新的产业模式等，有利于提高产业扶贫中农户的生计响应程度。临洮县在具体工作中，可以进一步深化教育体制改革，破除教育管理的单一化，探索多元办学的新机制，同时提高教学质量，让贫困农户能享受到高质量的基础教育，能选择适合自身发展的中等教育和高等教育，从而彻底阻断贫困的代际传递。

（五）加强宣传，提高农户的政策信任，确保惠民政策惠及所有贫困户

政策信任和农户生计方式响应、生计产出响应、生计意愿响应呈正相关关系。表明政策信任程度越高，农户生计方式响应、生计产出响应、生计意愿响应程度就越高。农户对政策的信任程度高低，决定了农户是否积极参与到各项扶贫政策之中。临洮县可以进一步加强群众的思想教育工作，将党和政府实施的各项扶贫政策的初衷、目的和意义跟群众讲清楚，让群众能够真正了解扶贫政策受益最大的就是广大农村群众，真正理解党和政府期待群众都过上好日子，真正参与为有这样的党和政府而感到自豪，确保各项惠民产业政策都能惠及所有贫困户。

（六）营造氛围，改善乡村风气，打造美丽文明富裕新乡村

乡村风气与综合生计响应、生计资本响应、生计方式响应、生计产出响应、生计空间响应、生计感知响应、生计意愿响应、生计行动响应都呈正相关关系，且影响的程度都比较高。这说明好的乡村风气对于提高产业扶贫中农户的生计响应程度至关重要。具体工作中，临洮县可以从基层党建入手，通过不断加强党的政治建设、党员队伍建设来营造良好氛围，推动乡村风气的改善。同时要弘扬优秀传统文化，进一步加强群众教育，打造美丽文明富裕新乡村。

B.5

罗霄山片区桂东县产业扶贫、农户生计响应与可持续脱贫建议*

张怀英　蒋 辉　何永安　张 霞**

摘　要： 产业扶贫是新形势下贫困地区脱贫致富的基础灵魂支柱，同时也是脱贫攻坚的重点与难点。能否成功有效地带动贫困群众脱贫，产业扶贫的发展起着不可估量的作用。桂东县由于受历史、地理等因素的制约，属于典型的“老、山、边、穷”地区，被纳入国家罗霄山片区区域发展与扶贫攻坚的范围，是国家扶贫攻坚开发的重点县。基于对罗霄山片区桂东县的农户进行问卷调查及访谈，综合分析了桂东县的产业扶贫概况，较为系统地梳理了桂东县产业扶贫的发展现状以及成效，通过一手数据资料，深入阐述桂东县产业扶贫中的农户生计响应特征，从而剖析了产业扶贫中农户生计总体响应特特征及其及影响因素。研究表明，建档立卡户与非建档立卡户的生计响应得分有显著差异，劳动力数量的差异对于产业扶贫中农户生计响应得分影响无太大的差异，农户家中最高受教

* 该成果受湖南省民宗委重点项目“湖南深度贫困地区精准扶贫精准脱贫绩效评价与政策优化研究”（2018HNMZY02）、湖南省教育科学规划重点项目“湖南深度贫困地区教育扶贫的模式与运行机制研究”（XJK18AJG001）、国家民委研究项目“民族地区农村创业的典型模式及其绩效研究”（2018－GMC－031）、湖南省社科规划项目“农村创业助推乡村振兴的效应与机制研究”、武陵山片区扶贫与发展协同创新中心项目“罗霄山片区桂东县产业扶贫机制与可持续脱贫建议”（18JDZB072）等项目的资助。

** 张怀英，博士，副教授，硕士生导师，研究方向为区域经济学与企业管理；蒋辉，博士，财政部应用经济学博士后，研究方向为区域经济学与农业经济管理；何永安，吉首大学商学院2016级经济学专业学生；张霞，吉首大学商学院2015级工商管理专业学生。

育程度在产业扶贫的农户生计响应中影响并不明显，年龄结构偏年轻的家庭更乐意去关注产业扶贫的相关政策，也更加关心产业扶贫与自己的利益相关关系。进而从构建多元产业扶贫体系、完善扶贫政策体系、强化项目和资金监管，健全贫困监测机制等四个方面提出有利于提升农户生计水平的政策建议。

关键词： 产业扶贫　生计响应　可持续脱贫

一　桂东县的扶贫基本情况

桂东县位于湖南省东南部，地处湘赣边界、罗霄山脉腹地，全县总面积为1500平方千米，耕地面积为19万亩，林地面积为184万亩，辖11个乡镇、1个国家级自然保护区和1个国家级森林公园；全县共有113个村和社区（其中村102个、社区11个），总人口为23万人，其中农业户籍人口为186123人。

桂东属于典型的“老、山、边、穷”地区。1959年，桂东被国家民政部定为全国第一批革命老区县；1986年，被国务院定为国家重点扶持贫困县；2002年，被列为国家扶贫开发工作重点县；2011年，被纳入国家罗霄山片区区域发展与扶贫攻坚范围；2012年，又被列入新一轮国家扶贫开发工作重点县。2014年建档立卡时，全县贫困人口为14979户、46022人，有贫困村74个（2016年区划调整后为61个）。2014～2017年，全县共计脱贫14407户、44620人，61个贫困村全部退出贫困序列。其中（包括期间动态管理调整的贫困户）：2014年脱贫2214户、6843人；2015年脱贫2805户、9171人；2016年脱贫2287户、7597人，贫困村退出9个；2017年，贫困人口动态调整后，全县建档立卡贫困人口为15310户、46416人，当年脱贫7101户、21009人，贫困村退出52个。2018年建档立卡系统中全县未脱贫人口903户、1796人，贫困发生率为0.96%。

桂东交通、通信、水利、电力等基础设施落后，生产条件恶劣，经济社会发展相对滞后，自身财力有限，制约桂东扶贫开发的主要困难有以下几个方面：一是贫困范围广。2014 年建档立卡时，桂东县有 74 个贫困村（2016 年行政村合并之后为 61 个）、14979 户贫困户、46022 名贫困人口。二是贫困程度深。桂东县致贫因素多，贫困人口中患病人数多，2014 年建档立卡时共有 13207 名贫困人口患有不同程度的疾病，患病人数占贫困人口的 28.7%；生产条件恶劣，有 1 万多名贫困人口生活在“一方水土养不起一方人”的地区，自我发展能力不足，抵抗市场和自然风险能力脆弱。三是返贫因素多。2014 年之前，造成桂东县脱贫群众返贫的因素众多，既有人力资源开发不足的缘由，也有富民产业培育滞后的因素，特别是因病因灾返贫的问题较为突出。四是基础设施差。2014 年，桂东县当时还有 246 个村民小组的通组公路没有实现通达，519 个村民小组、43089 人没有解决安全饮水问题，114 个村民小组、3291 户农户用电不安全、不稳定、价格高。

二　桂东县的产业扶贫实践及成效

桂东县深入贯彻习近平总书记精准扶贫战略思想和党中央、国务院关于打赢脱贫攻坚战的决定，按照习近平总书记指出的“发展产业是实现脱贫的根本之策”这一要求，坚持“四跟四走”原则，把产业发展与精准扶贫深度融合，按照“四个摸准、四个结合”方法，通过“三个依托、三种模式”，充分发挥产业扶贫“生肌造血”功能，帮助贫困群众稳定脱贫。截至 2018 年，桂东县建档立卡贫困人口已累计脱贫 14407 户、44620 人，通过产业扶贫成功脱贫人数达到 34427 人，占总脱贫人数的 77.16%，在扶贫攻坚中走出了一条具有桂东特色的发展之路。

（一）产业扶贫实践

1. 强化政策措施，确保扶贫实效

（1）领导高度重视，组织保障有力。为切实做好产业扶贫工作，桂东

县的领导高度重视，把产业扶贫工作列入了重要议事日程，组织保障坚强有力。一是成立了产业扶贫领导小组。为确保桂东县农业产业扶贫工作正常运转，责任分工明确，经县委、县政府研究决定成立了由县委分管农业的副书记任组长、相关单位主要负责人任成员的桂东县农业产业扶贫工作领导小组，确保桂东县农业产业扶贫工作的扎实开展。二是精准出台了产业扶持政策。县委、县政府先后出台了《关于加快推进原生态有机农产品品牌建设的决定》（桂发〔2016〕5号）、《关于加快中药材产业发展的实施意见》（桂办发〔2017〕3号）、《关于支持县乡村重点扶贫产业、村级集体经济、贫困户自主发展产业的指导意见（试行）》（桂扶领字〔2017〕25号）、《桂东县2018年农业产业工作计划》（桂办字〔2018〕9号）等一系列文件，明确产业扶贫的奖补措施，形成了较为完善的组织领导体系和政策扶持体系。三是精准制定了产业扶贫规划。根据《桂东县精准扶贫五年（2015～2019）行动计划》，结合全县产业发展实际，制定了《桂东县产业精准扶贫规划（2015～2019）》和《桂东县脱贫攻坚产业发展巩固帮扶三年规划（2018～2020）》，精准规划好特色产业发展扶贫，为实施产业扶贫和实现贫困群众增收脱贫进一步明确了方向。

（2）深化帮扶模式，促进利益联结。按照“建设一批基地，培植一批企业，打造一批品牌、带富一方群众”的发展思路，通过做优传统产业推动发展、依托龙头企业带动发展、优化合作组织服务发展等“三种模式”，与贫困户逐步建立了完善的利益联结机制。一是建立政府与贫困户的利益联结机制。对贫困户自主发展产业，当年脱贫人口产业扶持不低于1600元/人，巩固脱贫人口产业扶持不低于800元/人，脱贫及巩固脱贫确有困难的视情况加大扶持力度。安排奖扶资金鼓励贫困户、非贫困户和村集体以资金入股的方式参与到企业、新型农业经营组织中共同发展产业。同时，鼓励新型农业经营组织、经济能人带动贫困人口就业，对首次招用建档立卡贫困户中的劳动力按600元/（月・人）的标准给予初级工培训补贴到人，补贴期限最长6个月。二是建立企业与贫困户的利益联结机制。大力推行“龙头企业（或县乡村重点企业）+农民专业合作社+基地+贫困户”的产销模式，不断壮大各类规模化发展、企业化运作的富民产业基地，有效延伸致富产业链条。鼓励龙头企业与贫困户建立利益联结机制，采取合作经营、劳务就业、帮扶带动等多种形式帮扶农户增收致富。大力推行龙头企业、合作社、大户带动普通农户发展种植、养殖业，先后引进了湖南盛源药业、太阳园艺、三湘菌业、大唐山臻、汝之辣、湘源牧业等企业和花卉、食用菌、朝天椒、铁皮石斛、禾花鱼、梅花鹿等产业。三是建立政府与企业的利益联结机制。桂东县政府每年筹集资金 2000 万元用于重点支持基地建设、农产品加工、质量安全、品牌创建和产品营销等，对新型农业经营组织、经济能人参与县、乡（镇）、村重点产业项目建设的机遇扶贫政策奖励。每年预算安排中药材产业发展资金 1000 万元用于药材基地建设、中药材加工、质量安全、品牌创建和产品营销等，每年整合资金 1000 万元用于扶持茶叶产业发展。通过政府政策引导，以奖代补，不断帮助企业做大做强。

（3）建立长效机制，实现长远发展。在产业发展方面，要做到长短结合，既要着力当前脱贫，又要着眼长远可持续。一是科学布局，推动产业融合。按照因地制宜、因村施策原则，对全县农业产业发展进行通盘考虑、统一规划，在农业产品上形成梯次配置、多样化发展，避免同质化竞争，着力发展“一村一品”“一户一业”。按照产业融合化、城乡一体化的开发思路，以自然村镇、道路沿线为布局单元，重点打造茶叶、蔬菜、中药材、小水果、楠竹等特色种植产业基地，以基地为中心科学布局项目，适度布局农旅结合的观光采摘园，培育农业农村发展新动能，推动一二三产业深度融合，促进农业增效、农民增收。二是强化培训，提高内生能力。加强贫困户脱贫门路的培训，实施科教扶贫“素质工程”，加快新型职业农民培育、贫困家庭职业技术培训、乡土人才培养、农村实用技术培训，补助贫困家庭学历教育和职业教育，提高贫困户造血功能，阻止贫困代际传递。三是拓宽路子，破解销售难题。把“铺天盖地”的农业小产业小行业整合为“顶天立地”的“桂东山货”，结合供销体制改革，组建桂东氧天下山货（集团）有限公司，在各乡镇成立氧天下山货集团分公司，各村成立专业合作社。在鼓励农户按市场价格进行自主销售的基础上，对农户农产品实行保底收购，形成自愿种植－保底收购－效益保全的新合作模式。桂东氧天下山货（集团）有限公司对全县特优农产品实行保底价格收购、统一贴商标、对接市场销售，并在长沙、郴州等大中城市设立原生态农产品超市，拓宽农副产品销售渠道。

2. 注重产业带动，夯实产业扶贫基础

（1）扩大产业基地，加快脱贫步伐。通过强龙头、抓招商、建基地、创品牌、促销售，有效推进全县产业快速健康发展。形成了以茶叶、蔬菜、中药材、楠竹、小水果、花卉苗木为主的精准扶贫主导产业，产业基地面积已达64.1万亩。以清泉镇、桥头乡为主产区的茶叶产业，总种植面积达13.8万亩；以沤江镇、新坊乡、寨前镇、东洛乡、普乐镇、沙田镇为主产区的中药材产业，种植达20万亩；以沤江镇、寨前镇、普乐镇、东洛乡为主产区的楠竹产业，面积达20万亩；以寨前镇、沙田镇、四都镇为主产区的花卉苗木产业面积达10万亩；以国道106沿线所在乡镇和沤江镇为主产区的无公害蔬菜产业面积2.5万亩；以沤江镇、寨前镇、大塘镇、沙田镇、四都镇为核心区域的特色小水果产业基地面积2万亩。2017年全县发展种植茶叶8000余亩、朝天椒5000余亩、油茶3450亩、中药材3800余亩，稻田放养禾花鱼5200余亩，帮扶2220贫困户发展畜禽养殖，实现贫困户增收总量4350万元以上，户均年增加收入2000元以上。

（2）狠抓秋冬生产，助推产业扶贫。为促进产业扶贫，加快精准扶贫步伐，充分利用冬闲田和荒山，提高复种指数，增加农户收入，制定了《桂东县2017年十企百村百基地秋冬农业生产实施意见》。通过抓规划、抓落地、抓管护、抓销售，2017年秋冬农业生实际完成种植绿肥16159亩、油菜12130亩、茶叶5000亩、蔬菜3540.7亩、小水果1798.6亩。秋冬农业生产成效显著，特别是油菜种植取得了丰收，受到群众好评，有效促进为扶贫产业的发展。

（3）发展重点产业，带动脱贫致富。通过政府主导，经济能人、新型农业经营组织（企业）带动，引导贫困户与市场主体建立紧密的利益联结机制，带动贫困户广泛参与产业发展、生产经营获取收益，增强贫困人口自我发展能力，确保贫困人口人均纯收入稳定超过脱贫线，实现脱贫摘帽的总体目标，出台了《关于支持县乡村重点扶贫产业、村级集体经济、贫困户自主发展产业的指导意见（试行）》（桂扶领字〔2017〕25号）。全县通过审核认定16家县乡村重点产业项目，扶持贫困户入股417.92万元，安排配比资金958.92万元，带动贫困户2546户、6671人发展产业；到2017年12月贫困户已实现产业分红207.13万元，人平增收384.6元以上，兑现参与委托帮扶的农业经营主体奖励资金232.84万元。

（4）突出区域优势，优化产业结构。为进一步加快桂东县中药材产业化发展步伐，优化产业结构，扩大产业规模，打造具有区域特色优势的现代中药材产业集群，促进农民增收、财税增长，桂东县把中药材产业作为全县支柱产业来抓，并出台了《中共桂东县委桂东县人民政府关于加快中药材产业发展的实施意见》。通过向群众进行技术指导，免费提供药苗，组织收购药材等形式扶持中药材生产，在全县迅速掀起了种植中药材的高潮。全县中药材种植大户发展到42家，规划种植面积16500亩。成功申报中药材产业为桂东县"一县一特"的特色主导产业，为全县争取上级支持资金三年共3000万元以上，有力促进了扶贫产业的发展。

（5）推进品牌建设，拓宽销售渠道。为加快桂东县农产品品牌建设，开拓农产品销售新路子，促进农业增效、农民增收和农村发展，县委、县政府出台了《关于加快推进原生态有机农产品品牌建设的决定》。自决定出台以来，受理申报项目161个（其中种养基地89个，其他72个），经领导小组办公室审查审核、全程监管和验收组现场验收，109个项目验收合格（其中种养基地53个，其他56个），需兑现奖励资金901.223万元。奖补项目的实施，有力推动了全县精准扶贫工作，流转657户建档立卡贫困户土地山林1947.4亩，项目主体长期雇佣建档立卡贫困人口164人、临时雇佣建档立卡贫困人口412人，委托帮扶建档立卡贫困户244户，直接带动贫困户增收480.8万元。同时为加快公共品牌创建，打造桂东知名产品，山货集团已着手建立桂东氧天下品牌，目前已登记注册26个类别，几乎覆盖桂东所有农产品及相关产品；着手建立全县统一的产品质量标准、产品检验体系，统一全县产品商标、产品品牌；办理产品QS认证，建立产品条码，以利农产品进入大型超市和电商销售。

3. 多措并举重统筹，巩固扶贫成果

为促进农民增收、企业增效、产业可持续发展，围绕贫困群众“稳定脱贫、可持续脱贫”目标，进一步加大产业扶贫力度，以产业帮扶确保贫困群众稳定增收，着重做到五个加强。

（1）加强产业规划的实施。大力实施以奖代扶发展特色农业产业，按照宜茶则茶、宜菜则菜、宜果则果、宜牧则牧、宜林则林、宜药则药的原则，着力推动茶叶、粮食、蔬果、中药材、林业、养殖等产业扩规模、提品质、增实效。通过兴产业、强实体，确保每乡（镇）有一个重点产业基地，每村有一项特色产业，每户有一条实用而稳定的脱贫致富路子。

（2）加强招商引资的举措。积极开展农业产业招商引资，引进更多有实力的企业到桂东县发展农业产业。引导贫困村顺应农业供给侧结构性改革要求，瞄准市场需求，在做优做精做特上下功夫，积极发展优质、安全、生态、特色的农产品，确保产品适销对路。通过举办农产品展销会、黄桃节等形式，利用电子商务平台，以及加强与大中型超市进行对接，在郴州、长沙、广州等省内外城市扩建桂东农产品超市，帮助贫困户、贫困村销售农副产品。

（3）加强产业品牌的打造。按照“建设大基地、培育大龙头、打造大品牌、推进大流通、形成大产业”的工作思路，坚持“原生态、纯天然、全有机”的标准，推行“不打农药、不施化肥、不用工业饲料”的生产模式，积极推进农业标准化工作，加快优质农产品的开发步伐，倡导品牌农业发展，加速打造“优质农副产品供应基地”。

（4）加强奖励政策的落实。认真贯彻落实县委、县政府《关于全面推进茶叶产业提质升级的意见》《关于加快推进原生态有机农产品品牌建设的决定》《关于加快中药材产业发展的实施意见》《关于支持县乡村重点扶贫产业、村级集体经济、贫困户自主发展产业的指导意见（试行）》等一系列文件精神，按照奖励办法和奖补标准，按时验收，及时兑现，大力实施以奖代扶发展特色农业产业，扶持农业企业和合作社，助推产业精准扶贫和企业合作社带动脱贫。

（二）产业扶贫成效

近年来，桂东县坚持把产业发展与精准扶贫深度融合，深入实施光伏扶贫、金融扶贫和旅游扶贫，带动贫困户发展产业，帮助贫困群众稳定脱贫。

（1）光伏扶贫产业：先期安排的1000户3千瓦的户用光伏电站已全部建成，后期增加的8824千瓦光伏电站将于2018年上半年全部实现并网发电，每个户用电站可为贫困户年增收3000元以上，收益期长达25年；61个60千瓦村级光伏发电站已于2017年5月底并网发电，可为村集体经济年增收6万元以上。

（2）全域旅游产业：坚持“全景桂东、全域旅游、全民幸福”理念，引导贫困群众从事旅游商品生产、加工和销售、开办乡村休闲避暑点，全县建成农家养生休闲避暑点306个。近两年，旅游产业累计带动贫困人口3.6万人次，人均增收800元以上。

（3）金融扶贫工作：截至2017年底，累计为9936户贫困户发放小额扶贫信用贷款38636.5万元；采取“金融贷款+委托帮扶”方式，引导3520户贫困户将金融信贷资金17579万元投入到玲珑王茶业、氧天下山货（集团）有限公司等企业，实行资产收益委托帮扶，每年可保底获得投入资金8%以上的收益。引导贫困人口入股风电、盛源药业等优质项目，采取入股分红、项目分红的方式增加贫困户收入，确保贫困户持续稳定脱贫。

（4）省级扶贫重点产业项目：2015年以来，共投入省级扶贫重点产业资金1872万元，委托玲珑王公司、青桥茶果公司、山货集团、盛源药业公司共计帮扶10083人。其中2015年安排财政扶贫资金433万元帮扶2887人参与玲珑王茶叶公司发展茶叶产业，人均年收益1200元，持续收益10年；2016年安排财政扶贫资金439万元帮扶2196人参与玲珑王茶叶公司发展茶叶产业，人均年收益1500元，安排财政扶贫资金300万元帮扶1500人参与清桥茶果发展茶叶产业，人均年收益1500元，持续收益10年；2017年，桂东县氧天下山货有限责任公司的蜜蜂养殖项目安排财政扶贫资金400万元，采取股份合作和直接帮扶两种方式帮扶2000人养蜂6000箱，人均年收益 1012.5 元，持续收益年限 9 年；桂东县盛源药业股份有限公司的药材种植项目安排财政扶贫资金 300 万元，采取股份合作和直接帮扶两种方式，帮扶 1500 人种植药材 1000 亩，人均年收益 1200 元，持续收益年限 5 年。

三　桂东县产业扶贫中的农户生计响应特征

（一）资料来源

本次调研数据样本采集在桂东县下辖的 10 个贫困村进行，分别是青竹村、上东村、羊社村、秋里村、马坊村、寨坪村、船塘村、三洞村、秋坪村、大水村，共计采集调研数据样本 480 份，其中有 342 份建档立卡户、138 份非建档立卡户。青竹村与寨坪村作为重点调研村进行数据采集，青竹村共计采集调研数据样本 80 份，其中有建档立卡户 45 户、非建档立卡户 35 户，寨坪村共计采集调研数据样本 80 份，其中有建档立卡户 52 户、非建档立卡户 28 户。其余 8 个村每个村随机采集了 40 份共计 320 份数据样本，其中有建档立卡户 245 户、非建档立卡户 75 户。

（二）生计响应测度

权重确定中综合应用主观赋权和客观赋权相结合的方法。其中，主观赋权采用专家打分法，即针对生计响应各维度（生计资本、生计方式、生计产出、生计空间响应以及生计资本响应中的自然、物质、人力、社会和金融资本响应）和响应强度（感知、意愿和行动响应）的相对重要性，结合专家的意见综合确定各自权重。该方法体现了专家对各响应维度相对重要性的专业判断，但具有一定的主观性。客观赋权则采用熵值法，该方法适合多指标权重计算，能有效克服指标间的信息重叠，可信度较高。最后，将主观权重和客观权重各占 50% 合成。综合权重，作为生计响应测度的基准权重。具体权重见表 1。

表1　农户生计响应测度要素与权重

响应维度		测度要素	响应强度	主观权重	客观权重	综合权重
生计资本	自然资本	对耕地、林地、菜地、鱼塘等由于产业扶贫而被征收或流转的认知、态度和行为反应	感知	0.10	0.22	0.16
			意愿	0.30	0.12	0.21
			行动	0.60	0.66	0.63
		自然资本响应权重		0.20	0.24	0.22
	物质资本	对购房或住房改建中家居(小车、家具等)受产业扶贫影响的认知、态度及行为反应	感知	0.10	0.32	0.21
			意愿	0.30	0.33	0.32
			行动	0.60	0.35	0.47
		物质资本响应权重		0.20	0.18	0.19
	人力资本	对家庭成员的见识、技能及对教育的认识等受产业扶贫影响的认知、态度和行为反应	感知	0.10	0.32	0.21
			意愿	0.30	0.32	0.31
			行动	0.60	0.36	0.48
		人力资本响应权重		0.20	0.18	0.19
	社会资本	对邻里、亲戚和朋友关系等社会网络资源受产业扶贫影响的认知、态度和行为反应	感知	0.10	0.34	0.22
			意愿	0.30	0.34	0.32
			行动	0.60	0.33	0.46
		社会资本响应权重		0.20	0.19	0.19
	金融资本	对持有金融产品、发生金融业务及与金融机构互动频率和方式受产业扶贫影响的认知、态度和行为反应	感知	0.10	0.21	0.15
			意愿	0.30	0.34	0.32
			行动	0.60	0.45	0.52
		金融资本响应权重		0.20	0.21	0.21
		生计资本响应权重		0.25	0.16	0.20
生计方式		对非农就业机会(做生意、务工、兼职等)以及乡村生计方式受产业扶贫影响的认知、态度与行为反应	感知	0.10	0.25	0.17
			意愿	0.30	0.19	0.25
			行动	0.60	0.56	0.58
		生计方式响应权重		0.25	0.27	0.26
生计产出		对产业扶贫引起的产出水平、收入渠道以及受自然条件(灾害、恶劣天气等)、市场条件(价格、需求等)影响的认知、态度及行为反应	感知	0.10	0.26	0.18
			意愿	0.30	0.35	0.33
			行动	0.60	0.39	0.49
		生计产出响应权重		0.25	0.37	0.31
生计空间		对生计活动的空间(居住、就业、就学、就医、购物、娱乐空间等)受产业扶贫影响的认知、态度和行为反应	感知	0.10	0.36	0.23
			意愿	0.30	0.42	0.36
			行动	0.60	0.22	0.41
		生计空间响应权重		0.25	0.21	0.23

（三）产业扶贫农户生计响应的“四维度－三强度”

产业扶贫对农户的生计响应调查方面，以 B. 1 表1——“农户生计响应测度要素”为依据，调查内容涉及“生计资本响应”、“生计方式响应”、“生计产出响应”和“生计空间响应”四个一级指标。其中，生计资本响应又分为自然资本、物质资本、人力资本、社会资本、金融资本五个二级指标。同时在问卷调查中要求调查对象对总报告表 1 中四个维度的响应强度和所设定测度要素进行评价打分，对所设定测度要素问题回答“完全同意”计 5 分，“基本同意”计 4 分，“不清楚”计 3 分，“基本不同意”计 2 分，“完全不同意”计 1 分。调查自然资本的测度要素是指农户对耕地、林地、菜地、鱼塘等由于产业扶贫而被征收或流转的认知、态度和行为反应。物质资本的测度要素是指农户对购房或住房改建中家居（小车、家具等）受产业扶贫影响的认知、态度及行为反应。人力资本的测度要素是指农户对家庭成员的见识、技能及对教育的认识等受产业扶贫影响的认知、态度和行为反应。社会资本的测度要素是指农户对邻里、亲戚和朋友关系等社会网络资源受产业扶贫影响的认知、态度和行为反应。金融资本的测度要素是指农户对持有金融产品、发生金融业务及与金融机构互动频率和方式受产业扶贫影响的认知、态度和行为反应。生计方式响应的测度要素是指农户对非农就业机会（做生意、务工、兼职等）以及乡村生计方式受产业扶贫影响的认知、态度与行为反应。生计产出响应的测度要素是指农户对产业扶贫引起的产出水平、收入渠道以及受自然条件（灾害、恶劣天气等）、市场条件（价格、需求等）影响的认知、态度及行为反应。生计空间响应的测度要素是指农户对生计活动的空间（居住、就业、就学、就医、购物、娱乐空间等）受产业扶贫影响的认知、态度和行为反应。

（四）生计资本响应分析

根据问卷调查的数据结果显示，自然资本的意愿层次得分最高，为 4. 28 分，说明农户对耕地、林地、菜地、鱼塘等由于产业扶贫而被征收或流转的态度非常积极，桂东县产业扶贫上大力招商引资，引进外地企业在本地建立蔬菜大棚、果园等，需要征收或者租用农户土地。农户在这方面都很乐意以收取土地租金的形式流转出去参与村级的扶贫产业项目。自然行动层次上分数最低为2.86分，主要原因是很多农户的土地位置偏僻或者土质不符合要求，从而未能成功流转出去。

物质资本、人力资本、社会资本三项的综合得分相近，分别为3.82分、3.77分、3.77分，均处于“一般”到“较好”两个等级之间。从感知、意愿、行动三个层次的得分情况看，行动层次得分略高于感知层次，感知层次略高于意愿层次。结合我们实际走访的时候通过与农户对话反映的情况看，有部分农户虽然对于产业扶贫的具体信息不了解，但是看到身边的人都做了相关的产业，自己也会跟着去做，类似“随大流”。虽然有点类似随大流，但是做出来的结果还是比较让人满意的。不少农户都表示通过产业扶贫的相关政策措施，自己的的确确从中受益了。同时也进一步表示，自己接下来会更加积极地参与到相关的扶贫产业中。另一方面来说，物质资本、人力资本、社会资本的得分情况反映出来的现象是产业扶贫对于农户的生计响应成效仍有很大提升空间。今年部分村镇的扶贫产业受雨雪天气影响，几乎是颗粒无收，农户遭受巨大损失。这就需要上级机关与地方政府更加切合实际，及时调整产业扶贫政策。

意愿层次在金融资本中得分最低为3.35，农户对于通过参与村级扶贫产业后，与银行、他人有更多的存钱、借钱、投资（用钱赚钱）等业务上的预期不是特别明显。感知层次得分略高些为3.60，走访过程中大部分受访农户对于农村的一些金融政策（例如小额信贷）都有较好的了解。行动层次得分为3.54分，受访的农户中大部分表示自己享受了相应的金融扶贫政策，在与银行、他人的资金往来上确有增加（见图1）。

（五）产业扶贫带来的生计方式改变得到农户初步认可，生计空间响应成效显著，生计产出响应成效尚有不足

从农户生计方式响应、生计产出响应、生计空间响应三个维度的问卷数

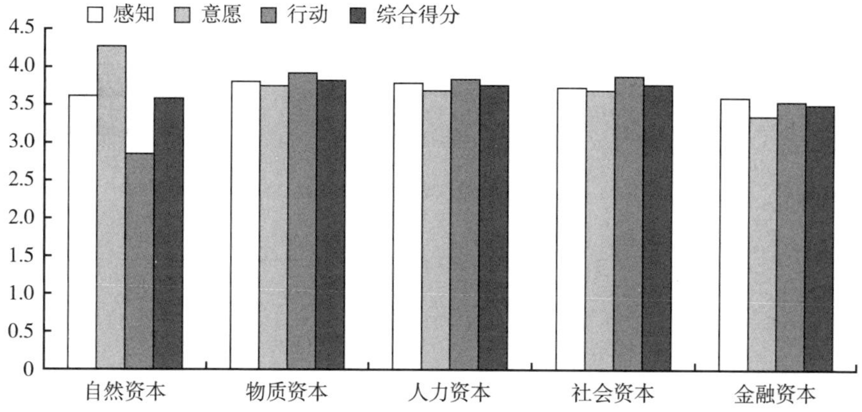

图1　农户生计资本响应得分

据反馈来看，生计空间响应成效显著，综合得分最高4.20分，生计方式响应得分次之4.12分，生计产出得分最低3.82分。

生计方式响应中，意愿层次得分最高为4.30分，感知层次次之为4.08分，行动层次得分最低为3.97分。产业扶贫政策在桂东县实施了好几年了，村民们认可这样可以帮助大家增收改善生活的好政策，因此感知、意愿层次上得分都较高。行动层次得分略低的原因主要是部分村镇的产业扶贫政策未做到完全切合当地实际情况。桂东县的95%的村镇实施的扶贫产业项目集中在种植业与养殖业，而近些年政府虽然采取了诸多措施鼓励农户参与种植养殖。但是没有考虑好市场因素，导致农产品价格一年比一年低，农户的积极性也因此受到打击。

从生计产出响应层次的得分情况来看，感知、行动层次得分相同，为3.87分，意愿层次得分偏低为3.73分。可以看出，生计产出响应三个响应强度得分均较低。结合我们实际走访过程反映的情况来看，主要原因有以下几点：（1）农户大量种植养殖出来的农产品在市场上反应不好，价格低廉，农户回本都成问题；（2）桂东县今年年初的雨雪天气，导致很多农户的种植作物受到极大破坏，几乎绝收；（3）农户文化程度低，不懂得如何将自己的农产品往外销售。这三点成为制约农户产业扶贫生计产出成效的主要因素。

生计空间响应层次的得分情况则相对乐观很多。行动层次得分最高有4.34分，感知、意愿层次得分别为4.16分、4.10分。桂东县实施扶贫政策以来，交通、医疗、教育等各方面设施较以前有很大完善。农户们在教育、医疗、就业、购物等方面的生活空间范围得到极大拓展。桂东县坚持“全景桂东、全域旅游、全民幸福”理念，引导贫困群众从事旅游商品生产、加工和销售、开办乡村休闲避暑点，全县建成农家养生休闲避暑点306个。每年的暑假、国庆等时段都吸引了大量的游客来到桂东，农户们有了更多的机会与外界接触、和不同的人交流（见图2）。

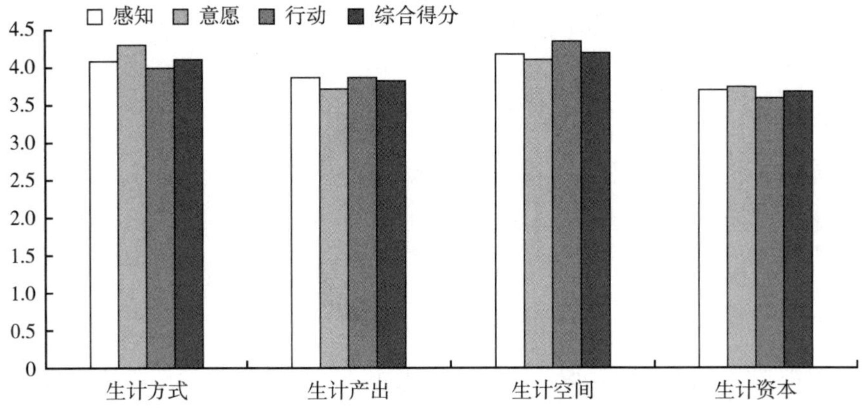

图2　农户生计方式、生计产出，生计空间及生计资本响应得分

四　桂东县产业扶贫农户生计响应的影响因素

（一）是否建档立卡户

本部分因素分析采用独立样本T检验进行，利用SPSS软件进行计算分析。为了进行独立样本t检验，需要一个自变量与一个因变量。本部分中自变量为农户是否属于建档立卡户，因变量为农户问卷答题得分。根据自变量的特定值，比较各组中因变量的均值。用t检验比较农户问卷得分的均值（见表2）。

表 2　组统计

	是否建档立卡户	个案数	平均值	标准差	标准误差平均值
得分	是	342	104.9825	9.44468	0.51071
	否	138	104.2681	12.27040	1.04453

根据表 2 数据可以看出，建档立卡户的问卷得分要略高于非建档立卡户。

根据 SPSS 计算结果表 3 分析，$T=0.685$，显著性（双尾）$=0.000$，即 $P=0.000$，那么可以得出 $P<0.05$，所以说建档立卡户与非建档立卡户之间的生计响应成效得分是存在显著差异的。

表 3　独立样本检验

		莱文方差等同性检验		平均值等同性 t 检验						
		F	显著性	t	自由度	显著性（双尾）	平均值差值	标准误差差值	差值 95% 置信区间 下限	差值 95% 置信区间 上限
得分	假定等方差	15.084	0.000	0.685	478	0.493	0.71434	1.04215	-1.33342	2.76210
	不假定等方差			0.614	205.612	0.540	0.71434	1.16269	-1.57799	3.00667

（二）劳动力数量

本部分因素分析采用单因素方差分析进行，同样利用 SPSS 软件进行计算分析。单因素方差分析（one-way ANOVA），用于完全随机设计的多个样本均数间的比较，其统计推断是推断各样本所代表的各总体均数是否相等。

根据表 4 和表 5 的方差分析数据结果可知，原假设是：产业扶贫农户生计响应的影响因素受劳动力数量的影响。如果显著性水平设为 0.05，由于卡方的概率 P 值为 0.007，小于 0.05，因此应该拒绝原假设，认为产业扶贫农户生计响应的影响因素不受劳动力数量的影响。

表 4　单因素方差分析

得分

	平方和	自由度	均方	F	显著性
组间	3062.913	3	1020.971	10.118	0.000
组内	48032.235	476	100.908		
总计	51095.148	479			

表 5　多重比较

因变量：　得分

LSD

(I)劳动力数量	(J)劳动力数量	平均值差值(I－J)	标准误差	显著性	95%置信区间	
					下限	上限
0人	1人	－3.95824*	1.81498	0.030	－7.5246	－.3919
	2－3人	－7.29023*	1.77567	0.000	－10.7794	－3.8011
	3人以上	－10.77606*	2.51617	0.000	－15.7202	－5.8319
1人	0人	3.95824*	1.81498	0.030	0.3919	7.5246
	2－3人	－3.33198*	0.99633	0.001	－5.2897	－1.3742
	3人以上	－6.81782*	2.04224	0.001	－10.8307	－2.8049
2－3人	0人	7.29023*	1.77567	0.000	3.8011	10.7794
	1人	3.33198*	0.99633	0.001	1.3742	5.2897
	3人以上	－3.48583	2.00739	0.083	－7.4303	0.4586
3人以上	0人	10.77606*	2.51617	0.000	5.8319	15.7202
	1人	6.81782*	2.04224	0.001	2.8049	10.8307
	2－3人	3.48583	2.00739	0.083	－.4586	7.4303

注：*的显著性水平为0.05。

（三）农户家中主要经济来源

本部分因素分析采用卡方检验，利用SPSS软件进行计算分析。卡方检验是用途很广的一种假设检验方法，它在分类资料统计推断中的应用，包括：两个率或两个构成比比较的卡方检验；多个率或多个构成比比较的卡方检验以及分类资料的相关分析等。

表 6 个案处理摘要

	个案					
	有效		缺失		总计	
	N	百分比	N	百分比	N	百分比
得分＊主要经济来源	480	100.0%	0	0.0%	480	100.0%

表 7 卡方检验

	值	自由度	渐进显著性(双侧)
皮尔逊卡方	309.469[a]	220	0.000
似然比	196.619	220	0.870
线性关联	1.686	1	0.194
有效个案数	480		

表7中，根据交叉列联卡方检验原理可知，原假设是：产业扶贫农户生计响应的影响因素受家庭收入的来源的影响。如果显著性水平设为0.05，由于卡方的概率 P 值为0.000，小于0.05，因此应该拒绝原假设，认为产业扶贫农户生计响应的影响因素不受家庭收入的来源的影响。

（四）最高受教育程度

本部分影响因素分析继续采用卡方检验的方法。根据表8可知，受访对象中家中成员最高受教育程度只有小学及以下的占13.75%，初中教育程度的有37.92%，高中教育程度的有30%，大专或大学本科的有17.92%，研究生及以上的仅有0.41%。根据表9卡方检验结果分析，P 值小于0.05，说明农户家中最高受教育程度对于农户生计响应成效无显著性差异。

表 8 受教育程度

	实测个案数	期望个案数	残差
A. A. 小学及以下	66	96.0	-30.0
B. B. 初中	182	96.0	86.0
C. C. 高中	144	96.0	48.0
D. D. 大专或大学本科	86	96.0	-10.0
E. E. 研究生及以上	2	96.0	-94.0
总计	480		

表 9　检验统计

	受教育程度
卡方	203.500[a]
自由度	4
渐近显著性	0.000

注：a.0 个单元格（0.0%）的期望频率低于 5。期望的最低单元格频率为 96.0。

（五）农户家中年龄结构

表 11 中，由交叉列联卡方检验可得，原假设是：产业扶贫农户生计响应的影响因素受年龄结构的影响。如果显著性水平设为 0.05，由于卡方的概率 P 值为 0.554，大于 0.05，因此应该接受原假设，认为产业扶贫农户生计响应的影响因素受年龄结构的影响。具体可体现为家中年龄结构较为年轻的农户更加关心相关的政策变化与自身利益相关，而家中年长老人较多的农户则似乎没有太多兴趣去关注产业扶贫政策是否与自己的利益相关。

表 10　个案处理摘要

	个案					
	有效		缺失		总计	
	N	百分比	N	百分比	N	百分比
得分 * 农户家中年龄结构	480	100.0%	0	0.0%	480	100.0%

表 11　卡方检验

	值	自由度	渐进显著性（双侧）
皮尔逊卡方	161.895[a]	165	0.554
似然比	176.729	165	0.252
线性关联	3.841	1	0.050
有效个案数	480		

注：196 个单元格（87.5%）的期望计数小于 5。最小期望计数为 .13。

（六）影响因素小结

通过实际走访，回收问卷进行数据分析，可以得出以下结论。

（1）建档立卡户与非建档立卡户的生计响应得分有显著差异。由于在青竹村，产业扶贫的主要对象几乎都是建档立卡户，很多的帮扶政策只有建档立卡户可以享受。这样的差异很大程度上打击了非建档立卡户在参与扶贫产业上的积极性，很多受访的非建档立卡户对此都有不小意见，表示自己并非不愿意参与产业扶贫，而是自己没有资格享受这些政策。

（2）劳动力数量的差异对于产业扶贫中农户生计响应得分影响无太大的差异。由于现在农村很多的年轻人都趋向于往城市迁移，留在家中的少之又少。农户家中基本都是有几个劳动力，就有几个人在外务工，留在家中的往往都是些老人孩子，即我们常说的“空巢老人”“留守儿童”。

（3）农户家中最高受教育程度在产业扶贫的农户生计响应中影响并不明显。根据我们走访的几户家中有孩子读了大学本科的农户反映，孩子读了大学以后，他们希望孩子能在大城市发展，至少不要像他们一样再继续当个农民。在我们跟村干部的交谈当中，我们也得知虽然这些年村里出去的大学生不在少数，但是毕业后选择回家的几乎没有。

（4）农户家中年龄结构偏年轻的（家中人口年龄为 14 ~ 60 岁，家中无 60 岁以上老人），这两种年龄结构的农户产业扶贫生计响应得分较高。这两种类型的农户，更乐意去关注产业扶贫的相关政策，也更加关心产业扶贫与自己的利益相关关系。

五　桂东县产业扶贫的益贫路径

桂东县在产业扶贫的过程中，制定和调整相关产业扶贫巩固政策，规范和加强资金项目管理，落实了一批与贫困户利益紧密相连、经济效益好、贫困户参与程度深的产业项目，其益贫路径如下（见图 3）。

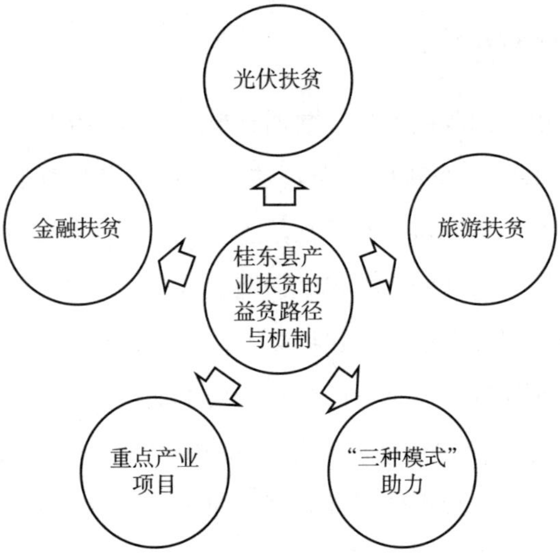

图 3　桂东县产业扶贫的益贫路径与机制

（一）光伏扶贫

一是加强 2016 年光伏扶贫产业项目建设扫尾工作，抓好电站项目用地手续、周边相关附属设施建设等共工作。二是妥善解决好剔除户有关问题，理顺电费结算机制，完善县、乡、村光伏扶贫有关资料。三是抓好项目验收工作，制定电站运营管理方案，选择好光伏电站运营管理单位，做好移交接工作。四是协调推进增加的 8824 千瓦光伏电站建设，确保 2018 年上半年全部实现并网发电。

（二）旅游扶贫

坚持"突出特色、因地制宜、社会参与、形成合力、重点推进、分批实施、整村推进、连片开发"的原则，实施六大行动计划推动旅游精准扶贫，重点扶持 36 个旅游扶贫村、3 万名贫困人口通过发展旅游产业实现脱贫致富。一是实施旅游景区项目建设带动扶贫计划，建设一批依托自然风光、美丽乡村、传统民居为特色的乡村旅游景区，同时把周边贫困村融入旅游景区统一规划、统一建设、统一营销，提升景区对周边旅游扶贫村的带动力。二是实施旅游扶贫示范引领计划，创建一批乡村旅游扶贫示范点，重点支持区位优越、交通便利、旅游资源好、有鲜明特色、有发展基础的旅游扶贫村，按照现代旅游消费特点发展个性化、特色化、差异化旅游业态，做到“一村一特色”。三是实施旅游电商品牌培育扶贫计划，将“旅游＋互联网”理念融入旅游扶贫开发建设，推出一批旅游商品品牌，发展一批以农家乐、渔家乐、牧家乐、休闲农庄、森林人家等为主题的乡村度假产品，扶持旅游扶贫村发展家庭手工业、家庭服务业，创建本土旅游商品品牌。四是实施旅游帮扶“双十双百”计划，建立旅游扶贫智库，指导旅游扶贫开发，搭建“村企共建”平台，通过资产收益扶贫、基地带动、订单合同收购等方式，促进旅游扶贫村、旅游贫困户增收脱贫。五是实施旅游扶贫政策支持计划，用好用足县财政预算安排的旅游产业资金500万元，支持基础设施建设，加大对旅游扶贫村旅游项目推介力度，动员社会资本参与乡村旅游扶贫项目开发。六是实施旅游扶贫专业培训计划，组织实施乡村旅游人力资源开发计划，分级分类对旅游扶贫村干部、致富带头人、旅游经营户、从业人员进行培训，力争在2020年底实现全覆盖，增强旅游扶贫持续发展后劲。

（三）金融扶贫

一是进一步深入推进金融扶贫小额信贷工作，扩大贫困户贷款受益面，切实帮助贫困户解决产业发展资金问题。二是加强政策衔接，妥善解决好剔除户贴息、剔除户退出和部分贷款逾期等问题。三是完善金融扶贫贷后管理，加大对贷款贫困户、委托帮扶企业的跟踪管理和2015年以来重点产业帮扶企业的跟踪管理，完善企业资产抵押手续，切实防范金融风险。

（四）扶贫重点产业项目

根据省扶贫办统一安排，结合行业扶贫重点产业项目，集中资金，落实好2018年重点产业项目。同时，加强对已实施项目企业经营情况和落实帮扶任务的监管，督促按照合同约定兑现帮扶收益。

（五）“三种模式”助推产业扶贫

1. 做优传统产业推动发展

桂东县根据“扶优、扶大、扶强”的原则，对茶叶、药材等重点传统农业产业采取一系列鼓励发展措施。县委、县政府先后下发《关于全面推进茶叶产业提质升级的意见》《关于加快中药材产业发展的实施意见》《关于加快推进原生态有机农产品品牌建设的决定》《关于支持县乡村重点扶贫产业、村级集体经济、贫困户自主发展产业的指导意见（试行）》等文件，每年筹集资金 2000 万元用于重点支持基地建设、农产品加工、质量安全、品牌创建和产品营销等，每年预算安排中药材产业发展资金 1000 万元用于药材基地建设、中药材加工、质量安全、品牌创建和产品营销等，每年整合资金 1000 万元用于扶持茶叶产业发展。传统产业的快速发展，大大加快了贫困群众脱贫致富以及全县经济社会发展的进程，如桂东玲珑王茶叶开发公司带动贫困户 2600 户、8600 人种植茶叶 3.6 万亩，盛源药业带动贫困户 365 户、1276 人种植中药材 860 亩。全县茶叶、药材基地总面积达到 34.8 万亩，累计带动 4468 户、13807 人增收，人均增收 1000 元以上。

2. 依托龙头企业带动发展

桂东县按照因地制宜、因村施策原则，对全县产业发展进行通盘考虑、统一规划，着力发展“一村一品”。在实施的过程中，对一批起点高、规模大、带动力强的农业龙头企进行重点培育和采取一系列奖扶措施，让龙头企业带动“一村一品”的发展与壮大，带动贫困户增收脱贫。比如，采取“金融贷款 + 委托帮扶”方式，引导 3519 户贫困户将金融信贷资金 17574 万元投入到大唐山臻、清桥茶果、上海朝翔公司等 8 家龙头企业，实行资产收益委托帮扶，每年可保底获得投入资金 8% 以上的收益。此外，以县属国有控股的鑫汇投资发展有限公司为投资平台，整合县域内扶贫及其他相关资金参与产业项目投资开发，吸纳 12000 名无劳动能力户、兜底户、低保户、重残户、重病家庭户等 5 类贫困户入股中核桂东风电项目，公司前期保底收益，后期按实际效益分红，为贫困户提供稳定收入来源。截至目前，全县共有省级农业产业化龙头企业1家，示范合作社7家；市级农业产业化龙头企业12家，示范合作社18家；县级农业产业化龙头企业13家。

3. 优化合作组织服务发展

全县把“铺天盖地”的农业小产业小行业整合为“顶天立地”的“桂东山货”，以桂东氧天下山货（集团）有限公司为龙头，在各乡镇成立氧天下山货（集团）分公司，各村成立专业合作社，各村成立专业合作社，使桂东的优质农副产品走出大山，变成实实在在的现金收入，直接服务于农业产业发展和广大农民群众发展产业脱贫致富。一是着力破解销售难题。每年年初，结对帮扶责任人协助专业合作社帮助指导贫困户制定全年产业发展计划，并与所有农户签订农产品购销协议，对农户农产品实行保底收购，形成订单种植、订单收购、订单销售合作模式，对全县特优农产品实行统一贴商标、对接市场销售，通过在长沙、郴州等大中城市设立原生态农产品超市，举办“桂东山货进郴城”“2017年桂东黄桃节”等展销会，促进桂东玲珑茶、黄桃、甜玉米、花豆等优质农产品销售，单次成交额超过千万元。成功申报“全国电子商务进农村综合试点示范县”，组建电商协会，对接“搜农坊”“农村淘”等12家电子商务运行平台企业，与电商进农村标准化联盟签订连续五年包销协议，拓宽农副产品销售渠道，有效解决农产品销售难题。二是完善利益联结机制。大力推行“公司+基地+合作社+农户”的利益联结方式，依托现有基础，优势互补，走规模化、集约化的发展路子，引导贫困户与企业建立紧密的利益联结机制，带动贫困户广泛参与产业发展、生产经营，增强贫困人口自我发展能力，企业与农户的利益联结机制更加完善。如氧天下山货集团带动种植朝天椒5000亩，以隆平高科种粮专业合作社为主的种粮合作组织带动贫困户1095户、3600人种植优质水稻7500亩，千里缘公司发展订单养殖禾花鱼5241亩，涉及农户1850户，其中贫困户为780户。氧天下山货（集团）有限公司帮助1695户贫困户利用8475万元扶贫小额信贷资金参与产业开发，2017年分红651万元，户均年增加收入2000元以上。三是做大做强农业品牌。以整体品牌为龙头，以区域公用品牌和企业产品品牌为主体，构建桂东农产品品牌体系。引导、扶持新型农业经营主体、新型农业服务组织开展示范基地创建和有机农产品认证、农产品地理标志登记。强化政府公益服务，建立农产品品牌目录制度，把区域公用品牌、企业产品品牌形成目录，由县政府统一组织发布，实行动态管理。制定农产品品牌征集办法、审核办法、评价办法、保护办法和动态管理办法，鼓励引导各类农产品市场主体做大品牌、保护品牌。

六　桂东县产业扶贫与可持续脱贫的建议

（一）全面构建多元产业扶贫体系，确保产生实效

（1）特色产业脱贫。按照“因地制宜，多能互补、综合开发，提高效益”的原则，促进茶叶、花卉苗木、药材、楠竹、草食牧业、无公害蔬菜、原生态食料等农业产业转型升级，建设湘南最大的高山草食牧业基地和有机、无公害蔬菜基地，打造名副其实的全国“茶叶之乡、楠竹之乡、药材之乡、花卉苗木之乡”。积极推广“雨养旱作立体农业”“农业开发 + 小流域治理 + 休闲观光”“养殖 + 沼气地 + 蔬果”等生态农业模式，大力实施绿色农产品基地建设和农产品认证工程，推广高产、高效、观光农业，培育全国无公害绿色食品品牌。完成高产油茶园、特色药材基地等 185 个产业脱贫项目，每个贫困村至少培育 1 个支柱产业或主导产业，到 2020 年，贫困村支柱产业和主导产业、特色产业和特色产品产值增加 50% 以上。

（2）乡村旅游扶贫。以“重点保护、合理开发、充分利用”为原则，加强旅游景点、设施建设和旅游商品开发，把乡村旅游培育为扶贫支柱产业。加快建设桂东县生态文化创意基地和清泉桥头茶文化产业园。加强湘赣（客家）民间小调、采茶调、对山歌、唢呐曲、麻雀节、禾苗节、土陶瓷制作工艺、板凳龙等民俗文化遗产的挖掘和保护，抢救、整理和展示民俗非物质文化遗产。重点推进齐云峰国家级森林公园、普乐国家级湿地公园、八面山国家级地质公园建设和八面山、青娥仙、齐云峰、三千湖等旅游景点开发。大力开发生态茶叶、山地食品、楠竹工艺品、哈哈牛、石耳、花

豆、黄菇、薏米、青花石等特色旅游商品，有效带动群众就业和增收。推进民族手工艺传承与创新，支持玲珑王茶叶手工炒制、普乐陶瓷传统工艺具有非物质文化遗产认证的手工艺发展，对非物质文化遗产传承人发展工艺品业给予优惠政策。鼓励扶贫对象参与民族传统手工艺品生产。加快乡村旅游与农业融合，发展生态观光农业。鼓励发展乡村特色主题酒店，支持商务酒店、青年旅社、汽车旅馆、露营地、民宿（家庭旅馆、农家乐）等建设，支持寨口、沤江、增口、寨前、流源、普乐、贝溪、沙田、四都开展乡镇农家养生休闲避暑点建设。从建档立卡的74个贫困村（合并后61个）中每年扶持一批重点村，通过整合资源和财政投入，加强旅游基础设施，完善旅游服务体系，丰富旅游产品，打造成具有一定知名度的乡村旅游特色村。力争到2020年实现贫困村乡村旅游年经营收入达到100万元以上。

（3）电商扶贫。大力扶持农产品电子商务发展，带动贫困农户增收。加快贫困地区物流配送体系建设，支持邮政、供销社、电商平台、物流企业在贫困村布设服务网点，扶持贫困地区建设一批现代化大型农产品冷链物流配送中心等冷链物流设施。引导支持贫困地区农业龙头企业、农民合作社、农产品生产基地、批发市场、零售企业等加强与知名电商龙头平台开展对接，实现产销有机衔接。加强贫困地区电商人才培训，对贫困家庭开设网店给予网络资费补助、小额信贷等支持。鼓励金融机构通过金融产品创新和服务创新，为农产品电子商务提供信用支撑和便利化服务。鼓励有条件的贫困村对接“世纪之村”和“村淘”，实现电商精准扶贫。

（4）资产收益扶贫。探索公共自然资源入股收益、农户和村集体自有资源或权益入股、财政专项扶贫资金入股经营、财政扶贫资金实施的项目形成资产交由主体经营等多种资产收益方式。并对财政支农资金形成的资产进行逐项分类，探索准确界定适合量化的资产。探索资产量化折股到村到户到人的办法及管理方式。建立健全收益保底机制，保障贫困户尽快获取收益并在项目持续期内拥有稳定的回报。对资产收益扶贫项目中的贫困户实行动态管理，根据人员变动合理调整收益分配。探索贫困户收益最大化机制，即实现租金、股金、薪金（贫困户参与合作入股经营主体务工获得工资性收入）相结合。贫困户在收益分配中所占比重要达入股资金的8%以上。

（二）进一步完善扶贫政策体系，夯实脱贫长效机制

各行业部门要紧紧围绕巩固脱贫成效这一工作重点，进一步制定相关后扶巩固政策，进一步细化三大类扶贫举措，并抓好措施落地。

（1）促进产业发展和就业帮扶。壮大现代农业、生态工业、全域旅游三个“增长极”，加快产业发展，确保贫困群众长远稳定增收。加强职业技能培训，加大就业帮扶，确保有劳动力家庭至少有1人充分就业。

（2）完善社会保障。教育、医疗、民政、人社等部门进一步细化民生保障政策，为贫困群众提供坚保障。住建局、易地扶贫搬迁办要进一步了解全县群众住房情况，确保群众住房安全保障到位。

（3）完善农村基础设施。对照农村水、电、路、信等基础设施建设标准，找出薄弱环节予以解决，进一步改善群众生产生活条件，为长远稳定脱贫提供基础支撑。

（三）重点强化项目和资金监管，提升扶贫资金使用效益

（1）收集和制定贫困户产业发展规划，管好用好产业引导资金。在制定全县2018年产业发展计划的基础上，列出县、乡、村重点农业产业项目，同时，结合结对帮扶责任人入户走访，帮助贫困户选择好项目。项目规划要做到切实可行、不弄虚作假，尽量减少整合资金计划调整幅度。资金使用要尽量集中，以加工、电商的发展，带动贫困户参与，以家庭农场和订单农业的发展，增加资金产出效益。

（2）调整和完善贫困户产业帮扶政策，分类落实帮扶措施。在按原奖励政策兑现已脱贫户巩固奖励资金的同时，考虑只有不到1%的人口未达到脱贫标准，对原有产业帮扶政策特别是资金安排方式进行一定的调整。结合贫困户参与委托帮扶项目、能源帮扶项目（如光伏产业、风力发电项目）情况，充分考虑贫困家庭就业能力、困难程度，分类、分项目进行帮扶，尽

量减少人情对帮扶项目、资金落实的影响。

(3) 加强和规范贫困户自主发展产业资金的落实程序，避免弄虚作假。对贫困户自主发展产业项目的奖励资金的兑现，从项目规划落实到验收兑现资金，应进一步明确要求和程序，相关部门要加强对项目落实事前、事中、事后的监管力度，对弄虚作假一旦查实的，要及时启动问责，并在全县范围内进行通报。

（四）健全贫困监测机制，强化脱贫跟踪管理

抓好建档立卡数据管理工作，对脱贫摘帽后未脱贫人口进行重点跟踪帮扶；对已脱贫人口和已退出的贫困村进行监控管理。进一步加强对各乡镇精准识贫、精准脱贫业务指导，加强新增和返贫人口动态管理，建立健全建档立卡系统动态调整机制，确保系统数据准确、客观，为全县脱贫攻坚政策制定提供参考。

村 寨 篇

Village Level Parts

B.6
贺堡村产业扶贫中的农户生计响应与脱贫成效*

刘 芳 张晓丹 周 雯 彭 耿**

摘 要： 关桥乡贺堡村，是宁夏海原县的贫困村之一，近几年农民生活得到一定的改善，但是仍然有部分村民没有实现脱贫。所以想要真正实现脱贫致富，就要做到“精准扶贫”，知道钱花在了哪儿、成效如何。因此，本文以宁夏海原县贺堡村精准扶贫为例，通过去函调取县扶贫办、村“两委”相关资料，与主要负责人座谈、考察典型扶贫产业基地等方式，

* 2019 年度湖南省社会科学成果评审委员会一般项目（XSP19YBC075）、湖南西部经济研究基地开放项目（18JDZB025）、武陵山片区扶贫与发展协同创新中心开放项目（18JDZB072）、湖南省教育厅优秀青年项目（16B217）资助。

** 刘芳，讲师，研究方向为财务金融；张晓丹，吉首大学商学院硕士研究生，研究方向为企业管理；周雯，吉首大学张家界学院经济管理系本科生；彭耿，博士后，教授，博士生导师，研究方向为金融风险管理。

调查了宁夏海原县关桥乡贺堡村的家庭成员、家庭资本、农户生计、收支状况、生态环境及政策感知情况，指出贺堡村产业扶贫的农户生计响应特征、影响因素以及脱贫成效。结果发现，脱贫成效感知与生计方式和生计产出有一定的相关性，脱贫成效意愿与生计产出有一定的相关性，脱贫成效行动与自然资本呈现低度相关，生计空间对脱贫成效的影响相对较低，说明贺堡村产业扶贫政策在一定程度上得到农户的响应，但是相关显著性较低。农户生计响应的影响因素主要是家庭内部因素，有建档立卡户、家庭收入的主要来源、受教育程度、农户的家里人长期生病、农户的土地林地池塘等自然资本的情况和村里的风气。因此，对贺堡村产业扶贫情况提出以下几点建议：一是提高农户对扶贫成效的感知和意愿响应，二是提高农户对扶贫产业的行动响应，三是提高农户的生计能力，四是提高农户劳动力素质和对扶贫产业的了解程度，五是提升各项响应指标的相互转换能力。

关键词： 贺堡村　精准扶贫　产业发展　生计响应　脱贫成效

一　贺堡村的产业扶贫概况

（一）贺堡村概况

贺堡村位于宁夏回族自治区中卫市海原县关桥乡，地处海原县东北部，距海城镇 10 千米。其中海原县包括 1 个自然保护区、1 个管委会、8 个社区、17 个乡镇、168 个行政村、1175 个自然村，人口总计 46.3 万人，其中农村人口占比90%、回族人口占比69%。海原县地处宁夏中部干旱带，总体县情是贫困人口较多、贫困程度较深、山地多、土地少、水资源缺、生态基础脆弱，总体概括为："两多、两少、两难、两低"；贫困人口较多，表现在海原县现有贫困人口11.84万人，占总人口的25.57%，占全区贫困人口的14.8%，常住农村人口贫困发生率为36%；山地多，表现在海原县国土总面积为6463平方千米，境内平均海拔1951米，丘陵起伏，沟壑纵横，山多川少；资源少，表现在海原县水资源缺乏，年均降水量仅为360毫米，蒸发量却能高达2200毫米，矿产资源尤其匮乏；耕地少，表现在全县耕地面积为229万亩，其中水浇地29万亩，人均只有0.72亩；农民人均纯收入低，2017年全县农民人均纯收入实现7658元，排全区末位；交通出行难，表现在县内对外主通道少，路网密度低，公路等级低，尤其是县城没有国道，没有铁路和高速公路通过，公路通车里程仅为2393.1千米，公路密度仅为37.2千米/百平方千米；扶贫攻坚难，在2012年，全面建设小康社会总体实现程度为59.3%，居全区末尾，森林覆盖率为9.38%，城镇化率30%，三次产业的比例结构为32.2∶20.8∶47.0。

海原县最具优势和潜力的产业是畜牧产业，也是海原县的支柱产业，经过多年的发展，海原县在基础设施建设、饲养规模、品种改良和饲草基地建设等方面，都取得了长足发展，全县畜牧业呈现出良好的发展态势，对促进县域经济发展起到非常重要的作用。2018年，为进一步发展全县高端肉牛产业，推广提出的华润"1+N"产业扶贫模式，制定了一系列产业发展计划，结合海原县的实际情况，深化肉牛产业供给侧结构性改革，积极引导肉牛产业向规模化、标准化、集约化方向发展，打造肉牛产业发展集群，推进一二三产业融合发展，助推脱贫富民。

海原县贺堡村以脱贫销号村和建档立卡贫困户为重点，投放西门塔尔基础母牛共1.5万头，其中贺堡村现有家庭大型养殖场3户，西门塔尔牛存栏总量达200多头。海原县贺堡村以华润集团有限公司定点帮扶发展草畜产业为契机，以发展高端肉牛产业为主线，以脱贫富民为核心，以科技创新为动力，依据"龙头带动、政策扶持、科技支撑、农户扩规"的发展思路，依托华润“1+N”扶贫模式，围绕规模养殖、饲草供给、屠宰加工、市场营销和科技服务等体系建设，促进高端肉牛产业链融合发展，全面提升肉牛产业发展水平，进一步提升贫困乡镇居民的生活水平。目标在2020年农村贫困人口实现全面脱贫。

图1 海原县、贺堡村概况

（二）贺堡村特色产业

贺堡村在产业扶贫政策的支持下，发展了一些贺堡村独有的特色产业，具体如下：

1. 香水梨产业

香水梨在海原县栽培已有将近200年的历史，属乡土树种，由于海原县独特气候，造就了香水梨的独特品质，香水梨种植面积达5000余亩。2006年，贺堡村开始大规模推广香水梨种植。香水梨极耐寒、抗旱、耐涝、盐碱；坐果早，坐果率高，便于管理；生长旺盛，容易稳产、丰产，是适宜海原县中北部大面积发展的优势经济树种，能够在一定程度上抵御各种自然灾害。而且其品种风味好，富含糖、酸和维生素C、铁、锌等。外地尤其是北京等地的朋友在果实成熟季节来到海原，总是要带一些土特产香水梨回去，带给亲戚和朋友们尝尝。虽然香水梨其貌不扬，但是目前在市场上不仅畅销，而且具有潜在的销售市场。贺堡村村民仅香水梨就可以收入达近万元。因此，种植香水梨已成为贺堡村农民增收致富的好路子。

2. 西芹产业

在十几年前，贺堡村只有区区几十亩种植西芹，当时，贺堡村村民主要以种植小麦、玉米等粮食作物为生，大部分村民生活较为拮据。后来，当地村民意外地发现西芹在村里的地里长势良好，情况好的一年能收三茬，不论是产量还是经济效益远超粮食作物，于是村民纷纷改种西芹。目前，贺堡村西芹种植面积达到2000亩左右，让贺堡村村民的腰包鼓了起来。成为贺堡村相当于产业扶贫的一大支柱产业。贺堡村村民通过种植西芹年收入可达四万元左右。

3. 肉牛养殖产业

2012年底，国务院扶贫办新增宁夏海原县为宁夏的第二个定点扶贫县，为落实好海原定点扶贫工作，特制定了《华润集团定点帮扶海原发展五年规划（2014～2018年）》，计划在2014年至2018年，通过产业扶贫、投资扶贫、公益扶贫、人才扶贫四个方面推动扶贫工作的开展。海原华润农业有限公司肉牛养殖基地项目，是华润根据海原自然条件和农业基础，结合华润相关业务优势，建立的草畜一体化发展项目。该项目主要是在海原设立犊牛繁育场、肉牛育肥场、畜草种植加工厂以及屠宰厂等，重点帮扶海原县发展肉牛养殖及饲草加工产业。贺堡村就享有此项扶贫政策，截至目前贺堡村的养殖户个体存栏量最大的已达到60头；共有存栏肉牛250头，其中基础母羊150只；年出栏肉羊300只；现有圈舍1000平方米。

图2　调研现场

（三）贺堡村的产业扶贫举措

贺堡村作为海原县扶贫的重点村，扶贫开发工作得到各级部门的高度重视和积极响应，扶贫实践有条不紊地向前推进。

1. 推广华润“1 + N”模式

一是推行“投母收犊”基础母牛银行赊销模式，重点向脱贫销号村与建档立卡贫困户投放西门塔尔基础母牛，实现贫困户脱贫。二是拓展“托管代养”模式，即“托管代养”养老模式、“托管代养”帮助青少年圆梦模式和“托管代养”助残模式，通过企业运作，为200户老弱病残建立扶贫基金，在生活、学习和就业方面提供保障。三是鼓励养殖合作社、家庭养殖场、养殖大户引进西门塔尔或安格斯基础母牛2000头，开展自繁自育，促进基础母畜扩群。

2. 实施补贴政策

一是实施肉牛良种补贴。对赊销华润西门塔尔基础母牛的建档立卡贫困户，扶贫资金每头补贴2000元，每户最多补贴3头；建档立卡贫困户赊销1头基础母牛，由县金融部门提供三年期贴息贷款1万元，每户贷款3～5万元，利息全部由扶贫资金贴息，贷款担保由县财政局担保基金提供担保；扶持养殖户基础母畜繁育，每繁育1头牛犊，给予500元“见犊补母”补贴。二是对饲养棚圈补贴。养殖户建设标准化养殖棚圈每座补贴3500元（60平方米）、6000元（80平方米）。三是扶持养殖场、家庭农场发展肉牛规模养殖。新建标准化养殖棚圈达到500平方米以上，肉牛存栏达到50头的，给予5万元补助；达到1000平方米以上，存栏量达100头，给予10万元补贴；达2000平方米以上，存栏量达200头，给予20万元补贴。四是扶持养殖户扩大养殖规模。鼓励养殖户扩繁留种高端基础母牛，饲养高端基础母牛10头以上的，每头基础母牛补贴1000元。五是对饲草料加工利用实行补贴。对退牧还草项目集中连片种植优质紫花苜蓿1000亩以上的新型经营主体和种养户，按照农业产业化项目政策，经验收合格后，每亩给予160元补贴；建档立卡贫困户种植紫花苜蓿，县扶贫资金每亩补贴200元，每户最多补贴10亩。龙头企业、养殖场、养殖户进行农作物秸秆打捆、青贮、黄贮的，每吨补贴100元。购买各种农机机具的享受农机购置补贴。建档立卡贫困户养殖高端肉牛的，每头每年饲草料补贴1000元等。围绕2个高标准优质牧草产业带，新种优质高产紫花苜蓿，鼓励种植户、农机合作社开展紫花苜蓿机械化收割，确保每年能收两茬，提高苜蓿产量及营养利用率。六是对基础母牛保险实行全面覆盖。农业保险重点扶持建档立卡贫困户，每头基础母牛420元保费（自治区补贴17.8%，保费74.8元；县财政补贴34.64%，保费145.7元；农户自筹47.5%，保费199.5元），保额为7000元。七是对品牌创建给予补贴。对获得中国知名品牌和中国驰名商标的农产品，每个奖补10万元；对获得宁夏著名商标和宁夏名牌产品的农产品，每个奖补5万元；对市场竞争力强和知名度高的区域公用品牌和企业商用品牌，每个奖补2万元等。

（四）贺堡村的产业扶贫目标

一是到2020年，高端肉牛产业依托龙头企业带动，建立饲草料供给肉牛繁育、生产加工、市场销售和科技服务各环节为一体的完整产业体系，预期牛饲养量达30万头，存栏达15万头；建设高端肉牛养殖示范村40个；存栏5000头以上的标准化牛场达到2个，存栏50头以上标准化牛场30个，存栏200头以上标准化牛场15个，肉牛规模化饲养比重达到10%以上。

二是到2020年，全县羊饲养量每年稳定在152万只，存栏每年稳定在75万只，存栏10000只以上的标准化羊场1个，存栏500只以上标准化羊场10个，肉羊规模化饲养比重达到30%以上。

三是到2020年，草产业紫花苜蓿留床面积达到75万亩，一年生产禾草稳定在20万亩，青贮玉米种植面积达到5万亩，秸秆综合利用达到20万亩，饲草机械化收获率达到90%。

四是到2020年，草畜产业配套培育国家级农业化龙头企业2家，培育自治区级农业产业化龙头企业5家以上；基础母牛“见犊补母”“基础母羊”“滩羊选育”补贴全覆盖；注册“海原牛羊肉”和“海原供港肉牛”地理标识，培育“海原肉牛”新品种，打造“宁夏滩羊”品牌。

二　贺堡村产业扶贫中的农户生计响应特征

（一）调查情况

2018 年 8 月通过去函调取县扶贫办、村“两委”相关资料，与主要负责人座谈、考察典型扶贫产业基地等方式，调查了宁夏海原县关桥乡贺堡村的家庭成员、家庭资本、农户生计、收支状况、生态环境及政策感知情况。依据各乡镇的人口比例进行问卷分配，最终收回有效问卷 71 份，其中被访者多为户主，对家庭的收入、支出等情况都较为了解，对问卷的回答较为客观、准确，可信度高。

根据调查数据统计，被访者文化程度区间分布为：小学 26.76%，初中 11.27%，高中及以上 61.97%；年龄分布为：有 14 岁以下小孩和 60 岁以上老人 38.03%，有 14 岁以下小孩和无 60 岁以上老人 18.31%，无 14 岁以下小孩和有 60 岁以上老人 26.76%，年龄均为 14 ~ 60 岁的 16.90%。收入的来源分布为：种植业或养殖业 64.79%，务工收入 30.99%，经商收入 2.82%，其他收入 1.40%；受访户中 97.18% 的家庭以种植业或林业为主，1.41% 的家庭以养殖业为主，1.41% 的家庭以多种产业为主，但是规模都不大。具体问卷统计分析在以下部分会详细介绍。此次调查虽然获取的问卷数量有限，但调研的农户群体具有较好的代表性和典型性。

（二）农户生计响应的测度指标、权重与方法

1. 生计响应测度要素与评分

可持续生计分析框架（SLA）是用于寻找环境和社会可持续发展道路的综合分析框架。目前，SLA 主要用于研究贫困、可持续生计模式和政策、生计脆弱性和制度对生计的影响。通过梳理发现，文献主要以静态分析为主，缺乏动态的预测和对半城镇化中农民可持续生计问题的探讨。该框架列出了

一系列重要问题，能够有助于理清农民生计与生态环境之间的复杂关系，根据本文的研究思路，该框架能够在一定程度上提供相应的调控措施和对策，具有较强的适用性。

农户生计响应是指在产业扶贫过程中，农户对村里扶贫产业的响应程度，即在生计资本、生计方式、生计产出和升级空间感知等方面的感知、意愿和行动反应。从响应维度上看，生计响应包括生计资本、生计方式、生计产出和生计空间响应；从响应强度上看，则可分为感知、意愿和行动响应。结合该“四维度－三强度”响应框架设计农户生计响应测度要素及调查问题。根据农民对生计测量因素的回答，计算李克特量表（Likert Scale）的得分。李克特量表属于复合测量类型，本研究试图通过问卷调查中标准化答案的分类来提高社会研究的测量水平，李克特量表等级评分的依据分为五个层面，即为：对所设定测度要素问题回答“完全同意”计 5 分，“基本同意”计 4 分，“不知道/不清楚”计 3 分，“基本不同意”计 2 分，“完全不同意”计 1 分。响应维度通过测度要素对设计的李克特量表问题项进行分类，响应强度通过每一类型的问题项进行再次分类，如：问题项“4. 1. 自 2011 年以来，你们村发展了扶贫产业（如种植业、林业、养殖业、旅游业、农产品及其他加工业）”定义为脱贫成效感知；问题项“5. 2. 您乐意参与你们村发展的扶贫产业（如种植业、林业、养殖业、旅游业、农产品及其他加工业）”定义为脱贫成效意愿；问题项“6. 3. 您参与了你们村发展的扶贫产业（如种植业、林业、养殖业、旅游业、农产品及其他加工业）”定义为脱贫成效行动；问题项“7. 4. 您知道在村级扶贫产业发展中，您家的耕地、林地、菜地、鱼塘等可能会被征收或被流转”定义为农户脱贫感知；问题项“8. 5. 您愿意在村级扶贫产业发展中，征收或流转您家的耕地、林地、菜地、鱼塘等”定义为农户脱贫意愿；问题项“9. 6. 您家的耕地、林地、菜地、鱼塘等在村级扶贫产业发展中被征收或被流转了”定义为农户脱贫行动。

基于此，本文以宁夏贺堡村农户的生计资本配置为基础，从生计资本、生计方式、生计产出和生计空间四个维度和感知、意愿和行动三个强度出发，试图对生计资本进行测量，参考国内外已有的研究成果并结合研究区实际情况，构建了适用于研究区农户生计响应测量的指标体系（见表1）。

2. 响应维度与强度的权重确定

权重确定中综合应用主观赋权和客观赋权相结合的方法。其中，主观赋权采用专家打分法，即针对生计响应各维度和响应强度的相对重要性，结合5位专家的意见综合确定各自权重。该方法体现了专家对各响应维度相对重要性的专业判断，但具有一定的主观性。客观赋权则采用熵值法，该方法适合多指标权重计算，能有效克服指标间的信息重叠，可信度较高。最后，将主观权重和客观权重各占50%合成综合权重，作为生计响应测度的基准权重。

根据各响应维度和强度的权重以及对应的测度要素评分可计算出农户的生计响应指数。综合生计响应指数为：

$$LHR = \sum_{i=1}^{4} \sum_{j=1}^{3} W_{ij} S_{ij} \tag{1}$$

式中：W_{ij}为第i个响应维度第j类响应强度的权重，S_{ij}则为第i个响应维度第j类响应强度的李克特量表得分（若第i个响应维度第j类响应强度有多个测度子要素，则取各测度子要素李克特量表得分均值）。其中，生计资本响应涉及五个子维度，因而，生计资本响应得分采用（2）式进行计算。

$$LHR_c = \sum_{m=1}^{5} \sum_{n=1}^{3} W_{mn} S_{mn} \tag{2}$$

式中：W_{mn}为第m类生计资本第n类响应强度的权重，S_{mn}则为第m类生计资本第n类响应强度的李克特量表得分（若第m类生计资本第n类响应强度有多个测度子要素，则取各测度子要素李克特量表得分均值）。

为了进行更深入的比较分析，本文还分别计算了个响应维度的响应指数，即生计资本响应指数、生计方式响应指数、生计产出响应指数和生计空间响应指数以及生计感知响应指数、生计意愿响应指数和生计行动响应指数。具体权重如表1所示。

表1　农户生计响应测度要素与权重

响应维度		测度要素	响应强度	主观权重	客观权重	综合权重
生计资本	自然资本	对耕地、林地、菜地、鱼塘等由于城镇化而被征收或流转的认知、态度和行为反应	感知	0.10	0.13	0.12
			意愿	0.30	0.31	0.30
			行动	0.60	0.56	0.58
	自然资本响应权重			0.20	0.22	0.21
	物质资本	对城市购房或住房改建中家居（小车、家具等）受城镇化影响的认知、态度及行为反应	感知	0.10	0.11	0.11
			意愿	0.30	0.22	0.26
			行动	0.60	0.67	0.63
	物质资本响应权重			0.20	0.29	0.25
	人力资本	对家庭成员的见识、技能及对教育的认识等受城镇化影响的认知、态度和行为反应	感知	0.10	0.15	0.13
			意愿	0.30	0.32	0.31
			行动	0.60	0.53	0.56
	人力资本响应权重			0.20	0.08	0.14
	社会资本	对邻里、亲戚和朋友关系等社会网络资源受城镇化影响的认知、态度和行为反应	感知	0.10	0.14	0.12
			意愿	0.30	0.31	0.31
			行动	0.60	0.55	0.57
	社会资本响应权重			0.20	0.20	0.20
	金融资本	对持有金融产品、发生金融业务及与金融机构互动频率和方式受城镇化影响的认知、态度和行为反应	感知	0.10	0.16	0.13
			意愿	0.30	0.32	0.31
			行动	0.60	0.52	0.56
	金融资本响应权重			0.20	0.21	0.20
生计资本响应权重				0.25	0.13	0.19
生计方式		对城镇就业机会、非农就业方式（做生意、务工、兼职等）以及乡村生计方式受城镇化影响的认知、态度与行为反应	感知	0.10	0.21	0.15
			意愿	0.30	0.42	0.36
			行动	0.60	0.37	0.49
生计方式响应权重				0.25	0.39	0.32
生计产出		对城镇化引起的产出水平、收入渠道以及受自然条件（灾害、恶劣天气等）市场条件（价格、需求等）影响的认知、态度及行为反应	感知	0.10	0.32	0.21
			意愿	0.30	0.28	0.29
			行动	0.60	0.40	0.50
生计产出响应权重				0.25	0.24	0.245
生计空间		对生计活动的空间（居住、就业、就学、就医、购物、娱乐空间等）受城镇化影响的认知、态度和行为反应	感知	0.10	0.18	0.14
			意愿	0.30	0.38	0.34
			行动	0.60	0.44	0.52
生计空间响应权重				0.25	0.24	0.245

（三）农户生计响应特征的统计分析

1. 数据处理和信度检验

利用 SPSS 23.0 软件对问卷数据进行信度和效度分析，如表 2 所示，Alpha 值和基于标准化项的 Alpha 值均在 0.7 以上，说明该量表具有很高的内在一致性，可靠性较强。进一步说明问卷的可信度较高，可以做具体的研究与分析。

表 2　可靠性统计

克隆巴赫 Alpha	基于标准化项的克隆巴赫 Alpha	项数
0.750	0.733	27

利用 SPSS 23.0 软件进行因子分析，如表 3 所示，结果发现 KMO 统计量为 0.568，Bartlett 球形度检验统计量的观测值为 639.077，对应 P 值为 0.000，从相关性矩阵来看，各变量间的相关性不强。从各指标来看，问卷的可信度较高，说明对此问卷的分析会有一定的现实意义和研究价值。

表 3　KMO 和巴特利特检验

KMO 取样适切性量数		0.568
Bartlett 球形度检验	近似卡方	639.077
	自由度	351
	显著性	0.000

2. 生计响应各指标描述性统计分析

根据各指标（即生计响应各维度（生计资本、生计方式、生计产出、生计空间响应以及生计资本响应中的自然、物质、人力、社会和金融资本响应）和响应强度（感知、意愿和行动响应）的权重系数和标准化得分（见表 1），通过 SPSS 23.0 软件计算出各指标的综合得分，进而求得农户的各指标的总数值。

如表 4 所示，通过 SPSS 23.0 软件，进行描述性统计分析，结果表明脱贫成效意愿的平均值（4.479）最高，脱贫成效感知次之，脱贫成效行动（4.042）最低。说明农户脱贫的意愿占比较高。另外反映出，农户有意愿脱贫，不愿意一直戴着贫困的帽子，但是作为农户限制的因素，就是对于国家的扶贫政策不了解、不清楚，更无法加入产业扶贫的行列中来，所以行动的统计值最低。

表 4　脱贫成效整体描述统计

	个案数	最小值	最大值	总和	平均值	标准差
脱贫成效感知	71	1.00	5.00	304.00	4.282	0.944
脱贫成效意愿	71	2.00	5.00	318.00	4.479	0.652
脱贫成效行动	71	1.00	5.00	287.00	4.042	1.212

如表 5 所示，样本农户的生计总响应平均值为 4.11，其中生计方式（4.237）平均值最高，其次是生计产出（4.154），生计空间（4.012）相对较低，生计资本（3.964）最低。说明农户通过村级扶贫产业后，生计来源的方式变化较大，而在生计资本方面，变化相对较小。生活在最底层的农户最希望改变的就是收入问题，无论做什么，只要能够增加家里的收入，就都可以接受，并且愿意去实践，而对自己知识的提高，相关技能的掌握等方面关心得少，从扶贫政策政策也能够看出，政策制定的针对性，“扶贫先扶智”，农户要有一定向上的心态，而不能总是依赖国家的政策。

表 5　生计总响应描述统计

	个案数	最小值	最大值	总和	平均值	标准差
生计资本	71	2.67	4.85	281.43	3.964	0.551
生计方式	71	1.81	5.00	300.82	4.237	0.660
生计产出	71	1.92	5.00	294.90	4.154	0.727
生计空间	71	2.14	5.00	284.88	4.012	0.701
生计总响应	71	3.07	4.80	291.78	4.110	0.393

我们从表5看出，在四个维度里面，生计资本的响应最小，而从生计资本本身来说，农户的响应又有什么区别，如表6显示，样本农户的生计总资本平均值为3.964，其中物质资本（4.152）存量最高，其次是人力资本（4.142），社会资本和生计资本相对较低，自然资本（3.644）最低，说明外部环境给予农户的帮助不足，农户为了改善生计，求助外界的社会关系有限。

表6　生计资本描述统计

	个案数	最小值	最大值	总和	平均值	标准差
生计资本	71	2.67	4.85	281.43	3.964	0.551
自然资本	71	1.00	5.00	258.70	3.644	1.337
物质资本	71	2.74	5.00	294.79	4.152	0.617
人力资本	71	1.26	5.00	294.11	4.142	0.820
社会资本	71	1.00	5.00	284.86	4.012	0.900
金融资本	71	1.83	5.00	276.30	3.892	0.796

如表7所示，在三个总体的响应强度上，行动的平均值（17.649）最大，其次是意愿（10.207），感知（4.388）最低，说明农户在改善生计，增加家庭收入方面，有很大的行动力，都愿意参加扶贫政策的扶贫产业，以便改善生计。而在感知方面，农户对相关的扶贫政策、村里的扶贫产业了解程度较低，只是知道埋头苦干，获得该有的劳动报酬就知足了。与表4的整体结果具有一致性。

表7　总体响应强度描述统计

	个案数	最小值	最大值	总和	平均值	标准差
感知	71	3.08	5.42	311.57	4.388	0.537
意愿	71	7.98	12.06	724.71	10.207	1.074
行动	71	10.04	21.49	1253.08	17.649	2.440

如表8所示，在生计资本的响应强度上，行动的平均值（11.483）最大，意愿次之，感知（2.352）最小，与表7整体的响应强度显示结果一

致，说明不论在整体上，还是只在生计资本的响应强度上，农户都有很大的行动力，积极参与扶贫产业中，以便改善生计。另外，也反映农户对扶贫产业的感知以及对于自身的技能、知识的提高没有明显的认识。

表 8　生计资本响应强度描述统计

	个案数	最小值	最大值	总和	平均值	标准差
感知	71	1.17	3.05	167.00	2.352	0.397
意愿	71	4.04	7.45	426.41	6.006	0.832
行动	71	5.98	14.50	815.35	11.483	1.988

3. 脱贫成效与生计响应各维度间相关性检验

通过对问卷进行简单的描述性统计分析，进一步研究各问题之间的相关性。首先，研究脱贫成效感知与生计响应各维度的相关性。由表 9 看出，脱贫成效感知与生计响应各维度之间相关性较弱，其中脱贫成效感知与生计方式（0.240）和生计产出（0.245）有一定的相关性，说明，农户比较关心的是收入来源是否能够通过脱贫产业而改善，以及通过参与脱贫产业，家里

表 9　脱贫成效感知与生计响应各维度相关性

		脱贫成效感知	生计资本	生计方式	生计产出	生计空间
脱贫成效感知	皮尔逊相关性	1	0.099	0.240*	0.245*	-0.160
	显著性(双尾)		0.410	0.044	0.040	0.183
生计资本	皮尔逊相关性	0.099	1	0.202	0.246*	0.208
	显著性(双尾)	0.410		0.092	0.039	0.082
生计方式	皮尔逊相关性	0.240*	0.202	1	0.249*	-0.048
	显著性(双尾)	0.044	0.092		0.036	0.688
生计产出	皮尔逊相关性	0.245*	0.246*	0.249*	1	-0.053
	显著性(双尾)	0.040	0.039	0.036		0.661
生计空间	皮尔逊相关性	-0.160	0.208	-0.048	-0.053	1
	显著性(双尾)	0.183	0.082	0.688	0.661	

注：* 在 0.05 级别（双尾），相关性显著；** 在 0.01 级别（双尾），相关性显著。根据统计学一般经验，相关系数大于 0.8（包括 0.8）为高度相关，大于 0.5（包括 0.5）小于 0.8 为中度相关，大于 0.3（包括 0.3）小于 0.5 为低度相关，小于 0.3 为不相关。

的收入总额、其稳定性、受市场环境的影响的程度是否会发生变化。为了进一步验证脱贫成效感知与生计资本之间的关系，由表10看出，脱贫成效感知与生计资本五个方面均没有一定的相关性。

表10　脱贫成效感知与生计资本相关性

		脱贫成效感知	自然资本	物质资本	人力资本	社会资本	金融资本
脱贫成效感知	皮尔逊相关性	1	0.163	0.072	0.004	-0.017	0.002
	显著性(双尾)		0.174	0.548	0.977	0.890	0.989
自然资本	皮尔逊相关性	0.163	1	0.182	0.165	0.054	0.457**
	显著性(双尾)	0.174		0.128	0.169	0.653	0.000
物质资本	皮尔逊相关性	0.072	0.182	1	-0.141	0.204	0.247*
	显著性(双尾)	0.548	0.128		0.240	0.087	0.038
人力资本	皮尔逊相关性	0.004	0.165	-0.141	1	0.336**	0.330**
	显著性(双尾)	0.977	0.169	0.240		0.004	0.005
社会资本	皮尔逊相关性	-0.017	0.054	0.204	0.336**	1	0.232
	显著性(双尾)	0.890	0.653	0.087	0.004		0.051
金融资本	皮尔逊相关性	0.002	0.457**	0.247*	0.330**	0.232	1
	显著性(双尾)	0.989	0.000	0.038	0.005	0.051	

注：** 在0.01级别（双尾），相关性显著。* 在0.05级别（双尾），相关性显著。

然后研究脱贫成效意愿与生计响应个维度之间的相关性。由表11可以看出，脱贫成效意愿与生计响应各维度相关性的更弱，其中脱贫成效意愿与生计产出（0.254）有一定的相关性，而与其他生计响应没有一定的相关性，说明农户更多关心的是家里的收入问题，通过参与扶贫产业，是否会改善生活水平，改善程度有多大。由表12看出，为了进一步验证脱贫成效意愿与生计资本之间的关系，由表12看出，脱贫成效意愿与生计资本五个方面均没有一定的相关性。

表 11　脱贫成效意愿与生计响应各维度相关性

		脱贫成效意愿	生计资本	生计方式	生计产出	生计空间
脱贫成效意愿	皮尔逊相关性	1	0.148	0.145	0.254 *	-0.078
	显著性(双尾)		0.217	0.228	0.033	0.517
生计资本	皮尔逊相关性	0.148	1	0.202	0.246 *	0.208
	显著性(双尾)	0.217		0.092	0.039	0.082
生计方式	皮尔逊相关性	0.145	0.202	1	0.249 *	-0.048
	显著性(双尾)	0.228	0.092		0.036	0.688
生计产出	皮尔逊相关性	0.254 *	0.246 *	0.249 *	1	-0.053
	显著性(双尾)	0.033	0.039	0.036		0.661
生计空间	皮尔逊相关性	-0.078	0.208	-0.048	-0.053	1
	显著性(双尾)	0.517	0.082	0.688	0.661	

注：* 在 0.05 级别（双尾），相关性显著；** 在 0.01 级别（双尾），相关性显著。根据统计学一般经验，相关系数大于 0.8（包括 0.8）为高度相关，大于 0.5（包括 0.5）小于 0.8 为中度相关，大于 0.3（包括 0.3）小于 0.5 为低度相关，小于 0.3 为不相关。

表 12　脱贫成效意愿与生计资本相关性

		脱贫成效意愿	自然资本	物质资本	人力资本	社会资本	金融资本
脱贫成效意愿	皮尔逊相关性	1	-0.034	0.233	0.081	0.125	0.148
	显著性(双尾)		0.779	0.051	0.501	0.298	0.219
自然资本	皮尔逊相关性	-0.034	1	0.182	0.165	0.054	0.457 **
	显著性(双尾)	0.779		0.128	0.169	0.653	0.000
物质资本	皮尔逊相关性	0.233	0.182	1	-0.141	0.204	0.247 *
	显著性(双尾)	0.051	0.128		0.240	0.087	0.038
人力资本	皮尔逊相关性	0.081	0.165	-0.141	1	0.336 **	0.330 **
	显著性(双尾)	0.501	0.169	0.240		0.004	0.005
社会资本	皮尔逊相关性	0.125	0.054	0.204	0.336 **	1	0.232
	显著性(双尾)	0.298	0.653	0.087	0.004		0.051
金融资本	皮尔逊相关性	0.148	0.457 **	0.247 *	0.330 **	0.232	1
	显著性(双尾)	0.219	0.000	0.038	0.005	0.051	

注：** 在 0.01 级别（双尾），相关性显著，* 在 0.05 级别（双尾），相关性显著。

接下来研究脱贫成效行动与生计响应各维度之间的相关性。由表 13 可以看出，脱贫成效行动与生计响应各维度之间有较强的相关性，其中，脱贫成效行动与生计资本之间的相关系数为 0.491，通过 0.01 水平（双侧）上的显著性检验，表现为中度相关；脱贫成效行动与生计空间之间的相关性系数为0.316，通过0.01水平（双侧）上的显著性检验，表现为低度相关。一方面说明产业扶贫政策影响了农户的生计资本以及农户的就业、就学、就医等方面的问题；另一方面说明产业扶贫政策对提高农户生计资本总量有显著的正向促进作用。

最后研究脱贫成效行动与生计资本之间的具体相关性。由表14知，脱贫成效行动与自然资本（0.488）、人力资本（0.419）和金融资本（0.402）呈现低度相关，且都通过0.01水平（双侧）上的显著性检验；其中表11和表12也显示，生计响应各维度之间也存在一定的相关性，如生计资本与生计产出（0.246），生计产出与生计方式（0.249），人力资本与社会资本（0.336），人力资本与金融资本（0.330），自然资本与金融资本（0.457），物质资本与金融资本（0.247），都存在正向相关性，且都通过了显著性检验，说明这五类生计资本之间有较高的转换能力以及相互促进能力，其中任何一个资本总量的提高都对生计资本总量产生正向显著的影响，进而影响农户的脱贫行动，改善农户的生活水平。

表13 脱贫成效行动与生计响应各维度相关性

		脱贫成效行动	生计资本	生计方式	生计产出	生计空间
脱贫成效行动	皮尔逊相关性	1	0.491**	0.000	0.085	0.316**
	显著性（双尾）		0.000	0.998	0.480	0.007
生计资本	皮尔逊相关性	0.491**	1	0.202	0.246*	0.208
	显著性（双尾）	0.000		0.092	0.039	0.082
生计方式	皮尔逊相关性	0.000	0.202	1	0.249*	-0.048
	显著性（双尾）	0.998	0.092		0.036	0.688
生计产出	皮尔逊相关性	0.085	0.246*	0.249*	1	-0.053
	显著性（双尾）	0.480	0.039	0.036		0.661
生计空间	皮尔逊相关性	0.316**	0.208	-0.048	-0.053	1
	显著性（双尾）	0.007	0.082	0.688	0.661	

注：*在0.05级别（双尾），相关性显著；**在0.01级别（双尾），相关性显著。根据统计学一般经验，相关系数大于0.8（包括0.8）为高度相关，大于0.5（包括0.5）小于0.8为中度相关，大于0.3（包括0.3）小于0.5为低度相关，小于0.3为不相关。

表 14 脱贫成效行动与生计资本相关性

		脱贫成效行动	自然资本	物质资本	人力资本	社会资本	金融资本
脱贫成效行动	皮尔逊相关性	1	0.488**	0.004	0.419**	0.118	0.402**
	显著性(双尾)		0.000	0.976	0.000	0.326	0.001
自然资本	皮尔逊相关性	0.488**	1	0.182	0.165	0.054	0.457**
	显著性(双尾)	0.000		0.128	0.169	0.653	0.000
物质资本	皮尔逊相关性	0.004	0.182	1	-0.141	0.204	0.247*
	显著性(双尾)	0.976	0.128		0.240	0.087	0.038
人力资本	皮尔逊相关性	0.419**	0.165	-0.141	1	0.336**	0.330**
	显著性(双尾)	0.000	0.169	0.240		0.004	0.005
社会资本	皮尔逊相关性	0.118	0.054	0.204	0.336**	1	0.232
	显著性(双尾)	0.326	0.653	0.087	0.004		0.051
金融资本	皮尔逊相关性	0.402**	0.457**	0.247*	0.330**	0.232	1
	显著性(双尾)	0.001	0.000	0.038	0.005	0.051	

注：* 在0.05 级别（双尾），相关性显著；** 在0.01 级别（双尾），相关性显著。根据统计学一般经验，相关系数大于0.8（包括0.8）为高度相关，大于0.5（包括0.5）小于0.8 为中度相关，大于0.3（包括0.3）小于0.5 为低度相关，小于0.3 为不相关。

三 贺堡村产业扶贫农户生计响应的影响因素

根据调查问卷，已经对问卷之间的关系之间进行了定量的分析，接下来对问卷的定性的内容进行整理，并量化，在定性的角度对贺堡村产业扶贫中农户的生计响应进行研究，问卷中有关定性的问题主要有 14 个，即农户是否为建档立卡户、家庭收入的主要来源、受教育程度、家庭的年龄结构、是否有人长期生病、劳动力数量、是否参加新农合和新农村社保、是否有亲戚或朋友是干部或参与了扶贫工作、家庭土地等自然资本情况、家庭离最近的集镇的时间距离、村发展的扶贫产业类型、对村“两委”及村干部工作能力和做事风格的感觉、村的风气以及家里向银行借钱发展产业的难易程度等情况。

（一）影响因素的量化

如表 15 所示，发现贺堡村建档立卡户较多，占比 63.4%；家庭收入来源主要是种植或养殖业，占比 64.8%；受教育程度最高的是大专或大学本科，占比 45.1%；在年龄方面，农户家里大部分有小孩和老人，占比 38%；有长期生病的家庭占比 63.4%；劳动力人数主要在 2~3 人，占比 53.5%；大部分家庭都参加了新农村社保，占比 52.1%；农户中有亲戚或朋友是干部或参与了扶贫工作，但是联系不多；家庭土地等自然资本数量和质量都一般比例较高；家庭离最近的集镇的时间距离在半小时以内占比达到 98.6%；贺堡村发展的扶贫产业类型主要是种植业或林业，占比达到 97.2%；农户对村“两委”及村干部工作能力和做事风格都比较满意；村的风气较好；家里向银行借钱发展产业容易占比最高。这些都可能成为贺堡村产业扶贫农户生计响应的影响因素。具体的影响方式的影响程度如何，还需要进一步的分析。

表 15　农户生计响应的影响因素量化

影响因素	回答情况	量化	平均值	样本个数	百分比
a. 是否为建档立卡户	是	1	0.634	45	63.4%
	否	0		26	36.6%
b. 家庭收入的主要来源	种植或养殖业	1	1.409	46	64.8%
	务工收入	2		22	31.0%
	经商收入	3		2	2.8%
	其他	4		1	1.4%
c. 受教育程度	小学及以下	1	2.803	19	26.8%
	初中	2		8	11.3%
	高中	3		12	16.9%
	大专或大学本科	4		32	45.0%
d. 年龄结构	有 14 岁以下小孩和 60 岁以上老人	1	2.225	27	38%
	有 14 岁以下小孩,无 60 岁以上老人	2		13	18.3%
	无 14 岁以下小孩,有 60 岁以上老人	3		19	26.8%
	所有人年龄都在 14~60 岁之间	4		12	16.9%
e. 是否有人长期生病	是	1	0.634	45	63.4%
	否	0		26	36.6%

续表

影响因素	回答情况	量化	平均值	样本个数	百分比
f. 劳动力数量	0	1	3.197	1	1.4%
	1 人	2		8	11.3%
	2~3 人	3		38	53.5%
	3 人以上	4		24	33.8%
g. 是否参加新农合和新农村社保	参加了新农合	1	2.127	13	18.3%
	参加了新农村社保	2		37	52.1%
	都参加了	3		20	28.2%
	都没参加	4		1	1.4%
h. 是否有亲戚或朋友是干部或参与了扶贫工作	有且联系较多	1	2.282	18	25.4%
	有且联系不多	2		25	35.1%
	有但几乎没有联系	3		18	25.4%
	没有	4		10	14.1%
i. 家庭土地等自然资本情况	数量少且质量差	1	2.282	15	21.1%
	数量和质量都一般	2		32	45.1%
	数量多但质量差或者数量少但质量还好	3		13	18.3%
	数量和质量都还好	4		11	15.5%
j. 家庭离最近的集镇的时间距离	半小时以内	1	1.014	70	98.6%
	半小时到 1 小时	2		1	1.4%
k. 村发展的扶贫产业类型	种植业或林业	1	1.042	69	97.2%
	养殖业	2		1	1.4%
	多种产业混合，但规模都不大	3		1	1.4%
l. 对村“两委”及村干部工作能力和做事风格的感觉	能力强，公平公正，有威信	1	1.620	34	47.8%
	能力一般，做事公正	2		30	42.3%
	能力强但是做事不是很公正	3		7	9.9%
m. 村的风气	风气好，团结和睦，积极上进	1	1.521	39	55%
	风气一般，基本和睦，上进心不足	2		27	38.0%
	风气不好，邻里关系不太好，做事不积极	3		5	7.0%
n. 家里向银行借钱发展产业的难易程度	容易	1	2.535	19	26.7%
	比较容易	2		15	21.1%
	一般	3		18	25.4%
	比较难	4		18	25.4%
	难	5		1	1.4%

（二）描述性统计分析

对问卷定性的问题整理量化之后，接下来对量化的数据进行描述性统计分析。由表16看出，平均值最大的是农户劳动力数量3.197，受教育程度（2.803）、向银行借钱发展产业情况（2.535）、家庭土地等自然资产情况（2.282）、有亲戚和朋友是干部或者参与扶贫工作（2.282）次之，最低的是建档立卡户（0.634）和家庭有长期病人（0.634），说明影响农户生计响应的因素主要有劳动力和受教育情况等。家里的劳动力较多，对扶贫产业的参与度就性对较多，响应程度越大；农户的受教育程度越高，对扶贫产业的了解程度越高，越容易参与到扶贫产业中去，对扶贫的响应效果越大。

表16　农户生计响应描述统计

	个案数	最小值	最大值	平均值	标准差
a	71	1.00	1.00	0.634	0.485
b	71	1.00	4.00	1.409	0.623
c	71	1.00	4.00	2.803	1.272
d	71	1.00	4.00	2.042	1.236
e	71	0.00	1.00	0.634	0.485
f	71	1.00	4.00	3.197	0.689
g	71	1.00	4.00	2.127	0.716
h	71	1.00	4.00	2.282	1.003
i	71	1.00	4.00	2.282	0.974
j	71	1.00	2.00	1.014	0.119
k	71	1.00	3.00	1.042	0.264
l	71	1.00	3.00	1.620	0.663
m	71	1.00	3.00	1.521	0.629
n	71	1.00	5.00	2.535	1.181

（三）相关性统计分析

最后，通过SPSS 23.0软件，检验农户脱贫成效的感知、意愿和行动三个强度对生计响应的相关性。

1. 农户脱贫感知与生计响应的相关性

如表 17 和表 18 所示，检验农户脱贫感知与生计响应的相关性。可以看出，家庭是建档立卡户和受教育程度显示在 0.01 级别（双尾），相关性显著；家庭收入主要来源、家庭有人长期生病、农户的土地等自然资本情况和村的风气显示在 0.05 级别（双尾），相关性显著。说明农户在脱贫感知方面，一是家庭的主要收入情况，参与扶贫产业之后，家庭的收入增加情况是否会有改善，如果可以改善，农户就愿意去认识、学习扶贫产业相关的政策。二是家里人员生病情况，为了照顾生病人员，没有剩余人员参与到扶贫产业中，宁愿放弃了解、参与扶贫产业，对扶贫产业响应强度较弱。三是农户的土地问题，如果农户的土地被流转或被征收，农户赖以生存的资源就没有了，农户只能选择参与到扶贫产业中，对其感知响应较大。四是村的风气

表 17　脱贫感知与农户生计响应相关性（一）

		感知	a	b	c	d	e	f	g
感知	皮尔逊相关性	1	0.540**	-0.247*	0.333**	-0.073	-0.302*	-0.065	0.137
	显著性(双尾)		0.000	0.038	0.005	0.543	0.011	0.592	0.256
a	皮尔逊相关性	0.540**	1	-0.349**	0.437**	-0.004	-0.214	-0.080	0.012
	显著性(双尾)	0.000		0.003	0.000	0.976	0.074	0.507	0.920
b	皮尔逊相关性	-0.247*	-0.349**	1	-0.203	-0.112	0.124	-0.024	0.203
	显著性(双尾)	0.038	0.003		0.089	0.354	0.304	0.843	0.090
c	皮尔逊相关性	0.333**	0.437**	-0.203	1	0.179	-0.234*	-0.346**	-0.129
	显著性(双尾)	0.005	0.000	0.089		0.134	0.049	0.003	0.283
d	皮尔逊相关性	-0.073	-0.004	-0.112	0.179	1	-0.133	0.015	-0.123
	显著性(双尾)	0.543	0.976	0.354	0.134		0.268	0.898	0.305
e	皮尔逊相关性	-0.302*	-0.214	0.124	-0.234*	-0.133	1	-0.165	-0.029
	显著性(双尾)	0.011	0.074	0.304	0.049	0.268		0.168	0.810
f	皮尔逊相关性	-0.065	-0.080	-0.024	-0.346**	0.015	-0.165	1	0.122
	显著性(双尾)	0.592	0.507	0.843	0.003	0.898	0.168		0.309
g	皮尔逊相关性	0.137	0.012	0.203	-0.129	-0.123	-0.029	0.122	1
	显著性(双尾)	0.256	0.920	0.090	0.283	0.305	0.810	0.309	

注：** 在 0.01 级别（双尾），相关性显著；* 在 0.05 级别（双尾），相关性显著。

问题，在村委会和领导班子的带领下，整个村的扶贫产业得到有效的发展，农户就能够感知到扶贫产业的效用，就会积极参与到扶贫产业中，带动整个村的风气，使农户生计响应强度有大幅度的提高。

表 18　脱贫感知与农户生计响应相关性（二）

		感知	h	i	j	k	l	m	n
感知	皮尔逊相关性	1	-0.040	-0.243*	0.092	0.124	-0.215	-0.299*	-0.188
	显著性(双尾)		0.742	0.041	0.447	0.304	0.072	0.011	0.116
h	皮尔逊相关性	-0.040	1	0.093	-0.154	-0.100	0.078	-0.100	0.052
	显著性(双尾)	0.742		0.440	0.200	0.408	0.520	0.406	0.668
i	皮尔逊相关性	-0.243*	0.093	1	0.089	0.231	-0.075	0.153	-0.108
	显著性(双尾)	0.041	0.440		0.461	0.053	0.533	0.202	0.369
j	皮尔逊相关性	0.092	-0.154	0.089	1	-0.019	-0.113	-0.100	-0.055
	显著性(双尾)	0.447	0.200	0.461		0.873	0.350	0.408	0.651
k	皮尔逊相关性	0.124	-0.100	0.231	-0.019	1	-0.152	-0.135	0.064
	显著性(双尾)	0.304	0.408	0.053	0.873		0.206	0.263	0.596
l	皮尔逊相关性	-0.215	0.078	-0.075	-0.113	-0.152	1	0.242*	-0.047
	显著性(双尾)	0.072	0.520	0.533	0.350	0.206		0.042	0.700
m	皮尔逊相关性	-0.299*	-0.100	0.153	-0.100	-0.135	0.242*	1	0.100
	显著性(双尾)	0.011	0.406	0.202	0.408	0.263	0.042		0.407
n	皮尔逊相关性	-0.188	0.052	-0.108	-0.055	0.064	-0.047	0.100	1
	显著性(双尾)	0.116	0.668	0.369	0.651	0.596	0.700	0.407	

注：* 在 0.05 级别（双尾），相关性显著。

2. 农户脱贫意愿与生计响应的相关性

由表 19 和表 20 所示，研究脱贫意愿与农户生计响应的相关性情况。结果显示，家庭的主要收入来源显示在 0.01 级别（双尾），相关性显著；建档立卡户、受教育程度、家庭有长期生病人员和村的风气显示在 0.05 级别（双尾），相关性显著。结果表明，首先，家庭的收入来源是主要影响农户是否愿意参与到村里的产业扶贫中，农户关心的往往是收入情况，如果扶贫产业对家庭的收入有帮助，农户就有意愿去参加，如果收入没有改善，农户的参与的意愿就会大打折扣。其次，农户家庭的相关情况，建档立卡户、家庭受教育程度以及长期生病人员对农户脱贫意愿有较大的影响，一是建档立卡户的家庭不愿意一直戴着贫困的帽子，脱贫的意愿比较强；二是受教育程度高的家庭对脱贫的政策以及扶贫产业的了解程度较高，更愿意加入脱贫产业中，改善生活的水平；三是家庭有长期生病的人员更有意愿参与到村里的扶贫产业的当中，改善现状。最后是村里的风气问题，大家对扶贫产业的响应程度较高，并获得响应的成效，就会带动相邻的农户，使其他农户也有意愿参与到扶贫产业中。

表 19　脱贫意愿与农户生计响应相关性（一）

		意愿	a	b	c	d	e	f	g
意愿	皮尔逊相关性	1	0.246*	-0.418**	0.288*	0.161	-0.251*	-0.054	0.021
	显著性(双尾)		0.038	0.000	0.015	0.180	0.035	0.653	0.861
a	皮尔逊相关性	0.246*	1	-0.349**	0.437**	-0.004	-0.214	-0.080	0.012
	显著性(双尾)	0.038		0.003	0.000	0.976	0.074	0.507	0.920
b	皮尔逊相关性	-0.418**	-0.349**	1	-0.203	-0.112	0.124	-0.024	0.203
	显著性(双尾)	0.000	0.003		0.089	0.354	0.304	0.843	0.090
c	皮尔逊相关性	0.288*	0.437**	-0.203	1	0.179	-0.234*	-0.346**	-0.129
	显著性(双尾)	0.015	0.000	0.089		0.134	0.049	0.003	0.283
d	皮尔逊相关性	0.161	-0.004	-0.112	0.179	1	-0.133	0.015	-0.123
	显著性(双尾)	0.180	0.976	0.354	0.134		0.268	0.898	0.305
e	皮尔逊相关性	-0.251*	-0.214	0.124	-0.234*	-0.133	1	-0.165	-0.029
	显著性(双尾)	0.035	0.074	0.304	0.049	0.268		0.168	0.810
f	皮尔逊相关性	-0.054	-0.080	-0.024	-0.346**	0.015	-0.165	1	0.122
	显著性(双尾)	0.653	0.507	0.843	0.003	0.898	0.168		0.309
g	皮尔逊相关性	0.021	0.012	0.203	-0.129	-0.123	-0.029	0.122	1
	显著性(双尾)	0.861	0.920	0.090	0.283	0.305	0.810	0.309	

注：* 在 0.05 级别（双尾），相关性显著；** 在 0.01 级别（双尾），相关性显著。

表 20　脱贫意愿与农户生计响应相关性（二）

		意愿	h	i	j	k	l	m	n
意愿	皮尔逊相关性	1	0.097	-0.036	-0.088	0.130	-0.201	-0.0269*	0.108
	显著性(双尾)		0.422	0.769	0.463	0.280	0.093	0.023	0.371
h	皮尔逊相关性	0.097	1	0.093	-0.154	-0.100	0.078	-0.100	0.052
	显著性(双尾)	0.422		0.440	0.200	0.408	0.520	0.406	0.668
i	皮尔逊相关性	-0.036	0.093	1	0.089	0.231	-0.075	0.153	-0.108
	显著性(双尾)	0.769	0.440		0.461	0.053	0.533	0.202	0.369
j	皮尔逊相关性	-0.088	-0.154	0.089	1	-0.019	-0.113	-0.100	-0.055
	显著性(双尾)	0.463	0.200	0.461		0.873	0.350	0.408	0.651
k	皮尔逊相关性	0.130	-0.100	0.231	-0.019	1	-0.152	-0.135	0.064
	显著性(双尾)	0.280	0.408	0.053	0.873		0.206	0.263	0.596
l	皮尔逊相关性	-0.201	0.078	-0.075	-0.113	-0.152	1	0.242*	-0.047
	显著性(双尾)	0.093	0.520	0.533	0.350	0.206		0.042	0.700
m	皮尔逊相关性	-0.269*	-0.100	0.153	-0.100	-0.135	0.242*	1	0.100
	显著性(双尾)	0.023	0.406	0.202	0.408	0.263	0.042		0.407
n	皮尔逊相关性	0.108	0.052	-0.108	-0.055	0.064	-0.047	0.100	1
	显著性(双尾)	0.371	0.668	0.369	0.651	0.596	0.700	0.407	

注：* 在 0.05 级别（双尾），相关性显著。

3. 农户脱贫行动与生计响应的相关性

由表 21 和表 22 所示，研究脱贫行动与农户生计响应的相关性情况。结果显示，只有农户的土地、林地、池塘等自然资本的情况显示在 0.01 级别（双尾），相关性显著。土地是农户赖以生存的基础，如果农户的土地被征收或被流转，农户的收入来源就无法得到保证，农户就会参与到村里的产业扶贫中，改善生活水平。而生计的多样性也是促使农户土地流转和规模化经营方式发生的重要因素，其中自然因素的差异使农户会向经济和社会条件好的地区聚集，使农户的自然资本在空间上表现出随海拔上升而逐步升高的状态。农户的自然资本存量越多，农户就会越依赖其拥有的自然资本，就会利用自身的资源，搜集到更丰富、更准确地环境和市场信息，根据这些信息，做出相应的生计策略调整，以进一步改善生计水平。

表 21　脱贫行动与农户生计响应相关性（一）

		行动	a	b	c	d	e	f	g
行动	皮尔逊相关性	1	0.124	-0.023	0.043	0.045	0.172	-0.044	0.175
	显著性(双尾)		0.304	0.848	0.725	0.710	0.151	0.714	0.145
a	皮尔逊相关性	0.124	1	-0.349**	0.437**	-0.004	-0.214	-0.080	0.012
	显著性(双尾)	0.304		0.003	0.000	0.976	0.074	0.507	0.920
b	皮尔逊相关性	-0.023	-0.349**	1	-0.203	-0.112	0.124	-0.024	0.203
	显著性(双尾)	0.848	0.003		0.089	0.354	0.304	0.843	0.090
c	皮尔逊相关性	0.043	0.437**	-0.203	1	0.179	-0.234*	-0.346**	-0.129
	显著性(双尾)	0.725	0.000	0.089		0.134	0.049	0.003	0.283
d	皮尔逊相关性	0.045	-0.004	-0.112	0.179	1	-0.133	0.015	-0.123
	显著性(双尾)	0.710	0.976	0.354	0.134		0.268	0.898	0.305
e	皮尔逊相关性	0.172	-0.214	0.124	-0.234*	-0.133	1	-0.165	-0.029
	显著性(双尾)	0.151	0.074	0.304	0.049	0.268		0.168	0.810
f	皮尔逊相关性	-0.044	-0.080	-0.024	-0.346**	0.015	-0.165	1	0.122
	显著性(双尾)	0.714	0.507	0.843	0.003	0.898	0.168		0.309
g	皮尔逊相关性	0.175	0.012	0.203	-0.129	-0.123	-0.029	0.122	1
	显著性(双尾)	0.145	0.920	0.090	0.283	0.305	0.810	0.309	

注：** 在 0.01 级别（双尾），相关性显著；* 在 0.05 级别（双尾），相关性显著。

表 22　脱贫行动与农户生计响应相关性（二）

		行动	h	i	j	k	l	m	n
行动	皮尔逊相关性	1	-0.174	-0.398**	-0.004	-0.095	0.020	0.027	0.094
	显著性(双尾)		0.146	0.001	0.972	0.431	0.867	0.824	0.437
h	皮尔逊相关性	-0.174	1	0.093	-0.154	-0.100	0.078	-0.100	0.052
	显著性(双尾)	0.146		0.440	0.200	0.408	0.520	0.406	0.668
i	皮尔逊相关性	-0.398**	0.093	1	0.089	0.231	-0.075	0.153	-0.108
	显著性(双尾)	0.001	0.440		0.461	0.053	0.533	0.202	0.369
j	皮尔逊相关性	-0.004	-0.154	0.089	1	-0.019	-0.113	-0.100	-0.055
	显著性(双尾)	0.972	0.200	0.461		0.873	0.350	0.408	0.651
k	皮尔逊相关性	-0.095	-0.100	0.231	-0.019	1	-0.152	-0.135	0.064
	显著性(双尾)	0.431	0.408	0.053	0.873		0.206	0.263	0.596
l	皮尔逊相关性	0.020	0.078	-0.075	-0.113	-0.152	1	0.242*	-0.047
	显著性(双尾)	0.867	0.520	0.533	0.350	0.206		0.042	0.700
m	皮尔逊相关性	0.027	-0.100	0.153	-0.100	-0.135	0.242*	1	0.100
	显著性(双尾)	0.824	0.406	0.202	0.408	0.263	0.042		0.407
n	皮尔逊相关性	0.094	0.052	-0.108	-0.055	0.064	-0.047	0.100	1
	显著性(双尾)	0.437	0.668	0.369	0.651	0.596	0.700	0.407	

注：** 在 0.01 级别（双尾），相关性显著；* 在 0.05 级别（双尾），相关性显著。

综上所述，贺堡村产业扶贫农户生计响应的影响因素主要是家庭内部因素，有建档立卡户、家庭收入的主要来源、受教育程度、农户的家里人长期生病、农户的土地林地池塘等自然资本的情况和村里的风气。说明农户会因这些因素更容易感知到扶贫产业对其的影响，并通过对生计资本存量的优化组合，选择符合家庭利益最大化的生计策略。生计策略是指为实现家庭的生计目标或者为了追求所达到的生计结果，农户对其所拥有的生计资产进行重新组合配置和生产活动的选择。农户所选择的各种生计活动主要取决于农户的家庭内部因素，家庭的生计资产与生计选择之间存在直接的关系，如家庭的成员外出务工所获得的收入会影响家庭拥有的生计资产，市场价格的变动会影响农户在经营方面的投入，进而会影响农户的收入水平。因此，农户在所处环境和自身生计活动不断改变的情况下，农户还会面临气候环境、市场价格变动的各种压力，因此，这就需要政府和相关部门制定有效的发展策略，同时农户也应根据环境变化及时调整自身的生计策略，才能最终实现脱贫，达到可持续的生计目标。

四　贺堡村农户生计响应对脱贫成效的影响

由前文分析得知，脱贫成效感知与生计方式（0.240）和生计产出（0.245）有一定的相关性；脱贫成效意愿与生计产出（0.254）有一定的相关性；脱贫成效行动与生计响应各维度之间有较强的相关性，其中，脱贫成效行动与生计资本之间的相关系数为0.491，通过0.01水平（双侧）上的显著性检验，表现为中度相关；脱贫成效行动与生计空间之间的相关性系数为0.316，通过0.01水平（双侧）上的显著性检验，表现为低度相关。说明贺堡村的农户生计响应对脱贫成效有不同程度和不同方面的影响。

（一）农户生计资本响应对脱贫成效的影响

1. 自然资本响应对脱贫成效的影响

通过前面分析，得出脱贫成效行动与自然资本（0.488）呈现低度相关。通过产业扶贫，农户的土地被征收和被流转，其对农户自然资本的拥有量产生影响，在不同的村会呈现出不同的强度，主要原因就是以行政力量为主、实施产业扶贫政策的拆迁和农户耕地占用，这就会使农户原有的住宅和耕地数量大幅减少。通过这样的形式，村委会加快扶贫产业的快速推进，使村原有住宅的使用效率得到优化。然而这个方式在实施的过程中，也存在着负面效应，如对农村自然环境的破坏、农户原有耕地的生产便利性丧失和农户的生计脆弱性增强等方面的影响。除了扶贫产业对农户自然资本的影响，市场的力量也会对农户的自然资本存量有影响，主要体现在大规模实施土地转化的农户，主要表现在耕地经营主体的变化，土地被用来发展扶贫产业，会影响到农业原有的生产经营效率和农户的参与程度，所以脱贫成效行动与自然资本呈现低度相关。

2. 物质资本响应对脱贫成效的影响

农户的物质资本是家庭资产的拥有量，是一个外在的表现形式。在传统的农业经济中，物质资本占据了主导地位，但是在社会发展过程中，物质资本的作用在逐渐减弱，因为物质资本越来越容易被复制，其重要性越来越低。在相关性分析中，也得出脱贫成效感知、意愿和行动与物质资本之间没有一定的相关性的结果。

3. 人力资本响应对脱贫成效的影响

人力资本是农户发展自我、提升发展能力的一项核心要素。从前面分析可知，人力资本与金融资本呈现低度相关，且通过 0.01 水平（双侧）上的显著性检验。而人力资本与脱贫成效没有显著的影响。从实际情况来看，人力资本主要受基础教育接受程度的差异，基础教育能够有效地提升人力资本，但是这一过程非常长，在家庭中有劳动力且受教育程度普遍较低的情况下，就需要村委会提供更正规化、制度化的农业技能培训，使农户能够更加积极地参与到村里的扶贫产业中来，一方面增加家庭的收入，另一方面提升自己的能力，掌握一定的知识技能，实现农户的自身家庭的可持续脱贫。

4. 社会资本响应对脱贫成效的影响

社会资本是一种资源，它镶嵌在社会网络中，其特征主要有以下五方面：知识、信任、人际关系、社会网络以及合作。社会资本在一定程度上有利于促进农户实现生计目标，使农户有更多的选择空间来拓展生计策略。农户社会资本的测度具有多样性，在此问卷中，主要选取的“邻里、亲戚和朋友等社会网络，得到的支持和帮助”的相关情况。取得社会资本的量化指标，能够提高农户生产生活的便利程度。在农户的角度，获得社会资本一般是通过人际交往获得，或者通过政府机构、参与社会组织活动获得。经问卷显示，这种通过人际交往获得的社会资本不能满足所有农户的需求，也对农户公平的发展不匹配。因此，要加强在政府方面的活动，提升农户的社会资本，例如，提高村委会的服务水平，为农户提供更好的服务，保证农户获得各类相关政策消息，在农户遇到生活生产上面的问题，可以提供咨询和帮助服务，切实做到为农户服务，做好脱贫工作。

5. 金融资本响应对脱贫成效的影响

农户的金融资本主要是“与银行、他人有更多的存钱、借钱、投资（用钱赚钱）等业务上的往来”的问题，表现在获得银行、他人的现金收入和融资支持方面。研究发现，人力资本（0.419）和金融资本（0.402）呈现低度相关，且通过0.01水平（双侧）上的显著性检验。说明人力资本与金融资本之间有一定的转化，农户自身有一定的知识和技能，就能在金融资本方面有更多的优势，更容易获得融资支持。贺堡村各类要素的非农化程度较高，能够更多地参与利益分配和市场竞争，进一步提升了金融资本的存量。如果乡村性较强，市场还不完善，各类非农化要素程度较低，农户的住宅等物质资本和自然资本很难转向市场化，导致自然资本和物质资本无法向金融资本转化。在一定程度上金融资本决定了农民的发展潜力。提高农民的金融资本水平，对于提高农民自我发展能力具有非常重要的意义。因此，除了城镇化和市场力量的注入，想要增强农民的金融资本，还需要增强其他资本向金融资本转化的能力。

（二）农户生计方式响应对脱贫成效的影响

在贺堡村，农户的生计方式主要是传统种植业。在传统种植业的基础上，有部分农户会养一些猪、羊等牲畜，这些也成为农户的主要收入来源。其中，大多数农户家里都会有猪圈和羊圈等，猪一般都是圈养的方式，羊就是散养和圈养相结合的形式。前面分析可知，脱贫成效感知与生计方式（0.240）和生计产出（0.245）有一定的相关性。有产业扶贫政策实施以来，贺堡村主要大力发展肉牛养殖业，并进一步规模化、标准化。在某种程度上，考虑到环境问题和成本问题，规模化养殖是必然的。现在的大部分农户不再从事原始的零散养殖业，产业扶贫政策对于农民在养殖资金和技术上面给予了很大的支持，并有专业的人员管理与监督，农户在养殖过程中能够互相合作，这是实施产业扶贫的一种制度上面的建构和管理。另外，规模化和标准化具有一定的风险，因为肉类在市场上的价格波动较大，所以在不确定的市场上，如何科学地规避潜在风险，提高农户收益就显得尤其重要。

从个体和农村层面，生计方式的转变改变了大部分农户的理念和命运，使得农户能够拥有自己的平台和机会，来拓展自己的社交网络、展示自我能力，产业扶贫政策赋予了农户新型的消费观念、生活方式和价值理念。从生计风险角度看，生计方式的转变增加了农户的生计风险，对外的生计方式风险主要是资金链的问题和收益问题，而规模化和标准化的种养风险主要因为价格不稳定的因素。

（三）农户生计产出响应对脱贫成效的影响

农户通过种植业和养殖业参与村里的扶贫产业，能够在一定程度上增加农户的收入。农户通过自身的知识资源和村里面的宣传讲座等服务，选择适合自己的生计策略，在这种情况下农户通过从事不同的经济活动能够获得收入。通过前面分析，得知脱贫成效意愿与生计产出（0.254）有一定的相关性。说明生计产出对脱贫成效意愿有显著的影响，农户有意愿参与村级扶贫产业，认为能够通过参与扶贫产业，家庭的收入总额、稳定性以及自然条件、市场环境（价格等）的影响会发生变化，进一步改善农户的生计水平。

农户的生计产出主要是“家庭的收入总额、稳定性以及受自然条件、市场环境（价格等）的影响”情况。农户的生计资本并非对其收入是简单的线性影响，村庄处于不同发展阶段时可根据自身产业类型实施有针对性的政策以提高农户的收入水平，推进扶贫工作的顺利进行，进一步改善村庄的整体发展。

（四）农户生计空间响应对脱贫成效的影响

由前面分析得知，生计空间（4.012）对脱贫成效的影响相对较低。而脱贫成效行动与生计空间之间的相关性系数为0.316，通过0.01水平（双侧）上的显著性检验，表现为低度相关。表明生计空间对脱贫成效行动有显著的影响，即个人知识、技能增长了，并且更加重视教育和培训，家庭的就业、就学、就医、购物和娱乐等生活空间范围更广，有更多的机会与外界接触以及和不同的人交流。

农户的居住地区为居住农户提供社会关系空间，是当地农户进行互动和信息获得的空间范围。土地是农户进行实践活动的空间，随着扶贫产业的发展，农户逐渐从单一的种植业向有种植业和养殖业进行发展，因而农户的生计实践空间逐渐从土地转向工厂或者其他就业区域。农户家里有劳动力的，长期在外务工，其生计空间主要是城市，以及从事行业的地区。因为农村的产业扶贫政策，农户的就业空间就会有可能从外务工转变为在家就业，发展家里的扶贫产业，就会使生计空间实践范围有很大的变动性。在贺堡村，一些农户是参与村里的扶贫产业，一些农户是自主发展种植和养殖产业。农户生计空间的变化，能够为农户提供各种所需项目的支持，能够通过村里的扶贫产业，保障农户的发展机会的均等，能够有机会进入市场，在一定程度上达到可持续脱贫。

五　贺堡村产业扶贫与可持续脱贫的政策建议

贺堡村产业扶贫政策在一定程度上得到农户的积极响应，农户在感知、意愿和行动三个响应强度方面都有明显的响应，农户愿意参与到村里的产业扶贫实践，以便改善生计，达到脱贫，实现可持续脱贫。

关于可持续脱贫，是指通过政策实施，改善贫困地区的生产生活环境，创新扶贫开发机制和治理结构，增加贫困人口的脱贫资本，提高贫困人口的可持续发展能力，其根本目的还是增加贫困人口的收入，实施以人为本的减贫战略，使现有的处于既定的贫困标准线以下的农户处于标准线以上，远离贫困。并且在一个相当长的时期内处于比较稳定的状态，最终目标是实现由贫困人口向非贫困人口的转变。可持续脱贫这一概念应该是指贫困人口能够持续性的摆脱贫困状态的一个过程。只有这种过程长时间持续并且能够不断延续下去，最终实现贫困人口从贫困状态转变为非贫困状态，进而达到富裕状态的转变，这一可持续脱贫才算是真正得以实现。

通过分析，对于贺堡村的产业扶贫情况，想要实现可持续脱贫，提出以下几点建议。

一是提高农户对扶贫成效的感知和意愿响应。通过扶贫产业的推进，提高农户的收入，并保证扶贫产业的稳定性。使农户有所感知并有意愿参与到扶贫产业中来。

二是提高农户对扶贫产业的行动响应。优化农户生计资本策略组合，通过扶贫产业，保证农户的就业、就学、就医、购物和娱乐空间有保障并且可持续。扶贫产业要多样化，政府在对农户的鼓励和扶持农户在发展种植业的同时，要在农产品加工和畜牧业等方面齐头并进，进一步促进农村剩余劳动力的就业转化，发展科学、循环的第三产业，延展产业链条，通过第一产业和第三产业的结合，在一定程度上减短产业链条，吸纳有丰富实战经验的服务人员来村就业，不仅能够增强农户的自主发展能力，还能够提高第三产业对农户收入的带动能力，使农户的收入有保证并且就业可持续。

三是提高农户的生计能力。政府应该制定合理的征地补偿制度，将失地农户纳入社会保障体系。通过前文分析，得知农户的收入来源大多以种植和养殖业为主，说明土地是农户赖以生存的基础，如果被征收或者被流转，农户的收入来源无法保证，对农户的生计问题造成较大的影响。因此，应设计科学合理的征地补偿制度，同时对失地农户给予养老保险、增加医疗报销比例、大病救助等社会保障支撑，让其在没有土地的情况下也能保证生计问题。

四是提高农户劳动力素质和对扶贫产业的了解程度。劳动力素质主要体现在两个方面，一是科学文化素质，二是劳动的技能。通过提高劳动力素质可以帮助农户更好地从事农业并提高自身的农业技能。通过宣传和讲解，让农户更好地了解扶贫产业，积极参与到扶贫产业中，同时劳动力素质的提高也有助于农户从事除体力劳动之外的其他产业活动，从而增加农户自身的收入，实现农户生计的多样性与持续性。这些可以通过职业教育、技校培训以及农业相关的讲座等方式实现。

五是提升各项响应指标的相互转换能力。一是提升自然资本与其他资本的相互转换能力，要加强农户的自然资本的市场属性，使农户积极地参与到产业扶贫的利益分配过程中，通过相关政策和扶贫产业的实施，增加农户的多维发展能力，使农户能够根据扶贫产业和自身的生计策略做出最优的选择。二是要消除实现农户的物质资本存量（主要是住房）的可变现制度障碍（主要是宅基地改革），更好地实现城乡各类要素的高效配置，助力以人为核心的扶贫产业的发展。三是要增加农户的金融资本存量，提高农业综合生产能力，为了农户金融资本的提升，加大农业综合补贴的力度。四是要拓宽农民社会资本升级渠道，规范人力资本，实现人力资本制度化，通过紧密的社会网络和良好的教育，增强农民的自我发展能力，更好地参与市场竞争。

宁夏贺堡村只是众多变化中的农业村落的一个小典型，随着社会的不断进步、市场改革的不断深化，农户的生计资本、生计方式、生计产出和生计空间势必不断发展。政府应该在扶贫的过程中、强化农户在自身技能和家庭收入提高的过程中，积极调动农户的积极性，使农户参与到农村的建设中来。通过一系列扶贫措施，如扶持乡村的金融机构的发展、组织农户之间合作等措施，为农户的新型生计方式提供支持。扶贫对农户、对乡村的影响是全面且深远的，在扶贫过程中，农户的生活方式和村落的环境建构都会有大幅度的改变，传统的农村经济和现代的经济模式不断交融，使农户更加能够融入现代经济浪潮中，成为新型文化农民。

B.7

三滴水村产业扶贫中的农户生计响应与脱贫成效*

龙海军　周金欣　李　峰**

摘　要： 以云南省昭通市镇雄县三滴水村这一乌蒙山集中连片特困区的典型贫困村作为调查样本，基于产业扶贫农户生计响应的“四维度－三强度”分析框架，调查分析了三滴水村产业扶贫中的农户生计响应与脱贫成效。结果表明，受制于农户金融资本、家庭性质、收入来源、地理资本等因素的影响，三滴水村产业扶贫中农户的生计资本、生计方式、生计产出和生计空间响应均较差，导致三滴水村产业扶贫脱贫成效不显著，三滴水村贫困率依然居高不下，贫困村仍未“摘帽”。针对影响该村产业扶贫中农户生计响应的主要因素，文章最后从做大做强农户金融资本存量、改善农户身体健康状况、强化交通和信息化建设和实施干部队伍建设工程等方面提出了促进三滴水村产业扶贫可持续脱贫的对策建议。

关键词： 三滴水村　产业扶贫　生计响应　可持续脱贫

---

* 本文受湖南省社会科学成果评审委员会课题（XSP18YBZ064）资助。

** 龙海军，吉首大学商学院副教授，吉首大学商学院硕士生导师，研究方向为贫困地区创业；周金欣，吉首大学商学院 2017 级工商管理硕士研究生，研究方向为贫困地区创业；李峰，博士，吉首大学商学院讲师，研究方向为贫困地区产业与区域发展。

一　三滴水村产业扶贫概况

（一）三滴水村概况及其产业扶贫历史

三滴水村隶属于云南省昭通市镇雄县芒部镇，地处芒部镇北面，距芒部镇3千米，距县城31千米，是乌蒙山集中连片特困区中的一个典型贫困村，也是云南省人民政府于2014年确定的4277个贫困村之一①。全村下辖坳田、滴水、凉水、前进、上沟、岩峰、野鸡、马路等26个村民小组，为汉、彝民族混居地，共有农户1525户6955人。三滴水村大体位于金沙江下游沿岸，属于南温带季风性气候，地势上西南高、东北低，属典型的山地构造地形，山高谷深，群山林立，海拔落差较大，因而具有高原季风立体气候特征。全村土地面积为24平方千米，其中有耕地面积5895亩、林地面积11200亩；村境内平均海拔为1630米，年平均气温为20摄氏度，适于主要种植的农作物有玉米、土豆等，全村经济收入主要依靠种植农作物、养殖以及部分外出务工，全村留守老人留守儿童人数较多。该村进村道路为硬化的柏油路路面，村内主干道均为硬化的柏油路路面，但公共交通方面仍然受限，部分村民小组出行不便。仅有距村中心距离251米处的滴水小学一所，教育资源贫乏。同时距离村部最近的卫生医疗机构仅有一所芒部镇卫生院，医疗条件艰难匮乏，看病难，难看病。究其贫困原因，主要有两点：

（1）受历史自然条件影响，其经济发展的自然资本薄弱。全村地处昭通市镇雄县芒部镇，地势险峻，海拔较高。耕地和林地人均面积分别为0.85亩和1.61亩，分别仅为全国人均耕地和人均林地面积的

① 云南省人民政府扶贫开发办公室：《关于云南省确定贫困乡（镇）、贫困村的公告》，2014年9月。

58.22%和58.76%[①]，自然资源严重不足。村境内平均海拔为1630米，山高路险，村村通以及其他公共交通建设进程受自然条件影响，阻碍颇大。同时，经济作物种植条件不佳，种类单一，致使农作物的市场发展先决因素面临极大的挑战，村民经济脆弱性非常显著。

（2）经济、教育、文化、医疗、人口可利用度、自身发展能力、技术普及度方面动力严重不足。国务院扶贫信息系统数据显示，三滴水村截至2017年底有建档立卡户633户2799人。截至2018年8月，该村有建档立卡户645户2862人，其中已脱贫户179户807人，未脱贫户466户2055人，贫困发生率为29.48%。全村所有建档立卡贫困户主要致贫为因病93户414人，因残致贫户15户47人，因学致贫109户549人，缺技术346户1629人，缺劳动力35户71人，自身发展动力不足13户17人，缺资金34户135人。

面对严峻的经济社会贫困状况，各级政府和三滴水村村民积极谋划产业发展，开展产业扶贫。依托以下三类产业，做实做细贫困人口（主要指建档立卡户）帮扶措施，严格对照贫困户脱贫6条标准[②]，采取“1+N”的产业扶贫综合扶持措施[③]，实现产业扶持466户2055人，产业扶持资金全部入股专业合作组织。

一是大力发展生猪养殖为主的畜牧业。三滴水村山青水绿，远离畜禽病源，生态环境良好，尤其是玉米、绿肥等牲畜饲料产量高、品质好，加之三

① 《2017年中国国土资源公报》统计，截至2016年底，全国共有耕地面积202400万亩，林地面积379362.15万亩；《中国统计年鉴2017》统计，2016年末我国人口总数为138271万人。根据以上数据，作者计算出，截至2016年底我国人均耕地面积为1.46亩，人均林地面积为2.74亩。

② 精准扶贫贫困人口脱贫6条标准，即为家庭人均纯收入超过省定贫困线标准；有安全住房，达到安全住房标准；居住地路、水、电配套，出行便利，有安全饮水、电力保障；家庭无义务教育阶段辍学学生，家庭适龄学生在义务教育阶段全部就读，无辍学；家庭成员全部参加新型农村合作医疗和大病保险；家庭成员户籍内年满45周岁以上的全部参加农村社会养老。

③ “1”即每户每人均享受产业扶持政策和产业扶持资金的帮扶，至少加入一个专业合作组织；“N”即结合致贫原因、家庭成员结构、住房情况，因户因人施策。

滴水村农户具有较为丰富的生猪养殖经验，这些优势为发展以生猪产业为主的畜牧业奠定了良好基础。2006 年，依托三十里旱作农业科技示范长廊项目，建成年繁殖能力达万头以上的仔猪基地，形成以点带面，辐射周边乡镇及毗邻县、市的仔猪供应基地。在发展生猪养殖业过程中，首先注重发挥党员养殖大户带头示范作用，实施了“百户仔猪繁育工程”，鼓励党员养殖大户传帮带，养殖大户带动贫困户，建成仔猪培育示范户 100 户，每户建成规范化猪厩 5 间（50 平方米）、卫生厕所 1 个、8 立方米的沼气池 1 个。其次，注重发挥养猪协会的保障作用，在镇雄县畜牧局的指导下，建立以“基地 + 协会 + 农户”为模式，以党员养殖大户为骨干，成立了“三滴水村养猪协会”。协会坚持市场引导、政府推动、协会带动、龙头牵动、扶优扶强原则；做到统一猪种、统一防疫、统一饲养科学管理、统一订单收购。解决养殖户在养殖过程中的资金、品种、技术、市场等一系列的问题，积极为养殖户提供好产前、产中、产后的服务。最后，强化政府相关部门支持力度。芒部镇依托新农村建设项目资金为三滴水村修建了可容纳 60 人开会的科技文化活动室 1 间，配套桌凳、影碟、图书，夯实了科技扶贫的硬件。同时，投入资金 6 万元为三滴水村店子村民组 56 户养畜户的坑圈进行平圈改造。镇雄县畜牧局技术人员给饲养农户提供了 3 期养殖技术培训与指导，户均每期培训 1 名科技人。

二是扶持发展以魔芋、桃李、核桃为主的林农种植业。2012 年以来，三滴水村通过实施党员创业致富先锋工程，成立了三滴水生态农庄，支持党员发展农副产品，拓展创业致富空间。扶持一批党员发展生猪、肉牛、山羊、土鸡等养殖业；扶持一批党员发展魔芋、天麻、桃李、蔬菜等特色产业；扶持一批党员发展核桃、竹子、木漆等林业产业。由此，树立一批“创业致富先锋工程”党员典型。同时根据收入水平高低，将该村 60 周岁以下的 26 名党员确定为带头致富党员，61 名党员确定为中等收入党员，其余 22 名党员确定为收入偏低党员。此种“抓两头促中间”的办法，加大了对基层先进典型的挖掘、培养选树工作，用典型事例激励、感染党员和群众，增强了创业致富效果。对符合条件创业的 3

位党员农户，向芒部镇申请了每户 3 万元的小额红色信贷，支持发展创业致富项目。

三是新上党参、牡丹为主的中药材种植业。2013 年以来，为进一步利用好芒部镇“鸣钟五加”为主的天然中药材品牌优势，三滴水村引入镇雄县益雄药业有限公司，成立占地四千余亩的三滴水村中药材种植基地，实施“公司加基地带农户”的产业扶持发展模式，大力发展党参、牡丹等中药材种植。

图 1　三滴水村产业基地介绍

图 2　三滴水村产业基地实景

（二）调研过程与评价方法

为充分了解各典型贫困村产业扶贫现状及产业扶贫中农户生计响应对产业扶贫效果的影响，吉首大学“武陵山片区扶贫与发展协同创新中心”课题组于2018年8月组织研究人员对全国各集中连片特困区的典型贫困村的产业扶贫进行了深度调查。三滴水村隶属于云南省昭通市镇雄县芒部镇，地处乌蒙山集中连片特困区腹地，是乌蒙山集中连片特困区的典型贫困村，本小组选择该村作为调查研究样本。调查大体由三个阶段构成，一是对村干部的访谈，即对水滴村的村情村貌、产业扶贫的历史和现状进行系统了解，构建起三滴水村产业扶贫的总体轮廓；二是在村干部提供贫困户名单的基础上，随机调查访问了80位农户（大多数为建档立卡贫困户）并填写80份《产业扶贫的农户生计响应调查问卷》①。在调查访问过程中，为提高农户对调查题项理解的准确性，通过调查人员逐一对照问卷提问，然后当地人员用当地语言传达给被调查者这样我问你答的方式进行；三是对该村的产业扶贫项目进行实地考察，实地把握该村产业扶贫项目的实施进展及成效。

农户生计响应维度上，本次调查将其划分为生计资本响应、生计方式响应、生计产出响应和生计空间响应等四个维度。其中，针对生计资本，依据英国国际发展署构建的可持续生计框架，又将生计资本划分为五个基础维度，即自然资本、人力资本、金融资本、物质资本和社会资本。为全面准确测度农户生计响应的强度，对农户生计响应的每个维度都从感知、意愿、行动三方面开展调查，要求被调查者分别对上述各个生计响应维度的各种强度做出主观评价，对所设定的问题回答采用李克特5分法进行赋值②。然后，综合应用主观赋权和客观赋权相结合的方法确定农户生计响应各维度、各强

---

① 调查问卷由两部分共40道题项组成，一部分为“产业扶贫与农户响应”，另一部分为“影响因素”。即首先调查该村产业扶贫过程中农户的生计效应情况，然后再调查影响产业扶贫过程中农户生计响应的因素。

② 具体赋值方法如下：回答“完全同意”计5分，“基本同意”计4分，“不知道/不清楚”计3分，“基本不同意”计2分，“完全不同意”计1分。

度的权重。其中，主观赋权采用专家打分法，即针对生计响应各维度（生计资本、生计方式、生计产出、生计空间响应以及生计资本响应中的自然资本、物质资本、人力资本、社会资本和金融资本响应）和响应强度（感知、意愿和行动）的相对重要性，结合 5 位专家的意见综合确定各自权重；客观赋权则采用熵值法。最后，将主观权重和客观权重各占 50% 合成综合权重，作为生计响应测度基准权重（保留两位小数，四舍五入）。具体权重如表 1 所示。

表 1　农户生计响应测度要素与权重

响应维度		响应强度	主观权重	客观权重	综合权重
生计资本	自然资本	感知	0.10	0.31	0.20
		意愿	0.30	0.31	0.31
		行动	0.60	0.38	0.49
	自然资本响应权重		0.20	0.40	0.30
	物质资本	感知	0.10	0.30	0.20
		意愿	0.30	0.31	0.30
		行动	0.60	0.39	0.50
	物质资本响应权重		0.20	0.18	0.19
	人力资本	感知	0.10	0.59	0.34
		意愿	0.30	0.32	0.31
		行动	0.60	0.09	0.35
	人力资本响应权重		0.20	0.04	0.12
	社会资本	感知	0.10	0.43	0.26
		意愿	0.30	0.27	0.29
		行动	0.60	0.30	0.45
	社会资本响应权重		0.20	0.22	0.21
	金融资本	感知	0.10	0.34	0.22
		意愿	0.30	0.32	0.31
		行动	0.60	0.34	0.47
	金融资本响应权重		0.20	0.16	0.18
生计资本响应权重			0.25	0.18	0.22
生计方式		感知	0.10	0.29	0.20
		意愿	0.30	0.40	0.35
		行动	0.60	0.31	0.45

续表

响应维度	响应强度	主观权重	客观权重	综合权重
生计方式响应权重		0. 25	0. 32	0. 29
生计产出	感知	0. 10	0. 31	0. 20
	意愿	0. 30	0. 31	0. 31
	行动	0. 60	0. 38	0. 49
生计产出响应权重		0. 25	0. 20	0. 23
生计空间	感知	0. 10	0. 36	0. 23
	意愿	0. 30	0. 31	0. 31
	行动	0. 60	0. 33	0. 46
生计空间响应权重		0. 25	0. 30	0. 28

二　三滴水村产业扶贫中的农户生计响应特征

（一）产业扶贫中的农户生计资本响应特征

1. 农户自然资本、物质资本、社会资本和金融资本响应较差，但农户人力资本响应相对较好

图 3 显示，三滴水村产业扶贫中农户自然资本响应在“感知”“意愿”“行动”三个强度上平均分分别为 2. 05、2. 14 和 1. 86，远低于中间值 2. 50。同理，农户物质资本响应在“感知”“意愿”“行动”三个强度上均值分别为 1. 91、1. 96 和 1. 78，农户社会资本响应在“感知”“意愿”“行动”三个强度上均值分别为 2. 10、2. 03 和 1. 99，农户金融资本响应在“感知”“意愿”“行动”三个强度上的均值则进一步降低为 1. 36、1. 24 和 1. 23。这意味着，虽然近年来，三滴水村通过发展生猪养殖为主的畜牧业、林农种植业和中药材种植业开展产业扶贫，但在产业扶贫过程中，农户尤其是贫困农户对于这些产业扶贫项目的实施对其自然资本、物质资本、社会资本和金融资本影响的感知低，愿意积极投入自身自然资本、物质资本、社会资本和金融资本参与产业扶贫的意愿也低，最终实际投入自身自然资本、物质资本、

社会资本和金融资本参与产业扶贫的程度也低。与此同时，三滴水村农户人力资本响应在“感知”“意愿”“行动”三个强度上均值分别为1.71、2.21和4.80，在“意愿”和“行动”强度上均明显高于自然资本、物质资本、社会资本和金融资本。尤其是在人力资本响应的“行动”上得分很高，接近于满分。这揭示出，三滴水村农户对于参与产业扶贫项目有助于改善自身人力资本具有一定的认知，也较为愿意借助产业扶贫提升自身人力资本，更为重要的是广大农户尤其是贫困农户真实感受到通过参与到村级扶贫产业后，个人见识、技能得到实实在在的增长，并且更加重视教育和培训了，为今后农户尤其是贫困户提升人力资本提供了动力。

2. 除人力资本响应外，产业扶贫中农户生计资本响应强度大体上呈现“感知－意愿－行动”逐级下降的趋势

由图3可知，三滴水村产业扶贫中，农户生计资本各维度中，除了人力资本维度外，其他四个生计资本维度在响应强度上大体呈现“感知－意愿－行动”逐级下降的趋势。这表明，在总体上产业扶贫农户生计资本响应强度较低的基础上，农户生计资本的响应强度还出现了感知大于意愿，意愿大于行动的现象。具体来说，三滴水村农户尤其是贫困户对于产业扶贫的生计资本响应认知较低，即农户对于参与村级产业扶贫能够为自身自然资本、物质资本、社会资本和金融资本改善的认知不足，从而影响了农户参与村级产业扶贫的意愿和积极性，而最终农户感受到的产业扶贫中的生计资本改善又不明显，这又会进一步加剧农户对于参与村级产业扶贫能否有助于提升自身生计资本的负面评价，最终导致恶性循环，影响下一轮农户参与村级产业扶贫生计资本响应的感知、意愿和行动。这进一步佐证了，提升农户对于产业扶贫对自身生计资本改善的感知是产业扶贫实践首先需要解决的问题。

3. 农户生计资本响应指数低，农户生计资本响应总体较差

上述可知，无论是从农户生计资本各维度响应的表现，还是从农户生计资本响应三个强度的表现，均可以发现三滴水村产业扶贫中农户生计资本响应总体较差。为进一步测度三滴水村产业扶贫中的农户生计响应情

况，本文还计算了三滴水村产业扶贫中农户生计资本响应指数①。由计算可知，三滴水村产业扶贫中农户生计资本响应指数为1.95，远低于中间值2.50。这进一步证明了，三滴水村产业扶贫中农户生计资本响应的总体表现不佳。

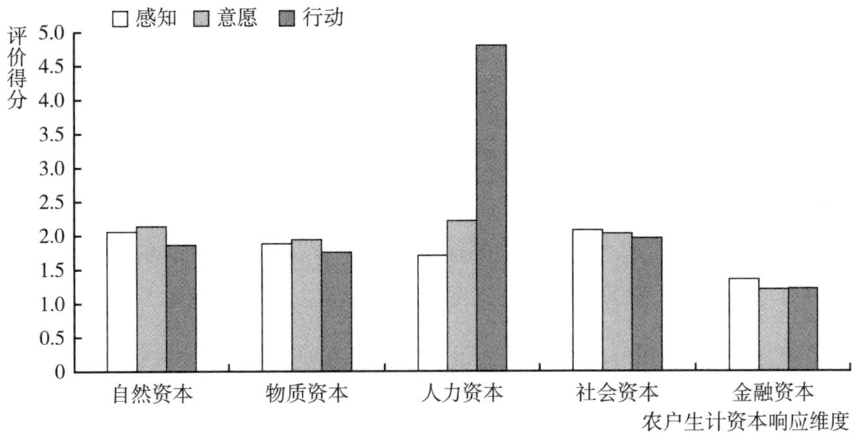

图3　三滴水村产业扶贫农户生计资本响应评价结果

（二）产业扶贫中的农户生计方式响应特征

1. 农户生计方式响应的“感知”“意愿”“行动”均不理想，农户生计方式响应差

生计方式响应是指对非农就业机会（做生意、务工、兼职等）以及乡村生计方式受产业扶贫影响的认知、态度与行为反应，主要是了解农户对参与村级扶贫产业后，其生计来源（养家糊口的方式）可能会发生变化，如更加多样化（收入来源变多）等的认知、意愿及其行动。调查数据统计显示（见图4），三滴水村产业扶贫中的农户生计方式响应在“感知”这一响

① 生计资本响应指数计算公式为：$LHR_C = \sum_{m=1}^{5}\sum_{n=1}^{3} W_{mn}S_{mn}$，式中 W_{mn} 为第 m 类生计资本第 n 类响应强度的权重，S_{mn} 为第 m 类生计资本第 n 类响应强度的李克特量表得分。

应强度均值为1.16；农户生计方式响应在“意愿”这一响应强度上均值为1.24；农合生计方式响应在“行动”这一响应强度上均值为1.19。无论是从“感知”、“意愿”还是从“行动”上来看，三滴水村产业扶贫中的农户生计方式响应得分均远低于中间值2.50分，高度接近于1分。同时，农户生计方式响应指数仅为1.20①。这意味着，三滴水村农户对村级产业扶贫的生计方式响应评价上总体上缺乏感知和意愿，实际效果也很有限，农户并没有感受到参与村级产业扶贫对自身生计来源多样化带来多大的帮助。究其原因，一方面可能是三滴水村及上级政府在推进产业扶贫过程中，对产业扶贫项目的宣传介绍还不够，又或是受限于偏僻地理交通环境带来的思想意识闭塞，三滴水村农户尤其是贫困农户对村级产业扶贫项目缺乏了解，对参与村级产业扶贫项目对自身生计方式的多样化提升作用认识不足。另一方面，村干部在推进产业扶贫以及上级政府各项扶贫政策过程中，公平公正公开的原则把握还有待进一步提升②，抑或村干部能力有限导致村级产业扶贫项目选择科学合理性还有待提升，导致农户尤其是贫困农户对产业扶贫政策、产业扶贫项目的益贫效果有所疑虑，从而降低了农户参与村级产业扶贫进而改善生计方式的意愿。因为，调查问卷数据显示农户对三滴水村村“两委”及村干部工作能力和做事风格的评价一般，选择“能力一般，做事公正”的有58户，占比72.5%；选择“能力不强，做事也欠公正，没有威信”的有8户，占比10%。两类评价合计占被调查农户的82.5%。

2. 农户生计方式响应强度上表现为“意愿”大于“感知”和“行动”

虽然三滴水村产业扶贫中农户生计方式响应差，但在三个响应强度上依然存在较为明显的差异，具体表现为“意愿”大于“感知”和“行动”。

① 生计方式响应指数计算公式为：$LHR_w = \sum_{n=1}^{3} W_n S_n$，式中 W_n 为生计方式第 n 类响应强度的权重，S_n 为生计方式第 n 类响应强度的李克特量表得分。

② 三滴水村村委干部曾因截留克扣农民粮食直补、农资综合补贴和套取低保资金的行为受到上级部门查处（《三滴水：农资补贴打水漂 两名村官遭罢》，《昭通日报》2009年12月25日）。

这说明，源于通过丰富生计方式改变贫困生活的内在动机，农户尤其是贫困农户不愿意放弃有可能改善生活的任何机会，具有相对较强的参与村级扶贫产业，丰富生计来源的内在需求。

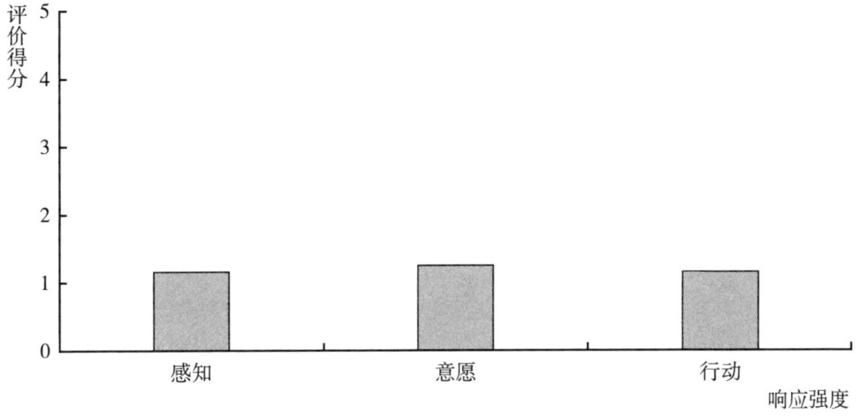

图4　三滴水村产业扶贫农户生计方式响应评价

（三）产业扶贫中的农户生计产出响应特征

1. 农户生计产出响应的“感知”“意愿”“行动”均不佳，生计产出响应总体较差

数据统计显示（见图5），三滴水村产业扶贫中的农户生计产出响应在“感知”这一响应强度上均值为1.71；农户生计方式响应在“意愿”这一响应强度上均值为1.98；农户生计方式响应在“行动”这一响应强度上得分为1.85。无论是从“感知”、“意愿”还是从“行动”上来看，三滴水村产业扶贫中的农户生计产出响应得分均低于中间值2.50分。加之，农户生计产出响应指数仅为1.86①。这意味着，三滴水村农户对村级产业扶贫的生计产出响应较差。

① 生计产出响应指数计算公式为：$LHR_p = \sum_{n=1}^{3} W_n S_n$，式中 W_n 为生计产出第 n 类响应强度的权重，S_n 为生计产出第 n 类响应强度的李克特量表得分。

2. 农户生计产出响应的"意愿"大于"感知"和"行动"

与产业扶贫中的农户生计方式响应类似，三滴水村产业扶贫中的农户生计产出响应在强度上也呈现"意愿"大于"感知"和"行动"的特征(1.98 >1.85 >1.71)。这意味着对于参与村级扶贫产业后，农户对其收入总额、稳定性以及受自然条件（环境)、市场环境（价格）的影响可能发生变化这一基础认知普遍不足。农户对通过参与村级扶贫产业，增加收入、降低自然灾害的影响，顺应市场环境的变化，增加收入的稳定性抱有相对较高的期望值。但在这一期望值的引导下，农户参与村级扶贫产业后，家庭的收入增加，受自然灾害的影响少，与市场联系更紧密，收入更稳定这一减贫效果却还没有得到充分感知确认。由此可知，需要进一步加强关于村级扶贫产业对生计产出的正向影响宣传和知识普及，一方面有助于提高农户对产业扶贫生计产出响应的"感知"，另一方面也更有助于提高农户对产业扶贫生计产出响应的"行动"，为下一阶段提高产业扶贫中农户生计产出响应的"感知"打下基础。

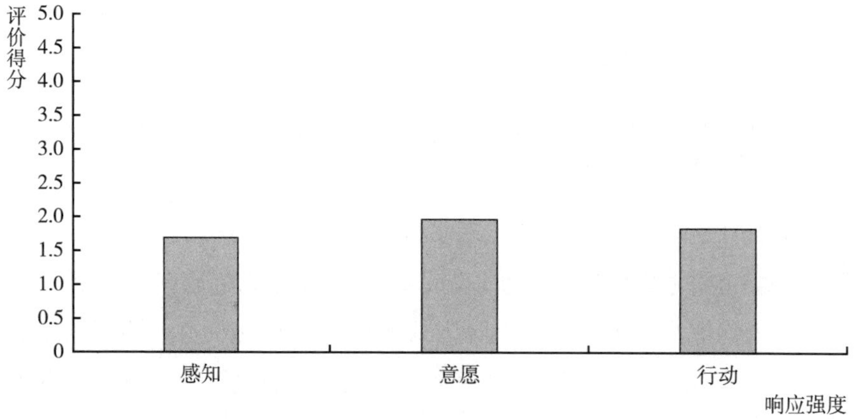

图5　三滴水村产业扶贫农户生计产出响应评价

（四）产业扶贫中的农户生计空间响应特征

1. 农户生计空间响应总体表现一般

三滴水村产业扶贫过程中，农户生计空间响应在"感知"、"意愿"和

“行动”等三个强度上的均值分别为2.53、2.61和1.80。其中，农户生计空间响应在“感知”和“意愿”上的平均分均高于中间值2.5分。同时，农户生计空间响应指数为2.22①。这意味着，农户生计空间响应的总体表现一般（见图6）。

2. 产业扶贫中农户生计空间响应的“行动”落差大

三滴水村产业扶贫中农户生计空间响应的三个强度评价上具有较为明显的差异。其中，农户生计空间响应在“感知”和“意愿”等两个强度上评价尚可，均值均在2.5分以上。这意味着三滴水村农户对于参与村级产业扶贫能够拓展自己的就业、就学、就医、购物、娱乐等生活空间范围具有相对较为正确的认知，也具有相对较强的意愿通过参与村级产业扶贫项目拓展自身生计空间。但农户生计空间响应“行动”相较于“感知”和“意愿”评价的落差大，农户生计空间响应的“行动”评价均值迅速从2.5分以上下降为1.80，相较于“感知”和“意愿”下降幅度分别达28.9%和38.6%。这意味着，农户参与村级产业扶贫前的认知、预期和参与村级产业

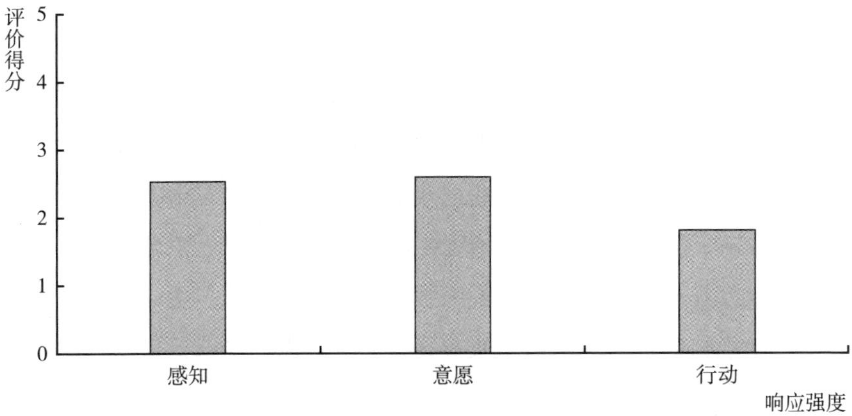

图6　三滴水村产业扶贫农户生计空间响应评价

① 生计空间响应指数计算公式为：$LHRs = \sum_{n=1}^{3} W_n S_n$，式中 W_n 为生计空间第 n 类响应强度的权重，S_n 为生计空间第 n 类响应强度的李克特量表得分。

扶贫后感知的效果形成了鲜明的对比。三滴水村的村级产业扶贫并没有给农户尤其是贫困农户带来就业、就学、就医、购物、娱乐等生活空间范围较为明显的拓展。

三 三滴水村产业扶贫农户生计响应的影响因素

可持续生计分析框架（DFID，1999）认为，在外部脆弱性背景下，农户对其拥有的生计资本进行组合，从事不同的生产活动追求某种生计策略，以实现所预想的生计产出。因此，作为生计策略的生计响应受到外部脆弱性背景因素和农户自身生计资本的影响。基于农户可持续生计发展思路，我们从“人”“业”“地”三个方面调查三滴水村产业扶贫农户生计响应的影响因素①。

（一）影响产业扶贫农户生计响应的“人”的因素

1. 农户贫困发生率高、收入来源单一，家庭性质和收入来源显著影响产业扶贫中农户生计响应，但对农户生计响应及其各维度的影响程度不一

就家庭性质和收入来源而言，如图7、图8所示，农户贫困发生率高、收入来源单一。本次调查的被调查者中有66.25%为建档立卡户，有85%的被调查者家庭收入主要来自种植业或养殖业。据此不难看出，受自有自然禀赋贫乏的影响，三滴水村农户贫困程度较为严重，其收入来源不仅单一而且低质，这也就在一定程度上影响了三滴水村产业扶贫农户生计响应。同时鉴于当前三滴水村农户大多以种植或者养殖业作为谋生手段，村级产业扶贫实施种植或者养殖业扶贫则是顺势而为，因地制宜的合理表现。通过对农户家

① 调查问卷中有关“人”的影响因素包括农户是否为建档立卡户、农户家庭收入来源以及农户的自然资本、人力资本、社会资本和金融资本等生计资本，共计10道题项；涉及“业”的影响因素题项调查三滴水村村级扶贫产业的类型，共1道题项；涉及“地”的影响因素题项调查三滴水村交通便利、村干部工作能力和做事风格、村的风气等，共3道题项。

庭性质和收入来源对农户生计响应的回归模型分析①，我们发现农户家庭性质（$\beta = -0.26, p < 0.05$）和收入来源（$\beta = 0.31, p < 0.01$）对三滴水村产业扶贫中农户生计响应有着显著的影响。这意味着三滴水村非建档立卡户对村级产业扶贫中的生计响应较为积极，而建档立卡户反而对村级产业扶贫的生计响应较低。这进一步表明，过去和当前三滴水村产业扶贫过程中，贫困户尤其是建档立卡的贫困户对村级产业扶贫对其生计资本、生计方式、生计产出、生计空间的影响认知较为缺乏，参与村级产业扶贫的意愿薄弱，参与村级产业扶贫获得的效益也较低。农户收入来源对农户生计响应影响的回归数据揭示，随着家庭收入从自身“种植或养殖业、务工收入、经商收入”等生产性活动向来源于外部的“政府转移性收入”的转移，农户生计响应的程度明显提高，这表明三滴水村有生产经营能力的农户对村级产业扶贫的生计响应较低，而已受益于政府支持的农户对村级产业扶贫的生计响应较为积极、明显。

为进一步了解农户家庭性质和收入来源对生计响应各维度的影响，本文还构建了农户家庭性质和收入来源对农户生计响应各维度的回归模型②。经过数据分析，发现农户家庭性质对生计资本响应（$\beta = -0.26, p < 0.05$）、生计产出响应（$\beta = -0.28, p < 0.05$）有显著影响，对生计方式响应（$\beta = -0.15, p = 0.17$）和生计空间响应（$\beta = -0.16, p = 0.161$）没有显著影响。这表明，是否为建档立卡户仅仅影响三滴水村村级产业扶贫中农户的生计资本和生计产出响应，而对农户的生计方式和生计空间响应没有什么影响。农户收入来源则对生计资本响应（$\beta = 0.27, p < 0.05$）、生计方式响

---

① 自变量的赋值：“您家是建档立卡户吗?”这一题项被调查者选择“是”赋值为1，选择“不是”赋值为0；“您家庭收入的主要来源是?”这一题项被调查者选择“A. 种植或养殖业”赋值为1，选择“B. 务工收入”赋值为2，选择“C. 经商收入”赋值为3，选择“D. 政府转移性收入”赋值为4，选择“E. 其他”赋值为5。因变量：农户生计响应指数计算公式为：$LHR = \sum_{i=1}^{4}\sum_{j=1}^{3} W_{ij}S_{ij}$，式中 W_{ij} 为第 i 类响应维度第 j 类响应强度的权重，S_{ij} 为第 i 类响应维度第 j 类响应强度的李克特量表得分。

② 即分别以生计资本响应、生计方式响应、生计产出响应和生计空间响应为因变量，以农户的家庭性质（是否为建档立卡户）和收入来源为自变量。

应（$\beta = 0.29, p < 0.01$）和生计产出响应（$\beta = 0.24, p < 0.05$）有显著影响，仅对农户生计空间响应（$\beta = 0.18, p = 0.12$）没有显著影响。这说明，依赖于政府转移性收入作为家庭主要收入来源的农户，感知到也愿意，并且最终体会到产业扶贫对其生计资本、生计方式和生计产出的影响，但这些农户就业、就学、就医、购物、娱乐空间范围方面没有得到明显的改善。

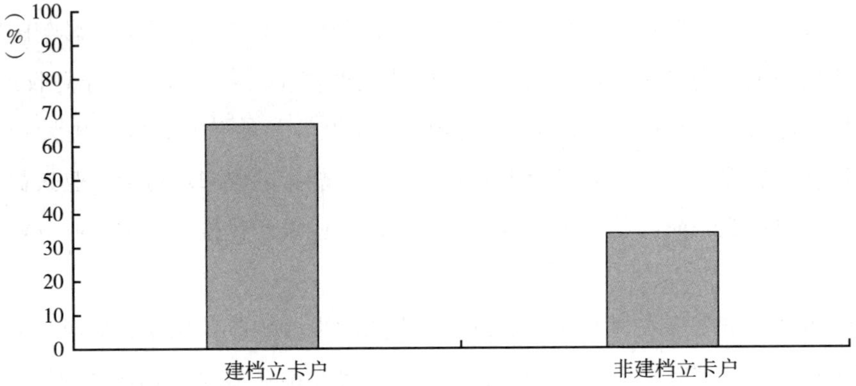

图7　三滴水村农户家庭性质分布

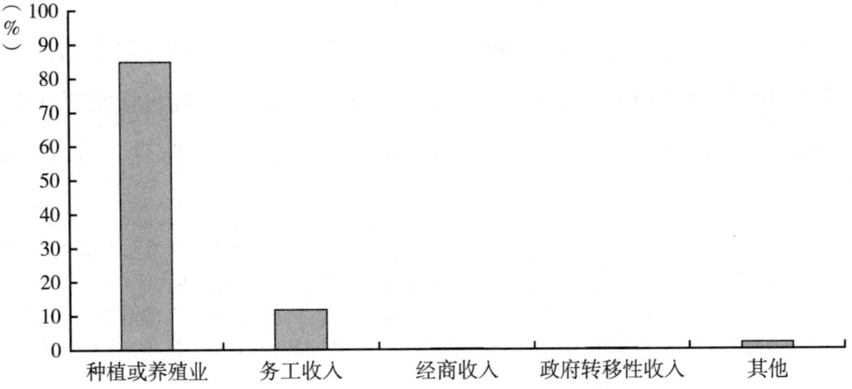

图8　三滴水村农户家庭收入来源分布

2. 农户自然资本量质均较差，但农户自然资本对其生计响应的影响有限

由图9可知，三滴水村农户拥有的土地、林地、池塘等自然资本无论是在数量上还是在质量上都比较差。具体而言，拥有的土地、林地、池塘等自然资本数量少且质量差的农户有38户，占比47.5%；拥有的土地、林地、池塘等自然资本数量和质量都一般的农户有22户，占比27.5%。以上两者相加，被调查者中共有60户农户（占比75%）拥有的土地、林地、池塘等自然资本数量和质量均较差。仅有3户被调查农户评价自身拥有的土地、林地、池塘等自然资本数量和质量“都还行”。自然资本是农户参与村级产业扶贫项目的基础，可以预计三滴水村农户自然资本禀赋的严重不足，会削弱其对村级产业扶贫的生计响应。

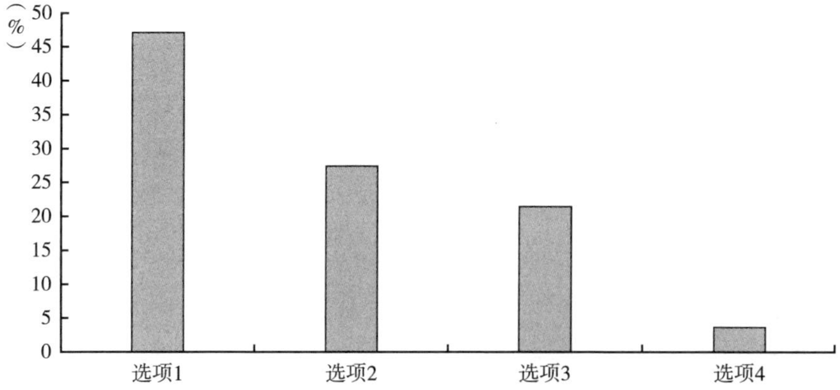

图9　三滴水村农户拥有的自然资本情况

注：选项1为“数量少且质量差”，选项2为“数量和质量都一般”，选项3为“数量多但质量差或数量少但质量还好”，选项4为“数量和质量都还好”。

为进一步准确测度农户自然资本对产业扶贫中农户生计响应的影响，我们同样构建了农户自然资本对农户生计响应的回归模型。模型数据分析可知，农户自然资本对农户生计响应的回归系数为0.03，显著性系数为0.82，远大于可以接受的程度（0.1）。这意味着，虽然农户自然资本对产业扶贫中的农户生计响应有一定的影响，但这种影响不显著，自然资本不是影响产业扶贫中农户生计响应的主要因素。

3. 农户人力资本存量差，且农户人力资本总体对农户生计响应无显著影响，但农户健康状况和家庭劳动力数量对生计响应有显著影响

由图 10～13 可知，三滴水村农户人力资本存量表现不佳①。具体表现为，农户家庭受教育程度低，有 76.25% 的农户家庭受教育程度最高者在初中及以下，仅有 13.75% 的农户家庭有大学生。同时，有 40% 的农户家庭有 14 岁以下小孩和 60 岁以上老人，还有 41.25% 的农户家庭有 14 岁以下小孩或 60 岁以上老人，即拥有非完全劳动力的农户家庭占比 81.25%，农户抚养（赡养）负担较重。另外，农民健康情况堪忧，有高达 97.5% 的农户家庭长期有人生病，仅有 2.5% 的农户家庭家人身体健康。最后，农户家庭劳动力数量较少，拥有 3 人以上劳动力的家庭仅有 5 户，占比仅为 6.25%，还有 31 户（占比 38.75%）农户家庭劳动力人数在 1 人及以下。

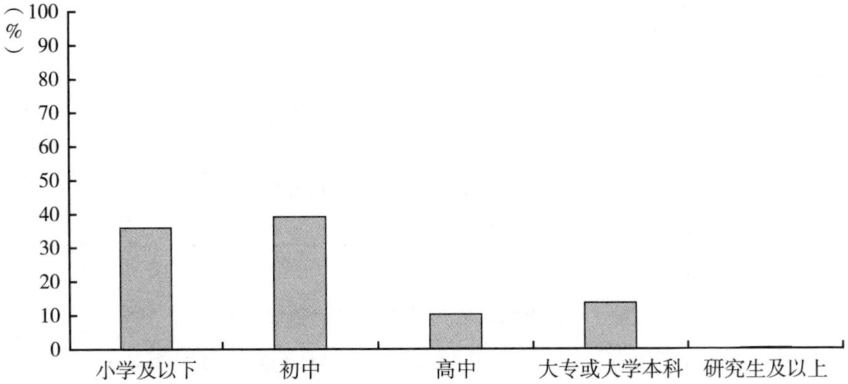

图 10　三滴水村农户家人受教育程度最高者分布

通过构建农户人力资本对产业扶贫中农户生计响应的回归模型，我们还测算了农户人力资本各维度对产业扶贫中农户生计响应的影响。由分析数据可知，农户人力资本总体上对产业扶贫中农户生计响应没有显著影响（β =

① 本次调查从“您家里人受教育程度最高的是？”“您家的年龄结构是？”“您家是否有人长期生病？”“您家里劳动力数量是？”等四个方面来测度农户的人力资本。

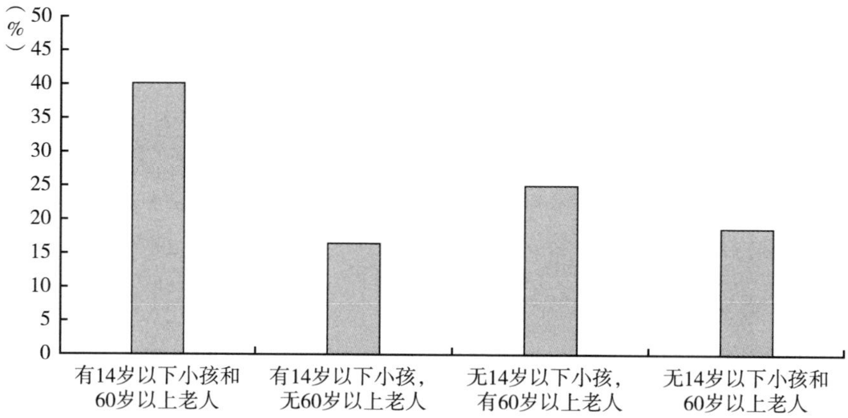

图 11　三滴水村农户家庭年龄结构分布

注：选项 1 为“有 14 岁以下小孩和 60 岁以上老人”，选项 2 为“有 14 岁以下小孩，无 60 岁以上老人”，选项 3 为“无 14 岁以下小孩，有 60 岁以上老人”，选项 4 为“无 14 岁以下小孩和 60 岁以上老人”。

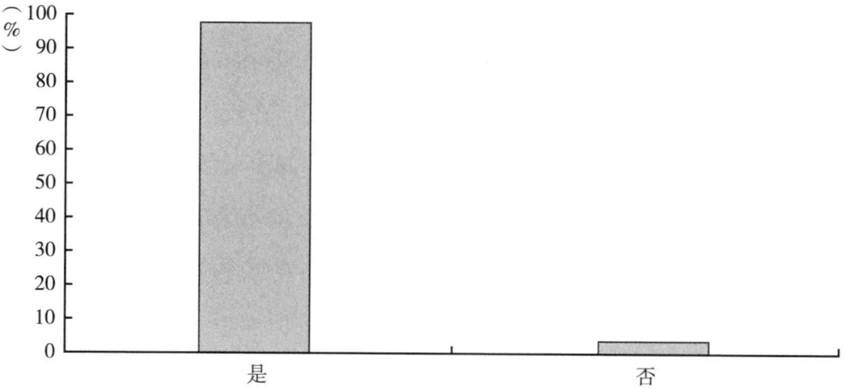

图 12　三滴水村农户家人健康情况

0.01, $p = 0.96$)，且对生计响应中的生计资本、生计方式、生计产出、生计空间均无显著影响。这意味着虽然三滴水村农户的人力资本存量差，但这对其对村级产业扶贫的生计响应影响小。另外，经过对人力资本各维度对农户生计响应的数据分析。可知，农户的健康状况（ $\beta = -0.19, p < 0.1$ ）和家庭劳动力数量（ $\beta = 0.20, p < 0.1$ ）对产业扶贫中的农户生计响应有显著

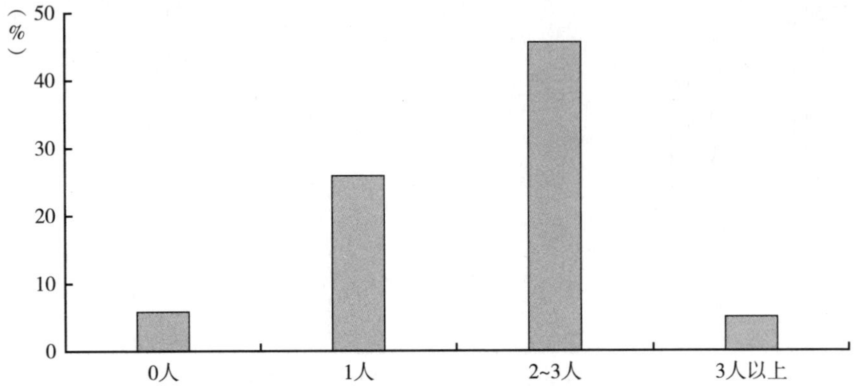

图 13　三滴水村农户劳动力数量占比

影响，而农户的受教育程度（$\beta=0.07, p=0.57$）和家庭年龄结构（$\beta=-0.18$，$p=0.13$）对产业扶贫中的农户生计响应没有影响。这说明，农户健康状况对产业扶贫中的农户生计响应有显著的负向影响，而三滴水村村民较为恶劣的健康状况恰恰严重地影响了其对村级产业扶贫的生计响应，从而从长远来看会影响其脱贫和可持续发展，故应在未来的产业扶贫实施之前、之中采取各种措施切实改善村民的身体健康状况。家庭劳动力数量对产业扶贫中的农户生计响应有显著的正向影响，揭示出具有较多劳动力的家庭在村级产业扶贫中具有较高的生计响应，反之亦然。而受教育程度和家庭年龄结构对农户生计响应没有显著影响，表明农户受教育程度和家庭年龄结构的改善对提高农户的生计响应作用有限。

4. 农户社会资本一般，且农户社会资本总体对农户生计响应无显著影响

本文用“您家参加了新农合和新农村社保吗?”和“您家有亲戚或朋友是干部或参加了扶贫工作吗?”等 2 个题项来测度三滴水村农户的社会资本①。由计算可知，三滴水村农户的社会资本平均值为 2，处于其分值范围（1 ~

① 各题项的赋值：“您家参加了新农合和新农村社保吗?”这一题项被调查者选择“参加了新农合”或“参加了新农村社保”均赋值为 2，选择“都参加了”赋值为 3，选择“都没有参加”赋值 1；“您家庭有亲戚或朋友是干部或参与了扶贫工作?”这一题项被调查者选择“有且联系较多”赋值 4，选择“有但联系不多”赋值 3，选择“有但几乎没有联系”赋值 2，选择“没有”赋值 1。农户社会资本得分则为这两个题项得分之和的平均分。

3.5）的中上区间，可见农户拥有一定的社会资本。究其原因，虽然仅有1户农户有亲戚或朋友是干部或参与了扶贫工作且“有且联系较多”，但因为除了1户农户外，其他所有被调查者（占比98.75%）均参加了新农合和新农村社保。由此可见，随着近年来国家农村社会保险、医疗保险政策落实的推进，农民参与新农合和新农村社保的比例很高，为农户构建了一定的社会资本。

同理，通过农户社会资本对农户生计响应的回归分析，我们发现农户社会资本（$\beta = 0.15, p = 0.18$）虽然对农户生计响应有一定的正向影响，但这种影响不显著。这表明，农户社会资本不是影响其参与村级产业扶贫的主要影响因素。

5. 农户金融资本存量少，农户金融资本已成为桎梏其提高产业扶贫生计响应的主要因素

本文用“农户向银行借钱发展生产的难易程度”来测度三滴水村农户拥有的金融资本。通过计算可知，三滴水村农户拥有的金融资本得分仅为1.61分[①]。综合图14可知，三滴水村农户难以从银行等金融机构借钱发展生产，其拥有的金融资本存量少。而有回归分析可知，农户拥有的金融资本对其产业扶贫中的生计响应具有显著的正向影响（$\beta = 0.62, p = 0.00$）。这意味着，当前乃至今后，三滴水村包括其上级政府，应积极创造条件，降低农户通过银行获取贷款的门槛，切实充实农户的金融资本，从而提高农户在村级产业扶贫中的生计响应。

（二）影响产业扶贫农户生计响应的“业”的因素

由调查可知，全部80位农户均评价三滴水村发展的产业扶贫产业类型为“种植业或林业”。这意味着农户视角评价当前三滴水村发展的扶贫产业类型单一，仅有种植业或林业这一种产业。农户对三滴水村发展

① “您觉得您家里向银行借钱发展产业的难易程度如何?”这一题项被调查者选择“容易”则赋值5，选择“比较容易”赋值4，选择“一般”赋值3，选择“比较难”赋值2，选择“难”赋值1。

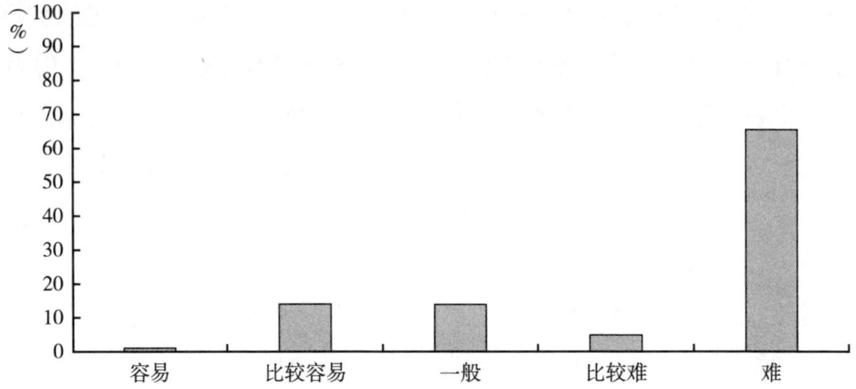

图 14　三滴水村农户拥有的金融资本情况

的扶贫产业类型的这一评价与课题组与村干部的访谈存在较大的反差。通过与村干部有关三滴水村情村貌尤其是三滴水村近年来开展的产业扶贫项目的介绍，三滴水村近年来开展的产业扶贫项目涉及的产业类型包括以生猪养殖为主的畜牧业，以魔芋、桃李、核桃为主的林农种植业和以党参、牡丹为主的中药材种植业。结合我们的调查问卷，三滴水村近年来的扶贫产业至少理应包括"种植业或林业""养殖业"，甚至可包括"农产品及其他加工业"。农户评价与村干部介绍之间的反差，究其原因可能包括：

一是三滴水村产业扶贫实践对以生猪养殖为主的畜牧业的忽视。如前文所述，三滴水村山青水绿，远离畜禽病源，生态环境良好，尤其是玉米、绿肥等牲畜饲料产量高、品质好，加之三滴水村农户具有较为丰富的生猪养殖经验，这些优势为发展以生猪产业为主的畜牧业奠定了良好基础。故早在2006年就已经建成年繁殖能力达万头以上的仔猪基地，形成以点带面，辐射周边乡镇及毗邻县、市的仔猪供应基地，并建立了以基地加协会加农户为模式，成立了"三滴水村养猪协会"。但生猪养殖等畜牧业的发展也存在一个重要的弊端，即产生的大量的废水废气会造成对生态环境的破坏。加之传统基地加协会加农户的产业发展模式，难以集约化、大规模生产，这在当前日益强调绿色发展的背景下，三滴水村可能有意忽视了对这一传统产业的护持力度，从而使村民形成生猪养殖为主的畜牧业不是本村产业扶贫主导产业的印象。而实际生产活动中，无论是出于惯性驱动还是利益驱动，三滴水村相当部分村民实际上还从事着以生猪养殖为主的畜牧业。村民对于三滴水村级产业扶贫产业类型的这一认识在一定程度上影响了村民对村级产业扶贫的生计响应。

二是三滴水村产业扶贫产业类型的规划与实践出现了脱节。2013 年以来，为进一步利用好芒部镇“鸣钟五加”为主的天然中药材品牌优势，三滴水村引入镇雄县益雄药业有限公司，规划开展中药材种植和深加工，构建开发牡丹花茶与牡丹籽油药用功能的产业链。从目前实施情况来看，受限于公司实力，镇雄县益雄药业有限公司等外部投资企业还仅仅是将三滴水村定位于原材料产地，三滴水村仅成立了占地四千余亩的中药材种植基地，种植了一定数量的党参、牡丹花等中药材，规划中的生产基地尚未开工建设，尚未形成一整套的流水生产线，也缺乏相关专业知识的人才进行系统全面的管理。且基地的耕地都来自周边的农户的耕地，属于租用农户耕地，租期5～10 年不等，租金补贴少之又少，在租期的刚开始一年开展了种植工作，之后即陷入停滞，如今牡丹花种植地已是杂草丛生，且未开展复垦工作，农户因耕地被租用，也无法开展种植农作物的工作。总之，三滴水村中药材产业扶贫基地的产业脱贫实施工作并不到位，三滴水村产业扶贫产业类型的规划与实践有相当程度的脱节，而这一脱节又形成了村民对本村产业扶贫产业类型为种植业的认知。

三是三滴水村党员干部个人大力发展林农种植业的实际。2012 年以来，三滴水村通过实施党员创业致富先锋工程，成立了三滴水生态农庄，扶持一批党员发展魔芋、天麻、桃李、蔬菜等特色产业，扶持一批党员发展核桃、竹子、木漆等林业产业。并在村情宣传中突出了这些发展林农种植的党员先进事迹，这进一步强化了村民对本村产业扶贫产业类型的认识。

（三）影响产业扶贫农户生计响应的“地”的因素

本文从距最近集镇的时间距离、村干部的工作能力和做事风格以及村里的风气等三个方面来综合测度影响产业扶贫农户生计响应的“地”的因素。经过分析可知：

1. 农户家庭地理资本禀赋尚可，且对农户生计资本、生计方式、生计产出、生计空间响应和总体生计响应有显著正向影响

由图 15 可知，有 1.25% 的三滴水村农户家距离最近的集镇的时间在半小时之内，有 40% 的农户家距离最近的集镇的时间为半小时到 1 小时，还有 58.75% 的农户距离最近的集镇的时间为 1～2 小时，没有任何农户家距离最近的集镇的时间在 2 小时以上。由此可知，三滴水村距离最近集镇的空间距离较近，农户地理资本禀赋尚可。同时，通过对农户家庭地理资本和生计资本、生计方式、生计产出、生计空间响应和总体生计响应的回归分析可知①，农户家庭地理资本对产业扶贫中农户生计资本、生计方式、生计产出、生计空间响应和总体生计响应的回归系数分别为 $\beta = 0.37$（$p = 0.00$）、$\beta = 0.38$（$p = 0.00$）、$\beta = 0.34$（$p = 0.00$）、$\beta = 0.28$（$p = 0.01$）和 $\beta = 0.44$（$p = 0.00$）。这表明，农户家庭地理资本无论是对产业扶贫中农户的生计响应，还是对生计响应的各个维度都有显著的正向影响。俗话说，要致富先修路。贫困村的广大人民群众之所以收入低、生活困难，一个重要的原因是居住地自然环境恶劣，耕地少，道路不通，交通运输不畅；产业结构单一，农产品运不出去；信息闭塞，科技知识难以在农业生产经营中发挥第一生产力的作用。因此，要打赢扶贫攻坚这场战役，首先要抓好交通基础设施建设，通过交通条件的改善，带动当地农村产业的发展，增加农民的经济收入，最后摘掉贫困的帽子。总之，需重视交通在精准扶贫工作中的作用是基础性的前提条件。通过进一步加强和完善基础交通设施条件，进一步缩短三滴水村农户至最近集镇的时间距离，进一步夯实三滴水村农户的家庭地理资本，进而提高产业扶贫实践中的农户生计响应。

① “你们家离最近的集镇的时间距离为？”这一题项被调查者选择“半小时以内”赋值 4，选择“半小时到 1 小时”赋值 3，选择“1～2 小时”赋值 2，选择“2 小时以上”赋值 1。

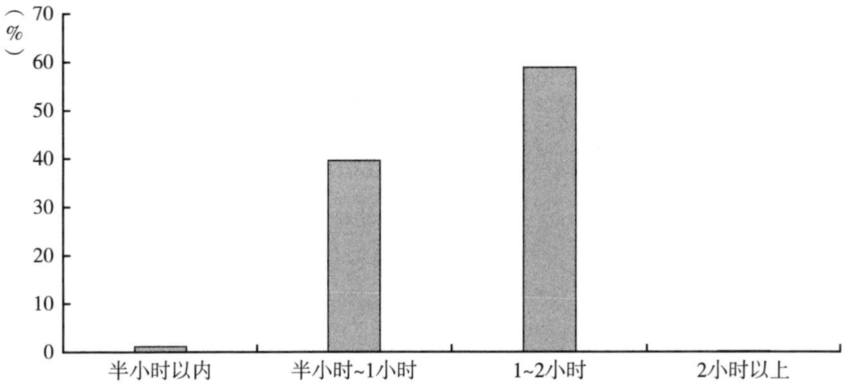

图 15　三滴水村农户家庭地理资本情况

2. 村“两委”及村干部工作能力和做事风格评价较差，且其会影响产业扶贫中农户生计资本和生计方式响应

由图 16 可知，对于三滴水村村“两委”及村干部的工作能力和做事风格，有 58 人（占比 70.73%）评价为“能力一般，做事公正”，有 8 人（占比 10%）评价为“能力强，但是做事不是很公正”，还有 8 人（占比 10%）评价为“能力不强，做事也欠公正，没有威信”，仅有 6 人（占比 9.37%）评价为“能力强，公平公正，有威信”。这意味着，三滴水村农户对于三滴水村村“两委”及村干部的工作能力和做事风格评价较差，尤其是普遍认为村“两委”及村干部的工作能力不强。同理，通过对村“两委”及村干部工作能力和做事风格对产业扶贫中农户生计响应的回归分析，发现虽然村“两委”及村干部工作能力和做事风格对产业扶贫中农户的生计响应没有显著影响（$\beta = 0.12, p = 0.29$），但对产业扶贫中农户生计响应维度中的生计资本（$\beta = 0.27, p = 0.02 < 0.05$）和生计方式响应（$\beta = 0.25$，$p = 0.02 < 0.05$）有显著的正向影响。由此可见，当前三滴水村村“两委”及村干部工作能力和做事风格的不足一定程度上影响了产业扶贫中农户的生计响应，尤其是影响了农户的生计资本响应和生计方式响应。因此，在今后三滴水村产业扶贫实施过程中，应努力提升村领导班子的工作能力，或将有能力、有威信的村民尤其是年轻一代村民选拔进入村

“两委”干部队伍，并通过强化村务公开，保证扶贫工作的公正性公平性，为提升产业扶贫中的农户生计响应提供组织队伍保障。

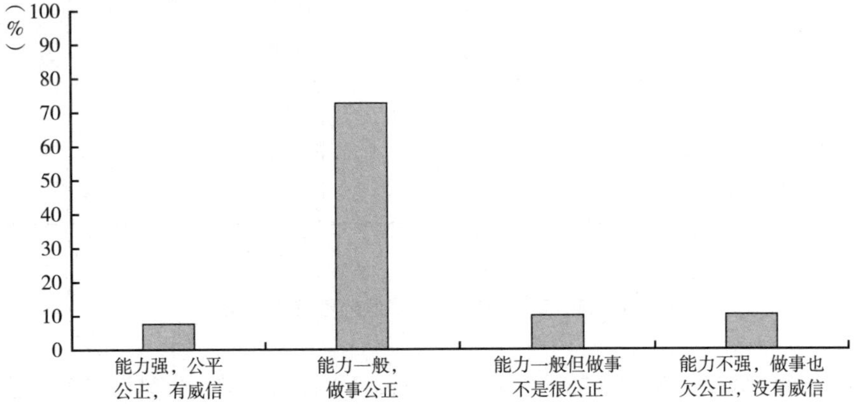

图16 三滴水村村支两委及村干部工作能力和做事风格情况

注：选题1为“能力强，公平公正，有威信”，选项2为“能力一般，做事公正”，选项3为“能力一般但做事不是很公正”，选项4为“能力不强，做事也欠公正，没有威信”。

3. 村风自我评价高，构建起强化产业扶贫中农户生计响应的社会基础

“扶贫先扶志”，贫困村社会风气是开展产业扶贫，影响农户生计响应的社会基础。调查发现，所有80位三滴水村村民对本村风气均给予了高度评价，所有被调查者均认为本村“风气好，团结和睦，积极向上”。这表明，农户们对三滴水村的村风自我评价高，认可相互之间的团结和睦，也认可大家积极上进，认为本村人有着一股“人穷志不穷、不等不靠不要”的志气和骨气，贫困村村民常见的“等靠要”思想没有市场，这将为今后三滴水村产业扶贫的顺利实施和农户生计响应奠定良好的社会基础。

四 三滴水村产业扶贫的总体效应

（一）农户参与村级产业扶贫的意愿强烈但对产业扶贫的认知度和参与度低，农户产业扶贫的总体响应较低

由图17可知，尽管三滴水村近年来已经开展了产业扶贫实践，但依然有高

达66户农户“完全不同意”本村发展了扶贫产业，还有4户农户“基本不同意”本村发展了扶贫产业，两者合计占所有被调查者的87.5%。仅有10人“完全同意”本村开展了扶贫产业。由此可知，当前三滴水村农户对本村开展的扶贫产业的感知度低。与此类似，有63位村民“完全不同意”自己参与了本村的扶贫产业，有5位村民“基本不同意”自己参与了本村的扶贫产业，两者合计占比为85%。仅有9位、2位和1位村民分别认为自己“完全同意”、“基本同意”和“不清楚”参与了本村的扶贫产业。这说明，三滴水村村民对本村扶贫产业的参与度较低。而与以上村民扶贫产业认知度和参与度低相反的是，有10位村民评价自己“完全同意”参与本村的扶贫产业，有多达63位村民“基本同意”参与本村的扶贫产业，“完全同意”和“基本同意”参与本村扶贫产业的三滴水村民占比高达91.25%。这意味着，虽然三滴水村农户对于本村扶贫产业的认知度和参与度低，但参与本村扶贫产业的意愿却很高。

通过计算农户产业扶贫总体响应指数①，我们求得三滴水村农户的产业

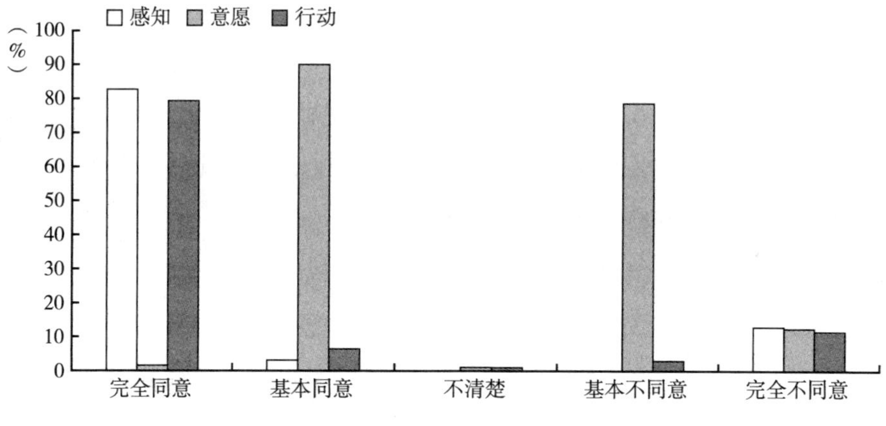

图17　三滴水村农户产业扶贫总体响应

---

① 农户产业扶贫总体响应指数计算公式为：$THR = \sum_{i=1}^{3} W_i S_{ij}$，式中 W_i 为第i类响应强度的权重（根据主观赋权和客观赋权相结合，农户产业扶贫总体响应三个强度的权重分别为0.295、0.170、0.535），S_{ij} 为第i类响应强度的李克特量表得分。

扶贫总体响应指数平均值为1.99，大大低于2.5这一总体响应指数的中间值。这进一步表明，三滴水村农户产业扶贫的总体响应低。

（二）农户贫困率高，贫困村仍未“摘帽”，产业扶贫总体效果不够理想

国务院扶贫信息系统数据表明，三滴水村截至2017年底有建档立卡户633户2799人，而到2018年8月有建档立卡户645户2862人，建档立卡户农户占三滴水村村民总数的41.15%。本次农户随机调查的80户农户中，属于建档立卡户的竟有53户，占所有被调查户的66.25%。在三滴水村当前645户建档立卡户中，已脱贫户179户、807人，未脱贫户还有466户、2055人，贫困发生率高达29.48%，远高于贫困村脱贫摘帽要求的贫困率3%以下的标准。以上数据均说明，即使经过多年的产业扶贫，三滴水村农户的贫困率依然高，“十三五”以来，三滴水村所在的云南省镇雄县公示了两批共5个贫困乡（镇）79个贫困村的脱贫摘帽①，但到目前为止三滴水村仍在贫困村之列。同时，通过对三滴水村各产业扶贫基地的走访可知，三滴水村传统的养殖畜牧业、林农种植业和中药材种植业均未形成较为完整的产业链，即使是有外来企业作为支撑的中药材种植基地在开始一年开展了种植工作之后即陷入停滞，如今牡丹花种植地已是杂草丛生。综上所述，三滴水村产业扶贫的总体效果不够理想。

五　三滴水村产业扶贫与可持续脱贫的建议

由产业扶贫农户生计响应影响因素的分析可知，农户金融资本、健康状况以及贫困村的地理资本、村“两委”及村干部工作能力做事作风对产业扶贫中农户生计响应具有显著的影响。三滴水村农户在产业扶贫中的生计响

① 《镇雄：2017年计划脱贫出列3个贫困乡镇、46368人以上》，百家号，https：//baijiahao.baidu.com/s? id=1562406996919318&wfr=spider&for=pc，2017年3月21日。

应不佳，导致三滴水村当前产业扶贫的总体效应不够理想。因此，为促进三滴水村产业扶贫实现可持续脱贫的成效，特对三滴水村产业扶贫提出以下建议。

（一）多渠道、多方式降低农户获取金融资本难度，做大做强农户金融资本存量

金融资本是桎梏三滴水村产业扶贫中农户生计响应的主要因素。因此，包括三滴水村在内的各级政府、产业扶贫企业等应利用好产业扶贫相关政策、创新产业扶贫运作机制，多渠道、多方式降低农户获取金融资本的难度，做大做强农户金融资本存量。一是利用好国家扶贫贴息贷款政策。三滴水村应利用好国家扶贫贴息贷款政策，尤其是对发展产业建档立卡贫困户的贷款贴息资金扶持，为带动农户增收致富的龙头企业、专业种养协会、能人大户和发展产业的建档立卡户积极申报扶贫项目贷款贴息。二是探索构建村级产业扶贫发展互助基金。三滴水村可利用好云南省政府、昭通市以及镇雄县等上级政府对贫困村农民的各种财政补助和农民专业合作社的财政支持政策，以各类财政扶贫资金作为引导，鼓励贫困户将其政府部门下发的各类财政涉农资金统筹整合作为股本投入扶贫产业发展互助基金之中，并辅助吸收农户以自有资金入股。产业扶贫发展互助基金在村内实行“民有、民用、民管、民受益、周转使用、滚动发展”管理模式，着力缓解贫困农户发展生产所需资金短缺问题，推进贫困村和贫困农户可持续发展。三是鼓励引导产业扶贫各类经营主体与农户建立合理的利益联结机制，探索推行租金动态调整或土地入股保底分红等办法。

（二）治疗和预防相结合，着力改善农户身体健康

身体健康是农户参与产业扶贫的基础。针对三滴水村当前农户健康状况不佳，大多数家庭长期有人生病而影响农户人力资本存量，进而影响其对村级产业扶贫的生计响应的状况，三滴水村应实施治疗和预防相结合的策略，改善农户身体健康。一是做到新农合和新农村社保全覆盖。针对当前三滴水村依然有个别农户没有参加新农合和新农村社保的状况，通过宣传发动、贫

困户村级资金兜底等方式确保新农合和新农村社保全覆盖。二是利用好国家医疗救助脱贫、贫困人口医疗保障制度相关政策。查细查实，确保将全村所有建档立卡贫困人口全部纳入国家重特大疾病医疗救助范围；利用好国家贫困人口医疗保障制度中对贫困人口大病、慢性病进行分类救治的“三个一批”政策，对当前家庭长期生病的农户实施慢性病签约服务管理全覆盖，尽快改善长期生病农户恢复健康。三是做好村级疾病预防控制和公共卫生服务。基于三滴水村近7000村民仅有1所村卫生所、2名村医的医疗设施条件，应向上级卫生主管部门争取政策，在距离现有村卫生所距离远的野鸡自然村再增设1~2所村卫生室。并依托村卫生室开展地方病以及包虫病、布病等人畜共患病防治力度的服务，为适龄儿童提供纳入国家免费疫苗预防接种服务，以及提高妇幼保健、计划生育等生殖健康的宣传服务工作。

（三）强化交通和信息化建设，构建产业扶贫“线上+线下”基础设施

三滴水村距离芒部镇3千米，距离镇雄县城31千米，进村道路为硬化的柏油路路面，村内主干道均为硬化的柏油路路面，但当前公共交通方面仍然受限，尤其部分村民小组道路仍为土沙路，村民出行不便。受限的地理资本限制了农户参与产业扶贫的生计响应。一方面，三滴水村应利用好镇雄县“村组公路和连户道路硬化三年攻坚行动计划”，争取尽早将目前尚未开通公路和道路硬化的村组、农户纳入县里的建设计划，早日实现村、组、户道路硬化“全覆盖”，为改善农户地理资本创造先决条件。另一方面，三滴水村应加快信息化建设，实施网络光纤入村，早日实现全村光纤宽带覆盖。并依托信息化建设开展农户电子商务培训，依托农村合作经济组织，培育电子商务市场主体，综合构建产业扶贫“线上+线下”基础设施。

（四）实施干部队伍建设工程，提升村“两委”及村干部工作能力和作风

针对当前农户对三滴水村“两委”及村干部工作能力和工作风格的诸

多负面评价，芒部镇及三滴水村应采取切实措施，实施干部队伍建设工程，提升村“两委”及村干部工作能力，塑造公开公平公正的工作作风。具体而言，一是要选好村“两委”帮助的“龙头”，强化村“两委”班子建设。可将致富能手、退转军人、大中专毕业生、外出务工成功人士、离退休干部等本土人才纳入“乡土人才库”，加大培养力度，从中选拔优秀人才作为贫困村带头人，提升贫困村班子整体实力，实现“能人治村”。甚至可以考虑打破村域、身份、行业界限，采取让优秀村带头人兼任三滴水村带头人的办法，达到强村带弱村的目的。二是通过培训、挂职锻炼等方式，提升村干部工作能力和工作作风。芒部镇可采用“请进来，走出去”的方式，开办专题培训班，对贫困村带头人进行全覆盖培训。并可分批选派贫困村带头人到乡镇机关、先进村实岗挂职，使他们进一步解放思想、开阔视野、积累经验、增长才干，提高组织协调能力和带头致富能力。最后还要建立健全贫困村带头人目标管理、督查考核等制度，通过分类管理、跟踪问效、从严考评，充分发挥带头人的先锋模范作用，真正做到“庸者下、腐者下”。

B.8

云南省永仁县大坝村产业扶贫农户生计响应与脱贫成效*

李湘玲　黄钰雲　敖　立**

摘　要： 云南省永仁县大坝村自精准扶贫以来，分别从产业扶贫推进、产业综合开发、新型经营主体培养等方面着手，使当地的烤烟、蔬菜等传统种植业发展成为脱贫的有效推手。本文从“四维度－三强度”的整体框架入手，研究了大坝村产业扶贫中的农户生计响应特征，表现为：产业扶贫政策实施总体响应较好、各维度响应情况较均衡、生计资本响应中自然资本响应强度较弱、产业扶贫对农户的物质资本影响较大、农户对产业扶贫提升人力资本作用认识不清、产业扶贫下村民社会网络资源未进一步扩大、农户生计空间活动保障措施效果好。影响农户生计响应的几个因素主要是产业结构、农民文化素质、劳动力数量、集体经济力量等几个方面。本文根据大坝村的脱贫情况，提出了做好科学规划和顶层设计、加强基础设施建设、发展新型经营主体、搞活土地流转经营、发展特色产业、增加产业扶贫金融支持和大力发展集体经济等七项建议。

关键词： 产业扶贫　脱贫成效　生计响应

---

* 本文得到湖南省教育厅科学研究重点项目“武陵山片区茶旅一体化生态扶贫绩效评价研究（17A171）”，2019 年湖南省社会科学成果评审委员会重点项目“湘西州农村一二三产业深度融合发展机制研究”（XSP19ZDI006）等资助。

** 李湘玲，博士，吉首大学副教授，硕士生导师，研究方向：改革后国有林场后继发展，精准扶贫；黄钰雲，吉首大学商学院 2015 级会计学专业学生；敖立，吉首大学商学院 2018 级少数民族经济专业硕士研究生。

一　大坝村的产业扶贫概况

（一）大坝村基本情况

永仁县位于云南省北部，地处滇川要冲，与四川省攀枝花市山水相连，自古为“滇蜀往来之大道”。大坝村由永仁县永定镇管辖，位于县城北部麻栗树水库下游，属于坝区，距永仁县城五千米，总耕地面积为2793亩，其中水田1912亩、旱地881亩，人均占有耕地1.39亩。上游有中型水库一座，区内有小型水库4座、小坝塘64座。有文化室11个、篮球场7块。辖区内有11个村民小组、511户、2019人；全村有党总支一个、党支部10个、党员91名，其中有女党员10名；有团总支一个、11个团分支，有团员62名；有妇委会一个、11个妇女小组。全村经济收入以烤烟、商品蔬菜、畜牧养殖业为主。2017年末大牲畜存栏584头、山羊存栏2315只、生猪存栏55023头。2018年上半年全村经济总收入3122万元，农民人均纯收入9231元。

大坝村2014~2016年全村识别出建档立卡贫困户67户、211人，其间脱贫61户、189人。2015年认真完成贫困人口识别统计，确定了65户、201人建档立卡贫困户。2018年，围绕建档立卡贫困户的识别标准和条件，对照扶贫工作“动态管理”的相关要求，全面开展了入户调查登记排查，坚持评定标准，做到无错评、漏评、错退人口和户数。在贫困户的评选过程中严格按照户申请，党员、村民、村组会议民主评议，村委会核实公示，无异议后报镇审核公示，公示无异议后报县扶贫办复审后确定建档立卡贫困户名单并进行公告的程序，确定了本村卡外帮扶户2户、5人，危房改造3户、5人，截至2018年7月共有在档建档立卡贫困户70户。

（二）大坝村产业扶贫具体情况

1. 发展以烤烟和商品蔬菜为主的种植业扶贫项目，加强林果产业综合开发

2015年，烤烟种植面积为1190亩，收购产量为13.5万公斤。2017年

镇下达给大坝村烤烟种植面积1022亩，该村因地制宜做到早计划、早安排，栽种后及时转入中耕管理，采取各项科技措施防虫防病，确保烟叶的长势良好，加强烘烤技术指导，以煤代柴烘烤烟叶达到98%以上，提高了烟叶质量，有效地保护了生态，实现了群众增产增收。

组织农户种植商品蔬菜1300亩，科学规划，统筹协调用水、用地、收购等关键问题。结合大坝片区现代农业商品蔬菜基地的建设，在羊圈坝、小铺子、柳树塘、坝子、上比利、大坝等村民小组发展商品蔬菜种植，利用永大公路沿线便于运输的优势，成立商品蔬菜种植专业合作社，以大户为中心，发挥示范引领作用，辐射带动周围农户，形成规模化种植，通过招商引资，引进农产品订单，降低农户种植风险，提高农产品价格。

在田房、三家村、小保关、糯连梁子、坝子、新房子、上比利、大坝等村民小组进行林果产业综合开发，新开发、种植林果基地500亩，作为农民增收致富的长期发展产业。

2. 加强养殖基地建设，培养新型经营主体

大坝村在糯连梁子、田房、新房子、坝子、柳树塘等村民小组成立黑山羊、肉牛养殖专业合作社，充分发挥现有养殖大户示范引领作用，辐射带动周围农户积极运用饲、喂等新科学技术养牛、养羊，缩短养殖周期，加快育肥出栏，降低养殖成本，提高产出效益，促进全村养殖业发展，形成产业化养殖。同时进行政策性扶持，根据市场价格和贫困户的购买能力，在养殖上补助能繁母牛4000元/头、能繁母羊900元/头、能繁母猪1800元/头和商品猪1000元/头。利用大坝地势平整，紧邻永定河的优势，新建水产品养殖基地2个，促进农民增收致富。

如村民金某某，2014年被确定为贫困户，家庭主要致贫原因是缺土地、缺劳力。2015年初，结合产业扶持养殖黑山羊30余只，土鸡150余只，鸭子、鹅150余只；年出售本地土鸡150只，鸭、鹅150只；在养殖的过程中，不断解决养殖中的技术难题，2015年年纯收入达到3万元，2015年顺利脱贫。

3. 加强产业社会服务力度

大坝村积极响应国家政策为农民谋出路，自小额信贷政策出台以来，村

委会多方努力联系当地的金融机构，实现了金融服务到村到户，对67户贫困户开展1万~5万元扶贫小额信贷扶持，拓宽了贫困户产业发展融资渠道。

积极发展劳务经济，鼓励能人带动务工，促进劳务输出转移由体力型向技能型转变。确保全村200人常年外出务工，其中，对67户建档立卡贫困人口，通过技能培训转移就业，户均增收2万元。大力实施劳动力引导培训，培训贫困人口67人次，确保贫困户掌握2~3项适用技术。

二　调查实施方案

为了全面了解大坝村产业扶贫开发政策的实施情况，2018年8月我们对贫困村进行了深入调查，调查分为三个阶段，首先是对贫困村扶贫办工作队驻村以来扶贫工作推进及政策落实情况进行系统了解；然后是入户填写《产业扶贫的农户生计响应调查问卷》，访问对象为整村的贫困户和非贫困户，通过实地走访，了解农户最真实的情况；最后实地调研精准扶贫代表性项目的实施进展及成效。

调查内容涉及产业扶贫农户总体响应，生计资本响应、生计方式响应、生计产出响应、生计空间响应，即“四维度－三强度”，以及影响响应的各种因素。各个维度的测度要素涉及土地流转、生活环境改善、对技能教育的认识、社会网络扩张、金融资本受产业扶贫影响、就业、生计产出、生计活动空间等多个方面。响应强度主要是三个递进的层面，包括感知、意愿和行动，从农户对产业扶贫的各个方面是否了解、是否愿意参加、是否已经真正参与行动，层层递进，从而分析产业扶贫下的农户脱贫成效（见B1中表1）。

三　大坝村产业扶贫中的农户生计响应特征

（一）产业扶贫政策实施的总体响应较好

在产业扶贫与农户生计总体响应方面，农户针对是否已经实施并参加产业扶贫，以及对实施效果的看法，农户的感知反应主要集中在“完全同意”与“基本同意”两项中，各有32份回答，各占比40%，综合起来总体的“同意”占比高达80%，也就是说，农户认同大坝村已经切实实施产业扶贫并参与其中，且感受到政策带来的好处，说明绝大多数农户已经对实施的产业扶贫政策有深刻认识并已经亲身实践，对该政策的响应认同度很高；有14户选择“不清楚”，原因集中在调研农户有部分非贫困户，或者非重点扶贫对象，他们对此政策没有深刻体会和了解。农户对产业扶贫的政策意愿方面，80份问卷中有47户选择了“完全同意”，占58.75%；表示“基本同意”有25个占31.25%，这两项合计90%，可见农户对产业扶贫政策在意愿上表现得很强烈，都愿意参与产业扶贫。在实际行动上，与前两个有了一定差别，农户选择“不清楚”的有16份占20%；“完全不同意”的有6份占7.5%；“完全同意”和“基本同意”两项仅占68.75%，没有感知和意愿的占比大，这与产业经营过程中的实际困难相关（见图1）。

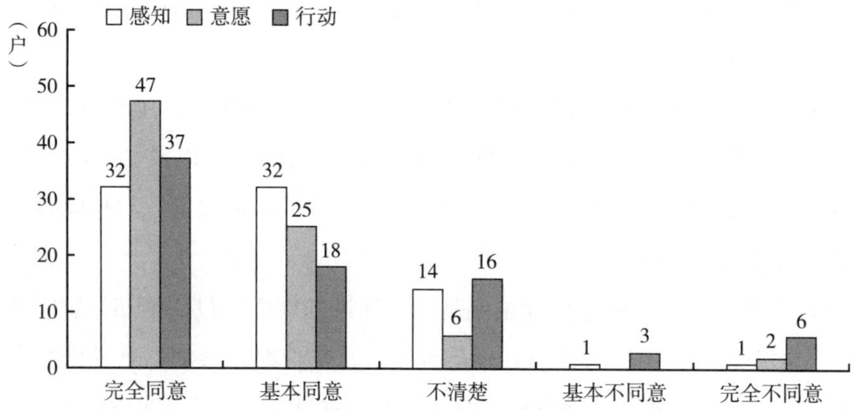

图1　产业扶贫总体响应结果

（二）各维度响应情况较均衡

从生计资本的五个二级指标来看，每个二级指标中，“行动”强度的综合权重都一致显示是最高的，五个二级指标中：物质资本、人力资本、金融资本的行动响应强度在50%（包括50%）以上，自然资本和社会资本行动强度分别为

43%和48%，说明村民对生计资本的各个要素在行动上的响应强，村民积极参与了产业扶贫活动。在五个二级指标中，物质资本、社会资本、金融资本这三个指标的综合权重数值一样，都是21%，说明大坝村民在这三个指标上无论是感知意愿还是行动，总体的响应都是不错的。其次人力资本和自然资本权重略低，分别是20%和18%，这反映出大坝村的自然资源和人力资源对村产业扶贫的实施开展和效果有限制作用。从四个一级指标维度来看，生计方式综合响应权重高为29%，其次依次是生计空间、生计产出、生计资本，为27%、26%、19%。说明农户对生计方式的综合响应是最好的，产业扶贫对农户的生计方式影响最大。总体来说，各个维度响应是较均衡的，相差不大（见表1）。

表1 农户生计响应测度要素与权重

农户生计响应测度要素与权重						
响应维度		测度要素	响应强度	主观权重	客观权重	综合权重
生计资本	自然资本	对耕地、林地、菜地、鱼塘等由于产业扶贫而被征收或流转的认知、态度和行为反应	感知	0.10	0.31	0.21
			意愿	0.30	0.44	0.36
			行动	0.60	0.25	0.43
		自然资本响应权重		0.20	0.15	0.18
	物质资本	对购房或住房改建中家居（小车、家具等）受产业扶贫影响的认知、态度及行为反应	感知	0.10	0.29	0.20
			意愿	0.30	0.25	0.27
			行动	0.60	0.46	0.53
		物质资本响应权重		0.20	0.21	0.21
	人力资本	对家庭成员的见识、技能及对教育的认识等受产业扶贫影响的认知、态度和行为反应	感知	0.10	0.27	0.19
			意愿	0.30	0.30	0.30
			行动	0.60	0.43	0.51
		人力资本响应权重		0.20	0.20	0.20
	社会资本	对邻里、亲戚和朋友关系等社会网络资源受产业扶贫影响的认知、态度和行为反应	感知	0.10	0.31	0.20
			意愿	0.30	0.34	0.32
			行动	0.60	0.35	0.48
		社会资本响应权重		0.20	0.22	0.21
	金融资本	对持有金融产品、发生金融业务及与金融机构互动频率和方式受产业扶贫影响的认知、态度和行为反应	感知	0.10	0.32	0.21
			意愿	0.30	0.29	0.29
			行动	0.60	0.39	0.50
		金融资本响应权重		0.20	0.22	0.21

续表

农户生计响应测度要素与权重					
响应维度	测度要素	响应强度	主观权重	客观权重	综合权重
生计资本响应权重			0.25	0.13	0.19
生计方式	对非农就业机会(做生意、务工、兼职等)以及乡村生计方式受产业扶贫影响的认知、态度与行为反应	感知	0.10	0.26	0.18
		意愿	0.30	0.38	0.34
		行动	0.60	0.36	0.48
生计方式响应权重			0.25	0.33	0.29
生计产出	对产业扶贫引起的产出水平、收入渠道以及受自然条件(灾害、恶劣天气等)、市场条件(价格、需求等)影响的认知、态度及行为反应	感知	0.10	0.29	0.20
		意愿	0.30	0.33	0.31
		行动	0.60	0.38	0.49
生计产出响应权重			0.25	0.26	0.26
生计空间	对生计活动的空间(居住、就业、就学、就医、购物、娱乐空间等)受产业扶贫影响的认知、态度和行为反应	感知	0.10	0.32	0.21
		意愿	0.30	0.27	0.29
		行动	0.60	0.41	0.50
生计空间响应权重			0.25	0.28	0.27

（三）生计资本响应中自然资本响应强度较弱

自然资本响应强度，即对耕地、林地、菜地、鱼塘等由于产业扶贫而被征收或流转的认知、态度和行为反应。从自然资本响应的三个强度看，无论是感知、意愿，还是行动，表示“完全同意”的反应指数都很低。感知强度方面表示“完全同意”仅有7份占8%左右；选择“基本同意”有23份占28.75%；绝大多数选择“不清楚”，有39份占48.75%。意愿强度方面选择最多的是“基本同意”选项，有41份约占51%。而行动响应强度方面选择最多的是“基本不同意”选项，有44份占55%，比例过半。所以根据三个强度的数据分析可以看出，在产业扶贫背景下，农户对自然资本响应方面并没有很好的认识、意愿和行动，也就是农户对土地流转的难易程度、流转前后的利与弊不是非常清楚（见图2）。

（四）生计资本响应中物质资本响应强烈

物质资本响应强度，是农户通过参与村级扶贫产业，改善家里的住

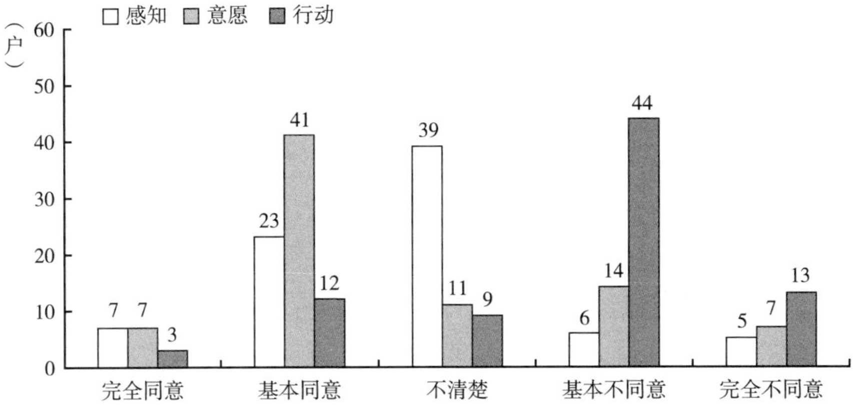

图 2　自然资本响应强度

房，增加生产资料（新型农业用具等）、耐用消费品（冰箱、洗衣机等）。从表 3 中可以看到，农户对物质资本方面的响应强度都集中在“完全同意”与“基本同意”两个选项上，并且“基本同意”的指数更高一些。在意愿方面，有 49 份选择“基本同意”，占比 61.25%。可见，无论是从认识上还是行动上，农户都十分愿意参与产业扶贫，通过产业扶贫增加生产资料、改善家庭生活。

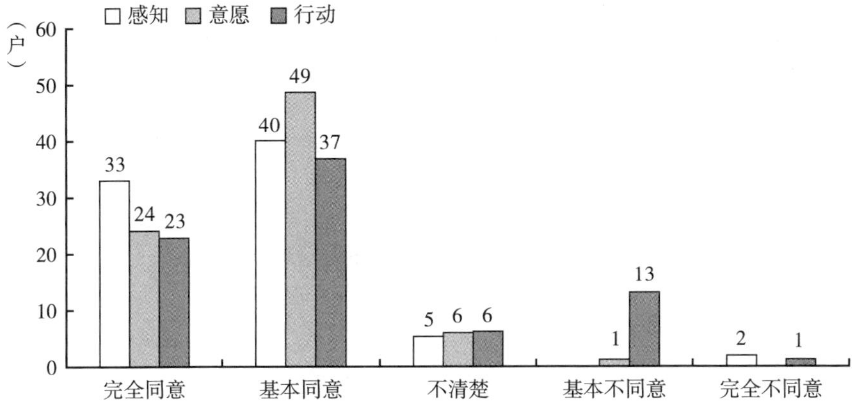

图 3　物质资本响应强度

（五）农户对产业扶贫提升人力资本的作用认识不清

在人力资本的响应强度中，村民没有认识到产业扶贫对家庭成员的见识、技能、教育的影响，选择“不清楚”回答的份数有 43 份，占比 53.75%，只有少数是表示有影响的，还有一部分完全认识不到两者之间的关系。也有一半多的村民不能清楚意识到产业扶贫对未来家庭教育技能的改变，只有 30 户左右的农户预计会给他们带来教育技能的改变。行动选项中有一半左右的村民是通过产业扶贫带来的技能对自己有所改变。这说明，产业扶贫政策的好处并没有被村民准确地认识到，还有一半甚至更多的人不清楚这样的政策能提高自己的技能（见图 4）。

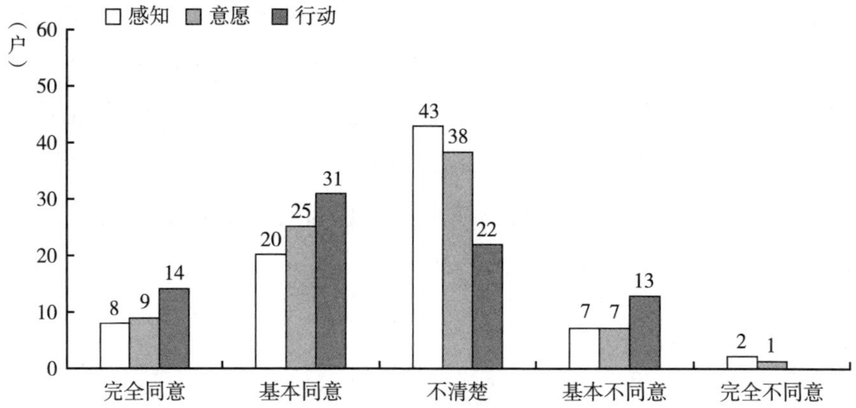

图 4　人力资本响应强度

（六）产业扶贫下村民对社会资本的响应较差

在人力资本响应强度中，有 30 户选择“基本同意”选项，认为产业扶贫可能会拓展社会网络，占比 37.5%，有 33 户选择“不清楚”选项。与感知响应强度相似，意愿响应强度中，有 31 户选择产业扶贫能拓展社会网络，有 29 户选择“不清楚”。与其他两个响应强度不同的是，行动强度选择“不清楚”的农户有23户，选择“完全不同意”的有22户，占比都在28%左右。这就说明，参与产业扶贫后，村民与邻里、亲戚和朋友等社会网络关系并没有得到拓展，社会资源没有得到扩张，即使有大部分的村民意识到并愿意去拓展自己的社交网络关系，但是实际上还是受限于原先的网际关系，接触不到新的社会资源，最终也不利于脱贫的效果（见图5）。

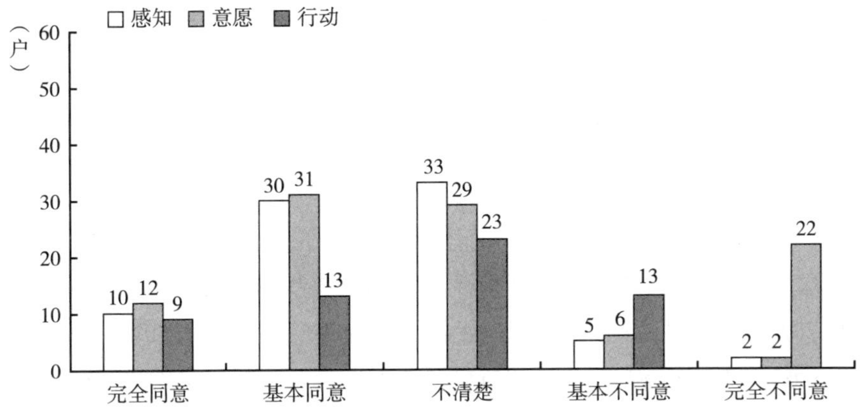

图5　社会资本响应强度

（七）农户对金融资本的响应强度弱

产业扶贫对生计资本响应下的金融资本影响较弱，对测度因素的三个强度主要集中在“不清楚”这个选项上，感知强度选项上有30份，占比37.5%，意愿强度有26份，占比32.5%，行动强度有25份，占比约31%，另外较为突出的是意愿强度中“完全不同意”有30份占比37.5%，比重较高。这样看来，相当一部分村民不能清楚认知产业扶贫能否给他们的生活带来更多金融上的支持，而实际上，产业扶贫确实没有为村民增加更多与金融相关的业务，也就是说，通过产业扶贫，村民们没有实质性的增加金融性资本来源（见图6）。

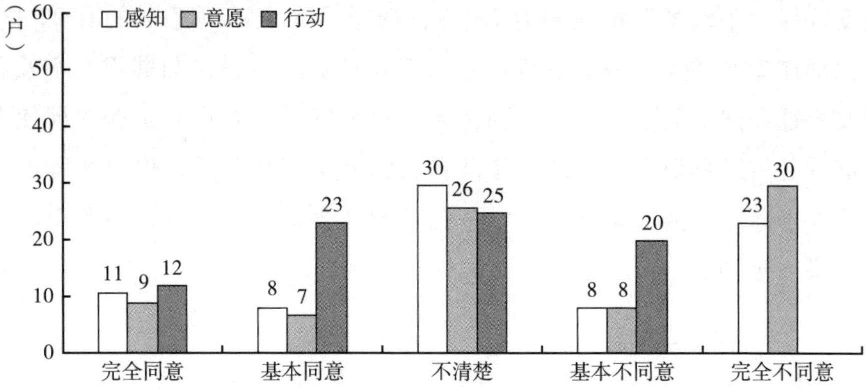

图6　金融资本响应强度

（八）产业扶贫下农户普遍认同生计方式带来的良好影响

在生计方式响应中，产业扶贫对农户的生计方式影响明显，从认知、态度到实际行动的强度都集中在“完全同意”和“基本同意”两个选项中，并且和其他三个选项分化明显。村民认为产业扶贫能够带来多样化的收入来源，同意度达90%左右，并且大多数的态度都是预计产业扶贫可以改变原来的生计方式，而在行动上的强度稍弱于前面两者，有16%左右的村民认为参与产业扶贫没有改变他们的生计方式，提高收入。从数据可以看出，村民能够认知并愿意参与产业扶贫，但是行动的结果不如意愿上那么好，根本原因是没有特色龙头企业带动农户进行产业发展，再加上土地少，村民不愿意流转，小规模农户经济的发展不能带动产业扶贫的绩效（见图7）。

（九）产业扶贫下农户无法清晰认识生计产出的积极影响

据调查了解，在大坝村积极实施产业扶贫后，对贫困户的主要扶持方式是“挂、包、帮”，农户根据村委会建议的生产方式，结合挂靠单位的需要，将种植的蔬菜或是养殖的羊、猪等生产产成品直接销售到挂靠单位，不考虑市场价格和其他因素的影响，保证农户生产的产品能全部销售。在实施问卷调查过程中，农户对生计产出响应的强度主要集中在“基本同意”和

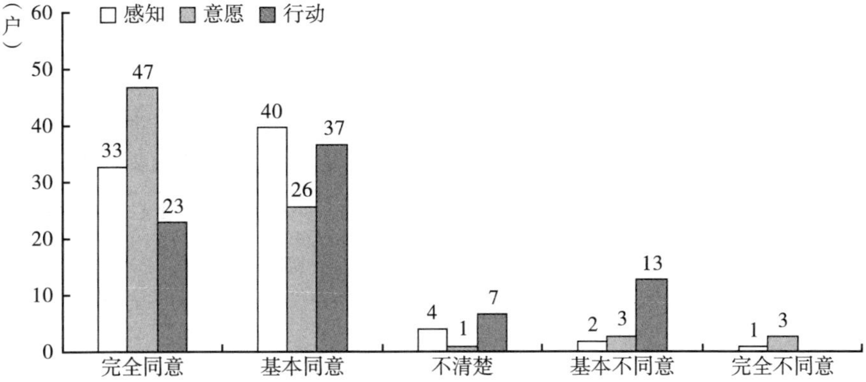

图 7　生计方式响应强度

“不清楚”两个选项，且“不清楚”选项的基数较高。从数据可以看出，村民对生计产出响应的感知强度中“不清楚”的有 41 份约占 51%，比重较高，即村民对产业扶贫下的生计产出是否受市场环境的影响没有清楚的认知，不能合理判断影响的高低。在行动强度中，“基本不同意”有 20 份，占 25%，也就是说实际有 25% 的村民认为产业扶贫引起的产出水平、收入高低依然受自然条件、市场条件的影响。分析表明产业扶贫对生计产出的扶持效果不理想，大坝村所种植的烤烟、蚕桑和养殖的牛羊猪等牲畜，虽被列入产业扶贫项目，但是不能改变价格波动大、收入不稳定等问题（见图 8）。

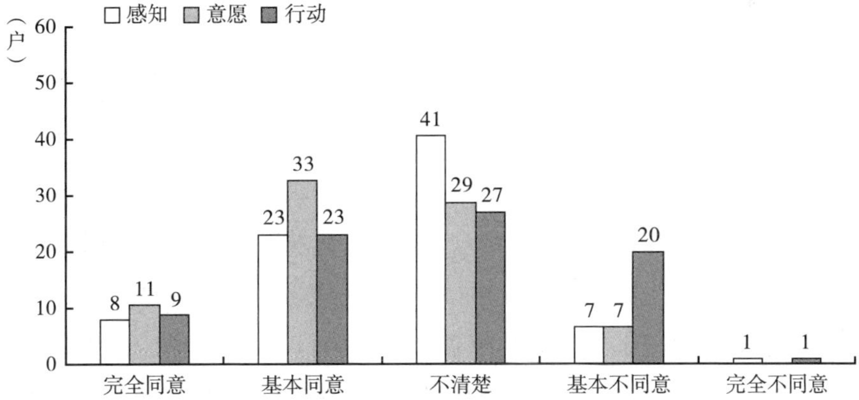

图 8　生计产出响应强度

（十）农户对生计空间活动保障措施的效果十分认可

从图9中可以得知，农户对于扶贫后的生计活动空间认同度很高。响应强度集中在“完全同意”和“基本同意”选项上，并且基数都较高，占比在50%左右。从明显的数据特征可知，村民能清楚认知产业扶贫带来的生计活动空间变化，也愿意参与产业扶贫，在产业扶贫中享受了就业、就学、就医的好处，能够在一定程度上解决现如今老百姓看病难、看病贵的问题。

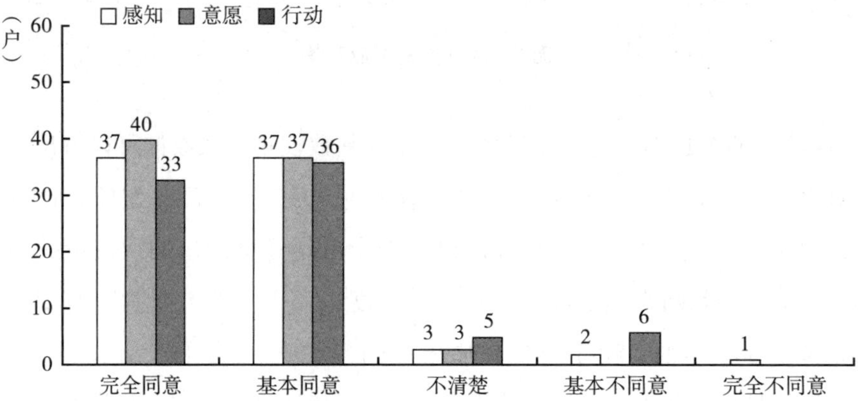

图9　生计空间响应强度

四　大坝村产业扶贫农户生计响应的影响因素

（一）产业结构

大坝村产业结构品种单一，农户大多经营长期以来形成的较为稳定的传统种植业和养殖业，结构较难调整。在被调查的80个贫困户中，74%的贫困户都以种植或养殖业为主，其次25%以外出打工为主要收入。农户经营规模小、农民组织化程度低、农村信贷困难、农资价格高、质量低，农民增收仍然十分缓慢。同时，大坝村农作物品种结构欠佳，增值潜力小，难以适应市场需求变化，农户缺乏技术和资金开展农产品深加工，农业生产综合效益不高，农民收入增长乏力（见表2）。

表2 影响农户生计响应的主要因素

项目	元素	比例(%)
收入来源	种植或养殖业	74
	务工收入	25
	经商收入	1
主要产业类型	养殖业	11
	多种产业混合,规模小	1
	种植业或林业	88
受教育程度	小学及以下	7
	初中	40
	高中	10
	大专或大学本科	43
年龄结构	有14岁以下小孩和60以上老人	50
	有14岁以下小孩,无60以上老人	25
	无14岁以下小孩,有60以上老人	16
	所有年龄都在14～60岁之间	9
长期患病比例	是	61
	否	39
劳动力数量	1人	23
	2～3人	71
	3人以上	6

（二）农民文化素质

据调查，大坝村高中文化程度的人数仅占10%，多半有专科或大学文化，但有文化、有技能的青壮年劳力都在外务工，留在村里的都是文化程度低的农民。绝大多数贫困户的主要家庭成员文化程度低，基本上属于文盲、半文盲，他们对农业科技成果的学习能力差，转化难度大，对市场接触少，适应能力不够。存在少数农户不懂技术、信息不畅，因盲目投资而失败，处境更加困苦。而更多的人仅靠土地收入来解决生计问题。

（三）劳动力数量

劳动力缺乏是扶贫工作的难点。对农户而言，如果家庭中有残疾人、体弱或年老丧失劳动能力的成员，不但对家庭没有收入的贡献，反而增大支出，导致家庭长期陷入贫困之中，难以脱贫。大坝村现有贫困户中，家中长期生病的比例高达61%，此类贫困户很难通过自己的努力脱贫，就是脱了贫也易返贫，需要政府和社会救助。贫困户中若有长期生病或重大疾病患者，不仅不能通过劳动获得收入，而且医疗费用又居高不下，有的甚至债台高筑。对贫困农户来说，生病以后，常常是小病扛、大病拖，对不能再扛、不能再拖的病，治疗费用就成了这些农户的沉重负担。

（四）集体经济力量

村组干部工作量大，报酬待遇较低，工作积极性难以调动，党员流动大，难以形成合力。集体可供经营的资产少，贫困户与村集体之间的联结弱，村组集体所有的土地、山林、水源等资源优势没有转化为经济优势。而合作社、企业在经营机制中需要赢利，对贫困户的基本生产资料的保障，如水利、路等，没有开发的积极性，这是产业发展中的关键点，而集体经济的壮大可以弥补此不足。

五　大坝村产业扶贫与可持续脱贫的建议

（一）做好科学规划和顶层设计

大坝村产业结构单一、集体经济落后、产业科学技术不足等现状决定了产业扶贫和乡村振兴不可能一蹴而就。因此，必须从当地实际出发，从制定规划着手，区分轻重缓急，突出建设重点，立足当前，着眼长远，统筹安排，循序渐进。一是科学制定区域规划，对发展定位、村庄布局、基础设施、主导产业和公共服务设施进行战略研究，科学编制村庄建设总体规划、产业发展规划、社会公共事业发展规划。二是统筹制定村域建设规划。突出地区特点，找准村的优势和劣势，合理确定村庄规模、统筹规划产业方向、村庄布局、服务设施和住宅布点，做到规划一步到位，建设分步实施。三是妥善把握规划制定和实施中的几个问题。要突出农民的主导地位，认真听取农民建议；要体现和谐性和包容性，因地制宜，不搞一刀切，追求人与自然和谐，要严格控制占用耕地，要合理确立示范点，并实行动态管理；要选好切入点和突破口，量力而行。

（二）加强基础设施建设

为改善、方便农民群众出行，需将县城至各村域路段加宽、硬化为水泥路。加宽新房子入村主干道，新修入户道路。同时，为了方便村民、车辆雨天出行，新建公路桥梁。进一步解决村民小组的人畜饮水困难，保证全村居民用上安全、卫生、干净的自来水。为了保证农业生产用水，需加固改造水渠塘坝，改造抽水站。

（三）发展新型经营主体

注重培育职业农民。一是加强思想道德教育。建立健全农民教育责任制，建立培训基地，改进教育方式，开展农民思想道德、法制文明教育，引导农民破除“等、靠、要”思想，激励农民群众发挥好主观能动作用。二是加强农民技能培训。进一步完善农民培训机制，建立县级统筹、乡镇具体负责、行政村配合的培训组织体系。对农民进行种养加工技术等培训，使年满 16 岁的劳动力基本掌握 1 ~ 2 门农业实用技术和非农领域就业技能培训，培养大批有文化、懂技术、会经营的新型农民。

发展经济合作组织。按照农业产业化的内在要求，结合农村改革发展实际，鼓励村级组织牵头兴办专业合作社、专业协会等农副产品生产合作组织，与农业龙头企业、农技组织合作组建农副产品购销合作组织，并不断健全完善村级“支部 + 合作社”“企业 + 合作社 + 农户”等相应的运行机制，通过提供信息、种苗、肥料、技术指导、农副产品运输及销售等服务，在服务农民生产生活、推进农村产业建设中壮大村级集体经济。

培育中介服务经济。结合产业结构调整，组建生产、加工和流通等环节的中介组织，为群众提供科技培训、产品销售等产前、产中、产后有偿服务。鼓励村组组织兴办劳务合作社，通过对外承接农村劳动力开发培训、劳务输出、道路养护、绿化管护、企业后勤等劳务，代办移动、电信、电力、保险等收费服务，在方便农民群众的同时增加集体经营收入。

（四）搞活土地流转经营

建立健全农村土地承包经营权流转机制，对土地资源相对较丰富的村，允许小组在明晰土地产权关系和不改变土地集体所有性质、不改变土地用途、不损害农民土地承包权益的前提下，按照依法自愿的原则，鼓励农民将合法的非农村建设用地以使用权入股、租赁等形式流转出来，通过招商引资、鼓励村民承包等多种形式发展规模化经营，以产业化发展助推农民增收。

（五）发展特色产业

加强各村组的产业扶持，争取在1～2年内每个村组有自己的产业，每个村组发展一至两个合作社，或者整个村委会发展几个合作社，以合作社的方式进行统一管理、监督、研究、讨论，处理相关生产、发展，甚至产品的销售等事宜，以合作社的方式带动贫困户、建档立卡户的发展，最终建成一至两个比较强的产业。甚至可以考虑分片区搞产业发展，靠近城区的可以发展蔬菜产业，以种植业为主；靠近山区可以考虑以养殖业为主，兼顾发展林果产业；适宜的地区发展花卉产业，从而带动旅游业的发展。

（六）增加产业扶贫金融支持

进一步把政策和资金支持作为产业扶贫工作的保障，积极向上争取更多的优惠政策，积极打造村级信用制度，协调财政、金融、扶贫等部门为扶贫融资予以大力支持，在政策允许的情况下，更多的提供一些低息或无息贷款以及专项资金拨付。

（七）大力发展集体经济

结合各村小组实际，因地制宜制定集体经济发展规划，有资源优势的就发展资源性产业，有农业特色优势的就发展农产品深加工，有山林、土地优势的就办林场、果园和开发林产品等，因地制宜发展集体经济。

定期对属于村集体的荒山荒地、库塘、闲置库房等村级集体资产进行清查，充分挖掘村级闲置资产的经济效益，把闲置资产转化为经营性物业资产，以公开招标等方式，完善土地、库塘等集体资产的承包方式，增加集体资产经营收益；以租赁、改造等形式，对村级活动场所闲置的房屋和铺面等村集体资产进行开发利用，提高利用率，实行业主经营，集体一次性或分年度收取租金，增加集体经济收入；对集体所有的荒山、荒地等资源开发利用，发展效益农业，增加集体经济收入。

B.9

谷兵村产业扶贫农户生计响应和扶贫产业可持续发展*

吴雄周　曾　丽　金惠双　王　清**

摘　要： 贵定县谷兵村地处滇桂黔石漠化片区，属省级二类贫困村。精准扶贫前，产业结构非常单一，主要以低端农业产业为主。精准扶贫后，实施了以刺梨等产业为主的一系列产业扶贫政策。本报告首先介绍了谷兵村产业扶贫状况，继而根据可持续生计框架从“四维度－三强度”分析农户生计响应特征，以及农户生计响应对于脱贫成效的影响。调查发现农户总体可持续生计响应强度一般；农户生计空间响应最强；农户生计产出响应最弱。产业扶贫中主要存在识别精度低、产业结构畸形、技术落后、产品收购制度不健全、部分干部工作方式欠佳等五个主要问题，并针对这五点问题提出建议：一是精准识别贫困户，夯实产业扶贫可持续发展的瞄准根基；二是利用资源优势，夯实产品根基；三是提升技术技能，夯实智力根基；四是实现产销对接，夯实市场根基；五是健全考核机制，夯实群众根基。

* 本文受到吉首大学院士专家工作站，武陵山片区扶贫与发展协同创新中心项目（18JDZB075），差异与和谐社会研究中心重点项目（18JDZB015）、湖南西部经济研究基地项目（18JDZB023）、国家民委武陵山区民族理论政策研究基地项目（18JDZB049）以及2018年生态旅游湖南省重点实验室平台项目（STLV1816）的资助。

** 吴雄周，副教授，硕士生导师，研究方向为农村发展和农村扶贫；曾丽，吉首大学会计学专业本科生；金惠双，吉首大学硕士研究生，研究方向为农村扶贫；王清，吉首大学工商管理专业本科生。

关键词： 谷兵村　产业扶贫　生计响应　影响因素　脱贫成效

一　谷兵村产业扶贫概况

（一）谷兵村概况

谷兵村位于贵定县最北面，地处贵定与龙里县、开阳县、福泉市交界处，属丘陵地带，东与贵宝县新铺乡、福泉市仙桥乡隔河相望，南与新巴镇幸福村相连，西与龙里县巴江乡相邻，北与开阳县接壤。谷兵村属省级二类贫困村，全村辖有 17 个自然寨，有 16 个村民组、900 户、3290 人。有劳动力 1689 人，其中贫困人口 228 户、744 人，以布依族聚居为主，少数民族占全村人口的 93% 以上。境内自然条件好，土壤肥沃。年均降水量 1193 毫米左右，且分布均匀，年均气温为 13.5℃，年日照时数为 678 ~ 1069 小时，为贵定北部日照最多的地区，霜期平均每年 9 天左右，霜期短。国土面积 18 平方千米，全村耕地面积为 3325.5 亩（其中田 1307.85 亩），坡耕地占 90% 以上，人均占有耕地 1.007 亩。

经济结构单一，主要以农业为主，粮食作物主要以水稻、小麦、玉米、洋芋等为主，经济作物主要以烤烟、油菜、大蒜、生姜、豆类等为主。

（二）谷兵村的产业扶贫实践

谷兵村产业扶贫实践表现在以下三个方面。

一是打造了集中连片的产业带。目前，已经打造了集中连片的刺梨种植基地，打造了 200 亩刺梨产业，形成户户有产业覆盖；培育 2 家以上标准化生态畜牧养殖基地，重点发展原生态黑毛猪养殖和黑脚麻鸡养殖，形成每年养殖 500 头黑毛猪和 2000 羽黑脚麻鸡示范带，覆盖全村贫困户；抓好精品烤烟、绿色无公害蔬菜、水果种植，以合作社牵头，重点发展 150 亩紫皮大蒜和 260 亩豇豆种植，形成蔬菜种植基地。在调整村产业结构的同时，又增加了村农民的经济收入和壮大了村集体经济的收入；强化利用荒山荒坡发展生态畜牧养殖和食用菌培育。

二是形成了长效和短期产业相结合的产业结构。谷兵村产业扶贫中主要以长效产业为主，短期产业为辅，着重加强长效产业的投入。由于长效产业刚开始投入，收益不多，长效产业像刺梨，茶叶或者是桃树等前面三年是没有任何的成果，成长期就要三年，而短期产业就如烟叶，豇豆等由于投入量大，且价格低廉。

三是扶贫产业的组织化和规模化程度低。产业组织化程度较低，产业综合效益不高。谷兵村农村土地闲散，农民长期沿袭了传统的种养模式，地方特有资源没有得到很好挖掘，分散、单家独户的生产、经营方式仍然占主导地位。年轻人多外出打工，只有部分老年人在家种地，耕作方式粗犷，精耕细作差，部分土地有撂荒现象存在。农业产业化水平低，农业以初级产品为主，农民参与市场竞争的能力弱，只凭本地市场决定自己的生产经营项目，经济效益偏低。缺乏规模型、带动能力强的龙头企业，产业化水平低，产品无品牌效应，无公害生产意识淡薄，产品市场竞争力不强。产品交易、仓储、物流等设施不全，产业综合效益不高。虹豆产业作为当地的主导产业，仅发展了260亩，且仍然采取单户经营方式，尚未形成规模化生产。销售时也以初级农产品为主，价格低廉，市场竞争力弱，综合效益低。

二　谷兵村产业扶贫农户生计响应特征

产业扶贫生计响应是指，贫困地区在产业扶贫推进的过程中，决策单元农户主动或被动地在生计资本、方式、产出和空间等方面的感知、意愿和行动反应。产业扶贫生计响应可以从维度和强度两个方面来理解。从响应维度上看，它主要包括生计资本、方式、产出和空间共四个方面的响应；从响应强度看，它主要包括感知、意愿和行动共三个方面的响应。两者构成了产业扶贫“四维度－三强度”的响应结构体系。

为了考察谷兵村产业扶贫实践中农户生计响应的特征，课题组应用了农户生计响应“四维度－三强度”要素表，见B1中的表1。

生计资本响应维度包括了自然、物质、人力、社会和金融资本五个小的维度。每个大的或小的维度都设计了一个测度要素，每个测度要素有三个强度。这样一来，每个“维度－要素－强度”都有一个具体的问题，每个问题分为五个选项：“完全同意、基本同意、不清楚、基本不同意、完全不同意”。根据这个结构情况，课题组设计了调查问卷，并于2018年7～8月期间，对谷兵村进行了实地调查。调查中，根据农户的回答来判断选项的答案，如果对该问题是完全认同的，则选择“完全同意”选项；如果是大体上都认同，则选择“基本同意”；如果是对该问题不清楚的，则选择“不清楚”选项；如果对问题表示大体上不认同，则选择“基本不同意”；如果对问题是完全否定的，则选择“完全不同意”。以下是产业扶贫的总体响应和四维度响应特征。

（一）产业扶贫总体响应

从图1中可以看出，在产业扶贫过程中，谷兵村农户对“种植业、林业、养殖业、旅游业、农产品及其他加工业”等产业扶贫的总体响应特征是偏强（平均分约为4.297分），从感知层面看，农户持“完全同意、基本同意、不清楚、基本不同意和完全不同意”的百分比分别是41.60%、

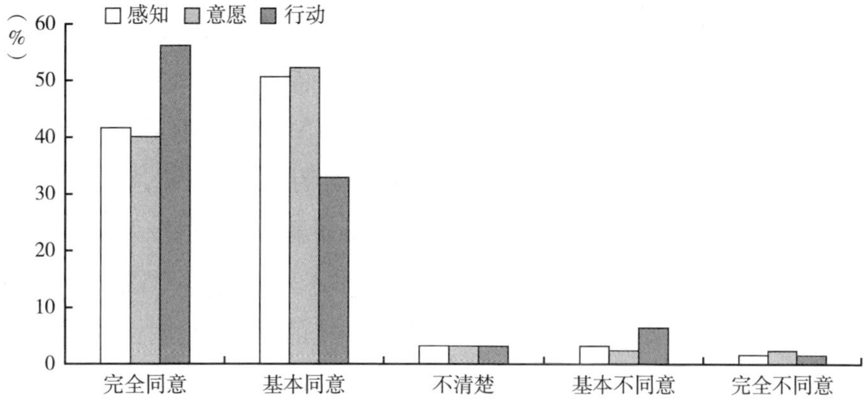

图1　谷兵村产业扶贫总体响应

50.40%、3.20%、3.20%和1.60%，平均得分为4.272分。这说明农户比较了解本村扶贫产业。从意愿层面看，农户在五个选项中的占比依次是40.00%、52.00%、3.20%、2.40%和2.40%，平均得分为4.248分。这说明农户非常愿意参与扶贫产业。从行动层面看，农户在五个选项中的占比依次是56.00%、32.80%、3.20%、6.40%和1.60%，平均得分为4.352分。这说明农户能够比较积极的响应各种扶贫产业，积极参与到扶贫产业中。总之大多数农户都比较了解村里的扶贫产业，愿意并能积极参与扶贫产业，产业扶贫的总体响应程度比较高。

（二）产业扶贫的生计资本响应

1. 自然资本响应

从图2中可以看出，在产业扶贫过程中，谷兵村农户对“耕地、林地、鱼塘”等自然资本征收或流转方面的响应特征是总体上偏强（平均分约为4.417分），从感知层面看，农户持“完全同意、基本同意、不清楚、基本不同意和完全不同意”的百分比分别是56.00%、34.40%、6.40%、2.40%和0.80%，平均得分为4.424分。这说明农户认为产业扶贫的发展在较大程度上能够影响自然资本的征收或流转。从意愿层面看，农户在五个选项中的占比依次是60.00%、31.20%、1.60%、5.60%和1.60%，平均得分为4.424分。这说明大部分农户对于参与扶贫产业能增加土地的征收或流转是比较认同并愿意去参与的，他们也希望能参加扶贫产业增加土地的征收或流转。从行动层面看，农户在五个选项中的占比依次是57.60%、31.20%、4.80%、4.80%和1.60%，平均得分为4.384分。这说明农户能够比较认同扶贫产业对自然资本流转或征收的影响，他们也较为积极地参加扶贫产业中土地、鱼塘等自然资本的征收或流转。总之大多数农户对于产业扶贫中土地，鱼塘等的流转或征收持有较为积极的态度，他们比较认同这些做法，希望通过扶贫产业征收自己的自然资本，愿意且能积极主动地参与到扶贫产业自然资本的流转中，自然资本响应程度比较高。

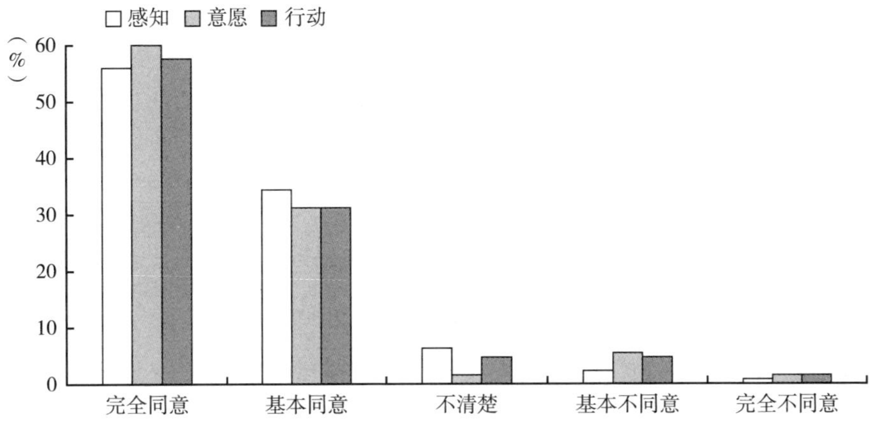

图 2　谷兵村自然资本响应

2. 物质资本响应

从图 3 中可以看出，在产业扶贫过程中，谷兵村农户对“住房、生产资料、耐用消费品”等物质资本方面的响应特征是总体上偏弱（平均分为 2.605 分），从感知层面看，农户持“完全同意、基本同意、不清楚、基本不同意和完全不同意”的百分比分别是 0.80%、3.20%、68.80%、24.80% 和 2.40%，平均得分为 2.752 分。这说明大部分农户不了解产业扶贫的发展对住房、生产资料、耐用消费品等物质资本的影响。从意愿层面看，农户在五个选项中的占比依次是 0.00%、14.40%、73.60%、10.40% 和 1.60%，平均得分为 3.008 分。这说明大部分农户不认同产业扶贫对住房、耐用消费品等物质资本有影响，他们也不觉得参与产业扶贫会改善住房，增加物质资料。从行动层面看，农户在五个选项中的占比依次是 0.80%、1.60%、4.00%、89.60% 和 4.00%，平均得分为 2.056 分。这说明大部分农户参与产业扶贫后并没有改善住房条件等，只有少部分农户参与产业扶贫后增加了物质资本，这打击了农户参与的积极性，可能导致以后发展新产业时没有多少农户参与。总之大多数农户对于产业扶贫与物质资本的关系了解不详细，对产业扶贫与物质资本的影响报有消极的态度，也不会积极参与扶贫产业改善自己物质资本。物质资本的响应程度比较低。

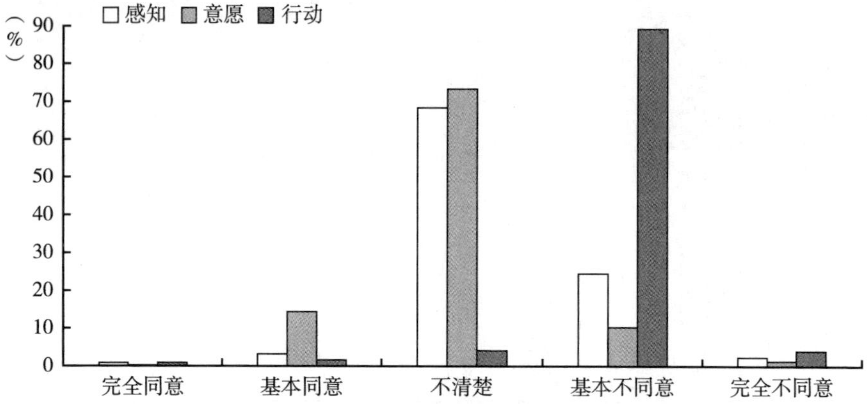

图3　谷兵村物质资本响应

3. 人力资本响应

从图4中可以看出，在产业扶贫过程中，谷兵村农户对“个人见识、技能、教育、培训”等人力资本方面的响应特征是总体上偏强（平均分为3.408分），从感知层面看，农户持“完全同意、基本同意、不清楚、基本不同意和完全不同意”的百分比分别是10.40%、43.20%、37.60%、7.20%和1.60%，平均得分为3.536分。这说明农户认为产业扶贫的发展在较大程度上能影响自己对于知识、能力与创造财富之间关系的看法。从意愿层面看，农户在五个选项中的占比依次是4.80%、33.60%、55.20%、5.60%和0.80%，平均得分为3.360分。这说明农户对于通过教育、培训合理规划扶贫产业，能增长见识，提高技能方面还是比较认同并愿意去参与。他们也希望能通过参加扶贫产业的培训来提高个人见识和技能。从行动层面看，农户在五个选项中的占比依次是5.60%、37.60%、41.60%、14.40%和0.80%，平均得分为3.328分。这说明农户能够比较积极地响应扶贫产业的培训，并根据培训合理管理自己的产业从而创造收入，他们更加重视教育与培训，能主动参与扶贫产业的教育与培训。总之大多数农户对于产业扶贫中知识、技能培训持有较为积极的态度，比较认同这些培训，希望通过培训来提升个人见识和能力，愿意且能积极主动地参与到扶贫产业的培训中，人力资本响应程度比较高。

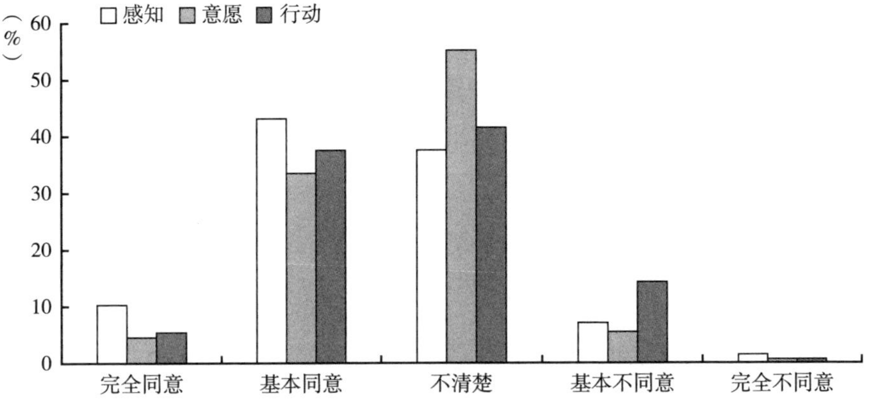

图 4　谷兵村人力资本响应

4. 社会资本响应

从图 5 中可以看出，在产业扶贫过程中，谷兵村农户对“邻里、亲戚、朋友间社会网络”等社会资本方面的响应特征是总体上偏强（平均分约为 3.837 分）。从感知层面看，农户持“完全同意、基本同意、不清楚、基本不同意和完全不同意”的百分比分别是 16.80%、68.80%、11.20%、2.40%和 0.80%，平均得分为 3.984 分。这说明农户认为产业的发展在较大程度上能影响自己与邻里、亲戚朋友之间社会网络关系。从意愿层面看，农户在五个选项中的占比依次是 8.00%、60.80%、30.40%、0.80%和 0.00%，平均得分为 3.760 分。这说明农户对于通过参与扶贫产业，能拓展社会网络方面还是比较认同并愿意去参与产业进而改变人际交往关系。他们持有积极的态度。从行动层面看，农户在五个选项中的占比依次是 14.40%、60.00%、15.20%、8.80%和 1.60%，平均得分为 3.768 分。这说明农户能够比较积极地参与扶贫产业中的社会网络，更加重视产业发展中社会关系网络的重要性，并从各种社会关系中得到更多的支持与帮助。总之大多数农户较为重视社会网络，知道亲戚朋友发展了哪些产业，且产业的发展拓展了他们的朋友圈。多数农户重视社会关系的积累，能从中得到更多的支持与帮助，社会资本响应程度比较高。

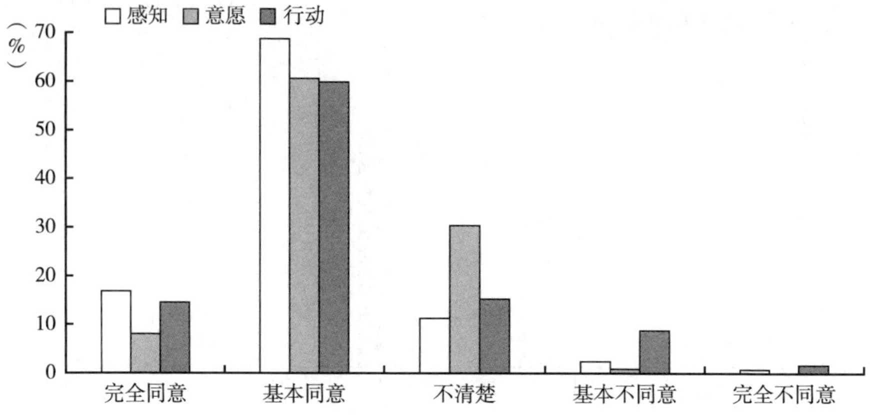

图5　谷兵村社会资本响应

5. 金融资本响应

从图6中可以看出，在产业扶贫过程中，谷兵村农户对“存钱、借钱和投资”等金融资本方面的响应特征是总体上偏弱（平均分约为2.624分）。从感知层面看，农户持“完全同意、基本同意、不清楚、基本不同意和完全不同意”的百分比分别是0.80%、4.80%、67.20%、26.40%和0.80%，平均得分为2.784分。这说明大多数农户并不了解产业的发展是否能增加与银行或者他人在财务上的业务往来。从意愿层面看，农户在五个选项中的占比依次是0.80%、7.20%、81.60%、9.60%和0.80%，平均得分为2.967分。这说明多数农户对于参与扶贫产与银行或他人的资金往来并没有联系起来，即使贫困户借款免息也没有多少人愿意去借款参与产业，以钱生钱。从行动层面看，农户在五个选项中的占比依次是0.00%、4.00%、8.00%、83.20%和4.80%，平均得分为2.112分。这说明农户参与扶贫产业后还是较少参与到以钱生钱的业务中，只有4.00%的农户参与了扶贫产业后较为认同并增加了与银行或他人的业务往来。总之大多数农户对于向银行或者他人借款方面的态度很保守。他们不了解也不愿意有负债产生，即使有政策有产业扶贫的帮扶，也只有小部分人尝试与银行或他人发生资金业务关系，金融资本响应程度比较低。

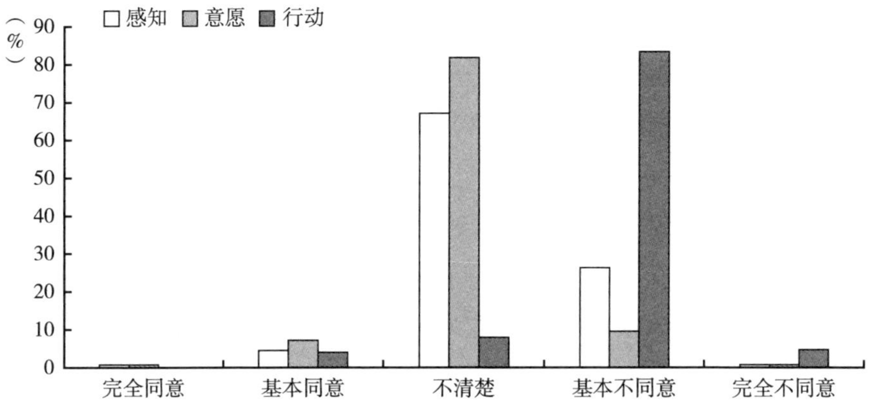

图6　谷兵村金融资本响应

（三）产业扶贫的生计方式响应

从图7中可以看出，在产业扶贫过程中，谷兵村农户对“糊口、收入来源”等生计方式的响应特征是总体上偏弱（平均分约为2.817分）。从感知层面看，农户持“完全同意、基本同意、不清楚、基本不同意和完全不同意”的百分比分别是0.80%、4.80%、49.60%、40.00%和4.80%，平均得分为2.568分。这说明农户认为产业的发展并没有使得自己收入来源方式增加，来源发生仍然是以农业、种植业为主。从意愿层面看，农户在五个选项中的占比依次是5.60%、76.00%、13.60%、4.00%和0.80%，平均得分为3.816分。这说明多数农户希望产业扶贫能增加自己收入来源方式，只有少部分农户并不希望改变现在的收入方式。从行动层面看，农户在五个选项中的占比依次是1.60%、3.20%、2.40%、84.00%和8.80%，平均得分为2.048分。这说明农户能够比较积极地参与扶贫产业，但是只有少部分农户参与产业后收入来源变广，且更加稳定，而多数农户参与产业也没有使得收入稳定、收入方式增加。

总之大多数农户对于产业发展及生计方式之间持有悲观的态度，他们不认为产业发展会拓宽生计方式，但还是很希望扶贫产业能增加收入来源方式，愿意通过参与扶贫产业得到更多的收入，生计方式响应虽然总体较低，但是意愿层面较高。

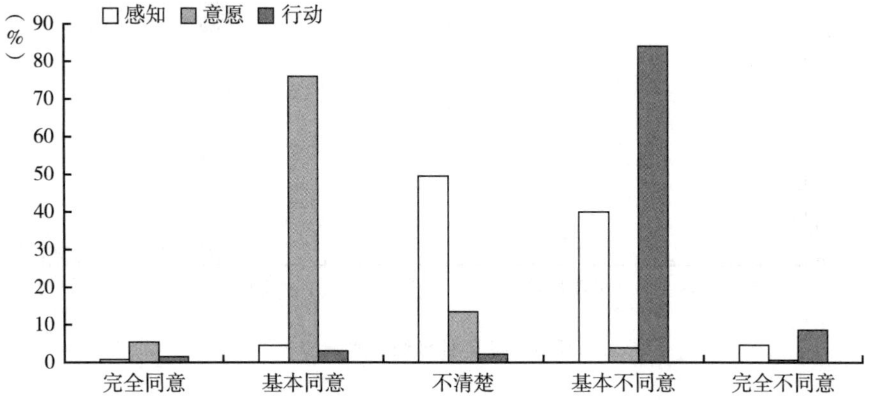

图7　谷兵村生计方式响应

（四）产业扶贫的生计产出响应

从图8中可以看出，在产业扶贫过程中，谷兵村农户对“收入总额及其稳定性、受自然环境和市场影响”等生计产出的响应特征是总体上偏弱(平均分约为2.597分)。从感知层面看，农户持“完全同意、基本同意、不清楚、基本不同意和完全不同意”的百分比分别是0.00%、3.20%、74.40%、19.20%和3.20%，平均得分为2.776分。这说明农户不了解参与扶贫产业是否能影响自己的收入总额，降低自然及市场的风险，使得收入更加稳定。从意愿层面看，农户在五个选项中的占比依次是0.00%、5.60%、84.00%、9.60%和0.80%，平均得分为2.944分。这说明多数农户不觉得参与的扶贫产业能降低自然灾害对自己的影响，他们预期参与扶贫产业也不能提高市场适应性并增加收入，他们持有较为悲观的态度。从行动层面看，农户在五个选项中的占比依次是0.80%、1.60%、5.60%、88.00%和4.00%，平均得分为2.072分。这说明少部分农户参与了扶贫产业后收入增加了，受自然灾害少了并且与市场联系更为紧密了。总之大多数农户对产业扶贫效果持有悲观的态度，不清楚产业发展的走势，也不觉得前景好，参与之后也没觉得与市场联系紧密，收入并没有提高，扶贫产业也没有降低自然灾害的风险。

产业扶贫的生计产出响应程度比较低。

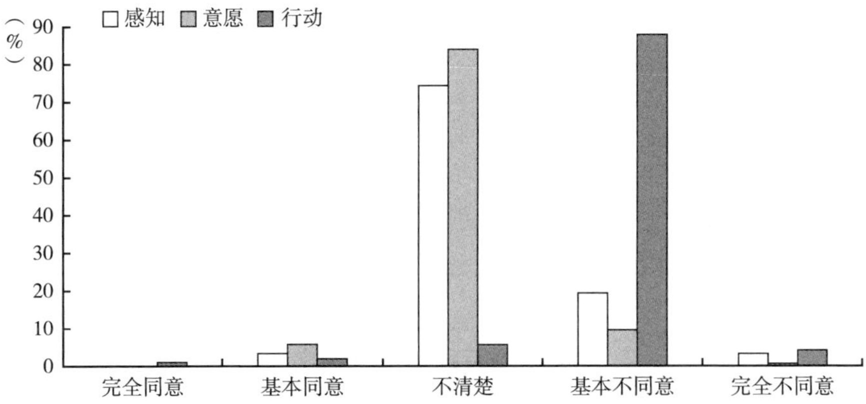

图 8　谷兵村生计产出响应

（五）产业扶贫的生计空间响应

从图 9 中可以看出，在产业扶贫过程中，谷兵村农户对“就业、医疗、教育、娱乐”等生计空间的响应特征是总体上偏强（平均分约为 4.339 分）。从感知层面看，农户持“完全同意、基本同意、不清楚、基本不同意和完全不同意”的百分比分别是 68.00%、23.20%、1.60%、7.20% 和 0.00%，平均得分为 4.52 分。这说明农户认为产业扶贫在很大程度上能改变就业、医疗、教育和娱乐等状况。从意愿层面看，农户在五个选项中的占比依次是 42.40%、34.40%、19.20%、4.00% 和 0.00%，平均得分为 4.152 分。这说明农户非常愿意参与扶贫产业改变就业、就医教育等生计空间。从行动层面看，农户在五个选项中的占比依次是 57.60%、28.80%、4.80%、8.00% 和 0.80%，平均得分为 4.344 分。这说明农户能够比较积极地参与扶贫产业，接触了更多的人群。总之大多数农户了解参与产业后生计空间的变化，他们认同就业、医疗等方面的改善，愿意且积极参与产业，改变生计空间与更多的人进行交流，产业扶贫的生计空间响应程度比较高。

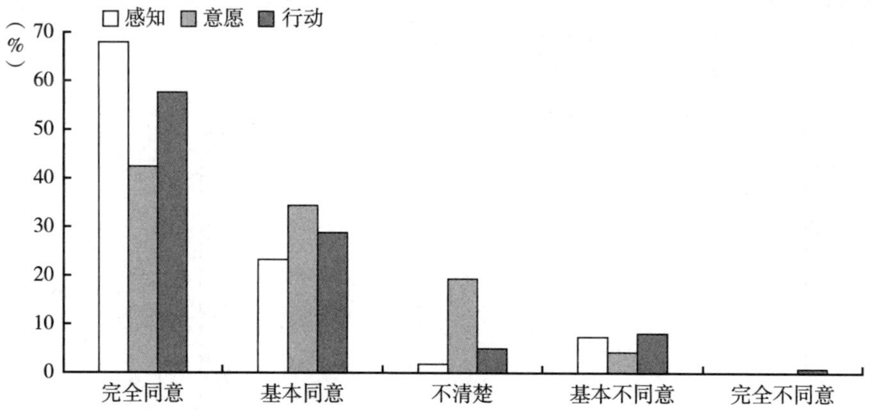

图 9　谷兵村生计空间响应

三　谷兵村农户生计响应及影响因素

本文从生计响应特征的分析中探寻了谷兵村生计响应状态，为了进一步了解谷兵村农户的生计响应情况，需要对农户生计响应做更深层次的研究，并分析影响谷兵村农户生计响应的原因。

（一）响应维度及权重的确定

主观赋权上我们主要采用专家打分法，对产业扶贫各个维度和强度的相对重要性结合 5 位专家意见综合确定各自权重。客观方面采取了熵值法进行赋权，该方法通过衡量指标变异程度的大小来确定客观的权重。指标的信息熵反映了信息的变异程度，信息熵 Ej 越小，提供的信息越多权重也就越大。相反指标的信息熵越大，指标的变异程度越小，提供的信息就越少，在综合评价中影响越不显著。不论是主观赋权法还是客观赋权法都是比较片面的，不能全面地反映数据间真实的关系，在此我们采用主客观相结合的方法修正权重。

运用公式 $W = a \times Wi + (1 - a) \times Wj$ 计算综合权重，a 为主客观偏好系数，在此我们采用主客观各占50%也即 $a = 0.5$ 来求得综合权重，作为生计响应测度的基准权重。本文权重结果如表1所示。

表1　农户生计响应测度要素与权重

响应维度		测度要素	响应强度	主观权重	客观权重	综合权重
生计资本	自然资本	对耕地、林地、菜地、鱼塘等由于产业扶贫而被征收或流转的认知、态度和行为反应	感知	0.10	0.270	0.1850
			意愿	0.30	0.365	0.3325
			行动	0.60	0.365	0.4825
		自然资本响应权重		0.20	0.157	0.1785
	物质资本	对农村购房或住房改建中家居(冰箱、家具等)受产业扶贫影响的认知、态度和行为反应	感知	0.10	0.365	0.2325
			意愿	0.30	0.270	0.285
			行动	0.60	0.365	0.4825
		物质资本响应权重		0.20	0.200	0.200
	人力资本	对家庭成员的见识、技能及对教育的认识等受产业扶贫影响的认知、态度和行为反应	感知	0.10	0.387	0.2435
			意愿	0.30	0.227	0.2635
			行动	0.60	0.387	0.4935
		人力资本响应权重		0.20	0.281	0.2405
	社会资本	对邻里、亲戚和朋友关系等社会网络资源受产业扶贫影响的认知、态度和行为	感知	0.10	0.193	0.1465
			意愿	0.30	0.404	0.352
			行动	0.60	0.404	0.502
		社会资本响应权重		0.20	0.179	0.1895
	金融资本	对持有金融产品、发生金融业务及与金融机构互动频率和方式受产业扶贫影响的认知、态度和行为反应	感知	0.10	0.333	0.2165
			意愿	0.30	0.159	0.2295
			行动	0.60	0.507	0.5535
		金融资本响应权重		0.20	0.183	0.1915
		生计资本响应权重		0.25	0.261	0.2555
生计方式		对城镇就业机会、非农就业方式(务工、经商等)以及乡村生计方式受产业扶贫影响的认知、态度与行为反应	感知	0.10	0.257	0.1785
			意愿	0.30	0.206	0.253
			行动	0.60	0.537	0.5685
		生计方式响应权重		0.25	0.246	0.248

续表

响应维度	测度要素	响应强度	主观权重	客观权重	综合权重
生计产出	对产业扶贫引起的产出水平、收入渠道以及受自然条件(灾害、恶劣天气等)、市场条件(价格、需求等)影响的认知、态度和行为反应	感知	0.10	0.252	0.176
		意愿	0.30	0.246	0.273
		行动	0.60	0.502	0.551
	生计产出响应权重		0.25	0.247	0.2485
生计空间	对生计空间的空间(居住、就业、就医、就学、购物、娱乐空间等)受生计方式响应的认知、态度和行为反应	感知	0.10	0.227	0.1635
		意愿	0.30	0.357	0.3285
		行动	0.60	0.416	0.508
	生计空间响应权重		0.25	0.246	0.248

(二)生计响应测算

根据各响应维度和强度的权重以及对应的测度要素评分，可计算出农户生计响应指数。综合生计响应指数为:

$$LHR = \sum_{i=1}^{4} \sum_{j=1}^{3} W_i W_{ij} S_{ij}$$

式中：i 为第 i 个响应维度，j 表示第 j 类响应，如 Wij 表示第 i 个响应维度第 j 类响应的权重。Sij 为对应第 i 维度下 j 类强度的李克特量表得分。(将“完全同意”赋值为“5”，“基本同意”赋值为“4”，“不清楚”赋值为“3”，“基本不同意”赋值为“2”，“完全不同意”赋值为“1”，若第 i 类生计资本第 j 类响应强度有多个测度子要素，则取各测度子要素李克特量表得分均值。)

为了进行更深入的比较分析，文章还分别计算了各响应维度的响应指数，即生计资本响应指数（*LHR*c）、生计方式响应指数（*LHRw*）、生计产出响应指数（*LHRp*）和生计空间响应指数（*LHRs*）以及生计感知响应指数（*LHRa*）、生计意愿响应指数（*LHRi*）和生计行动响应指数（*LHRb*）。由于生计资本响应涉及自然资本、物质资本、人力资本、社会资本和金融资本五个子维度，因此文章对自然资本响应指数（*LHR*c1）、物质资本响应指数

（*LHR*c2）、人力资本响应指数（*LHR*c3）、社会资本响应指数（*LHR*c4）和金融资本响应指数（*LHR*c5）也都进行了计算。生计资本响应指数的计算则需采用以下公式：

$$LHR_c = \sum_{m=1}^{5} \sum_{n=1}^{3} W_m W_{mn} S_{mn}$$

式中：*Wm* 为第 *m* 类生计资本的响应权重，*Wmn* 为第 *m* 类生计资本第 *n* 类响应强度的权重，*Smn* 则为第 *m* 类生计资本第 *n* 类响应强度的李克特量表得分（若第 *m* 类生计资本第 *n* 类响应强度有多个测度子要素，则取各测度子要素李克特量表得分均值）。

（三）农户生计响应指数

依据上述测算公式，分别计算谷兵村 125 户被调查农户的相关生计响应指数，其结果如表 2 所示。

表 2　谷兵村农户生计响应指数

	125 户被调查农户整体		125 户被调查农户整体
LHR	3. 17	LHR_w	2. 59
LHR_c	3. 29	LHR_p	2. 43
LHR_{c1}	4. 40	LHR_s	4. 31
LHR_{c2}	2. 49	LHR_a	3. 34
LHR_{c3}	3. 39	LHR_i	3. 60
LHR_{c4}	3. 81	LHR_b	2. 90
LHR_{c5}	2. 45		

由表 2 的结果可以看出谷兵村农户各维度及强度生计响应存在下列几方面内在关联。

（1）从农户的综合响应指数来看，125 户被调查农户得分为 3. 17。这表明，在精准扶贫过程中，广大农户总体生计响应情况比较一般，农户虽然响应产业扶贫，却并不积极，仅仅略高于一般水平。

（2）从农户的生计资本响应指数来看，125 户被调查的农户整体得分为

3.29分。这表明，在精准扶贫过程中，广大农户生计资本响应情况比较一般，亦即谷兵村产业扶贫过程中农户并未充分利用现有生计资本参与产业扶贫。对比生计资本响应下的五个指标，发现自然资本的改善对谷兵村脱贫效果贡献最大，物质资本和金融资本贡献偏低。农户普遍认为产业扶贫过程中基本不能改善住房、耐用消费品和生产资料等物质资料，产业扶贫亦不能使得存款、借款等增加，与银行或者类似金融机构也不能密切联系，大多数农户还是认为向银行借钱的话会还不上，从而基本不会借钱增加产业扶贫资本。人力资本和社会资本能轻微地改善谷兵村的状况。这些都表明谷兵村还是有很大的提升空间，从生计资本响应方面入手推动更多农户更积极的响应政策。

（3）从生计方式响应指数来看，125户被调查农户的整体得分为2.59。这表明，在精准扶贫过程中，广大农户生计方式响应情况偏低，即产业扶贫并没有使得广大农户的收入来源增多，也没有使农户有更加稳定的收入。生计方式响应对于谷兵村脱贫贡献偏低，谷兵村还需要找准方向，挖掘优势产业改变本村农户收入水平，提高收入稳定性，使其为脱贫成效做出更大的贡献。

（4）从生计产出响应指数来看，125户被调查农户总体的分为2.43分，所有农户生计响应维度中，产出响应得分最低。这表明，大多数农户基本都认为产业扶贫并没有使得收入增加，也没有降低收入受自然灾害影响的程度，农户并不认为谷兵村扶贫产业顺应了市场环境的变化，让收入更加稳定，生计产出脱贫成效欠佳。

（5）从生计空间响应指数来看，125户被调查农户整体得分为4.31，在所有生计响应一级维度中，生计空间响应分值最高。对于谷兵村来说，产业扶贫能很大程度上改善农户的就医、就业、就学、购物、娱乐空间等生活空间范围，农户有更多机会与外界联络，接触更多的人群，四个维度中，生计空间脱贫成效最佳。

（6）从生计强度响应指数来看，生计感知和生计意愿响应指数都高于生计行动响应指数，大多数农户都感受到产业扶贫给自己及本村带来的变化，广大农户也认同这些变化，愿意改变，但是农户在行动方面并不能积极地参与到扶贫产业中。这表明，谷兵村需要加大宣传力度，关键是让更多的农户支持并参与到产业扶贫中，真正通过加入产业扶贫脱贫致富。

四 谷兵村产业扶贫农户生计响应的影响因素

（一）问卷信度及效度分析

基于问卷收集到的数据，运用 SPSS 24.0 对量表进行信度及效度分析。信度检验时，克隆巴赫 Alpha 值为 0.823，显著高于 0.7，说明这些数据具有很好的内部一致性，能有效地说明问题（见表 3）。

表 3 可靠性统计

克隆巴赫 Alpha	项数
0.998	27

效度检验时 KMO 和巴特利特检验值为 0.823，大于 0.6，显著性水平小于 0.05，问卷效度较高。问卷具有较高的信度及效度，具有统计意义（见表 4）。

表 4 KMO 和巴特利特检验

KMO 取样适切性量数	0.823	
巴特利特球形度检验	近似卡方	1528.164
	自由度	276
	显著性	0.000

（二）变量的确定

农户生计响应受到家庭、政策和社区因素的共同影响。谷兵村所有农户都采取农业作为扶贫产业，因此并未引入扶贫产业类型作为影响农户产业扶贫生计响应的影响因素，模型包含变量见表 5。

表 5　农户生计响应模型包含变量

解释变量	描述	均值	标准差
家庭因素：			
年龄结构	以 14 和 60 岁为临界点区分	2. 17	1. 120
家庭劳动力数量	人力资本水平	2. 25	0. 892
自然资本状况	各种自然资本数量及质量	1. 26	0. 674
家庭成员受教育程度	家庭成员最高受教育水平	2. 45	1. 020
家庭收入主要来源	生计方式	1. 87	1. 150
家庭医疗负担状况	家庭成员是否存在长期生病	0. 62	0. 486
亲友是否有参加扶贫工作	是否参加扶贫及联系密切度	3. 84	0. 574
政策因素：			
家庭属性	是否为建档立卡户	0. 50	0. 502
医疗保障	是否参加新农合和新农村社保	3. 01	0. 089
社区因素：			
地理区位	家庭距离城镇距离	1. 95	1. 007
扶贫干部工作状况	村“两委”及村干部工作能力和做事风格	3. 27	0. 945
村整体风气	做事积极程度	1. 59	0. 774
借贷资金难易度	向银行借钱发展产业难易程度	3. 37	1. 767

1. 农户家庭因素特征

影响产业扶贫农户生计响应的家庭因素包括农户家庭年龄结构、家庭劳动力数量、自然资本状况、家庭成员受教育程度、家庭收入主要来源、家庭医疗负担状况、亲友是否参加扶贫工作。由于贫困山区老幼妇孺容易留守家中，青壮劳动力外出务工比例较高，因此，家庭成员的年龄结构容易影响到农户生计响应。亲友参加扶贫工作与否是农户家庭社会资本、人力资本的一种体现，参加扶贫工作的亲友能支持引导农户积极响应产业扶贫。

农户家庭年龄结构中，仅有 13. 6% 的家庭年龄都在 14 ~60 岁；家庭土地等自然资本情况中，土地少且质量差的农户占比为 86. 4%；家庭成员受教育程度主要指最高受教育程度，其中大专以上学历的共有 26 人，占比为 20. 8%，仅 1 人为研究生及以上学历；家庭收入主要来源中，以农业或者务工为主的占比分别为 44. 8% 和 42. 4%；家庭医疗负担状况中，有人长期生病的家庭占 62. 4%；亲友是否有参加扶贫工作中，有 90. 4% 的家庭没有亲戚朋友为扶贫干部或者参加扶贫工作。

2. 政策因素

政策因素包括农户属性与农户参与新农户和新农村社保的状况，其中农户属性指的是农户是否为建档立卡户。建档立卡户与非建档立卡户的比例大约为1:1，仅1户非建档立卡户并未参与新农合和新农村社保，其余124户全部参与。

3. 社区因素

地理区位主要是指农户距离城镇中心位置的远近，如果距离城镇较近，则农户会有更多的非农就业机会；扶贫干部的工作能力及作风在一定程度上能影响农户生计响应积极性，工作能力越强，则农户积极性越高；一个村的风气在一定程度上能映射村民“等、靠、要”思想的程度；向银行贷款是为发展产业提供启动资金的主要来源，能为农户发展产业提供经济基础。

城镇距离的远近中，有68.0%的家庭距离城镇一小时以内；扶贫干部工作情况中，只有4.8%的农户认为，村“两委”及村干部工作能力强且公正，高达95.2%的农户持有反对意见；村整体风气中，认为村内风气好、团结和睦、积极上进的占比为53.6%，也有8%的人认为村里风气差，集体办事不好，等靠要思想严重；借贷资金难易度中，有54.4%的农户认为向银行借钱比较困难。其中，对于非建档立卡户来说，有57.1%的农户认为向银行借款不难，建档立卡户中有43.5%农户认为向银行借款不难。

（三）模型结果

现有学者对产业扶贫农户生计的研究一般从内部因素、政策因素和社区因素三大方面进行。因此，为探究农户生计响应的影响因素，课题组借鉴前人的研究，从这三个方面设计变量，建立GATREG模型。

从表6中可以发现：

（1）总体上，生计总体响应、生计资本响应、生计方式响应、生计产出响应和生计空间响应的因素主要包括村整体风气、农户家庭成员受教育程度、扶贫干部工作状态、家庭地理区位、家庭劳动力数量、家庭医疗负担状

表 6　农户生计响应模型结果

变量	总体响应	生计资本响应	生计方式响应	生计产出响应	生计空间响应
家庭因素：					
年龄结构	-0.06 (0.650)	0.055 (0.502)	-0.070 (0.681)	0.094 (1.819)	-0.110 ** (2.863)
家庭劳动力数量	-0.14 *** (7.919)	-0.131 ** (3.645)	-0.103 (1.535)	0.131 (1.737)	-0.136 *** (4.901)
自然资本状况	-0.119 * (3.037)	0.031 (0.362)	0.032 (0.290)	-0.031 (0.314)	0.074 (1.585)
家庭成员受教育程度	0.158 *** (4.055)	0.112 * (2.375)	0.129 * (2.256)	-0.222 *** (5.189)	0.206 *** (6.100)
家庭收入来源	-0.092 (1.440)	-0.088 (0.953)	-0.106 (1.520)	0.136 (2.518)	-0.111 (1.310)
家庭医疗负担状况	-0.113 (2.196)	0.130 ** (4.064)	0.009 (0.033)	-0.091 (1.662)	0.128 * (2.981)
亲友是否有参加扶贫工作	-0.037 (0.383)	0.105 (1.176)	0.077 (1.354)	-0.139 (2.242)	0.011 (0.030)
政策因素：					
农户属性	-0.096 (1.429)	0.019 (0.055)	0.103 (1.930)	-0.021 (0.118)	0.118 (2.459)
医疗保障	0.007 (0.045)	0.018 (0.230)	0.017 (0.308)	-0.105 (0.940)	0.011 (0.079)
社区因素：					
地理区位	0.354 *** (18.702)	0.138 (0.609)	0.252 *** (6.826)	-0.151 ** (4.053)	0.384 *** (28.661)
扶贫干部工作状况	0.070 (1.203)	0.147 ** (3.732)	0.227 *** (6.601)	-0.141 ** (2.753)	0.161 *** (5.393)
村整体风气	-0.519 *** (31.905)	0.745 *** (7.089)	0.413 *** (15.074)	-0.367 *** (5.775)	0.550 *** (30.203)
借贷资金难易度	-0.050 (0.538)	0.063 (0.554)	0.042 (0.281)	-0.211 *** (6.342)	0.042 (0.316)
F	2.882	4.918	1.647	2.506	3.186
Sig	0.000	0.000	0.044	0.001	0.000

注：括号中值为 F 统计量，*** 、** 和 * 分别表示在 1%、5% 和 10% 的显著性水平下显著。

况、家庭成员年龄结构、自然资本状况和借贷资金难易程度。前五个因素对农户生计响应的影响最为显著。

（2）在家庭因素方面，家庭成员受教育程度能够显著影响五种生计响应。除了对生计产出响应的影响为负向作用外，对于其他几种生计响应均具有显著的正向作用。调查农户中，近 80% 的家庭最高受教育程度为高中及以下学历。受教育程度越高，农户的知识技能越丰富，选择单一农业的可能性越低，农业产出效果越差。家庭劳动力数量对于总体响应、生计资本响应和生计空间响应具有显著的负向作用。更多的劳动力数量使得农户对种植业和林业依赖度降低，劳动力数量越多，产业生计响应越差。虽然劳动力数量对生计产出具有正向作用，但是结果并不显著。年龄结构越靠近适龄劳动年龄人口范围，农户外出务工的可能性就越大，生计空间响应就越低。自然资本的状态与产业扶贫总体响应在 10% 显著性水平上负相关，自然资本数量越少、质量越差，单一农业产业扶贫总体响应就越低。家庭成员长期生病显著影响生计资本响应与生计空间响应，且具有正向作用，医疗负担越重的家庭，就越依赖于土地、物质等生计资本维持自身的生活，即生计资本响应越强烈。

（3）在政策因素方面，农户属性和医疗保障对于农户产业扶贫生计响应都没有显著影响。谷兵村整村推进产业扶贫项目，建档立卡与非建档立卡户均可参与。125 户中仅一户的所有成员都在劳动适龄阶段。非建档立卡户医疗保障系统随时可以进入，因此是否参与医疗保障不能显著影响农户生计响应。

（4）在社区因素方面，村整体风气能够显著影响五种生计响应，村风气越差，做事越不积极，等靠要思想越严重，农户总体响应与生计产出响应就越差。村“两委”及村干部工作能力和做事风格能显著影响生计资本、方式、产出和空间四个维度的响应，除去生计产出响应为负向作用外，对于其他响应均为正向作用。村干部做事能力水平与做事风格能够给农户施加一定压力，影响农户参与产业扶贫的积极性，因此农户在资本、方式和空间响应方面具有正向效果。农户家庭距离城镇中心的距离对于产业扶贫总体生计响应、生计方式响应和生计空间响应具有显著的正向作用，对于生计产出具有负向作用。距离城镇距离越近，农户进城务工越方便，对农业投入就越少，生计产出响应就越差。农户向银行借贷资金的困难程度与农户生计产出具有显著负向作用。向银行借贷资金越困难，农户发展产业投入资金的就越少，生计产出响应就越差。

五 谷兵村产业扶贫与可持续脱贫的问题及建议

（一）谷兵村产业扶贫中存在的问题

1. 精准识别精度不高，削弱了产业扶贫生计响应可持续性发展的瞄准根基

在调研过程中发现，谷兵村有些村民对贫困户评定结果存在争议。老人王某反映："国家的出发点是好的，为了老百姓也是付出很多，就像这个精准扶贫是用来帮助贫困老百姓的，而村干部却用来做人情，该拿的不给，不该拿的却都有。"还有一位抗战老兵，他大概八十多岁了，有两个五十多岁还未婚的儿子，都没有什么收入来源，家境贫困且为五保户，申请贫困户时却没有被评定上。识别贫困户时，以农户自愿申请为先，村中大多数年轻人都选择外出务工，留守儿童和老人较多，他们不懂这些政策，大多数老人也没有文化，评定小组只是评定申请的家庭，没有摸清村里人的家底，一些未申请的即使贫困也未被评定。低下的精准扶贫识别精度使得较为有见识、有能力的年轻人不愿意回乡参与产业扶贫，留守老人及儿童的思想境界也没有使他们意识到产业扶贫的重要性，不积极参与产业扶贫。甚至有部分思想保守的老人认为谷兵村祖祖辈辈都是种植玉米、稻谷、黄豆等粮食作物，几代人都贫困，他们认为，"就这样了还有什么办法"。他们不仅不支持产业扶贫还反对产业扶贫，部分贫困户不能得到应有的待遇，农户对于产业扶贫响应不积极，不利于产业扶贫的可持续发展。

2. 产业结构不合理，削弱了产业扶贫生计响应可持续性发展的产品根基

扶贫项目是脱贫成败与否的关键，谷兵村现有产业大多是经济效益良好的长效产业，而且重点投入长效产业中。不论产业扶贫发展的长效产业还是

短效产业都是整新巴镇，甚至是整个贵定县普遍发展的。谷兵村在规划产业时盲目跟随其他乡镇，没有充分利用自己独特的资源优势，进一步寻找适合本村且有特色有优势的独有产业。已经发展的产业中，长效产业短期内都是没有收益的，现有短效产业收益欠佳。从农户的生计资本尤其是农户最关心的物质资本以及金融资本来看，农户的耐用消费品及银行存款等并没有显著改善。从农户的生计方式响应以及生计产出响应两个维度来看，现有的产业扶贫没有让农户有多样化的收入来源方式，也没有提高收入的稳定性。长效产业的不收益以及短效产业的收益低廉，使得见识浅薄的农户怀疑产业扶贫是否真的会产生较大收入。农户心里有疑虑，在组织产业扶贫过程中，行动上就会不积极。农户在这种情况下即使发展了长效产业，也很可能不精心打理甚至是荒废。这种畸形的产业结构削弱了农户对产业扶贫的积极性，导致产业扶贫没有良好的产品根基，不能可持续发展。

3. 技术技能低下，削弱了产业扶贫生计响应可持续性发展的智力根基

大多数农户学历水平偏低，存在重数量、轻管理的问题，农户技能培训杂而不专，不能专业化管理扶贫产业。例如今年推广了茶叶、刺梨，但是管理工作不到位，出现了大量死苗的现象。食用菌种植基地也存在管理人员不明确、技术操作不规范等一系列问题，产品产量偏低且品质大多为中下等。产业扶贫技术技能培训时，邀请的农业技术人员没有过硬的技术，培训时只针对基本栽种苗问题，不能深度讲解传授农户扶贫产业栽种后管理及病虫防治等问题。例如刺梨产业，培训人员只讲授栽植刺梨苗需要隔一尺远种植一棵，不讲油茶生长习性、嫁接、授粉、成林修枝整形等技术问题。大多数农户栽植种苗后并不打理，没有合理施肥和灌溉，最后出现杂草比油茶还高的状况。产业扶贫中技术人员技术技能落后，技能培训对农户帮助不大。农户对人力资本总体响应程度仅为3.39，其中感知、意愿和行动三强度分值几乎只是中等水平，农户仅仅较为积极参与技能培训，他们没有强烈的愿望与积极性，产业扶贫中技能培训不能持续开展，农户产业技能无法提高，对于长效产业不能专业管理。长效产业持续发展问题成了谷兵村扶贫产业的一大难题。

4. 收购制度不健全，削弱了产业扶贫生计响应的可持续性发展的市场根基

谷兵村某些产业虽然产量大，但是产品销路不佳。比如刺梨和食用菌产业，农户的销路和政府人员捆绑，如果没有政府人员的带动，就会滞销。豇豆产业是私人承包政府支持，最初种植之时是许诺免费种植，也不收取任何种子、肥料和农药的费用，成品是1.2元一斤，然而收获时村委会帮忙收购却从中抽成0.2元，因此到农户手中只有1元一斤，并且还需要扣除种子、肥料和农药钱，卖得多的农户一上午能剩下20元钱，少的只有4～5元不等。农户认为他们的付出没有得到应有的回报，而且产业的收购价格及花费前后反差太大，即使产品没有滞销，最终也不得不低廉抛售。产业发展之初，农户与企业没有签订合同，盲目发展扶贫产业，以至于企业违约，村委会“趁火打劫”强制收购农产品赚取差价。预期收益与实际收益之间，前后巨大的落差使得农户不愿意再发展这些费时费力且价格低廉的产业。武断的收购制度引起农户逆反心理，不景气的市场让农户看不到脱贫的希望，阻碍了产业扶贫生计响应可持续发展的动力根基。

5. 不良的干部作风削弱了产业扶贫生计响应可持续性发展的群众根基

在调研中还发现，125户农户中仅有31户认为村干部公正，29户认为村干部工作能力强，大多数农户都认为村干部工作能力不强且并不公正。有些农户反映，他们并不愿意接受豇豆这种费时费力又收入低的产业。有些农户拒绝接受，但村委会以“不种植豇豆，就取消贫困户资格”相威胁。农户出于对“官”的敬畏心理，不得不听从村委会的指令，种植些费时费人力又销售低廉的农产品。除此以外，村委会帮忙收购豇豆时，还需要从中收取中介费。村“两委”的能力以及作风在很大程度上能影响一个村产业的发展，村支两委能力不足，不能组织有效的扶贫产业，推动谷兵村产业经济发展。产品销路欠佳或者低廉时，村委会不为产品寻找更好的销路，还会武断收购，从农户手中赚取中介费，让农户微薄的收入雪上加霜。村委会作风问题会使得继续发展扶贫产业时，农户心里第一反应是村委会又在为自己谋福利。农户不愿意积极响应扶贫产业，不相信扶贫产业是为了让大家脱贫，他们更愿意相信是村委会在剥削村民为村委会谋福利。村委会的能力及作风

能影响一个村的发展，村委会的不良作风致使农户对产业扶贫热情度不高、投入不大，产业扶贫不能持续发展。

（二）谷兵村产业扶贫可持续脱贫建议

1. 精准识别贫困户，夯实产业扶贫可持续发展的瞄准根基

精准识别扶贫户是精准扶贫工作的前提。精准识别应以“县为单位、规模控制、分级负责、精准识别、动态管理”为总纲要。一方面，要设立科学合理的贫困人口识别标准，入户调查农户年度总收入，年度人均可支配收入情况，严格按照国家规定的“两不愁，三保障”要求，结合精准扶贫“四看法”指标体系和调查方法对农户进行综合评估，从源头上对贫困村民与乡村精英进行清晰的划分与区别。另一方面，要将精准扶贫的政策与标准和贫困地区的筛选标准相结合，确保贫困人口全面覆盖。充分整合人口、土地资产等统计数据，摸清农户家底，搭建信息共享，共同监督网络平台；采取多样化手段合法、合理、有效识别贫困户，提高帮扶干部、帮扶产业的精准度，夯实产业扶贫可持续生计响应的瞄准根基，便于合理规划扶贫项目。

2. 利用资源优势，夯实产业扶贫可持续性发展的产品根基

产业扶贫其实质还是一种赢利性项目，项目的实施主体仍然是“理性的经济人”。产业扶贫旨在项目可持续赢利，带动农户脱贫。因此，产业扶贫项目的设立和实施，应充分尊重和遵循市场规律，规划产业要充分考虑产前准备，生产过程以及产出产品后一系列问题，重点提高市场风险识别、防御和应对能力，减少市场波动对于产业扶贫项目效益的影响。市场是检验产业扶贫成果的唯一标准。在产业扶贫项目上，应该以市场为导向，以农民增收致富为核心，充分发挥地区资源优势，重点扶持对农民增收贡献大的优势产业、特色产业、潜力产业做强做优做大。根据地域资源禀赋优势，建设产业基地，将本地区特有的文化内涵赋予农产品，打造区域品牌农业。产业扶贫不应该只是简单地为了脱贫而脱贫，更应该是为了给贫困村带来持续稳定的收入，使他们能彻底脱贫，让产业产品屹立于市场，产品能持续为农户带来效益。

3. 提升技术技能，夯实产业扶贫生计响应可持续性发展的智力根基

加强产业项目的管理，找专业的产业技术人员对农户进行专业化扶贫产业培训，提高农户的综合素质和发展能力。定期组织召开适应本村农户产业类型的技能培训与交流会议，让农户交流发展产业中的经验。农户产业技能培训时要坚持农户需要什么技术就培训什么技术，以实用产业技术辅导为主导，理论指导为辅的原则。培训前通知农户和扶贫干部汇报产业扶贫过程中什么产业有什么样的问题，扶贫部门与培训机构根据汇报的问题，设计培训课程、培训目的、培训时间、具体培训方案等，在条件允许的情况下，培训人员亲自去产业基地为农户示范。加大力度调整农户产业扶贫技能培训方案，提升农户产业技能使其标准化管理扶贫产业。提高产品的质量，为产品销售打好坚实的产品基础，以智力带动产业持续发展。

4. 实现产销对接，夯实产业扶贫生计响应可持续性发展的市场根基

以产业链嵌入产业扶贫，股份合作或者市场契约相结合的方式引导农户进入产业链中，建立产销对接体系。一是农户可以充分发挥其现有的资源优势按照契约与企业合作，农户从中得到分红，甚至有能力的还能赚取劳务工资。二是生产过程中，不同主体可以专注于各自擅长的生产领域和环节，利用其相对丰裕且有比较优势生产要素，使得不同主体相互之间形成衔接紧密、有序分工的协作关系。企业、农户和村集体构建相对紧密的利益连接机制，在一定程度上能缓解各个参与主体由于私利给产业扶贫带来的负面效应。充分利用农户与企业资源要素的互补性，农户负责标准化生产产品，企业负责销售，减小初级农产品的滞销风险，夯实产业扶贫生计响应可持续发展的市场根基。

5. 健全考核机制，夯实产业扶贫生计响应可持续性发展的群众根基

政府官员也是“理性人”，面对诱惑难免会产生寻租行为，建立健全完善的考核机制是很有必要的。对此，有以下两个方面的建议：一是制定奖惩机制，约束扶贫干部行为提高工作效率。地方政府要制定好规章制度，完善帮扶机制，真正为民办事。二是加强监督机制，定期考核村干部工作作风及业绩。定期组织农户及其他监督人员对村干部近期工作进行评价，不“一

棍子打死”任何人，各个主体都能持证据证明己方，同时避免为考核而考核的敷衍性鉴定。不只要紧盯村干部及扶贫干部工作作风，还要考察他们措施是否从根本上帮助扶贫户脱贫，而不是短暂脱贫，防止返贫的发生。将村干部及扶贫干部的作风及业绩作为官员政绩的一部分，让有才能的人挖掘自己的潜能，平庸的人也能尽力做到最好以求升职。建立健全的考核机制，让政府及官员办事得到农户的认可，夯实产业扶贫生计响应可持续发展的群众基础。

B.10
安化县兴果村产业扶贫农户生计响应及提升建议*

袁明达　夏文星**

摘　要： 本文基于问卷调查及入户访谈所得一手数据资料，对兴果村建档和非建档立卡户两类群体产业扶贫生计响应的特征展开考察，结果发现：兴果村建档立卡户在生计资本、生计方式及生计空间三方面的响应得分及响应指数均明显高于非建档立卡户，在生计产出方面二者则无实质性差异，反映出当前兴果村产业扶贫的总体成效明显，但仍有改进空间。进一步的研究表明，除了是否为建档立卡户这一因素外，家庭自然资本状况、村“两委”工作能力和风格及向银行贷款难易程度等因素也对农户生计响应状况具有显著影响。为此，从增强贫困户内生脱贫动力与能力等四个方面提出兴果村下一步产业扶贫与可持续脱贫的对策建议。

关键词： 兴果村　产业扶贫　农户生计响应　可持续脱贫

---

* 本文得到吉首大学2018年度武陵山片区扶贫与发展协同创新中心研究项目（18JDZB076），国家社科基金青年项目（16CGL009），吉首大学2017年度学成返校博士科研资助经费研究项目（jsdxxcfxbskyxm201701）资助。

** 袁明达，博士，副教授，研究方向：企业成长与区域发展；夏文星，吉首大学商学院2016级经济学专业学生。

一　兴果村产业扶贫概况

（一）兴果村概况

安化县平口镇兴果村地处武陵山连片特困地区，位于平口镇北区，由原丛阳村和洛滩村合并而成。全村辖 18 个村民小组，现有农户 428 户，总人口为 1728 人。总面积为 21.4459 平方千米，其中村庄建设用地占 1.12%、非村庄建设用地占 1.24%、水域占 0.79%、耕地占 2.22%、园地占 13.85%、林地占 81.4%。

兴果村交通较为闭塞，2016 年之前不通公路，到镇上只有通过乘船的方法。2016 年后，省道 S255 从兴果村一侧经过，并留下路口，以此为契机，兴果村在原先村民集资自行修建的村级公路上开始了硬化工程。至 2018 年 8 月份，兴果村村级公路大部分已完成硬化，公路里程 20 千米左右。8 月份后，兴果村最后一条村组公路也开始硬化改造。截至目前，兴果村道路硬化已经覆盖全村 95% 以上的农户，村民到镇上的时间大大缩短。

兴果村农民收入的主要来源有三个方面：一是种植业。该村以种植杨梅、柰李、梨、橘子等水果为主，以种植蔬菜、畜牧养殖为辅，农民收入的 15% 来源于种植粮食、水果。其中刘吉先、夏立胡、夏立军、夏延光等种植户规模相对较大，种植时间较久，具有一定规模和抗风险能力。二是养殖业。全村具有一定的养殖业基础，主要是牛和羊的养殖，全村初步规模的养殖专业户有刘唐尧、刘叔平、邓清如等养羊专业户，此外，全村农户还养殖一些生猪、鸭等、畜牧养殖业占全村农民收入的 5% 左右。三是外出打工。农民收入的 80% 来源于外出务工。

受交通、资金、技术等方面因素的制约，兴果村产业发展压力较大，2018 年全村居民人均可支配收入不到 6000 元，远低于同年度安化县农村居民人均可支配收入 9000 元的水平。目前，经过多轮清理，兴果村共有建档立卡贫困户 45 户，共 163 人。其中，因病致贫 18 户，因学致贫 10 户，因残致贫14户，因灾致贫3户。2014年脱贫3户16人，2015年脱贫15户52人，2016年脱贫9户32人，2017年脱贫10户35人，2018年脱贫1户2人。截至2018年底，还有4户兜底户18人及3户新增户8人尚未脱贫，占全村人口的1.4%。

（二）调查过程及评价方法

为全面了解兴果村产业扶贫及农户生计响应现状，课题组于2018年8月深入该村进行了实地调查。调查分两个阶段：第一阶段，针对兴果村的主要村干部展开一对一的访谈，系统掌握兴果村产业扶贫的工作进展；第二阶段，发放“四维度－三强度”调查问卷，对兴果村80户农户产业扶贫中的生计响应情况进行调查，其中建档立卡户23户，非建档立卡户57户。

图1　入户调查

依据“四维度－三强度”指标体系，农户生计响应分为生计资本响应、生计方式响应、生计产出响应和生计空间响应四个维度。其中，生计资本又细分为自然资本、物质资本、人力资本、社会资本及金融资本五个方面。为

图 2　产业考察

有效测度各维度农户生计响应的强度，调查组首先采用李克特 5 点计分法要求被调查农户从感知、意愿和行为等三个角度对各维度问题展开主观评价。然后，采用主观权重和客观权重各占 50% 的方法确定兴果村农户生计响应各维度及各强度的综合权重。其中，主观权重采用专家打分法，即综合 5 位相关专家的打分来确定其权重，客观权重则采用能有效克服指标间信息重叠的熵值法来确定。综合权重结果如表 1 所示。

表 1　农户生计响应测度要素与权重

响应维度		响应强度	主观权重	客观权重	综合权重
生计资本	自然资本	感知	0. 10	0. 18	0. 14
		意愿	0. 30	0. 31	0. 30
		行动	0. 60	0. 51	0. 56
	自然资本响应权重		0. 20	0. 28	0. 24
	物质资本	感知	0. 10	0. 14	0. 12
		意愿	0. 30	0. 07	0. 19
		行动	0. 60	0. 79	0. 69
	物质资本响应权重		0. 20	0. 14	0. 18

续表

响应维度		响应强度	主观权重	客观权重	综合权重
生计资本	人力资本	感知	0.10	0.20	0.15
		意愿	0.30	0.18	0.24
		行动	0.60	0.62	0.61
	人力资本响应权重		0.20	0.21	0.20
	社会资本	感知	0.10	0.16	0.13
		意愿	0.30	0.14	0.22
		行动	0.60	0.70	0.65
	社会资本响应权重		0.20	0.13	0.16
	金融资本	感知	0.10	0.20	0.15
		意愿	0.30	0.30	0.30
		行动	0.60	0.50	0.55
	金融资本响应权重		0.20	0.24	0.22
生计资本响应权重			0.25	0.21	0.23
生计方式		感知	0.10	0.15	0.13
		意愿	0.30	0.07	0.18
		行动	0.60	0.78	0.69
生计方式响应权重			0.25	0.25	0.25
生计产出		感知	0.10	0.31	0.20
		意愿	0.30	0.12	0.21
		行动	0.60	0.57	0.59
生计产出响应权重			0.25	0.29	0.27
生计空间		感知	0.10	0.20	0.15
		意愿	0.30	0.12	0.21
		行动	0.60	0.68	0.64
生计空间响应权重			0.25	0.25	0.25

二　兴果村产业扶贫中农户生计响应特征

（一）农户生计资本响应特征

农户生计资本响应包含自然资本、物质资本、人力资本、社会资本及金融资本响应等五个二级指标，其响应情况的调查结果如表 2 所示。

表 2　农户生计资本响应调查结果

平均得分 \ 农户类别		被调查农户整体（80 户）	建档立卡户（23 户）	非建档立卡户（57 户）
自然资本响应	感知	3. 70	3. 78	3. 67
	意愿	3. 63	3. 65	3. 61
	行动	3. 36	3. 04	3. 49
物质资本响应	感知	3. 94	4. 52	3. 70
	意愿	4. 63	4. 74	4. 58
	行动	2. 65	4. 35	1. 96
人力资本响应	感知	3. 65	3. 96	3. 53
	意愿	3. 83	4. 22	3. 67
	行动	2. 93	3. 74	2. 60
社会资本响应	感知	3. 65	3. 83	3. 58
	意愿	4. 00	4. 22	3. 91
	行动	2. 83	3. 70	2. 47
金融资本响应	感知	3. 08	3. 35	2. 96
	意愿	2. 81	3. 17	2. 67
	行动	2. 60	3. 00	2. 44

1. 农户自然资本响应总体较好，建档与非建档立卡户无实质性差异

自然资本响应主要指农户对耕地、林地、菜地、鱼塘等因产业扶贫而被征收或流转的认知、态度和行为反应。表 2 显示，兴果村产业扶贫中农户自然资本响应在感知、意愿及行动三强度上的平均得分分别为 3. 70、3. 63 和 3. 36，均明显高于中间值 2. 50，且呈现出逐级下降趋势，表明兴果村产业扶贫中农户自然资本响应整体较好，多数农户不仅了解产业扶贫对耕地、林地、菜地、鱼塘等自然资本流转或征收的带动效应，而且愿意将自己的这些自然资本进行流转或征收，并已有不少农户将此付诸行动。但也发现，农户的感知、意愿及行动得分呈现逐级下降趋势，说明兴果村产业扶贫中真正将自然资本流转或征收的农户比例还有较大提升空间。与此同时，建档立卡户与非建档立卡户在感知和意愿两个强度的平均得分差距不大，前者的感知和意愿得分分别为 3. 78 和 3. 65，后者得分分别为 3. 67 和 3. 61。而在行动强度上，两者差距相对较大，建档立卡户得分为 3. 04，非建档立卡户得分为

3.49，但仍旧都属于中等偏上的得分，实质性差异并不明显。

2. 农户物质资本响应的“感知”和“意愿”强度较好，建档与非建档立卡户在“行动”强度上差距很大

物质资本响应主要指农户对农村购房或住房改建中家居（小车、家具等）受产业扶贫影响的认知、态度及行为反应。由表2可知，兴果村产业扶贫中农户物质资本响应在感知和意愿强度上的平均得分分别为3.94和4.63，说明兴果村农户大多了解产业扶贫对家居等物质资本改善的推动作用，并强烈希望这一助推效应能够进一步放大。与此同时，被调查农户整体的行动平均得分仅为2.65，略高于中间值2.50，明显低于感知和意愿得分。之所以出现这一巨大落差，主要原因在于建档立卡户与非建档立卡户在行动强度上的得分差距明显，其中，建档立卡户得分为4.35，非建档立卡户得分仅为1.96，这恰好说明兴果村产业扶贫中物质资本提升政策的针对性较强，区分性较好，让贫困户获得了理应更多的政策福利。

3. 农户人力资本响应的“感知”和“意愿”强度较好，建档与非建档立卡户在“行动”强度上差距大

人力资本响应主要指农户对家庭成员的见识、技能及对教育的认识等受产业扶贫影响的认知、态度和行为反应。由表2发现，兴果村产业扶贫中农户人力资本响应的感知平均得分为3.65，表明随着产业扶贫的发展，广大农户开始感受和了解了见识、技能及教育的重要性。农户整体的意愿平均得分为3.83，略高于感知得分，表明伴随着对于见识、技能及教育重要性的了解，农户希望提升上述方面的意愿也在逐步增强。农户整体的行动平均得分仅为2.93，比感知和意愿得分低很多，表明广大农户在见识、技能及教育等方面的实质性提升还远远不够。此外，建档立卡户与非建档立卡户在感知、意愿和行动三个强度上的平均得分差距都较为明显，其中最为明显的是行动强度，建档立卡户得分为3.74，非建档立卡户得分仅为2.60，说明兴果村产业扶贫中对针对贫困户在见识、技能及教育等方面的人力资本提升措施较多，贫困户自身的提升意识也相对更强，最后所取得的实质性效果相对于非贫困户来说也更好。

4. 农户社会资本响应的“感知”和“意愿”较好，建档与非建档立卡户在“行动”上差距较大

社会资本响应主要指农户对邻里、亲戚和朋友关系等社会网络资源受产业扶贫影响的认知、态度和行为反应。表2显示，兴果村产业扶贫中农户社会资本响应在感知和意愿强度上的平均得分分别为3.65和4.00，表明兴果村农户不仅较为明显地感受到产业扶贫中邻里、亲戚和朋友关系等社会网络资源的改善，而且对社会网络资源的进一步丰富与拓展也抱有较高的热情。与此同时，农户整体的行动平均得分仅为2.83，比感知和意愿得分低不少，表明广大农户各方面社会网络资源的实质性改善与提升还远未达到其预期。此外，建档立卡户与非建档立卡户在感知和意愿两个强度上的平均得分差距较小，在行动强度上的差距较大，建档立卡户行动得分为3.70，非建档立卡户行动得分仅为2.47，这表明兴果村产业扶贫中贫困户与非贫困户社会资本响应的感知和意愿虽无明显差异，但在实质性提升方面，贫困户明显好于非贫困户。

5. 农户金融资本响应整体一般，建档与非建档立卡户无实质性差异

金融资本响应主要指农户对持有金融产品、发生金融业务及与金融机构互动频率和方式受产业扶贫影响的认知、态度和行为反应。由表2可知，兴果村产业扶贫中农户金融资本响应在感知、意愿和行动三强度上的平均得分分别为3.08、2.81和2.60，呈逐级下降趋势，整体表现一般，表明兴果村产业扶贫中仍有不少农户没有感受到自身的金融产品、金融业务及与金融机构互动的频率与方式有何明显变化。由于没有感受到明显的区别，因此对改善金融资本的预期也就不积极，进而真正付诸行动的就更少。与此同时，建档立卡户在感知、意愿和行动三强度上的平均得分都在3分以上，而非建档立卡户平均得分都在3分以下，说明兴果村产业扶贫中金融资本响应虽然整体一般，但贫困户和非贫困户之间存在较为明显的不同。

6. 农户生计资本响应指数一般，建档和非建档立卡户差距较大

由上述分析可知，除金融资本响应在感知、意愿和行动三强度的得分都较低外，兴果村农户生计响应其他四个维度的强度得分总体处于中等偏上水

平。其中，自然资本响应的三强度得分都在3.3分以上，物质资本、人力资本和社会资本响应的行动得分虽然都在3分以下，但其感知和意愿得分均在3.6分以上。通过进一步计算农户生计资本响应指数（LHR_c）① 可以发现（见图3），兴果村产业扶贫中农户整体的生计资本响应指数为3.17，比中间值2.50高，这也更加证明了兴果村农户生计资本响应总体尚可。与此同时，图3的结果还显示，建档和非建档立卡户的生计资本响应指数差距明显，达到0.7，表明兴果村产业扶贫中对贫困户生计资本的改善和提升效应更为明显，相关政策措施具有较强的针对性和精准性。

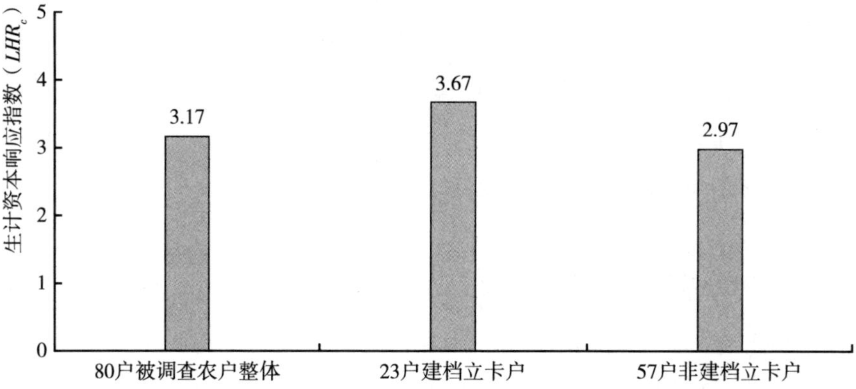

图3　兴果村农户生计资本响应指数

（二）农户生计方式响应特征

1. 建档和非建档立卡户在生计方式响应的“行动”强度上差距很大

生计方式响应主要指农户对城镇就业机会、非农就业方式（做生意、务工、兼职等）以及乡村生计方式受产业扶贫影响的认知、态度与行为反应。图4显示，兴果村产业扶贫中农户生计方式响应在感知和意愿强度上的

① 生计资本响应指数计算公式：$LHR_c = \sum_{m=1}^{5}\sum_{n=1}^{3} W_m W_{mn} S_{mn}$，式中：$W_m$ 为第 m 类生计资本的响应权重，W_{mn} 为第 m 类生计资本第 n 类响应强度的权重，S_{mn} 则为第 m 类生计资本第 n 类响应强度的李克特量表得分。

平均得分较高，分别为3.73和4.61，表明兴果村农户大多清楚产业扶贫会对自身的生计来源（养家糊口的方式）产生影响，并希望这种影响效应能够伴随着扶贫产业的发展越来越大。另外，兴果村农户生计方式响应的行动平均得分仅为2.24，说明兴果村产业扶贫中已经真正改变或拓展了自身生计方式的农户数量还不多。进一步地分析发现，行动强度的平均得分之所以不高，主要是由于建档立卡户与非建档立卡户在该强度上的平均得分差距明显。其中，建档立卡户的行动平均得分为3.61，而非建档立卡户的行动评价得分才1.68，相差分值接近2。二者在行动强度的差距表明，兴果村产业扶贫中针对贫困户的生计方式改善和拓展政策具有较强的精准性。

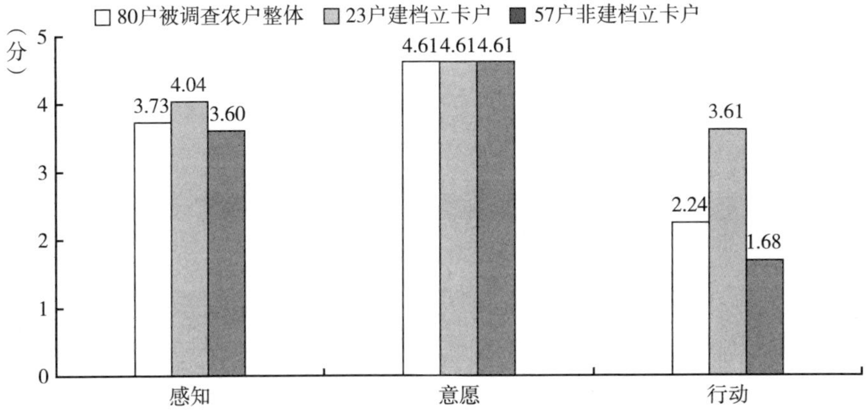

图4　兴果村农户生计方式响应调查结果

2. 农户生计方式响应指数总体不高，建档和非建档立卡户差距较大

由图5可知，80户被调查农户整体的生计方式响应指数（LHR_w）① 为2.86，比中间值2.5略高，表明兴果村产业扶贫中农户总体的生计方式响应一般，换言之，兴果村产业扶贫中改善和拓展农户生计方式的效果还不是很明显。从23户建档立卡户和57户非建档立卡户的对比来看，二者又有明显

① 生计方式响应指数计算公式：$LHR_w = \sum_{n=1}^{3} W_n S_n$，式中：$W_n$ 为生计方式第 n 类响应强度的权重，S_n 则为生计方式第 n 类响应强度的李克特量表得分。

差异，前者的生计方式响应指数为3.85，后者为2.46，这表明虽然兴果村农户生计方式响应的总体水平还不高，但作为产业扶贫重点的建档立卡户，其生计方式的各方面还是得到较为明显的改善及提升。

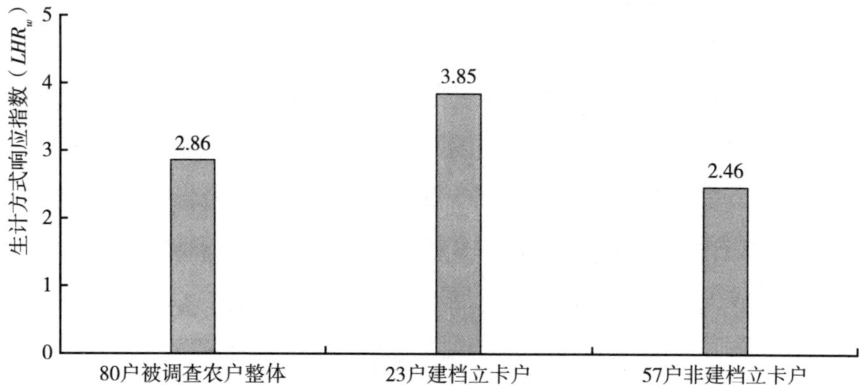

图5　兴果村农户生计方式响应指数

（三）农户生计产出响应特征

1. 农户生计产出响应的“行动”强度低，建档与非建档立卡户无本质性差异

生计产出响应主要指农户对产业扶贫引起的产出水平、收入渠道以及受自然条件（灾害、恶劣天气等）、市场条件（价格、需求等）影响的认知、态度及行为反应。由图6可知，兴果村产业扶贫中农户生计产出响应的感知平均得分为3.21，表明广大农户对产业扶贫引起的产出水平、收入渠道以及受自然条件、市场条件影响的感知水平一般。农户生计产出响应的意愿平均得分为4.38，表明广大农户十分希望扶贫产业的发展能够帮助其增加产出和收入、减少自然灾害及密切市场联系。农户生计产出响应的行动平均得分仅为1.59，表明兴果村产业扶贫中农户生计产出的实质性改善还十分有限。此外，建档立卡户与非建档立卡户的生计产出响应在感知、意愿及行动上的强度表现均较为一致，具体而言，建档立卡户在感知和意愿得分上略低于非建档立卡户，在行动得分上虽然高于建档立卡户，但也仅为1.96，低于中间值2.5，二者间并无实质性差异。

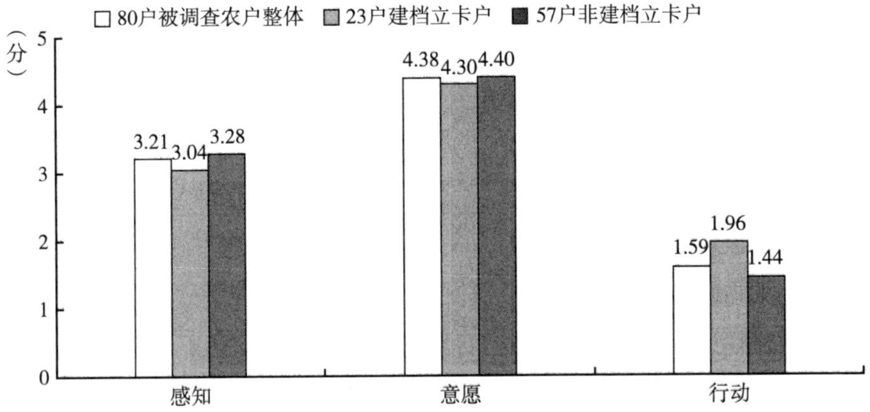

图6　兴果村农户生计产出响应调查结果

2. 农户生计产出响应指数较低，建档和非建档立卡户差距小

图7显示，兴果村被调查农户整体的生计产出响应指数（LHR_p）[①] 仅为2.50，在所有维度的生计响应指数中最低，表明兴果村产业扶贫中农户总体的生计产出响应非常糟糕，即伴随着产业扶贫的发展，兴果村农户总体的收入水平并未明显增长，收入稳定性并未明显增强，受自然环境及市场环境的影响程度也未显著降低。从23户建档立卡户和57户非建档立卡户的对比来看，前者的生计产出响应指数为2.67，后者为2.44，二者间不存在明显差异，这表明兴果村下一步产业扶贫的发展应将增加收入、降低风险及增强市场稳定性等作为工作的重中之重。

（四）农户生计空间响应特征

1. 农户生计空间响应总体较好，建档和非建档立卡户在“行动”强度上差距较大

生计空间响应主要指农户对生计活动的空间（居住、就业、就学、

① 生计产出响应指数计算公式：$LHR_p = \sum_{n=1}^{2} W_m S_n$，式中：$W_n$ 为生计产出第 n 类响应强度的权重，S_n 则为生计产出第 n 类响应强度的李克特量表得分。

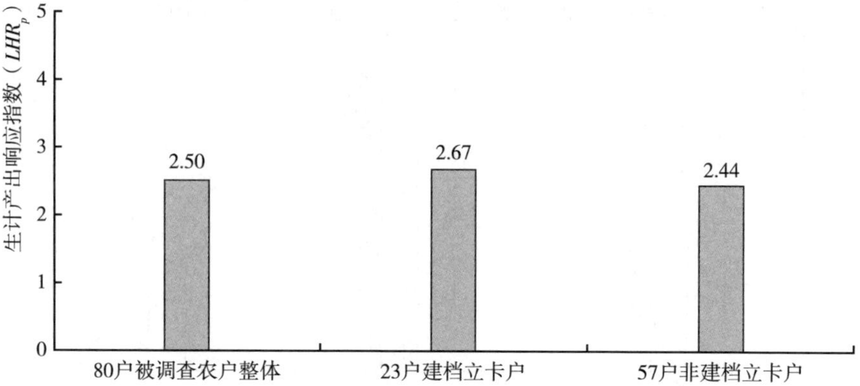

图 7　兴果村农户生计产出响应指数

就医、购物、娱乐空间等）受产业扶贫影响的认知、态度和行为反应。由图 8 可以看出，兴果村农户生计空间响应的感知、意愿及行动平均得分都在 3.5 以上，表明兴果村广大农户不仅感受到产业扶贫对自身生计空间的影响，而且希望自身的生计空间能够伴随着产业扶贫获得进一步扩展，并且相当一部分农户的居住、就业、就学等生计活动空间在产业扶贫中已经有了实质性的改善与。与此同时，建档立卡户在生计空间感知、意愿及行动上的强度均高于非建档立卡户，其中，在行动上的强度差异最为明显，前者得分为 4.26，而后者得分为 3.26，表明兴果村产业扶贫中的生计空间改善措施既有较强的整体带动性，又有较好的贫困户指向性。

2. 生计空间响应指数较好，建档和非建档立卡户差距加大

由图 9 可知，80 户被调查农户整体的生计空间响应指数（LHR_s）① 为 3.77，表明兴果村农户总体的生计空间伴随着产业扶贫的发展有了较为明显的改善与提升，即农户就业、就学、就医、购物、娱乐等生活空间范围

① 生计空间响应指数计算公式：$LHR_s = \sum_{n=1}^{3} W_n S_n$，式中：$W_n$ 为生计空间第 n 类响应强度的权重，S_n 则为生计空间第 n 类响应强度的李克特量表得分。

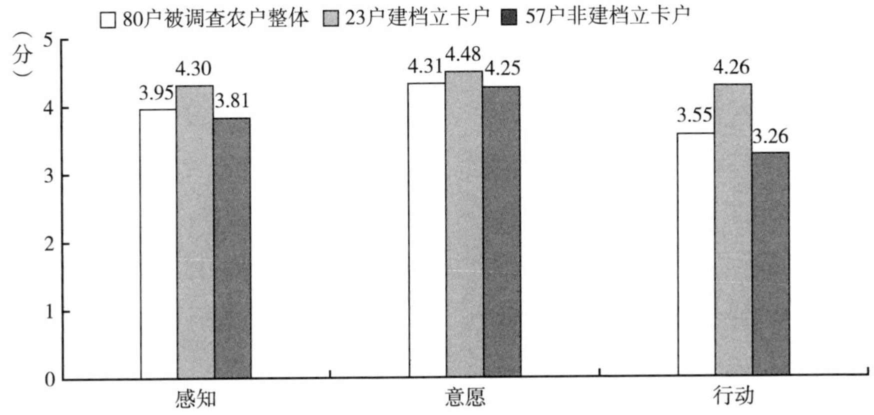

图 8　兴果村农户生计空间响应调查结果

得到有效拓展，与外界接触以及交流的机会有了明显增加。对比 23 户建档立卡户和 57 户非建档立卡户的情况来看，前者的生计空间响应指数为 4.31，后者则为 3.55，都在 3.5 以上，说明兴果村产业扶贫中建档和非建档立卡户的生计空间虽然都有较大的改善，但前者的改善程度明显大于后者，反映出兴果村产业扶贫中改善贫困户生计空间的对策措施具有良好的政策精准性。

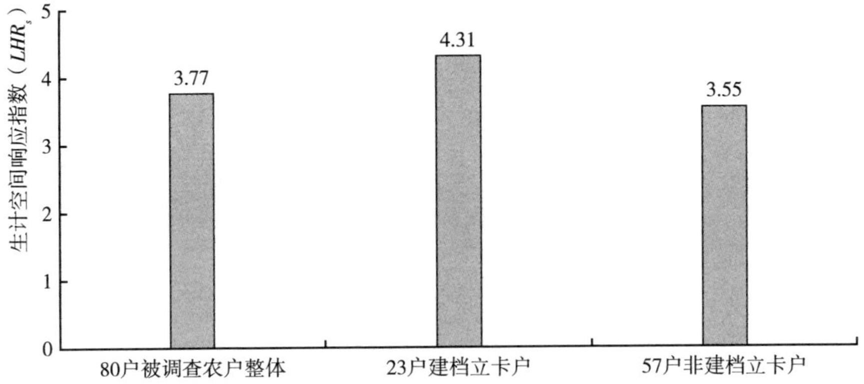

图 9　兴果村农户生计空间响应指数

（五）农户综合生计响应特征

图 10 显示，80 户被调查农户整体的综合生计响应指数（*LHR*）① 为 3.05，表明兴果村产业扶贫发展过程中，广大农户总体的生计响应情况并不理想，农户整体的脱贫成效还较为有限。对比 23 户建档立卡户和 57 户非建档立卡户的情况来看，前者的综合生计响应指数为 3.6，后者为 2.84，这一方面反映出兴果村产业扶贫中所采取的各项政策措施总体上虽具有一定的贫困户针对性与指向性，但另一方面也应看到，兴果村产业扶贫中贫困户的实际脱贫成效并不显著，仍具有较大的进步与提升空间，相关政策措施还应持续优化完善。

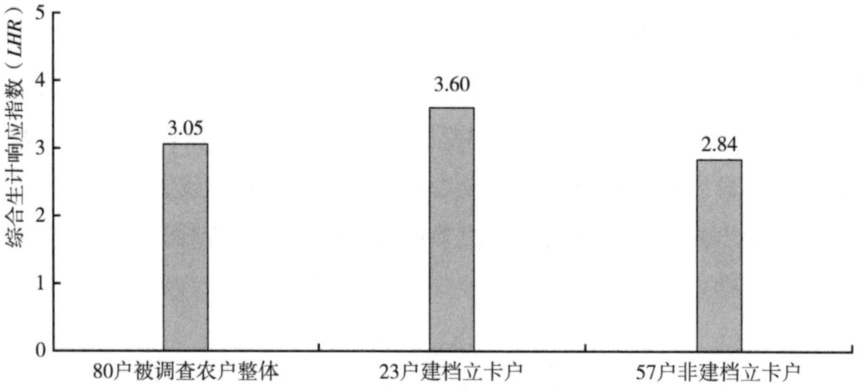

图 10　兴果村农户综合生计响应指数

三　兴果村产业扶贫农户生计响应的影响因素

为全面认识和了解兴果村产业扶贫中农户生计响应的主要影响因素，调

---

① 综合生计响应指数计算公式：$LHR = \sum_{i=1}^{4}\sum_{j=1}^{3} W_i W_{ij} S_{ij}$，式中：$W_i$ 为第 i 个响应维度的响应权重，W_{ij} 为第 i 个响应维度第 j 类响应强度的权重，S_{ij} 则为第 i 个响应维度第 j 类响应强度的李克特量表得分。

查组立足问卷收集得到的数据资料，运用 SPSS 22.0 的独立样本 T 检验、卡方检验以及 $J-T$ 检验方法，从农户类别、收入来源、教育程度、年龄结构、健康状况、劳动力数量、自然资本状况、村“两委”工作能力和风格以及借款难易程度等 9 个方面对兴果村产业扶贫农户生计响应的主要影响因素进行了验证性分析。

（一）农户类别对其生计响应具有显著影响

兴果村共有农户 428 户，其中建档立卡户 45 户，此次共调查走访 23 户建档立卡户，占该村建档立卡户总数的 51%。群组统计结果显示，23 户建档立卡户生计响应平均总得分为 110.5 分，57 户非建档立卡户平均总得分为 87.5 分，前者明显高于后者。进一步的独立样本 T 检验结果显示，F 统计量的 Sig 值 $0.688>0.05$，不能否认方差相等的假设，但 T 检验的双侧 Sig 值 $0.000<0.05$，即在 0.05 的显著性水平上，建档立卡户与非建档立卡户的生计响应存在显著差异，这与前文兴果村农户生计响应特征分析的结果相一致。由此可以认为，贫困户是兴果村产业扶贫中的主要受益对象，兴果村产业扶贫总体上具有较好的针对性和精准性，基本实现了产业扶贫的初衷。

（二）农户家庭收入来源对其生计响应的影响不显著

由图 11 可知，兴果村被调查的 80 户农户中，以种植或养殖业为主要收入来源的农户最多，共 34 户，占被调查总体的 42.5%；以务工为主要收入来源的共 31 户，占总体的 38.8%；以经商为主要收入来源的只有 1 户；其余 14 户则以政府补贴、土地租赁等为主要收入来源。针对农户家庭收入来源与其生计响应间的关系，基于卡方检验和 $J-T$ 检验的验证结果显示，卡方检验的渐进显著性得分为 0.790，$J-T$ 检验的渐进显著性（双尾）得分为 0.559，均大于 0.05，表明在 0.05 的显著性水平上，兴果村农户家庭收入的主要来源方式对其生计响应没有显著影响。之所以出现这一结果的可能原因在于以下两方面：一是后续的深入调查发现，许多以务工为家庭主要收入来源的农户，其所做的工作仍旧是以本村或邻近村庄的种养殖业工作为主，与占比最高的第一类农户在收入来源方式上并无本质性区别，这二者占了被调查农户总体的80%以上，从而使得收入来源对生计响应的影响不显著。二是兴果村产业扶贫中没有或者缺少针对不同收入来源农户的差异性政策设计，从而使得不同收入来源的农户对产业扶贫的实际感受及评价趋向一致。

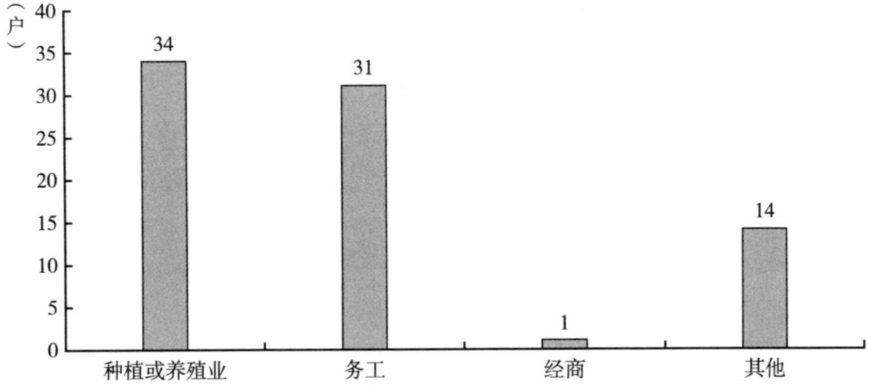

图11　农户家庭主要收入来源

（三）农户家庭最高受教育程度对其生计响应没有显著影响

图12显示，兴果村被调查的80户农户中，最高受教育程度为初中的最多，共34户，占总体的42.5%，其次为高中，共26户，占比为32.5%，大专及以上学历的共13户，最少的为小学及以下学历，共7户。基于卡方检验和 $J-T$ 检验的验证结果显示，卡方检验的渐进显著性得分为0.370，$J-T$检验的渐进显著性（双尾）得分为0.0632，均大于0.05，这表明兴果村农户家庭最高受教育程度对其生计响应没有显著影响。出现这一结果的可能原因在于，被调查农户家庭最高受教育程度以初高中为主，所学知识主要以基础性科学知识为主，进入以专业技能或专长学习为主的大专及以上阶段学习的相对少很多。更关键的是，即使那些家里有大专以上学历的农户家庭，其学历最高的家庭成员往往也并不在村里工作或生活，因而使得

兴果村产业扶贫中不同受教育程度的农户家庭没有表现出生计响应的根本性差异。

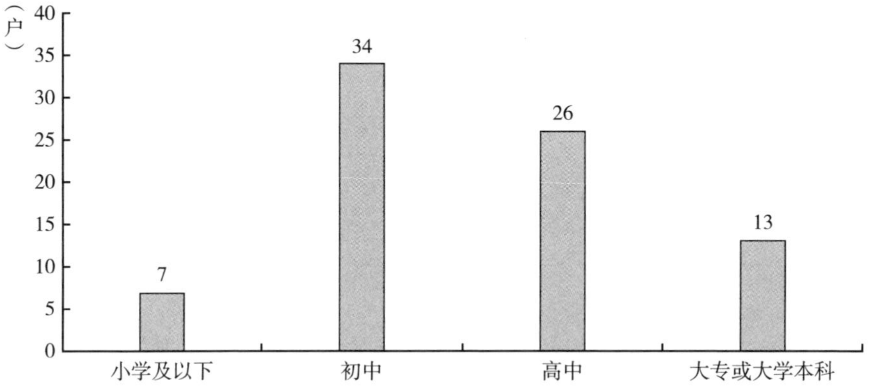

图 12　农户家庭最高受教育程度

（四）农户家庭年龄结构对其生计响应的影响不显著

由图 13 可知，兴果村 80 户被调查农户家庭的年龄结构分布较为集中，其中 51 户家庭既有 14 岁以下小孩又有 60 岁以上老人，占总体的 63.75%；仅有 60 岁以上老人的共 17 户，占 21.25%；家庭成员年龄均为 14～60 岁的共 8 户，占总体的 10%；仅有 14 岁以下小孩的共 4 户，占 5%。基于卡方检验和 *J－T* 检验的验证结果显示，卡方检验的渐进显著性得分为 0.749，*J－T*检验的渐进显著性（双尾）得分为 0.377，二者都大于 0.05，表明兴果村农户家庭年龄结构对其生计响应没有显著性影响。产生上述结果的主要原因在于，兴果村被调查农户中一半以上属于上有老、下有小的状态，家庭负担十分沉重，而家里基本没有太大负担的则很少，这使得兴果村产业扶贫中农户生计响应受其家庭年龄结构的影响效应趋于一致，没有明显的区别。

（五）农户家庭身体健康程度对其生计响应的影响不显著

调查结果显示，兴果村 80 户被调查农户中，家人长期生病的有 39 户，家人健康的有 41 户，基本各占一半，表明兴果村的医疗卫生事业仍旧任重

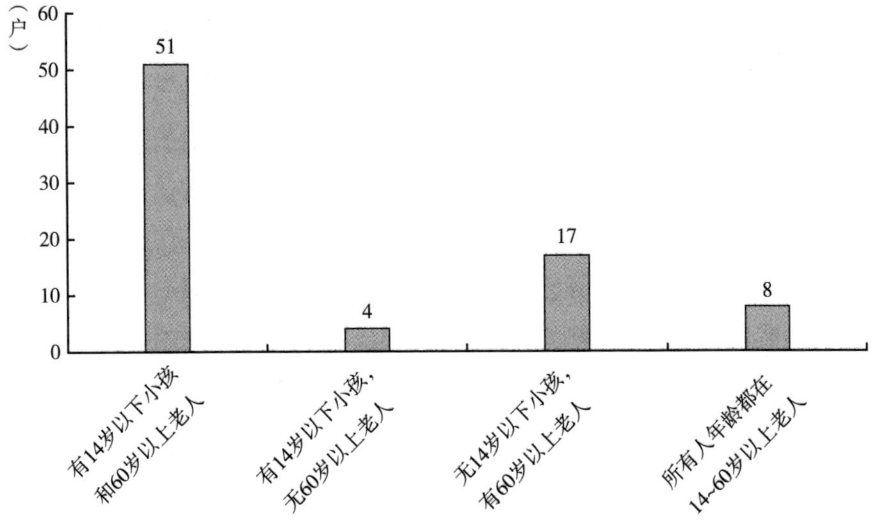

图13　农户家庭年龄结构

而道远。进一步的独立样本 T 检验结果显示，双侧 Sig 值 $0.819>0.05$，即在0.05的显著性水平上，兴果村农户家庭健康程度对其生计响应没有显著性影响。出现这一结果的主要原因在于，一方面，家里有长期病患的农户家庭，虽然家庭主要劳动力大多留在本村，但因照顾家庭病患耗费其大量时间精力，参与或对接产业扶贫中各项政策措施的效果并不理想；另一方面，那些家里没有长期病患的农户家庭，其家庭主要劳动力虽然有相对更充足的时间和精力，但又因普遍选择外出务工，因而参与和对接相关产业扶贫政策措施的效果也并不突出，从而也就没有表现出与前一类农户的本质性差异。

（六）农户家庭劳动力数量对其生计响应没有显著影响

图14显示，兴果村被调查的80户农户中，拥有2~3个劳动力的家庭最多，共55户，占总体的68.8%；劳动力数量为1人及以下的共15户，占18.8%；其余10户的劳动力数量在3人以上。基于卡方检验和 $J-T$ 检

验的验证结果显示，卡方检验的渐进显著性得分为0.435，$J-T$检验的渐进显著性（双尾）得分为0.572，均大于0.05，表明兴果村农户家庭劳动力数量对其生计响应没有显著性影响。出现这一结果的可能原因有二：一是被调查的80户农户中近70%属于劳动力数量居中（2~3人）的水平，其余劳动力数量水平的农户家庭相对较少；二是被调查农户家庭的劳动力大多外出务工，留在村里的很少，因而使得农户家庭的实质性劳动力数量差距并不明显。

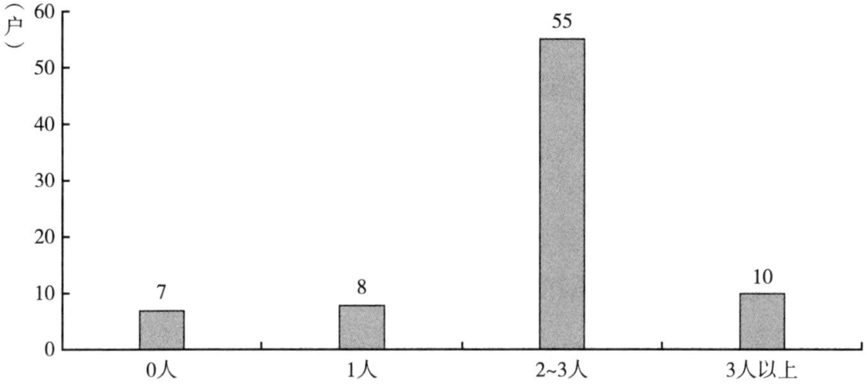

图14　农户家庭劳动力数量

（七）农户家庭自然资本状况显著影响其生计响应

由图15可知，兴果村被调查农户家庭的自然资本状况总体不佳。具体而言，所拥有的自然资本数量和质量都一般的共33户，占总体的41.3%；数量少且质量差的共26户，32.5%；只在数量或质量某一方面较好的共10户，占12.5%；数量和质量都还好的共11户，占总体的13.8%。基于卡方检验和$J-T$检验的验证结果显示，卡方检验的渐进显著性得分为0.048，$J-T$检验的渐进显著性（双尾）得分为0.006，均小于0.05，这表明兴果村农户家庭自然资本状况对其生计响应具有显著影响。由此可以看出，兴果村农户的自然资本拥有状况是影响其生计资本响应的关键性因素之一，因此，兴果村下一阶段的产业扶贫政策应重点关注农户尤其是贫困户自然资本状况的特点，从而进一步提升政策的针对性及精准性。

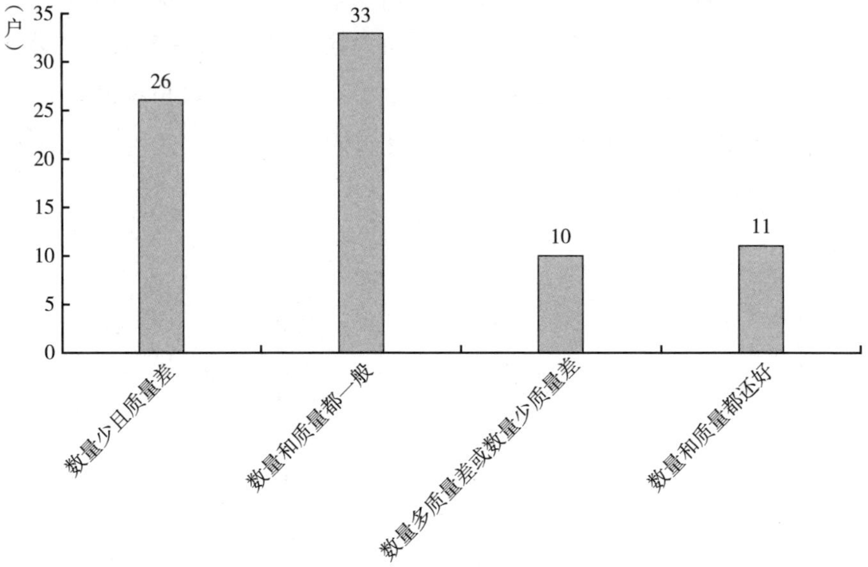

图 15　农户家庭自然资本状况

（八）村“两委”工作能力和风格对农户生计响应具有显著影响

由图 16 可知，兴果村农户对村“两委”工作能力及风格的评价一般。具体而言，被调查的 80 户农户中，认为村“两委”工作能力弱、缺乏威信且做事欠公正的共 27 户，占总体的 33.75%；认为能力强、有威信且公平公正的有 23 户，占 28.75%；其余 30 户认为村“两委”要么做事公正但能力一般，要么能力较强但做事欠公正。基于卡方检验和 $J-T$ 检验的验证结果显示，卡方检验的渐进显著性得分和 $J-T$ 检验的渐进显著性（双尾）得分均为 0.001，小于 0.05，表明兴果村村“两委”工作能力及风格会显著影响农户生计响应水平。进一步地分析发现，二者间呈显著正相关关系，即村“两委”工作能力和风格越好，兴果村农户的生计响应水平越高。为此，兴果村下一步产业扶贫的发展应将健全完善村“两委”人员的选拔任用体系、持续提升村“两委”的工作能力及风格等作为一项重点工作来思考。

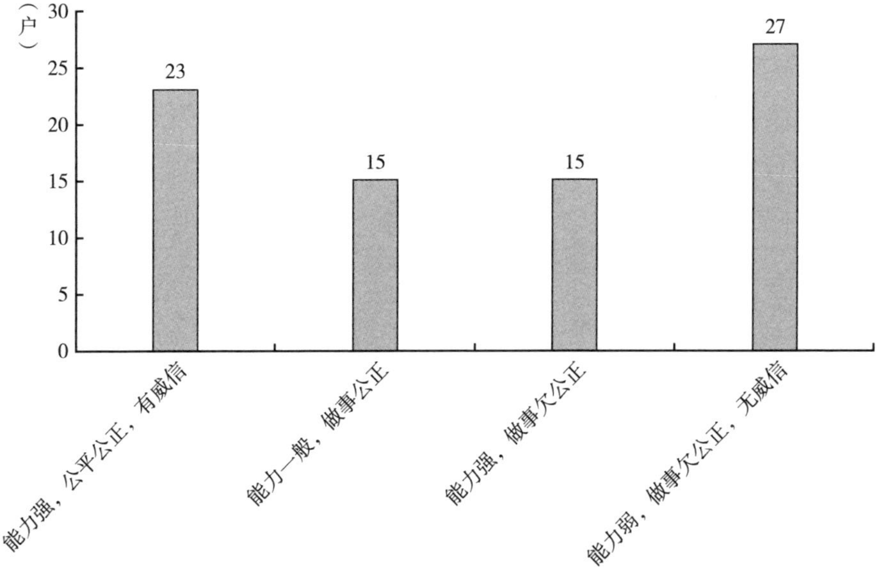

图 16　村支两委工作能力和风格

（九）农户向银行借贷难易程度显著影响其生计响应

图 17 显示，兴果村 80 户被调查农户中，认为向银行借贷比较困难或困难的共计 37 户，占总体的 46.25%，认为容易或比较容易的共有 22 户，占 27.5%，其余 21 户认为一般。基于卡方检验和 *J*－*T* 检验的验证结果显示，卡方检验的渐进显著性得分和 *J*－*T* 检验的渐进显著性（双尾）得分均为 0.000，小于 0.05，表明兴果村产业扶贫中农户生计响应显著受到农户向银行借款难易程度的影响，即兴果村农户向银行借款的难度越大，其产业扶贫中的生计响应水平越低。由此说明，兴果村未来要想进一步提升产业扶贫中的农户生计响应水平，可以从完善金融扶贫政策、简化贫困户贷款程序及手续、降低贫困户贷款门槛及难度等方面着手努力。

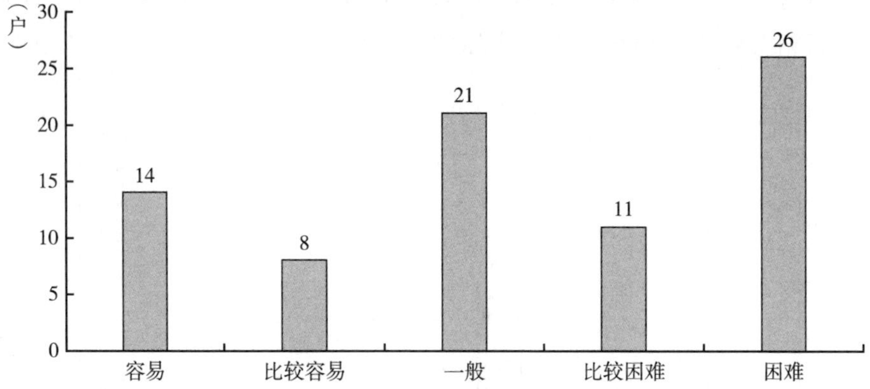

图 17　农户向银行借贷的难易程度

四　兴果村产业扶贫与可持续脱贫的建议

（一）增强贫困户内生脱贫动力与能力

"扶贫先扶志，扶贫必扶智"，这句话是习总书记在深入推进脱贫攻坚工作会议上讲的。调查中发现，兴果村部分建档立卡户满足于现有的各种政策资助，认为这些资助是理所当然，自身不思进取，缺乏从根本上摆脱贫困的志向。与此同时也发现，兴果村还有部分贫困户虽然有较为强烈的脱贫意愿，但受限于自身素质能力水平，其在产业发展中并没有充分有效享有到相关政策措施的福利。为此，兴果村下一步产业扶贫的关键在于不断提升贫困户家庭成员的个体发展能力，持续增强其内生发展的动力及能力，彻底阻断贫困户的贫困根源。具体而言，针对那些安于现状且缺乏脱贫动力的贫困户，要建立健全贫困户思想教育体系，通过采取政策宣讲、典型示范等各种形式的宣传教育活动，不断转变其思想观念，努力增强其脱贫的主动性和积极性，切实提升其内生脱贫动力；针对那些有强烈脱贫意愿但缺乏脱贫能力的贫困户，要加快构建系统的学习培训机制，既要让其对相关脱贫政策措施有充分的了解和理解，以便更好地抓住其中潜藏的各种脱贫机遇，又要通过有针对性的技能知识培训，不断增强其内生脱贫能力。

（二）提升自然资本相关政策的精准性

兴果村产业扶贫中农户生计响应受多方面因素影响，自然资本拥有状况的不同是其中的关键性因素之一。为此，兴果村下一步产业扶贫及可持续发展工作中相关政策措施的制定应以充分考虑农户自然资本状况的差异为基础和前提。具体来说，针对自然资本数量少质量差或者数量和质量都一般的贫困户来说，首先要明确个体发展能力的提升是其脱贫致富的关键，要不断加强对提升其个体发展能力有利的政策倾斜，持续降低其对自然资本的依赖性。与此同时，还应在下一阶段产业扶贫实施过程中加大对其自然资本征收或流转等方面的政策照顾，尽可能提升其自然资本的价值。针对那些自然资本数量多质量差或数量少质量较好的贫困户，应当在引导和鼓励其通过加入合作社等方式不断提升自然资本价值的同时，尽可能提升其综合素质与能力，激发和调动其发展产业的积极性。对于那些自然资本数量和质量都较好的贫困户，既要通过产业引导、技术指导、资金帮扶等一系列综合措施帮助其尽快发展起以村域特色为依托的种养殖业，又要在市场销售、品牌打造等方面为其提供力所能及的帮助，不断增强其市场抗风险能力。

（三）优化村“两委”工作能力及其风格

村“两委”的工作能力及风格是影响兴果村农户生计响应的另一关键性因素。调查显示，兴果村村“两委”的工作能力及风格的群众认可度不高，严重制约了该村产业扶贫中农户的生计响应水平。因此，兴果村下一阶段产业扶贫中农户生计响应水平的持续提升有赖于从以下方面优化村“两委”的工作能力及风格：一是建立健全村“两委”工作人员的选拔任用机制，由乡镇一级政府派专人进行指导，由村民党员、村内能人、村民小组推选的村民代表等共同组成监督小组，负责对整个流程进行无缝监督与审查，确保村“两委”人员选拔任用的公平、公正、公开；二是要立足兴果村产业及社会发展的具体实际，由上级政府制定有针对性的村“两委”工作人员素质能力提升计划，不断提升其基层管理能力及产业发展能力；三是制定完善村“两委”工作情况考核奖惩机制，强化对相关工作人员的制度约束，对于那些在产业扶贫中不能秉公办事的村“两委”人员实施一票否决制。

（四）破解贫困户贷款方面的金融障碍

贷款难、贷款贵等金融问题是制约我国贫困地区农户脱贫致富的普遍性障碍，兴果村也不例外。为此，兴果村后续的产业扶贫应着力从以下方面构建起系统完善的金融扶贫政策体系：一是推进小额信贷制度改革，有条件有步骤地对兴果村农村宅基地流转开禁，提高贫困户的资产存量，将其掌握的资源资本化，优化贫困户的资产结构。与此同时，建立农村信贷机构与基层政府的合作机制，共同为贫困户建立信用档案，解决信息不对称问题，增大贷款力度的同时降低金融风险；二是针对兴果村贫困户的信贷需求特征，大力发展由财政出资本金，商业银行批发贷款，公益性小额信贷组织具体操作的专门信贷服务；三是针对兴果村贫困户的经济活动多发生于农业及相关行业，而农业的自然风险以及处于过剩经济环境中的市场风险很大，从而制约贫困户小额贷款发展的现实，探索建立兴果村自愿性和强制性相结合的农业保险模式；四是针对不同产业行业、不同贫困程度的贫困户制定还款期限及还款方式相区别的差异性贷款政策，提升贫困户的贷款积极性及还款能力。

B.11

桂东县寨坪村产业扶贫农户生计响应差异及影响因素*

张琰飞　朱海英　张　霞　何永安**

摘　要： 产业扶贫是贫困地区持续脱贫致富的关键，也是实现乡村振兴的重要途径。桂东县寨坪村拥有独特的旅游资源和林地资源，具有实施林旅融合产业的条件和基础；寨坪村通过建设速生丰产林、油茶基地，推进产业集约化与规模化，调动农户发展庭园经济，年均集体经济收入超过5万元，产业扶贫取得了一定成效。评估结果显示，产业扶贫中农户生计资本响应强度最低，生计产出响应相对较低，生计空间响应居中，生计方式响应最高，整体处于较好水平；农户对产业扶贫的感知、意愿和行动的响应程度差异显著，其中行动响应水平最高。研究发现，产业扶贫的农户生计响应受到农户家庭人口特征、扶贫政策与农户村寨环境等因素的影响。针对寨坪村产业扶贫存在的问题，提出要健全基础设施项目建设，提升扶贫产业发展质量，强化专业人才培育，强化农户参与能力，加强产业扶贫队伍建设，推进产业扶贫与乡村振兴有机对接。

* 基金项目：国家自然科学基金项目（71663018）；湖南省自然科学基金项目（2019JJ50480）；湖南省社科基金项目（18YBQ102）；湖南省社科联项目（XSP19YBZ107）；武陵山片区扶贫与发展协同创新中心资助项目。

** 张琰飞，管理学博士，吉首大学商学院副教授，研究方向为产业经济与投资管理；朱海英，管理学博士，吉首大学商学院讲师，研究方向为产业经济与财务管理；张霞，吉首大学商学院本科生；何永安，吉首大学商学院经济学专业本科生。

关键词： 产业扶贫　农户生计　响应强度　影响因素

一　桂东县寨坪村的产业扶贫概况

（一）青山乡寨坪村基本情况

桂东县青山乡寨坪村坐落在八仙下棋脚下，与四都镇接壤，由原寨坪村和苦竹村合并而成，区域面积为31.9平方千米，距离乡政府16千米，距离县城79千米，是典型的偏远山区贫困村。寨坪村辖19个村民小组，共626户2151人，其中有贫困户245户贫困人口696人，有耕地1240亩（其中水田860亩、旱土380亩），主要以种植业和外出务工收入为主。全村现有村"两委"成员5人、中共党员57人。总面积为31.9平方千米，其中山林有4.5万亩，主要产业有油茶6000亩、楠竹3000亩、药材1000亩、速生丰产林3.4亩。当地居民主要靠种植速生丰产林、油茶、楠竹、药材为主，水稻、玉米、花生、豆类、蔬菜等农产品为辅，养殖业有鸡、鸭、鹅、猪、牛、羊家禽（畜）；但由于交通不便，农副产品销路难拓展。驻村帮扶工作队由桂东县经济和科技商务局派出。2017年对照贫困村退出"两个完善""两个确保"的标准，住房、饮水、用电、通信以及基础设施全部得到保障，全村人均纯收入6968元。

（二）寨坪村产业发展的现状

寨坪村具有独特丰富的资源，其中有林地面积4.5万亩，森林覆盖率为83%，有木材蓄积量为27.2万立方米。寨坪村有八仙下棋景点，与国家保护级的八面山自然景区接壤，为乡村旅游提供了可开发的资源优势。寨坪村独特的八仙下棋旅游资源和林地资源，为推进产业结构调整，谋划林旅结合、茶旅结合、药旅结合、竹旅结合开辟了一条新道路，为实施"一乡一品、一村一特色"产业发展模式奠定了基础。寨坪村的植物茶油，在国际国内市场上受到很多消费者的青睐。三木药材（黄檗、厚朴）药用价值高，市场前景好。目前，该村产业发展处于以户为单位的零散种植（养殖）阶段，规模化、产业化比较落后，制约了当地经济发展。一是多数农户存在小农意识，较长时间的分散经营和封闭式生产，从而造成很多农户存在小农意识，观念比较落后，缺乏解放思想，投身改革和创新意识。二是基础设施薄弱，抵御自然灾害能力差，长期以来由于财政收入少，造成经费紧张，投入较少，基础设施建设困难；外出务工青壮年人员较多，在家农户基本上属于老、弱、病、残、小人员，产业开发缺乏高质量的劳动力。三是缺乏农业产业种养技术。很多农户还是迷恋传统农业的老一套、老办法，搞点小打小闹的种养有一套，但一旦经营上了规模，技术上就会出现脱节掉链，不足以有更多的办法解决。

（三）寨坪村产业扶贫的做法

寨坪村产业扶贫重点是围绕速生丰产林、油茶规模基地建设，形成深加工，实现增值增效，结合生态移民产业转型政策的落实，切实推进产业集约化经营上的规模，以增加效益，并且充分调动好农户庭园经济的发展，实现农户能在家门口就业增收。寨坪村在巩固和发展好传统产业优势的基础上，切实推进和实施“一乡一品，一村一特色”规模产业格局，把产业扶贫作为深化造血功能的主战场。挖掘潜力，制定切实可行的产业帮扶、规划和奖扶工作计划，推进形成培植速生丰产林基地，油茶基地，楠竹基地，茶叶基地，药材基地，食用菌基地，养殖业以养鸡、养猪、养蜂、养鸭、养鹅、养牛为主，形成种植养殖业为“六种六养”产业规模格局。寨坪村通过扶贫资金杠杆作用，撬动贫困户增收致富；采取引导能人带动战略方式，鼓励在产业发展中的专业户、受益好的大户辐射带动全村农户的产业发展，逐步形成规模订单生产；采取因地制宜、长短结合方式推进产业发展转型新格局、新趋势，逐步使农户在产业发展中早受益、得实惠；另外，青山乡党委、政府引进了楠竹加工厂 1 家、木材加工厂 1 家、野生杨梅干加工厂 1 家、茶叶加工厂 2 家、玉兰片加工厂 3 家，培植了 2 个专销青山农产品的电商平台，做到“山上有基地、山下有工厂，山外有市场”，给寨坪村产业扶贫提供了重要的条件。

（四）寨坪村产业扶贫的成效

寨坪村在产业扶贫的过程中，一是注重产业收益长短结合。通过大力发展传统种植产业，形成长远稳定的增收途径，全村发放种植业巩固资金29.6万元，奖扶207户620人；发放种植业帮扶资金43.7995万元，种植楠竹2000余亩、油茶5000余亩、茶叶300余亩、中药材600亩。扶持养殖业等周期短的产业，鼓励128户308人养殖生猪200余头、土鸡10000余羽，发放奖扶资金18.3534万元。二是注重传统产业与新兴产业结合。大力鼓励贫困户参与新兴产业和帮扶模式，投入资金24万元完成10户户用光伏电站建设，可产生经济效益2.26万元；广泛开展山货集团委托帮扶，帮扶贫困户38户107人，贫困户户均增收4000元左右。进行玲珑王重点产业帮扶15户20人、玲珑王茶叶企业委托帮扶9户12人、中蜂养殖委托帮扶34户62人、乡内重点企业委托帮扶28户70人，帮助贫困户实现稳定增收。大力开展金融产业扶贫工作，共鼓励132户开展产业小额贴息贷款599万元。据统计，2017年寨坪村农户产业收入697万元，主要为杉木林销售2970方收入267万元，油茶2万公斤收入200万元，茶叶200公斤收入120万元，楠竹1000吨收入50万元，玉兰片1万公斤50万元，药材10万元；特种养殖比往年都有新的突破，大幅度地增加了村民的收入，各类产业发展中不断地涌现大户、能人，示范带动效应不断显现；到2018年，村级集体经济达到6万元，贫困人口人均达到两亩以上产业支持，产业扶贫的基础更为稳固。总体来看，寨坪村在脱贫前与脱贫后各方面变化显著，产业扶贫给寨坪村带来了显著的变化如表1所示。

表1　寨坪村2014年与2018年脱贫时情况比较

项目	2014年情况	2018年脱贫时情况
全村人均纯收入	人均纯收入为3156元	人均纯收入为7666元
通畅通达里程	全村公路里程20.8千米(其中通达8千米,通畅12.8千米)	56.48千米(其中通达27.001千米,通畅29.479千米)
饮水达标	全村601户,未达标378户	全村626户全部达标

续表

项目	2014 年情况	2018 年脱贫时情况
住房保障	全村 601 户,未达标 221 户	全村 626 户全部达标
公共服务情况	没有完善的基础平台和配套的设施	建有完善的综合服务平台,配套设施建设已开工建设到位,全面启动乡村振兴和完善各项规章制度
医疗保健	基础公共服务不完善	基础医疗服务贫困人口全覆盖,享受家庭医生签约服务,享受“一提、一降、一救助”政策,享受“特惠保”政策
村级集体经济收入	0.8 万元	村级集体经济达到 6 万元,贫困人口人均达到两亩以上产业支持;就业得到巩固和加强,实现每户有劳动能力人员一人以上就业

二 寨坪村产业扶贫中的农户生计响应特征

(一)寨坪村产业扶贫农户生计响应测度方法

产业扶贫中的农户生计响应是指在产业发展的“人业地”关系重构过程中，城市聚落对乡村聚落各类要素形成吸附和扩散作用下，乡村聚落决策单元农户主动或被动地在生计资本、方式、产出和空间等方面的感知、意愿和行动反应。从响应维度来看，生计响应包括生计资本、生计方式、生计产出和生计空间响应；从响应强度来看，则可分为感知、意愿和行动响应。针对农户对生计响应测度要素问题的回答进行李克特量表得分计算，“完全同意”计 5 分，“基本同意”计 4 分，“不清楚”计 3 分，“基本不同意”计 2 分，“完全不同意”计 1 分。

权重确定中综合应用主观赋权和客观赋权相结合的方式。主观赋权采用专家打分法，即针对生计响应各维度（生计资本、生计方式、生计产出、生计空间响应以及生计资本响应中的自然、物质、人力、社会和金融资本响应）和响应强度（感知、意愿和行动响应）的相对重要性，结合5位专家的意见综合确定各自的权重；该方法体现了专家对各响应维度相对重要性的专业判断，但具有一定的主观性。客观赋权则采用熵值法，该方法适合多指标权重计算，能有效克服指标间的信息重叠，可信度较高。最后，将主观权重和客观权重各占50%合成综合权重，作为生计响应测度的基准权重。具体权重如表2所示。

表2　农户生计响应测度要素与权重

响应维度		测度要素	响应强度	主观权重	客观权重	综合权重
生计资本	自然资本	对耕地、林地、菜地、鱼塘等由于产业扶贫而被征收或流转的认知、态度和行为反应	感知	0.10	0.24	0.170
			意愿	0.30	0.13	0.215
			行动	0.60	0.63	0.615
	自然资本响应权重			0.20	0.37	0.285
	物质资本	对购房或住房改建中家居受产业扶贫影响的认知、态度及行为反应	感知	0.10	0.40	0.250
			意愿	0.30	0.31	0.305
			行动	0.60	0.29	0.445
	物质资本响应权重			0.20	0.11	0.155
	人力资本	对家庭成员的见识、技能及对教育的认识等受产业扶贫影响的认知、态度和行为反应	感知	0.10	0.47	0.285
			意愿	0.30	0.39	0.345
			行动	0.60	0.14	0.370
	人力资本响应权重			0.20	0.15	0.175
	社会资本	对邻里、亲戚和朋友关系等社会网络资源受产业扶贫影响的认知、态度和行为反应	感知	0.10	0.42	0.260
			意愿	0.30	0.36	0.330
			行动	0.60	0.22	0.410
	社会资本响应权重			0.20	0.18	0.190
	金融资本	对持有金融产品、发生金融业务及与金融机构互动频率和方式受产业扶贫影响的认知、态度和行为反应	感知	0.10	0.34	0.220
			意愿	0.30	0.36	0.330
			行动	0.60	0.30	0.450
	金融资本响应权重			0.20	0.19	0.195
生计资本响应权重				0.25	0.23	0.240
生计方式		对非农就业机会以及乡村生计方式受产业扶贫影响的认知、态度与行为反应	感知	0.10	0.38	0.240
			意愿	0.30	0.30	0.300
			行动	0.60	0.32	0.460
生计方式响应权重				0.25	0.14	0.195

续表

响应维度	测度要素	响应强度	主观权重	客观权重	综合权重
生计产出	对产业扶贫引起的产出水平、收入渠道以及受自然条件、市场条件影响的认知、态度及行为反应	感知	0.10	0.38	0.240
		意愿	0.30	0.45	0.375
		行动	0.60	0.17	0.385
生计产出响应权重			0.25	0.22	0.235
生计空间	对生计活动的空间受产业扶贫影响的认知、态度和行为反应	感知	0.10	0.37	0.235
		意愿	0.30	0.47	0.385
		行动	0.60	0.16	0.380
生计空间响应权重			0.25	0.41	0.330

生计资本的各维度响应强度中，自然资本的响应权重最大，达到0.285；物质资本的响应权重最小，只有0.155。整体响应维度中，生计空间响应权重最大，达到0.330，即农户对生计活动的空间（居住、就业、就学、就医、购物、娱乐空间等）受产业扶贫影响的认知、态度和行为反应的响应强度是最高的；生计资本响应权重和生计产出响应权重居中，综合权重分别是0.240和0.235；生计方式的响应权重最低，只有0.195，即农户对非农就业机会（做生意、务工、兼职等）以及乡村生计方式受产业扶贫影响的认知、态度与行为反应的响应强度是最小的。

（二）寨坪村产业扶贫总体响应

调查显示，寨坪村农户对该村扶贫产业的感知程度还是比较高的，60%的村民都知道村发展了扶贫产业，其中完全同意的占36%，只有3%的村民不知道。村民参与村产业扶贫的意愿响应程度相当高，有68.8%的村民表示完全乐意参与，基本同意的占31.2%。农户的行动响应程度比较高，大部分村民都参与了扶贫产业，其中58.8%的村民对参与表示完全同意，37.5%表示基本同意，不清楚和基本不同意的占比只有1.3%和2.5%。响应强度评估得分显示，寨坪村产业扶贫的总体响应得分超过4.5分，处于良好等级；村民们对产业扶贫的感知、意愿和行动的响应程度差异比较显著，其中响应感知最低只有4.3分，响应意愿最高接近4.7分，响应行动4.5分

（见图1）。因此，农户对参与产业扶贫项目的积极性还是比较高的，但是响应感知偏低说明农户获得实际收益偏低。

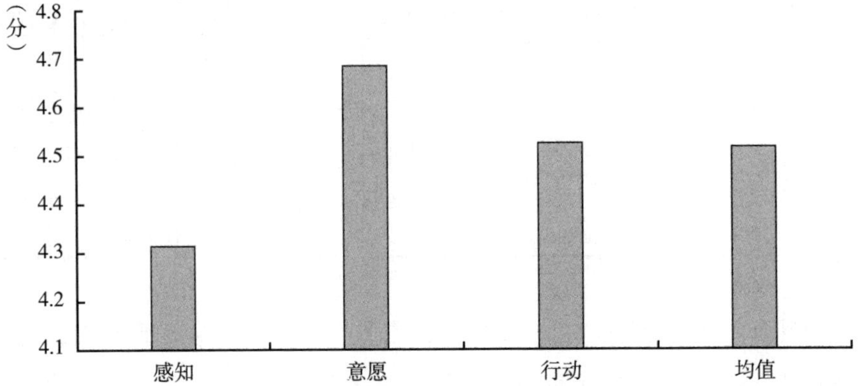

图1　寨坪村农户产业扶贫总体响应情况

（三）寨坪村产业扶贫生计资本响应分析

调查显示（见表3），农户产业扶贫的物质资本响应得分最高，在感知、意愿和行动上的响应也比较高，得分分别为4.05、3.95和4.28；其次是社会资本，在感知、意愿和行动响应上的得分分别为3.838、3.813和4.275；人力资本的响应强度要大于金融资本，其在感知、意愿和行动响应上的得分都要比金融资本高；自然资本的意愿响应最高的，得分为4.113，但是由于行动和感知响应严重偏低，响应均值只有2.738，是最低的。

表3　寨坪村产业扶贫农户生计资本响应得分

	感知	意愿	行动	均值
自然资本	3.125	4.113	2.150	2.738
物质资本	4.050	3.950	4.275	4.120
人力资本	3.813	3.725	4.263	3.949
社会资本	3.838	3.813	4.275	4.009
金融资本	3.538	3.638	4.088	3.818

调查显示（见图2），寨坪村的农户对购房或住房改建中家居（小车、家具等）受产业扶贫影响的认知、态度及行为响应强度比较好；其次是农户对邻里、亲戚和朋友关系等社会网络资源受产业扶贫影响认知、态度和行为响应；农户对家庭成员的见识、技能及对教育的认识等受产业扶贫影响的认知、态度及行为响应强度都要高于农户对持有金融产品、发生金融业务及与金融机构互动频率和方式受产业扶贫影响的认知、态度和行为响应；寨坪村的农户对耕地、林地、菜地、鱼塘等由于产业扶贫而被征收或流转的态度表现为意愿响应的强度最高，但其认知和行动响应有待加强。

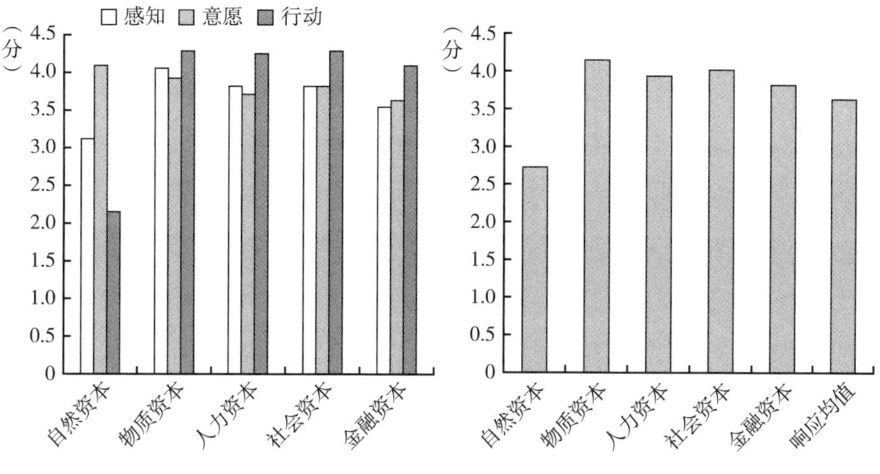

图2　寨坪村产业扶贫农户生计资本响应得分

农户产业扶贫生计资本响应的感知、意愿和行动三个层次差异显著（见图3）。从感知强度来看，农户对自然资本的感知强度得分最低，其次是金融资本，都显著低于其他几种生计资本；农户对物质资本感知的强度最高，说明农户对产业扶贫的住房家居等感知响应显著。从意愿强度来看，农户对金融资本的意愿强度最低，其次是人力资本；农户对自然资本的响应意愿强度最高，说明农户对产业扶贫的土地收益提升、社会网络资源改善的意愿显著。从行动强度来看，农户对自然资本的意愿强度得分最低；农户对物质、人力和社会资本的响应行动强度都超过4.2，说明农户对产业扶贫的住房改善、技能提升、社会网络改善的行动显著。另外，从不同生计资本的差异来看，除了自然资本外，其他资本的行动响应都显著高于感知和意愿；农户的产业扶贫生计资本意愿强烈，但行动和感知有限。

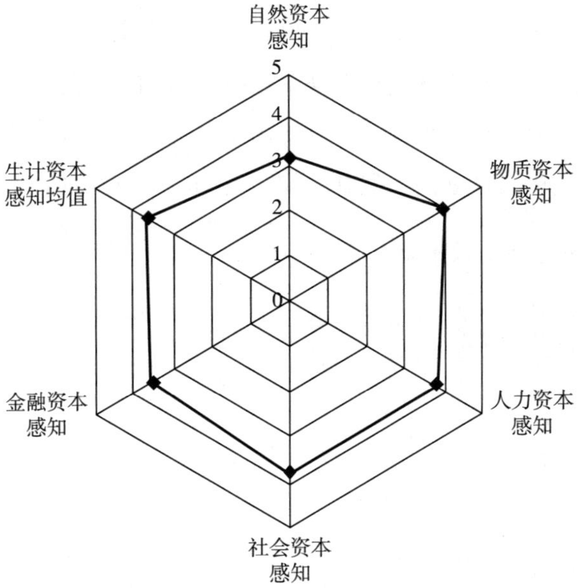

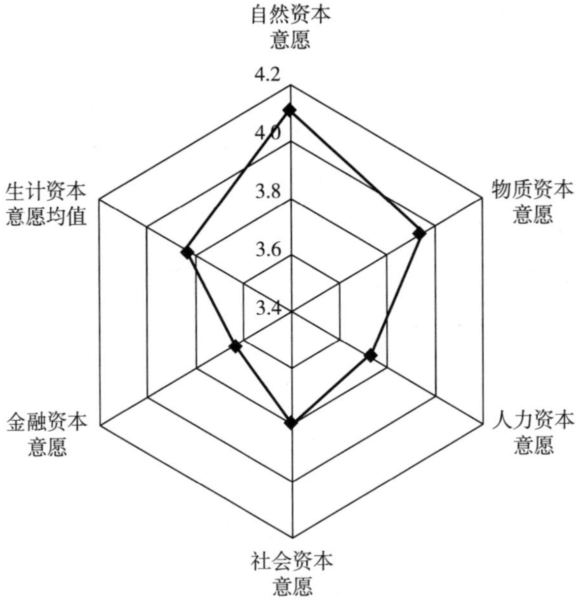

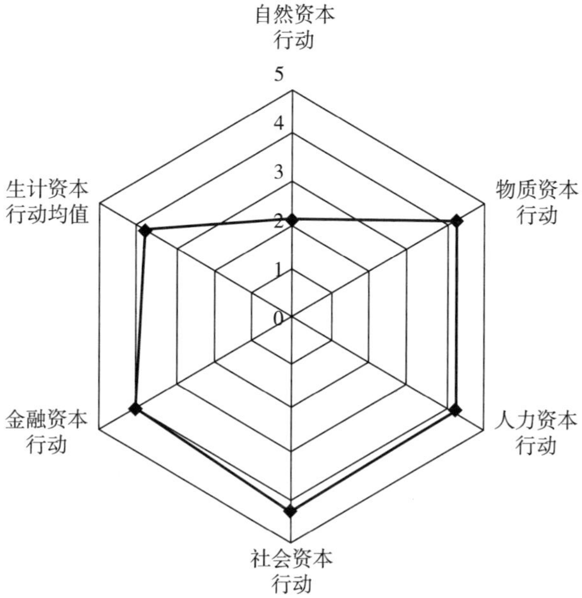

图3　寨坪村产业扶贫农户生计资本的感知、意愿、行动响应得分差异

（四）寨坪村产业扶贫的生计资本、方式、产出和空间响应强度特征

调查显示（见表4），产业扶贫的生计资本在感知、意愿和行动上的响应强度得分最低，其得分分别是3.6725、3.8475和3.81，均处在“一般”等级。产业扶贫的生计方式在感知、意愿和行动上的响应强度得分最高，其得分分别是4.15、4.3125和4.4625，均处在“较好”等级。产业扶贫的生计产出响应强度的得分相对较低，其在感知、意愿和行动上的响应强度得分分别为3.875、3.8和4.325。产业扶贫的生计空间在感知、意愿和行动上的响应强度得分居中，分别是3.9、3.95和4.4125，处在“一般”和“较好”等级。

表 4　寨坪村产业扶贫农户生计响应得分

	感知	意愿	行动	均值
生计资本	3. 6725	3. 8475	3. 81	3. 615974
生计方式	4. 15	4. 3125	4. 4625	4. 3425
生计产出	3. 875	3. 8	4. 325	4. 020125
生计空间	3. 9	3. 95	4. 4125	4. 114

调查结果显示（见图 4），寨坪村产业扶贫生计资本、方式、产出和空间的整体响应强度偏低，基本处于一般水平。农户对非农就业机会（做生意、务工、兼职等）以及乡村生计方式受产业扶贫影响的认知、态度与行为的响应强度最好；农户对生计活动的空间（居住、就业、就学、就医、购物、娱乐空间等）受产业扶贫影响的认知、态度和行为反应的响应强度尚可；相比其他两个生计响应而言，农户对产业扶贫引起的产出水平、收入渠道以及受自然条件（灾害、恶劣天气等）、市场条件（价格、需求等）影响的在感知、意愿和行动上的响应程度比较低，还有待进一步加强。

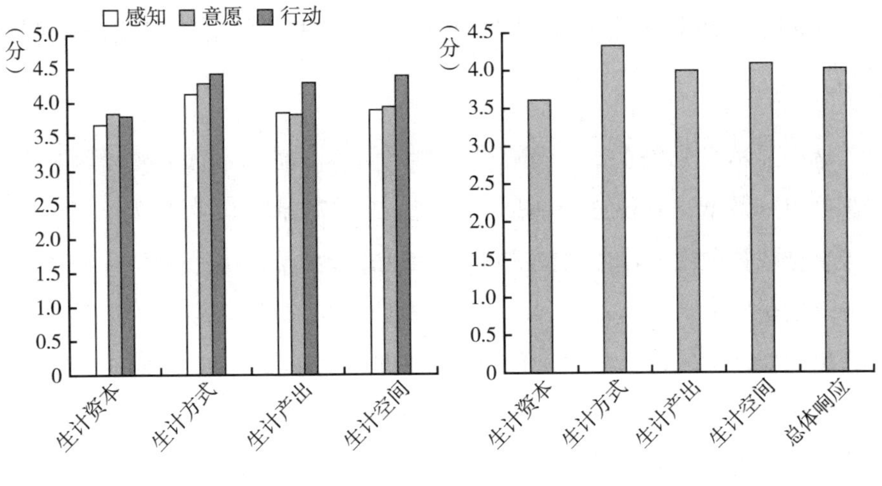

图 4　寨坪村产业扶贫生计资本、方式、产出和空间响应得分

三　寨坪村产业扶贫农户生计响应的影响因素研究

产业扶贫农户生计响应的影响因素可能包括：是否为建档立卡、家庭收入的主要来源、家里人受教育程度、家年龄结构、家是否有人长期生病、家里劳动力数量、家有亲戚或朋友是干部或参与了扶贫工作、家的土地、林地、池塘等自然资本的情况、平时到集镇上所花时间、对村支两委及村干部工作能力和做事风格的感觉、向银行借钱发展产业的容易程度等。利用方差分析方法，通过比较影响因素不同维度的生计响应得分差异，可以判断该因素对农户生计响应的影响程度；若不同维度的得分有显著差异，则说明该因素对农户生计响应有显著的影响，反之则影响不显著。

（一）农户家庭人口特征的影响

1. 贫困户的影响。方差分析显示，是否为建档立卡户对农户人力资本和生计资本的得分有显著差异，对农户人力资本和生计资本等都有显著的影响（见表5），而对生计方式、产出和空间的影响有限（显著性水平都高于0.1），说明最终的产业扶贫收益与是否为贫困户差异不大。均值比较显示，非建档立卡户的人力资本和生计资本显著高于建档立卡户，说明非贫困农户对产业扶贫的生计资本响应更为显著，建档立卡户对产业扶贫的生计资本响应强度不足。

表5　响应强度方差分析（是否建档户）

		平方和	df	平均值平方	F	显著性
人力资本响应	群组之间	2.324	1	2.324	7.306	0.008
	在群组内	24.809	78	0.318		
生计资本响应	群组之间	1.080	1	1.080	4.266	0.042
	在群组内	19.752	78	0.253		

2. 生计来源的影响。方差分析显示，家庭收入主要来源对农户生计资本、生计方式、生计空间都有显著的影响（见表6），但对于生计产出的影响有限（显著性水平都高于0.1）。均值比较可以发现，主要依靠政府转移性收入农户（贫困户）的生计响应要显著高于其他收入来源农户，其中依靠务工和务农农户的生计响应强度最低，说明农户对产业扶贫的生计响应主要体现在政府的产业补助方面，对政府的依赖性比较显著，扶贫产业的实际竞争力有限。

表6 响应强度方差分析（收入来源类型）

		平方和	df	平均值平方	F	显著性
自然资本响应	群组之间	7.339	3	2.446	3.359	0.023
	在群组内	55.343	76	0.728		
人力资本响应	群组之间	3.019	3	1.006	3.172	0.029
	在群组内	24.114	76	0.317		
社会资本响应	群组之间	5.288	3	1.763	4.987	0.003
	在群组内	26.860	76	0.353		
金融资本响应	群组之间	6.706	3	2.235	6.166	0.001
	在群组内	27.552	76	0.363		
生计资本响应	群组之间	3.595	3	1.198	5.284	0.002
	在群组内	17.237	76	0.227		
生计方式响应	群组之间	2.398	3	0.799	5.311	0.002
	在群组内	11.440	76	0.151		
生计空间响应	群组之间	3.338	3	1.113	2.709	0.051
	在群组内	31.220	76	0.411		
生计响应均值	群组之间	2.398	3	0.799	5.693	0.001
	在群组内	10.674	76	0.140		

3. 人口教育程度的影响。方差分析显示，受教育程度对农户自然资本、金融资本和生计资本都有显著的影响（见表7），对于生计方式、产出和空间的影响有限（显著性水平都高于0.1），说明在农户高学历给农户的实际产业收益有限。均值比较发现，高学历农户的生计资本响应强度要显著高于低学历农户，特别是大专及以上的农户的强度更为显著，因此学历和知识技

能对产业扶贫的农户生计资本具有显著的影响，教育扶贫对于农户生计资本响应比较重要。

表 7　响应强度方差分析（教育程度）

		平方和	df	平均值平方	F	显著性
金融资本响应	群组之间	7.262	3	2.421	6.814	0.000
	在群组内	26.997	76	0.355		
生计资本响应	群组之间	2.658	3	0.886	3.704	0.015
	在群组内	18.175	76	0.239		
生计响应均值	群组之间	1.395	3	0.465	3.026	0.035
	在群组内	11.677	76	0.154		

4. 家庭人口年龄结构的影响。方差分析显示，不同年龄结构农户的生计方式得分有一定的差异（见表 8，显著性水平为 0.098），但家庭年龄结构对于农户生计资本、产出和空间等的影响有限（显著性水平都高于 0.1）。均值比较显示，有 14 岁以下小孩和 60 岁以上老人农户的生计方式响应强度要显著高于其他农户，说明家庭负担较重的贫困户对产业扶贫的参与更为积极，生计方式响应更为显著。

表 8　响应强度方差分析（农户年龄结构）

		平方和	df	平均值平方	F	显著性
生计方式响应	群组之间	1.092	3	0.364	2.171	0.098
	在群组内	12.746	76	0.168		

5. 劳动力数量的影响。方差分析显示，农户劳动力数量对农户金融资本和生计方式都有显著的影响（见表 9），对于生计产出和空间等产业实际收益的影响有限（显著性水平都高于 0.1），说明劳动力数量对于农户最终的扶贫产业收益影响有限。均值比较可以发现，劳动力数量多农户的生计方式响应强度要显著高于劳动力少的农户，特别是 3 人以上劳动力的农户的强度更为显著，说明劳动力数量影响的主要是农户的生计方式。

表 9　响应强度方差分析（农户劳动力数量）

		平方和	df	平均值平方	F	显著性
	总计	32.148	79			
金融资本响应	群组之间	4.317	3	1.439	3.652	0.016
	在群组内	29.942	76	0.394		
生计方式响应	群组之间	1.224	3	0.408	2.458	0.069
	在群组内	12.614	76	0.166		

6. 农户资源禀赋的影响。方差分析显示，土地、林地、池塘等自然资本对农户金融资本和生计方式都有显著的影响（见表 10），对于生计产出和空间的影响有限（显著性水平都高于 0.1）。均值比较发现，自然资本质量好或数量多农户的生计资本和生计方式响应强度显著高于自然资本数量少或质量差的农户，说明资源禀赋对农户金融资本和生计方式响应都有显著影响。

表 10　响应强度方差分析（自然资本质量）

		平方和	df	平均值平方	F	显著性
金融资本响应	群组之间	3.695	3	1.232	3.063	0.033
	在群组内	30.564	76	0.402		
生计方式响应	群组之间	1.288	3	0.429	2.600	0.058
	在群组内	12.550	76	0.165		

（二）扶贫政策因素的影响

1. 社会保障的影响

方差分析显示，农户是否参加新农合和新农村社保的人力资本得分有显著的差异（见表 11），是否参加新农合和新农村社保对于生计方式、产出和空间的影响有限（显著性水平都高于 0.1），说明农户获得社会保障主要影响农户的生计资本，与农户产业扶贫的生计响应方式、产出和空间的关系不大。

表 11　响应强度方差分析（社保参与情况）

		平方和	df	平均值平方	F	显著性
人力资本响应	群组之间	2.321	3	.774	2.370	0.077
	在群组内	24.812	76	0.326		

2. 社会关系的影响

方差分析显示，是否有亲戚或朋友是干部或参与扶贫工作对农户人力、社会资本等生计资本都有显著的影响（见表12），对于生计方式、产出和空间的影响有限（显著性水平都高于0.1），说明社会关系对于农户最终的产业扶贫收益的影响有限。均值比较显示，有亲戚或朋友是干部或参与扶贫工作农户的生计资本响应强度要显著高于没有的农户，说明社会关系对农户生计资本响应有显著的影响。

表 12　响应强度方差分析（是否有亲朋参与扶贫）

		平方和	df	平均值平方	F	显著性
人力资本响应	群组之间	6.498	3	2.166	7.978	0.000
	在群组内	20.635	76	0.272		
社会资本响应	群组之间	3.049	3	1.016	2.654	0.055
	在群组内	29.099	76	0.383		
生计资本响应	群组之间	3.606	3	1.202	5.304	0.002
	在群组内	17.226	76	0.227		

3. 扶贫产业类型的影响

方差分析显示，不同扶贫产业类型情形下，农户的生计资本、方式、产出和空间的得分都无显著的差异（显著性水平都高于0.1），说明扶贫产业类型对产业扶贫的响应不显著。均值比较显示，多种产业融合的生计响应强度高于其他产业类型，其中农产及加工产业的响应强度偏低，说明农产及加工产业对农户的影响力极为有限。

4. 金融环境的影响

方差分析显示，银行借钱发展产业的难易程度不同的情形下，农户的生计资本、方式、产出和空间的得分都无显著的差异（显著性水平都高于0.1），说明银行借钱发展产业的难易程度对产业扶贫的农户生计响应不显著。均值比较显示，认为借款容易的农户，其生计响应强度要高于其他情况，说明金融环境对农户生计响应有一定的影响。

（三）农户村寨环境情况的影响

1. 区位条件的影响

方差分析显示，离最近的集镇的时间距离对农户自然资本、人力资本、生计资本、生计方式、生计产出都有显著的影响（见表13），对于生计空间的影响有限（显著性水平都高于0.1）。均值比较发现，离最近集镇时间距离短农户的产业扶贫响应强度显著高于时间距离长的农户，说明与市镇的距离对农户生计响应有显著影响。

表13　响应强度方差分析（农户家庭区位）

		平方和	df	平均值平方	F	显著性
自然资本响应	群组之间	6.976	3	2.325	3.173	0.029
	在群组内	55.705	76	0.733		
人力资本响应	群组之间	3.503	3	1.168	3.755	0.014
	在群组内	23.631	76	0.311		
生计资本响应	群组之间	2.860	3	0.953	4.032	0.010
	在群组内	17.972	76	0.236		
生计方式响应	群组之间	2.528	3	0.843	5.663	0.001
	在群组内	11.310	76	0.149		
生计产出响应	群组之间	1.763	3	0.588	2.674	0.053
	在群组内	16.709	76	0.220		
生计响应	群组之间	1.869	3	0.623	4.227	0.008
	在群组内	11.203	76	0.147		

2. 村干部能力的影响

方差分析显示，不同村“两委”及村干部工作能力和做事风格情形下，农户的生计资本、方式、产出和空间的得分都无显著的差异，说明村“两委”及村干部工作能力和做事风格对产业扶贫的农户生计响应不显著。均值比较显示，认为村干部能力强、做事公正和有威望的农户，其生计响应强度要高于其他情况。

3. 村寨风气的影响

方差分析显示，不同村寨风气情形下，农户的生计资本、方式、产出和空间的得分都无显著的差异，说明村寨风气对产业扶贫的农户生计响应不显著。均值比较显示，认为村寨风气更好的农户，其生计响应强度要高于其他农户。

（四）影响因素分析总结

1. 农户家庭情况

调查发现，大部分建档立卡户表示家庭收入主要来源是种植养殖和务工收入，非建档立卡农户家庭收入的主要来源是务工收入，极少部分表示是种养业；家里人受教育程度越高，其劳动力的数量也就越多，农户家有人长期生病其劳动力数量就越少；土地、林地、池塘等自然资本的情况为数量和质量一般的农户占了大部分，数量少质量差的农户也比较多，质量数量都还好的只有极个别农户；家年龄结构在 14 以下和 60 以上的占了一部分，在 14 ~ 60 的年龄结构很多都是中年妇女，村寨留守人员以老弱病残及中年妇女为主。家庭情况的差异，直接制约了农户参与村寨扶贫产业开发，也影响了其响应的强度。

2. 政府扶贫政策

调查显示，家有亲戚或朋友是干部或参与了扶贫工作的农户，对产业扶贫的政策了解程度是比较高的，对产业扶贫生计响应的程度比较好，说明产业扶贫政策的宣传与引导还需加强。由于有政府的支持与重视，大多数农户表示向银行借钱发展产业容易和比较容易，只有极个别的农户认为难和比较难。桂东县特别重视扶贫产业的发展，大力支持产业扶贫，并且在青山乡寨坪村派出了县经济和科技商务局驻村帮扶。经济和科技商务局负责人表示，要以扶贫项目建设为抓手，注重脱贫质量，大力发展特色扶贫产业，把产业扶贫作为深化造血功能的主战场。所以，在政府的支持和推动下，增加了农户的收入，提升了农户对产业扶贫的响应程度。

3. 村情发展条件

调查表明，村“两委”和村干部工作能力和做事风格都还可以，农户们对他们的感觉几乎都是能力强，公平公正，有威信和能力，做事公正。但由于寨坪村离县城比较远，到最近得镇上所花的时间也要比较久，交通条件落后，大多数农户表示平时到集镇上都需要1～2小时，部分农户表示要2小时以上，村里大部分的年轻人常年都外出务工。产业扶贫农户生计响应与村情条件有显著的关系，寨坪村相对落后的生产、物质、经济条件和基础设施，严重影响了农户对产业扶贫的响应程度。

四　寨坪村产业扶贫农户生计响应提升存在的问题

（一）基础设施比较落后

调查研究中发现，寨坪村耕地分散，耕作条件差，根本无法实现水利化和机械化。农业基础设施落后，抵御自然灾害的能力差，一遇灾害常常绝产绝收。交通等基础设施条件比较落后，距离县城比较远，公共交通非常不便，一天只有唯一一趟大巴车。农户平时去集镇上所花的时间比较长，距离县城远，一般都是1～2小时，甚至2小时以上，出门办事花费时间久，很多信息无法及时传达，导致信息闭塞。寨坪村四处都是高山，其通信条件也比较落后，不支持联通信号，移动、电信的信号也非常不稳定，甚至会出现没信号的情况。村虽然建造了综合服务平台中心，但是其产业扶贫的基础设施建设还是比较落后的，设备不齐全，产业扶贫效果不高。村民反映，由于寨坪村本身独特的地形环境，产业扶贫过程中所运输的种植树苗由于经过翻山越岭，路途奔波，到达寨坪村时树苗的存活率大大降低，后期需要补植管理养护以及重新打通新道路的开发难度也比较大。

（二）扶贫产业发展水平偏低

调查表明，寨坪村在产业扶贫发展的过程中，与市场联系不是很紧密，没有科学地组织领导农户参与到产业扶贫工作来，没有充分地利用管理好土地、林地、池塘等自然资本资源，导致产业扶贫发展没有充分地发挥其应有的经济效益。农户的自然资本资源数量和质量都比较一般，农户虽然参与了扶贫产业，但是收入增加不很明显。寨坪村尚未形成较大的产业规模，虽然有几个合作社，但农户加入意愿不强，无法进行规范化管理，盈利能力不高，没有形成很好的带动作用。种植业和养殖业基本都是传统种养，规模普遍较小，农户靠种植或养殖获得的收益较低，大部分用来补贴家用，只能解决基本温饱。整体来看，尚未形成骨干与支柱产业，生产技术落后，种养科技含量低，农户缺乏专业的技术指导，农户持续稳定增收的机制尚未形成。

（三）缺乏专业人才管理

在产业扶贫发展的过程中，寨坪村虽然成立了农产品专业合作社、惠农综合服务社，其合作社主要是吸引在村里有劳动能力的贫困户，但由于缺乏专业的人才在产业技术上的指导，产业扶贫的发展受到很大的制约。虽然村“两委”带头管理合作社，但由于没有实际的工资待遇，并且缺乏管理的技能和市场上的经营运作能力，产业扶贫在取得重大成效上面临着极大地挑战。

（四）农户自我发展能力不足

调研发现，寨坪村留守老人由于年龄和身体的原因，只想安享晚年，缺乏致富意识和能力；个别村民缺乏致富意识，天性懒惰，一定程度上存在“等、靠、要”思想；部分农户缺乏自力更生、艰苦创业、勇于致富的劲头，生活只限于填饱肚子，没有真正脱贫的意识和能力，无法真正投入脱贫产业中。整体来看，贫困人口文化水平低，大部分是中小学文化，大专或大学本科以上的寥寥无几，接受新科技、新思想的能力差，产生、生活方式落后。很多贫困户对于教育不重视，教育跟不上步伐，导致很多贫困户还是贫困户，不能够以真正知识脱贫，思想观念落后。缺乏劳动技能，缺乏信息服务，文化素质不高。农户反映，就业、就学、就医、购物、娱乐空间等生活空间范围还存在局限性，有待进一步加强。

（五）产业扶贫队伍有待加强

寨坪村是两村合一的大村，人口多，贫困比例大，很多想要解决的问题和难题，很多想要做好的工作，由于缺少发展资金很难如愿发展。调查显示，大部分农户对村“两委”及村干部工作能力和做事风格的感觉持肯定态度，但也有一部分的农户认为村“两委”及村干部工作能力和做事风格一般。总的来说，驻村扶贫工作队员到村后能积极地投入到工作中，但产业扶贫队伍的管理有待进一步加强。有农户反映：“产业扶贫的领头人不错，有担当、有作为，但是，扶贫队伍中有个别的扶贫队员没有沉下身子同心干，心还是比较的浮躁。”部分队员对精准扶贫的要求、利民惠农的政策、项目的管理等理解得不够透彻。

五　提升寨坪村产业扶贫农户生计响应的建议

（一）健全基础设施建设项目

基础设施建设直接与农户的出行、生产、生活等息息相关，是影响产业扶贫可持续脱贫的关键。要加大投入力度，健全对基础设施的建设。建立健全的产业扶贫基础设施，修建好便利的交通道路，尽力提高寨坪村的经济效益。有效整合各类扶贫资源，突出抓好机耕道、农田水利、安全饮水等基础设施建设，推动水、电、路、房和环境整治，有效提高基本公共服务保障水平，切实改善村民的生产生活条件。要加强对通村、通组、通畅通达工程项目的建设、通信项目的建设、产业扶贫工程项目的建设，改善农户就业、就学、就医、购物、娱乐空间等生活空间范围的条件，给农户创造一定的就业机会。

改善医疗条件，修建购物中心，方便农户就业、就医、购物，形成良好的便民、利民的格局，为当地居民解决临时务工问题，切实帮助农户解决出行、通信、生产、生活中的各种困难和问题，为可持续脱贫打下坚实的基础。

（二）提升扶贫产业发展质量

发展才是解决问题的关键，才是增收致富的根本所在，要以发展来促贫困户增收，以发展来保障经济社会和谐发展。一是做大做强主导优势产业。继续做大做强经济林、中药材、楠竹、油茶和高山山羊、高山家禽等优势产业，充分发挥专业合作社的市场主体作用，带动贫困户通过市场把资源变资产，把产出变收入。进一步完善直接帮扶、委托帮扶、股份合作等模式，扩大贫困户参与度，壮大村集体经济收入，密切利益联结机制，带领全村人民依托产业发展致富奔小康。二是做大做强扶贫龙头企业。进一步扶持玉兰片加工厂、竹木加工厂、茶叶加工厂三个主打产业带动贫困户增收作用，确保贫困户通过发展产业能够长久持续增收致富。三是加大技能培训。以就业培训、劳务输出为主，提高劳动技能，确保有劳动能力的搬迁户培训率100%。特别是挖掘机、摩托修理、厨师、种植等技能。推荐符合条件的贫困户劳动力到中铁公司、华润、奇奇服装厂等企业务工。同时，进一步规范对保洁员、护林员、养路员等公益性岗位的管理。四是加大产业扶贫资金投入力度。可采取各级财政按适当的比例分担的办法来解决产业扶贫项目的基本经费，以确保产业扶贫发展的资金需求，保证产业扶贫项目能够正常顺利开展。各级财政在解决产业扶贫发展项目基本经费的基础上，可以广泛地、多渠道地吸纳社会资金，鼓励社会各方积极地投入产业扶贫发展的项目中来，同时引导民营企业和社会资本参与其中，适当引进产业扶贫的相关技术。

（三）强化本土专业人才培育

实施重点攻坚，重点针对未脱贫贫困人口，制定专门措施，实施重点攻坚，确保脱真贫、真脱贫。加强扶贫政策、惠农政策的学习，确保学懂弄通的同时，进一步加强对其扶贫措施和惠农政策的兑现管理，确保政策帮扶到位。整合教育培训的资源，不断宣传引导农户树立正确的学习价值观，调农户积极主动性，强化村里劳动力的培训力度，加强产业发展技术的指导。对在家有劳动能力的农户，可以不定期地对其进行产业知识培训，使其具有一定的产业专业知识。真正地把种养合作社落到实处，发挥其带动作用，带动村民发展集体产业经济；按时开展村民技术培训，强调科学化管理的作用，培养当地村民先进的管理管理理念；引导和鼓励大学生回到当地创业就业，鼓励支持村“两委”带头管理合作社，给予其实际的工资待遇，提升其管理技能和经营运作能力。

（四）强化农户参与能力与质量

紧密结合县、乡发展规划和经济发展要求，因地制宜、科学合理地发展特色产业，走出一条符合本村实际的产业发展路子。建立有效的激励机制，将产业扶贫发展的成效大小纳入领导干部的考核指标中去，重点突出产业扶贫发展的工作要求，在产业扶贫发展的过程中，对于表现突出取得产业扶贫战绩的领导干部给予适当的奖励。要根据市场竞争的行情，建立规模化生产制度，完善企业和农户之间利益联结关系。把培训农民、提升素质作为做好农村特色产业发展和驻村扶贫工作的基础性工程来抓，积极培育一批种植能人、科技带头人、营销大户，不断提高自我发展能力。建立一整套健全的管理制度，引导产业扶贫领头人对贫困户制定相关的帮扶责任制和承诺制；调动农户的积极性，充分利用其现有的土地、林地、池塘等自然资本资源，使其发挥出最大的效益，形成全民参与制度，以保证产业扶贫发展的效果，形成产业扶贫发展的良好机制。帮助贫困户申请小额信贷，按照县扶贫办和农商行对小额信贷的发放要求，帮助有一定技能又有创业意愿的贫困户申请小额信贷贴息贷款，鼓励和支持其发展特色优势产业。

（五）加强产业扶贫队伍建设

加强对产业扶贫队伍建设的管理，以铁的纪律打造优秀团队。继续精准选派、管理好村“第一书记”和驻村工作组，开展驻村帮扶工作、贫困户结对帮扶全覆盖，以党建总揽基层巩固提升相关工作。理顺村党支书的主体责任和“第一书记”的帮扶责任、村“两委”的主体责任和驻村工作队的帮扶责任，摘帽后逐步实现工作队角色的转换，让村“两委”在脱贫攻坚等工作上担任主角，留下一支“永不撤退的工作队”。加大对党员、后备干部的培养，将新型合作组织经营管理人员培养成致富带头人，为巩固提升脱贫成果提供坚强有力的人才支撑。产业扶贫队伍要与村“两委”及村干部互相协作，沟通交流，同心协力，科学指导农户发展脱贫产业。要经常组织扶贫工作队员培训，引导扶贫工作人员广泛听取农户意见和建议，及时总结产业扶贫的工作经验及遇到的问题。

（六）推进产业扶贫与乡村振兴有机对接

将乡村振兴战略作为下一阶段巩固脱贫成效的重要抓手，要着力推进乡村产业振兴、打造生态宜居乡村、实现乡村文化复兴、构建乡村治理体系、提升乡村生活水平。一是提升村容村貌。把文明工程、民生工程作为基础工程来抓，进一步完善村级基础设施和公共服务建设，进一步加大易地扶贫搬迁点管理力度，鼓励贫困户改变农产品生产到农产品流通的增收习惯；进一步加大环境卫生整治和提升力度，大力开展农村破败空心房拆除工作。二是提升文化服务。发挥综合性文化服务中心作用，突出加强精神文明建设，完善村民自治、丰富老百姓精神文化生活，健全村级文化服务队伍，提高服务能力。三是打造旅游村寨。发挥寨坪村资源优势，利用毗邻八面山自然保护区的地域优势，立足青山独特浓郁的瑶族风情文化优势，大力推进生态旅游业发展，着力创响“安居乐园、旅游驿站”的旅游品牌。着手规划设计并启动开发八仙下棋特色景点和青山原始阔叶林景观项目，通过特色旅游村建设和重点景观打造，促进产业转型、帮助增收致富、巩固脱贫成效。

B.12

花垣县董马库村产业扶贫农户生计响应障碍及应对策略*

彭丹丹　邵 佳　黄利文　吴利芳**

摘 要： 产业扶贫是实现贫困地区脱贫致富和乡村振兴的重要途径和方式。董马库村是苗族集聚村，民俗资源和山地资源相对比较丰富，人力资源充沛，具备实施山地庭院经济的基础。调查结果显示，该村产业扶贫的认同度较高但响应度明显偏低，其中生计空间的响应度最高，生计产出的响应度最低，生计方式和生计资本响应度居中。研究发现，资源禀赋、产业结构、教育水平、激励机制等因素对响应程度有较大影响。针对这些问题，提出要加大对建档立卡户人力资本投入、完善贫困地区金融服务体系、健全利益机制、构建较完备的产业链，推进董马库村产业扶贫与乡村振兴有机结合。

关键词： 产业扶贫　生计响应　可持续脱贫　董马库村

---

* 基金项目：国家社科基金项目（18BJY057）、湖南省社科基金项目（16YBX032）、湖南省教育厅优秀青年项目（17B219）、湖南省社会科学成果评审委员会课题（XSP17YBZC145）、湖南省社科基金资助项目（批准号：14YBX050）、湖南省教育厅科研课题资助项目（批准号：15C1157）、吉首大学武陵山发展研究院资助项目。

** 彭丹丹，吉首大学博士研究生，研究方向：生态产业扶贫；邵佳，吉首大学商学院讲师，博士，研究方向：资源与环境经济学；黄利文，南开大学博士研究生，吉首大学商学院讲师，研究方向：区域经济与区域金融、融资租赁；吴利芳，吉首大学商学院会计学专业本科生。

一 董马库村的产业扶贫概况

（一）董马库村基本情况

双龙镇董马库村位于湖南省湘西土家族苗族自治州花垣县西南部，为双龙镇人民政府所在地。距花垣县城35千米，距州府吉首42千米，距209国道腊作湾岔路口8.5千米，距319国道9千米。该村为苗族聚集地，共有9个自然寨、15个村民小组。该村为合并村，系原董马库村、原排当务村及原排腊村在2018年合并而成。全村共383户、人口1985人、劳动力841人，外出务工593人（其中建档立卡户劳动力252人，已转移就业187人）。全村共有耕地面积1957.7亩，其中稻田面积1174.7亩、旱土面积783亩，自然条件差，土地贫瘠，稻田多为“雷公田”，有效灌溉面积极少，从而导致董马库村贫困发生率高。2014年董马库村被确定为贫困村，并由花垣县人民医院对口帮扶。据课题入村调查小组的调查数据显示，截至2018年7月，村“两委”有5人，中共党员人数为41人，其中女党员3人；董马库村共有建档立卡户142户、602人，兜底户6户、7人，低保78户、300人，五保户9户、9人。有残疾者59人，其中一级6人、二级24人、三级15人、四级14人。雨露计划惠及17人（13户）、教育帮扶111人（66户）。董马库村目前尚未形成覆盖全村的、带动农民增收的现代农业支柱产业，传统种植业仍然是当地居民最重要的农业产业，主要农产品还是水稻、玉米，经济作物主要是烟草（但2017年以后因烟叶花叶病而不能连续种植）、李子（销量较差），养殖业有猪、牛、鸡、鸭等，但都没有形成规模和品牌，效益低且风险大。据驻村工作队工作人员介绍，2018年全村人均可支配收入约为4000元，约相当于同年花垣县农村人均可支配收入为50%，湖南省和全国农村人均可支配收入的30%左右。

（二）董马库村产业扶贫现状

董马库村所处的地理环境相对偏远，没有大公司带着一起发展产业，70%以上的劳动力外出务工，村中剩下的主要是守巢老人和留守儿童，留村的劳动力极少，导致村里的产业难以发展壮大，不具备规模经济效应，范围经济效应也极低。但董马库村具有牲畜养殖的传统，留守的村民也有发展牲畜养殖的积极性。另外董马库村交通条件较好，距离县城和州府吉首都比较近，也为牲畜外销提供了便利，具备一定的发展种植养殖业的现实基础与有利条件。基于此，驻村工作队和村“两委”充分发挥主观能动性，制定了“村‘两委’服务监督+国家财政扶贫资金支持+农户自我管理”模式，充分挖掘董马库村已有的和适当修缮即可使用的种植养殖场地的发展潜力，利用国家财政扶贫资金投入和农户自主资金投入的方式引导和鼓励建档立卡户发展适当规模种植养殖，推动村级扶贫产业的发展，并取得了一定的成效。以2018年为例，董马库村利用财政扶贫专项资金及医院科室结对帮扶等资金，精准到户，大力发展种养殖产业。该项目资金总投入为38.20万元，其中国家财扶资金38.20万元，涵盖全村14个村民小组、44户、184人，主要扶持黄牛、种猪、鸡鸭、稻花鱼等牲畜养殖业，其中养殖黄牛15头，涵盖建档立卡户13户、62人；养殖品种猪67头，涵盖建档立卡户25户、100人；养殖山羊11只，涵盖建档立卡户、3户10人；养殖家禽养殖，鸡鸭各20只，涵盖建档立卡户1户、2人；养殖稻花鱼苗3000尾，其中涵盖建档立卡户1户、4人；面条加工，涵盖建档立卡户1户、6人。

董马库村产业扶贫的重点是围绕养殖业在项目组织管理方面，实行村队级负责制，双龙镇董马库村村委会总责项目建设，花垣县人民医院驻村工作队负责项目规划、指导与协调，村“两委”负责项目具体实施。在项目资金管理方面，严格按照财政局、镇扶贫开发办关于扶贫专项资金的管理规定执行，对项目资金实行专户、专账、专人“三专”管理，按照“三签字”“两盖章”原则集体审核支出，村委会要按照项目的实际及资金使用情况做好项目管理台账，建立项目档案。项目建成后，预计人均可增加收入3315元。

二　董马库村产业扶贫中的农户生计响应特征

（一）董马库村产业扶贫农户生计响应测度方法

农户熟悉产业扶贫政策，是产业扶贫政策实施情况的主要调查对象。产业扶贫政策实施情况调查内容涉及“生计资本响应”“生计方式响应”“生计产出响应”“生计空间响应”4个响应维度、8个测试要素和3个等级的响应强度。针对每个测试要素，我们通过农户的回答进行李克特量表得分计算来判断其响应强度，选择“完全同意”选项，表示农户完全认同，计5分；选择“基本同意”选项，表示农户大体上都认同，计4分；选择“不清楚”选项，表示农户不了解，计3分；选择“基本不同意”选项，表示农户大体上不认同，计2分；选择“完全不同意”选项，表示农户完全否定，计1分。

权重确定中综合应用主观赋权和客观赋权相结合的方式。主观赋权采用专家打分法，即针对生计响应各维度、测度要素和响应强度的相对重要性，结合5位专家的意见综合确定各自的权重；该方法体现了专家对各响应维度相对重要性的专业判断，但具有一定的主观性。客观赋权则采用熵值法，该方法适合多指标权重计算，能有效克服指标间的信息重叠，可信度较高。最后，将主观权重和客观权重各占50%合成综合权重，作为生计响应测度的基准权重。具体权重如表1所示。

表1　农户生计响应测度要素与权重

响应维度		测度要素	响应强度	主观权重	客观权重	综合权重
生计资本	自然资本	对耕地、林地、菜地、鱼塘等由于产业扶贫而被征收或流转的认知、态度和行为反应	感知	0.1	0.15	0.13
			意愿	0.3	0.28	0.29
			行动	0.6	0.57	0.58
	自然资本响应权重			0.2	0.08	0.14

续表

响应维度		测度要素	响应强度	主观权重	客观权重	综合权重
生计资本	物质资本	对购房或住房改建中家居受产业扶贫影响的认知、态度及行为反应	感知	0.1	0.32	0.21
			意愿	0.3	0.32	0.31
			行动	0.6	0.36	0.48
	物质资本响应权重			0.2	0.36	0.28
	人力资本	对家庭成员的见识、技能及对教育的认识等受产业扶贫影响的认知、态度和行为反应	感知	0.1	0.38	0.24
			意愿	0.3	0.34	0.32
			行动	0.6	0.28	0.44
	人力资本响应权重			0.2	0.26	0.23
	社会资本	对邻里、亲戚和朋友关系等社会网络资源受产业扶贫影响的认知、态度和行为反应	感知	0.1	0.27	0.18
			意愿	0.3	0.32	0.31
			行动	0.6	0.41	0.51
	社会资本响应权重			0.2	0.17	0.185
	金融资本	对持有金融产品、发生金融业务及与金融机构互动频率和方式受产业扶贫影响的认知、态度和行为反应	感知	0.1	0.30	0.20
			意愿	0.3	0.35	0.32
			行动	0.6	0.35	0.48
	金融资本响应权重			0.2	0.13	0.165
生计资本响应权重				0.25	0.12	0.185
生计方式		对非农就业机会以及乡村生计方式受产业扶贫影响的认知、态度与行为反应	感知	0.1	0.33	0.21
			意愿	0.3	0.33	0.32
			行动	0.6	0.34	0.47
生计方式响应权重				0.25	0.13	0.19
生计产出		对产业扶贫引起的产出水平、收入渠道以及受自然条件、市场条件影响的认知、态度及行为反应	感知	0.1	0.34	0.22
			意愿	0.3	0.34	0.32
			行动	0.6	0.32	0.46
生计产出响应权重				0.25	0.46	0.355
生计空间		对生计活动的空间受产业扶贫影响的认知、态度和行为反应	感知	0.1	0.31	0.20
			意愿	0.3	0.34	0.32
			行动	0.6	0.35	0.48
生计空间响应权重				0.25	0.29	0.27

生计资本的各维度响应强度中，物质资本的响应权重最大，达到0.28；自然资本的响应权重最小，只有0.14。整体响应维度中，生计产出响应权重最大，达到0.355，即农户对生计产出的影响因素（自然条件、市场条件

等）受产业扶贫影响的认知、态度和行为反应的响应强度是最高的；生计空间和生计方式响应权重权重居中，综合权重为0.27和0.19；生计方式响应和社会资本的响应权重最低，分别只有0.19和0.185，即农户对非农就业机会（做生意、务工、兼职等）以及乡村生计方式受产业扶贫影响和农户对生计资本（自然资本、物质资本、人力资本、社会资本、金融资本等）受产业扶贫政策影响的认知、态度与行为反应的响应强度是最小的。

（二）产业扶贫的总体认同度较高但响应程度偏低

调查结果显示，董马库村农户对本村的扶贫产业感知程度相对比较高，超过90%的村民都知道本村发展了扶贫产业，只有8.75%的被访问村民不了解本村的扶贫产业且不了解本村扶贫产业的主要是年龄偏大的村民。村民参与扶贫产业的意愿也比较高，68.75%村民愿意参加扶贫产业，7.5%的村民参与意愿不清楚，持否定意愿的村民仅有23.75%。村民的实际产业扶贫参与度也比较高，63.75%的村民明确知道自己参与了扶贫产业，5.00%表示不清楚自己是否参与了扶贫产业，只有31.25%的村民明确表示自己没有参与分配差额。

但从响应强度评估得分来看，董马库村产业扶贫的总体响应偏低，得分仅2.87分，远低于良好等级；村民们对产业扶贫的感知、意愿和行动的响应程度差异比较显著，其中响应行动最低只有2.71分，响应感知最高接近3分，响应意愿居中为2.92（见图1）。因此，董马库村的农户对参与产业扶贫项目的积极性相对较高的，但是总体响应严重偏低，这说明董马库村的农户获得实际收益偏低，从而导致农村参与扶贫产业的积极性不高。

（三）董马库村产业扶贫的生计资本响应

调查显示（见表2），董马库村村民产业扶贫的自然资本在感知、意愿和行动上的响应是比较高的，得分分别为4.36、4.13和3.85；其次是社会资本，在感知、意愿和行动响应上的得分分别为3.14、2.99和3.25；金融资本的响应强度要大于物质资本，其在感知、意愿和行动响应上的得分都要

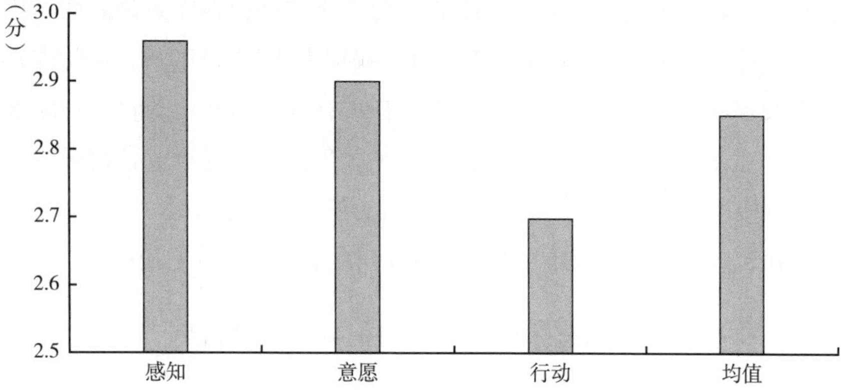

图1　董马库村产业扶贫总体响应强度

比物质资本高；人力资本的响应强度最低，在感知、意愿和行动响应的得分均不到2.5分，分别为2.28、2.43和2.29；最终得分只有2.33。董马库村产业扶贫的生计资本响应强度总体偏低与村劳动力大量外出务工的现实是一致的。

表2　董马库村产业扶贫农户生计资本响应强度

	感知	意愿	行动	均值
自然资本	4.36	4.13	3.85	4.01
物质资本	2.84	2.60	2.64	2.68
人力资本	2.28	2.43	2.29	2.33
社会资本	3.14	2.99	3.25	3.13
金融资本	2.93	2.81	2.75	2.83

调查显示，董马库村的农户对耕地、林地、菜地、鱼塘等自然资本进行征收和流转受产业扶贫影响的认知、态度及行为响应强度最好；调查数据显示，86.25%的村民对土地流转等政策有一定程度的认识，80.00%的农户表达了参与的意愿，72.50%农户参与产业扶贫项目。除此以外，董马库村村民对生计资本的其他四项测度要素响应都偏低，具体来看，在社会资本方面，农户对邻里、亲戚和朋友关系等社会网络资源受产业扶贫影响认知、态

度和行为响应相对较高，但只有38.75%的农户认识到对社会人脉网络资源的重要性，36.25%的农户愿意保持和拓展社会人脉网络资源，47.5%的农户会主动去维护社会人脉网络资源的，这表明大部分农户暂未意识到社会网络资源，特别是持续稳定的人脉关系对于生计影响的重要性；农户对持有金融产品、发生金融业务及与金融机构互动频率和方式受产业扶贫影响的认知、态度和行为响应都要高于农户对农户对购房或住房改建中家居（小车、家具等）和农户对家庭成员的见识、技能及对教育的认识等受产业扶贫影响的认知、态度及行为响应强度。

董马库村村民对各项农户生计资本响应强度在感知、意愿和行动三个层次差异显著（见图2）。从感知强度来看，董马库村的农户对人力资本的感知强度得分最低，其次是物质资本金融资本，都显著低于自然资本和社会资本两种生计资本，这与董马库村的大量劳动力外出务工下匹配，也说明该村农户对产业扶贫的耕地、林地、菜地等自然资源的征收和流转等感知响应显著。从意愿强度来看，董马库村农户对自然资本响应的意愿强度最高，社会资本、金融资本、物质资本和人力资本响应强度得分均不到3分，显著低于自然资本的响应强度；农户对自然资本的响应意愿强度最高，说明农户对产业扶贫的土地收益提升、社会网络资源改善的意愿显著。从行动强度来看，

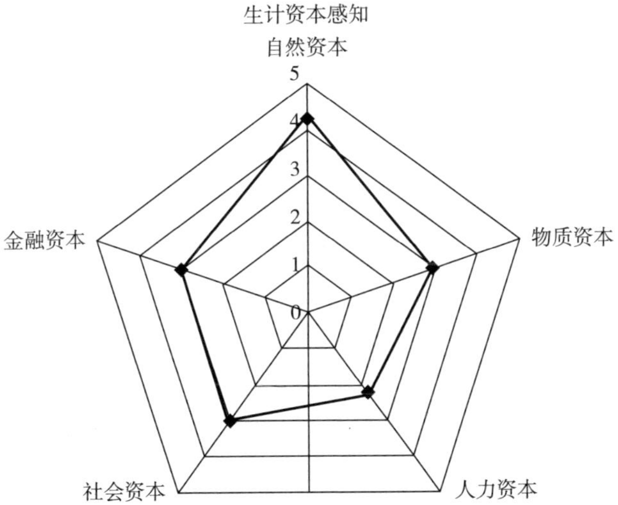

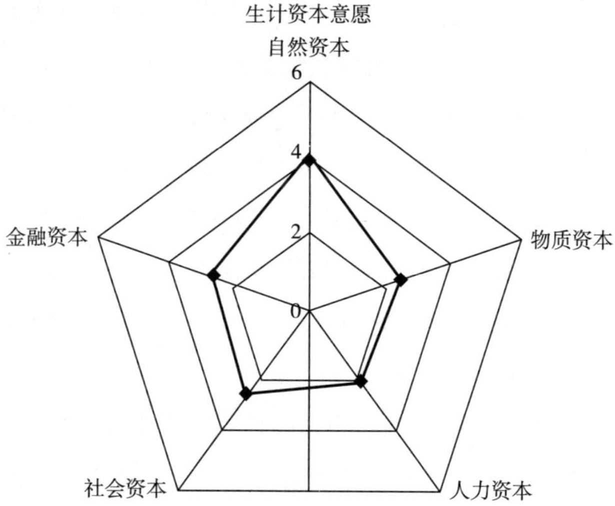

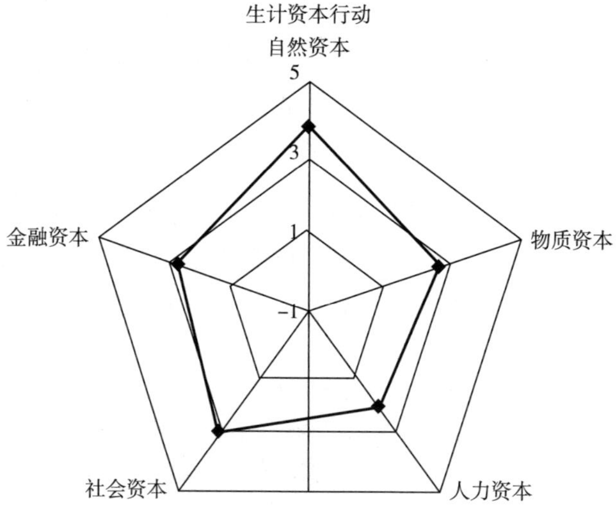

图 2　董马库村产业扶贫农户生计资本的感知、意愿、行动响应强度差异

董马库村农户对自然资本的意愿强度得分最高，其次是农户对社会资本的响应强度，其得分均超过了 3 分但都不到 4 分，而农户对金融资本、物质资本和人力资本响应强度显著低于自然资本和社会资本的响应强度；农户对金融、物质和人力资本的响应行动强度都低于 3，说明农户对产业扶贫的金融业务、住房改善、技能提升参与度严重偏低，有待提高，从而更好地提升董马库村产业扶贫的实际绩效。

总的来看，董马库村村民对生计资本响应强度偏低，如图 3 所示，董马库村村民对生计资本的感知、意愿和行动响应强度得分均不到 3 分，低于“一般”等级。其中感知响应强度最高，为 2.99 分，行动响应强度最低，为 2.87 分，这主要是由于村民对社会、物质、金融和人力资本响应强度偏低所致。

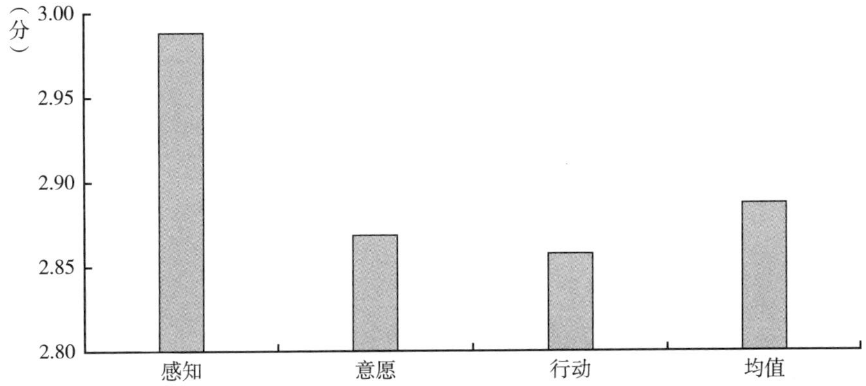

图 3　董马库村产业扶贫农户生计资本响应

（四）董马库村产业扶贫的生计方式响应

调查结果显示，董马库村村民对产业扶贫的生计方式响应强度不高，如图 4 所示，农户对生计方式的意愿响应强度最高，得分为 3.5 分；农户对感知的响应强度居中，得分超过 3 分；农户对行动的响应强度最低，得分仅 2.7 分左右；其中农户的意愿响应程度、感知响应强度和均值均处于“一般”等级，而农户的行动响应强度则低于“一般”等级。这意味着董马库村的扶贫产业还没有达到预期效果，村民的非农业就业机会（做生意、务工、兼职等）以及乡村生计方式受产业扶贫的影响较低；事实上，由调研过程中也发现董马库村的养殖产业规模偏小，与传统的家庭经营模式区别不大，产业发展对该村的非农就业机会与乡村生计方式影响较小。

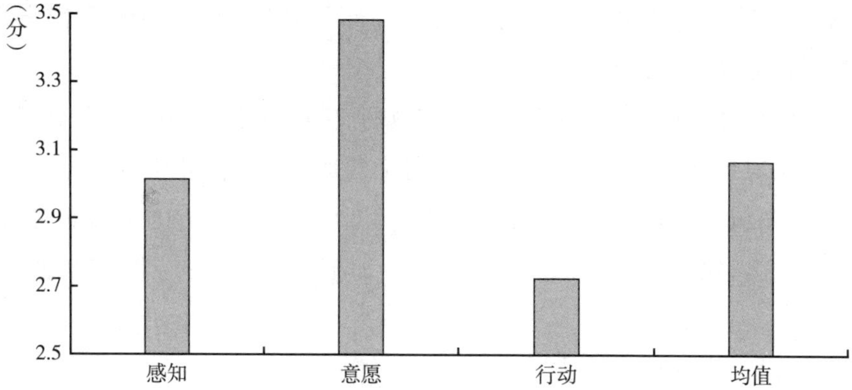

图 4　董马库村生计方式响应

（五）董马库村产业扶贫的生计产出响应

调查结果（图 5）显示，产业扶贫的生计产出响应强度偏低，村民在生计产出的感知、意愿和响应强度得分均低于 3 分，分别为 2.66 分、2.45 分和 2.23 分，其均值仅为 2.45 分。这说明董马库村的村民对产业扶贫引起的产出水平、收入渠道以及受自然条件（灾害、恶劣天气等）、市场条件（价格、需求等）影响的认知、态度及行为反应很低。在实地调查过程中也发现，董马库村的扶贫产业发展对提高本村的农业产出水平、扩大农户收入渠道的影响较小，农户收入水平更多的受当地自然条件的影响，在某种程度上也很容易导致返贫现象的出现。

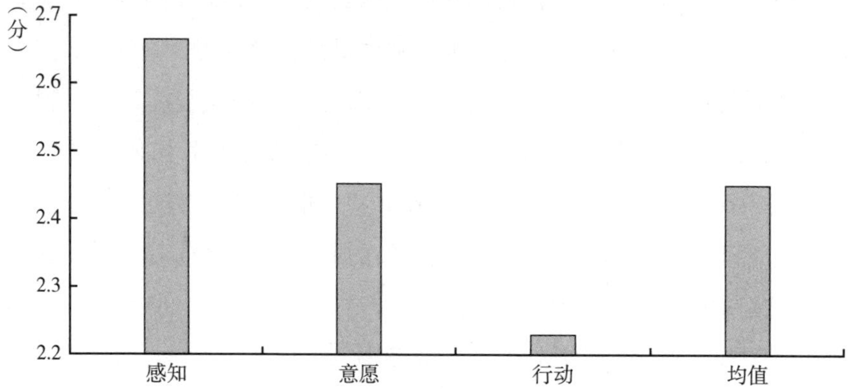

图 5　董马库村生计产出响应

（六）董马库村产业扶贫的生计空间响应

调查结果（见图6）显示，农户对产业扶贫的生计空间响应强度一般，其感知响应强度最高、行动响应程度居中、意愿响应程度最低，得分分别为3.35分、3.16分和3.25分，均超过3分，处于“一般”等级。这说明董马库村村民对生计活动的空间（居住、就业、就学、就医、购物、娱乐空间等）受产业扶贫影响的认知、态度和行为反应相对较好，但从总体上看，产业扶贫对农民的生计活动空间，特别是居住、就业空间并没有产生实质性的影响，农户的居住空间没有得到实质性的改善，农户的就业空间依然以外出务工为主。

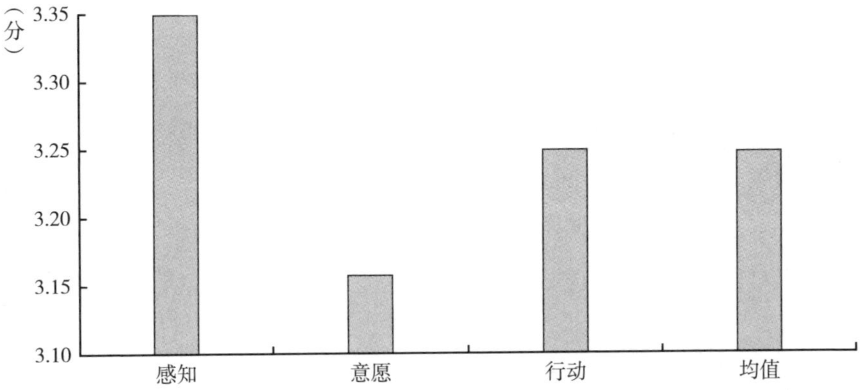

图6　董马库村生计空间响应

（七）董马库村产业扶贫的生计资本、方式、产出和空间响应强度比较

调查结果显示（见表3），产业扶贫的生计产出在感知、意愿和行动上的响应强度得分最低，其得分分别是2.66分、2.45分和2.23分，均处低于“一般”等级。产业扶贫的生计空间在感知、意愿和行动上的响应强度得分最高，其得分分别是3.35分、3.16分和3.25分，均处在“一般”等

级。产业扶贫的生计方式响应强度的得分相对较高，其在感知、意愿和行动上的响应强度得分分别为 3.01 分、3.48 分和 2.73 分，其均值为 3.07 分，处行动响应强度偏低外，均处于“一般”等级。产业扶贫的生计资本在感知、意愿和行动上的响应强度得分相对较低，分别是 2.99 分、2.87 分和 2.86 分，均低于“一般”等级。

表 3　董马库村产业扶贫农户生计响应得分

	感知	意愿	行动	均值
生计资本	2.99	2.87	2.86	2.89
生计方式	3.01	3.48	2.73	3.07
生计产出	2.66	2.45	2.23	2.45
生计空间	3.35	3.16	3.25	3.25

调查结果（见图 7、图 8）显示，董马库村产业扶贫生计资本、方式、产出和空间的整体响应强度偏低，低于“一般”等级水平；具体来看，生计方式和生计空间的响应强度得分略高于 3 分，处于“一般”等级水平，而生计资本和生计产出的响应强度得分均不到 3 分，低于“一般”等级水平。农户对生计活动的空间（居住、就业、就学、就医、购物、娱乐空间

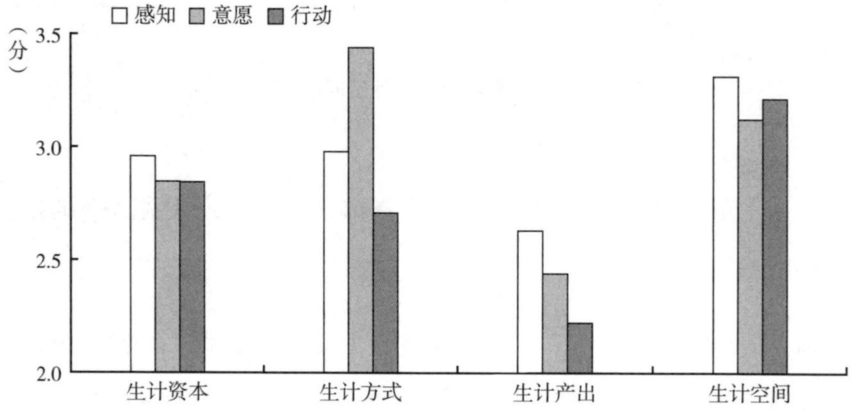

图 7　董马库村产业扶贫生计资本、方式、产出和空间的感知、意愿和行动响应强度比较

等）受产业扶贫影响的认知、态度和行为反应的响应强度最好；农户对非农就业机会（做生意、务工、兼职等）以及乡村生计方式受产业扶贫影响的认知、态度与行为的响应强度较好；相比而言，另外两个生计响应强度均低于“一般”等级水平，这意味着董马库村的农户对产业扶贫引起的产出水平、收入渠道以及受自然条件（灾害、恶劣天气等）、市场条件（价格、需求等）影响的在感知、意愿和行动上的响应程度比偏低，还有待进一步加强。

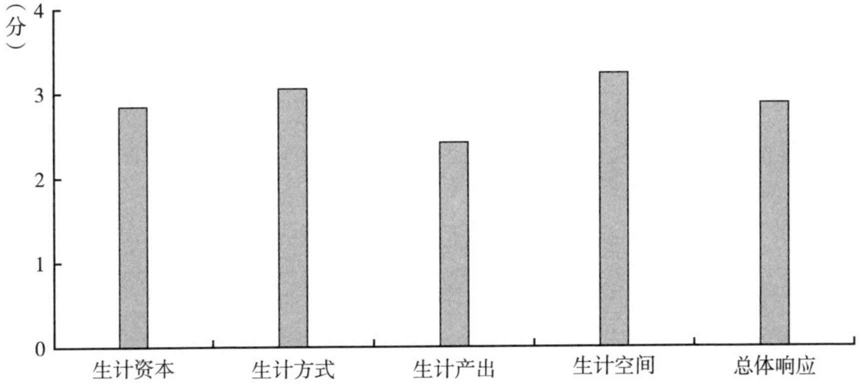

图 8　董马库村产业扶贫生计资本、方式、产出和空间响应强度比较

三　董马库村产业扶贫农户响应的影响因素

产业扶贫农户生计响应的影响因素很多，通过随机抽取董马库村农户做一对一的深度访谈，获得了 80 份有效《产业扶贫的农户生计响应调查问卷》，其中访谈对象为建档立卡户有效问卷 36 份，访谈对象为非建档立卡户的有效问卷 44 份。课题组对本村调研获得咨询及数据分析后，认为可以从以下几个方面对产业扶贫农户响应影响因素进行讨论：是否为建档立卡户、农户家庭主要收入来源、农户家庭的资源禀赋、覆盖当地产业扶贫政策及实施、农户村寨周边环境等。

（一）农户家庭主要收入来源特征

调查结果（见表 4）可得，董马库村有 43.75% 的农户表示家庭主要收入来自“种植业或林业”，35%的农户表示家庭主要收入来自“打工收入”，只有21.25%的农户表示家庭主要收入来自“经商收入”或“其他收入”；具体到建档立卡户，47.22%的农户表示家庭主要收入来自“种植业或农业”，36.11%的农户表示家庭收入主要来自“打工收入”，还有16.67%的农户表示家庭主要收入来自“其他”。这意味着董马库村近80%的农户家庭主要收入来自“种植业或养殖业”和“打工”，而且建档立卡户家庭主要收入来源更加依赖“种植业或养殖业”，考虑到董马库村地少人多的客观现实和2016年农民人均纯收入仅2600元的实际情况，可以发现董马库村的扶贫产业并没有对村民（无论是否为建档立卡户）的生计产出（家庭收入）带来实质性的改变，降低了农户对产业扶贫生计响应的强度。

表4　董马库村农户家庭主要收入来源

	种植或养殖业	务工	经商	其他
建档立卡户	17	13	0	6
非建档立卡户	18	15	3	8

（二）农户家庭人口结构的影响

根据董马库村实地调查的数据（见表5），主要从农户家庭年龄结构、受教育程度、劳动力数量和健康情况来分析农户家庭人口结构对扶贫产业农户响应的影响。从年龄结果来看，董马库村建档立卡户38.89%左右的家庭“有14岁以下小孩和60岁以上老人”，52.78%的家庭“有14岁以下小孩或有60岁以上老人”，只有8.3%的家庭“所有人年龄为14～60岁”；而非建档立卡户家庭，这三个比率分别为22.73%、50%和27.27%；建档立卡户家庭的老人和小孩更多而劳动力更少，这意味着建档立卡户家庭抚养老人和小孩的经济压力要远高于非建档立卡户。从受教育程度来看，董马库村建档立卡户80.56%的家庭成员受教育程度最高在“初中及以下”，8.33%的家庭成员受教育程度最高在“高中”，只有11.11%的家庭成员受教育程度最高为“大专及以上”；而非建档立卡户家庭，这三个比率分别为63.64%、

6.82%和29.54%；建档立卡户家庭成员受教育程度显著低于非建档立卡户，特别是有接受高等教育的建档立卡户家庭比率不到非建档立卡户家庭比率的一半（约占37.61%）。从劳动数量来看，建档立卡户家庭中27.78%的家庭只有1个劳动力，52.78%的家庭有2~3个劳动力，19.44%的家庭有4个或更多的劳动力；而非建档立卡户家庭，这三个比率分别为15.91%、45.45%和38.64%；建档立卡户家庭的劳动力数量显著低于非建档立卡户。从家庭成员身体健康情况来看，69.44%的建档立卡户有家庭成员长期生病，远高于非建档立卡户家庭的54.55%。

表5　董马库村农户家庭人口结构特征

年龄结构	有14岁以下小孩和60岁以上老人	有14岁以下小孩,无60岁以上老人	无14岁以下小孩,有60岁以上老人	所有人年龄为14~60岁
建档立卡户	14	6	13	3
非建档立卡户	10	5	17	12
受教育程度最高	小学及以下	初中	高中	大专及以上
建档立卡户	9	20	3	4
非建档立卡户	9	19	3	13
劳动力数量	无劳动力	1人	2~3人	4人及以上
建档立卡户	0	10	19	7
非建档立卡户	0	7	20	17
是否有家人长期生病	是		否	
建档立卡户	25	11		
非建档立卡户	24	20		

总体来看，董马库村农户的人口抚养比较高、受教育程度偏低、劳动力数量相对较少且超过60%的农户有家庭成员长期患病；而建档立卡户家庭人口抚养比更高、受教育程度更低、劳动力数量更少且家庭成员长期患病比率更高；这使得董马库村农户对产业扶贫生计响应强度相对偏低。

（三）农户家庭资源禀赋的影响

这里主要从社会资源和自然资源两个方面来分析农户家庭资源禀赋对产

业扶贫的生计响应，社会资源主要是指农户家庭是否有亲朋是领导干部或参与扶贫工作，而自然资源是指农户家庭所拥有的土地、林地、池塘等的情况。根据董马库村实地调查的数据（见表6），从社会资源来看，无论是不是建档立卡户，都有超过86%的农户家庭不具备任何本研究所界定的社会资源，这与董马库村农户对社会资本维度的生计资本响应强度（见表2）不高是一致的。从自然资源来看，建档立卡户中有27.78%农户家庭自然资源“数量少且质量差”，44.44%的农户家庭自然资源“数量和质量都一般”，另外有27.78%的农户家庭自然资源“数量多但质量差或者数量少但质量还好”或“数量和质量都还好”；而非建档立卡户这三个比率分别为43.18%、31.82%和25%；整体来看，建档立卡户所拥有的自然资源要好于非建档立卡户，这意味着在产业扶贫的过程中自然资源的分配更多地倾向于建档立卡户家庭，再考虑到仅半数的农户家庭主要收入来自“种植或养殖业”的现实，农户对自然资本维度的生计资本响应强度要远高于其他测度要素（见表2和表3），事实上，农户对自然资本这一测度要素的响应强度也是八个测度要素中唯一“良好”等级的。

表6　董马库村农户家庭资源禀赋情况

是否有亲朋是干部或参与扶贫工作	有且联系较多	有但联系不多	有但几乎没有联系	没有
建档立卡户	3	2	0.0	31
非建档立卡户	3	1	2	38
自然资源（土地、林地、池塘等）	数量少且质量差	数量和质量都一般	数量多但质量差或者数量少但质量还好	数量和质量都还好
建档立卡户	10	16	6	4
非建档立卡户	19	14	9	2

（四）扶贫政策因素的影响

根据董马库村实地调查的数据（见表7），主要从社会保障、扶贫产业和金融环境三个方面来分析扶贫政策对产业扶贫农户生计响应强度。从社会保障来看，95%以上的农户家庭都拥有基本的社会保障，其中建档立卡户家庭的社会保障稍优于非建档立卡户，这主要得益于扶贫政策帮扶措施中覆盖了相当新农合和新农村社保费用；但较高的社会保障覆盖并不影响产业扶贫的收益，事实上对产业扶贫农户生计响应的影响很小。从扶贫产业类型来看，97%以上的农户家庭扶贫产业为种植业、养殖业或两者混合但规模都不大，2018年利用结对单位帮扶资金大力发展养殖业，其规模不够区区15头牛、67头猪等；农户从小打小闹的“扶贫产业”中获益极小，极大地影响了产业扶贫类型对产业扶贫响应强度。从金融环境来看，虽然建档立卡户家庭由于扶贫政策的支持而相对容易从金融机构中借贷，但事实上无论是否为建档立卡户，农户家庭想银行等金融机构借钱发展产业的都是很难的，63.89%的建档立卡户和65.9%的非建档立卡户“比较难”或“难”从银行等金融机构中借钱，从而使得银行借贷难以对产业扶贫产生显著的积极作用，从而提升农户家庭的收入水平，使得农户对金融资本维度的生计资本响应强敌偏低（见表2）。

表7　扶贫政策对董马库村农户的影响

是否参加新农合和新农村社保	参加新农合	参加新农村社保	都参加		都没参加
建档立卡户	2	1	32		1
非建档立卡户	5	2	35		2
扶贫产业类型	种植业或林业	养殖业	农产品及其他加工业		多产业混合但规模不大
建档立卡户	10	1	1		24
非建档立卡户	16	0	1		27
银行借贷难易程度	容易	比较容易	一般	比较难	难
建档立卡户	5	2	6	10	13
非建档立卡户	2	5	8	14	15

（五）农户村寨环境情形的影响

根据董马库村实地调查的数据（见表8），主要从区位条件、村干部能力和村寨风气三个维度来三个方面来分析扶贫政策对产业扶贫农户生计响应强度。从区位条件来看，近94%的农户家庭离最近的集镇不到30分钟，但由于董马库村所在的双龙镇本身地处偏僻，相对便利的交通条件并没有对董马库村的扶贫产业带来实质性的意义，严重影响了农户对产业扶贫的响应强度。从村干部工作能力来看，30%的农户认为村“两委”和村干部“能力强、公平公正、有威信”，建档立卡户对村干部工作能力的评价相对高一点，这可能是因为村干部更多的精力放在本村脱贫的工作中，村干部工作能力的相对不足对农户对产业扶贫的响应强度产生了较大的影响。从村寨风气来看，建档立卡户中55.56%的农户持积极态度，认为“风气好，团结和睦，积极上进”，44.46%的农户持消极态度，认为本村村民消极懈怠，不求上进；而非建档立卡户对本村村寨风气的评价显著高于建档立卡户，这两个比率分别为61.36%和38.64%；事实上，无论是否为建档立卡户，认为村寨风气好的农户，参与扶贫产业的积极性相对要更高，但是相对薄弱的村域经济基础使得这种积极性并不能在扶贫产业中得以体现，因而对农户生计资本、方式、产出和空间响应并不产生直接的正面影响。

表8 董马库村村寨环境对农户的影响

离最近的集镇的时间距离	半小时以内		半小时以上	
建档立卡户	34		2	
非建档立卡户	41		3	
村干部工作能力和做事风格	能力强、公平公正、有威信	能力一般但做事公正	能力强但是做事不是很公正	能力不强，做事也欠公正，没有威信
建档立卡户	12	16	2	6
非建档立卡户	12	14	0	18
村寨风气	风气好，团结和睦，积极上进	风气一般，基本和睦，上进心不足	风气不好，邻里关系不太好，做事不积极	风气差，集体办不好事，等靠要思想严重
建档立卡户	20	13	1	2
非建档立卡户	27	10	5	2

四 董马库村产业扶贫农户生计响应障碍分析

（一）产业扶贫过程中农户缺乏内生动力

产业扶贫取得成效的关键是要调动建档立卡户参与的积极性，从目前董马库村的产业扶贫实践来看，多数建档立卡户是通过建档立卡等方式被动参与政府实施的扶贫项目，部分贫困对象依然存在等、靠、要的思想，并没有意识到产业扶贫过程中自己的主体地位，无法自觉地进行扶贫创新，因而也无法实现扶贫工作由“外生”向“内生”的转变。在董马库村成为贫困村之前，返乡创业大学生、青年党员葛文峰2013 年8 月注册成立了花垣县董马库土鸡养殖专业合作社，计划利用董马库村的丰富的林地资源，以“绿色原生态”为基础打造“湘西虫子鸡、虫子蛋”养殖基地，但市场难以打开导致经济效益不佳，很快就倒闭了。偌大一个董马库村，到2018 年没有一家合作社或成规模的专业户，全村劳动力主要以外出务工为主。2014 年成为贫困村以后，由于缺乏明确优先发展的产业和可信服的产业带头人，最终选择将产业扶贫资金实际上以扶贫物质的方式分发给相应群众。

董马库村作为其中花垣县双龙镇政府驻地，区位优势、交通优势相对明显，但是该村几乎没有上规模的产业。一个很重要的原因在于董马库村的村民相对保守，在推动产业扶贫过程中缺乏“能人”的带动作用，大家都在观望其他“能人”出现从而做出示范作用，最终就是没有任何“能人”出现，导致该村的产业扶贫政策、资金被束之高阁。此外，在产业扶贫过程中，部分政府官员未能充分吸收、采纳农户的意见，导致项目的引进、设置与农户的需求不相一致，从而抑制建档立卡户参与产业扶贫的积极性。产业扶贫过程中，内生动力的缺乏将导致贫困村失去自我发展的能力，无法吸引、凝聚当地的劳动力，贫困地区的经济发展也将失去可持续性，并将最终再次陷入贫困的陷阱。

（二）农户受教育水平整体不高，人力资本匮乏

从调研情况看，由于建档立卡户受教育水平的限制，他们难以接受先进的生产、耕作技术，依旧保持原始、落后的耕作方式，缺乏掌握现代的种养殖知识，因而制约了农业生产效率的快速提升。2017 年之前，董马库村民有少数村民种植烟草后获得了不错的收益，结果大家一窝蜂种植烟草并使得烟草成为本村的支柱产业，受制于技术的限制和烟草种植的特性，使得很多农户的烟叶最后因质量不过关而被贱卖或拒收，2017 年以后大家停止了烟草种植。由于受教育程度低，大部分建档立卡户思想保守、落后，在农业生产过程中往往只注重短期利益，而忽略产业发展的长期效益，对市场经济的运行规则不了解，缺乏对市场环境与信息的分析，大部分建档立卡户自我生产，自我销售，品牌意识不够，缺乏与当地政府、企业合作生产的积极性、主动性，往往导致农产品市场供求失衡，农业投入成本难以收回。董马库村的土鸡养殖专业合作社失败的一个重要原因就是缺乏品牌和销售渠道，难以盈利而被迫倒闭。

此外，董马库村的自然禀赋相对较差，人力资本投资十分有限，而从董马库村走出去接受过高等教育的寒门弟子极少会回到贫困地区工作，即便是部分在外务工的“成功人士”也很少有人愿意返乡做“城归”，充分利用自己掌握的技术和人脉发展村级产业。因而使得原本就已十分稀缺的人力资本变得更加匮乏，这也成为董马库村实施产业扶贫的重要障碍。

（三）产业发展缺乏资金，难以获得金融支持

董马库村是的合并村，自然条件相对较差，贫困发生率较高，2018 年该村共有建档立卡户 142 户、602 人，贫困发生率 30%。缺乏足够的资金发展扶贫产业，在调研过程中我们发现，董马库村村民的产业扶贫的认同度是比较高的，仅有 70% 的农户有参与扶贫产业的意向，但响应程度很低（见图 1 和表 3）。再加上董马库村是新近的合并村，村民和新任的村“两委”都处在磨合期，而村民们思想又相对保守，从而使得该村在推动产业扶贫过

程中众口难调。2018年董马库村产业扶贫资金约38.2余万元，但是出于平衡考虑，原本应该集中使用以打造村域经济和提升村级造血功能，但最终无奈地选择以大水漫灌方式进行产业扶贫，如产业扶贫资金扶持了15头黄牛养殖，却涉及了13户农户，变成了事实上的“输血式扶贫”，扶贫效率低且缺乏可持续性。

另外，董马库村的贫困人口多，通过国家转移支付建档立卡户所获得的资金依然有限，难以满足发展扶贫产业对资金的需要。以2018年上半年为例，平均每个贫困人口获得产业扶贫资金约630元；即便以家庭为单位，平均每个建档立卡户仅不到2700元的产业扶贫资金，难以产生实际产业扶贫效果。因此，为了弥补资金缺口，政府部门逐渐强调金融扶贫，但在实际操作中，由于种植、养殖业的生产周期与贷款的还款期限不相吻合，建档立卡户又没有可供抵押的对象使其能够在商业银行获得抵押贷款，因而董马库村的建档立卡户从金融机构获得的资金支持也十分有限，总体上看，建档立卡户的筹资渠道较少，筹集的资金有限，严重制约了贫困村产业扶贫的发展。

（四）产业发展没有形成完整的产业链，规模小，缺乏竞争力

扶贫产业现已在贫困地区基本展开，甚至在很多地方已经初步形成了产业雏形（如花垣县的黄连沟村），但贫困地区往往未能从整体出发进行合理规划，也未进行完善的市场调研、考察，容易出现产业雷同、市场恶性竞争的局面，因而也制约了产业扶贫效应的发挥。董马库村曾经计划以烟草种植为核心打造村级产业，但最终因烟草种植技术和烘烤技术不过关而告终。其后，董马库村在发展产业扶贫的过程中，采取种植业、养殖业、农产品生产等多种产业混合发展，但产业发展规模不大，缺乏竞争力。根据调研数据显示：2018年上半年政府财政支持产业扶贫的资金约38.2万元，却一共扶持了黄牛、种猪、山羊、鸡、鸭、稻花鱼等多种养殖产业，涉及建档立卡户44户、213人。品类如此之多、规模如此之小，使得董马库村的养殖产业根本就没有任何竞争优势，也不可能形成扶贫产业，进而实现产业发展的规模效益。

此外，董马库村在农产品生产过程中，大多数农产品要么自产自销，要

么以初级产品的形式批发出售，除了简单的屠宰以外，基本上没有形成产业链的加工销售，即使目前有部分企业对农产品进行简单的加工销售，其农产品的附加值也非常低，加之农业生产的季节性特征较为明显，因而建档立卡户的收入十分有限且波动较大。规模小、产业链短使得董马库村的扶贫产业完全没有竞争力，而且极容易受到自然灾害影响，也没有能力抵御市场波动带来的风险，在某种意义上来说，这也是董马库村在外的“能人”们难以下定决心返乡创业的原因之一。

（五）产业发展过程中各主体利益联结机制不健全

产业扶贫过程中，政府、龙头企业、农村经济合作组织与建档立卡户是重要的参与主体，其中政府部门（包括村“两委”和驻村工作队）发挥牵头和推动作用，企业与建档立卡户则是产业项目的实施主体，建档立卡户通过出售农产品，提供劳动力，提供土地流转与房屋出租等方式，与企业构建利益联结机制。然而，董马库村是新进由三个村合并起来的合并村，即便如此，三村合并过程中原来各村极其脆弱的利益联结机制也被打破，而合并后新的利益联结机制在短时间内难以建成，再加上各村原本就没有村级龙头企业（专业户、合作社），从而导致政府部门（上级政府与扶贫办、村“两委”、驻村工作队）想要在这样的基础上推动构建和完善“政府－龙头企业－合作社（专业户）－建档立卡户”或类似形式的利益联结机制并使之产生实际效益变得极其困难，这从产业扶贫资金最终变成给建档立卡户“送温暖式”形式上的产业扶贫。

事实上，董马库村原来的利益机制联结主要分为两块：一块是基于外出务工过程中建立起来的村民（包括部分“能人”）利益联结机制，在不化身为“城归”回村兴办产业的情况下，这种利益联结机制与村里面的扶贫产业相关度其实不高；另一块是部分具有商业头脑的农户选择在镇上开店做生意，虽然户籍还在村上，但实际上已经成为较为专业的商人家庭，这部分农户基于各自的生意建立了董马库村另外一套的利益联结机制。目前看起来，这两块利益联结机制各自独立运行，并没有对扶贫产业的发展产生促进推动作用。

五 董马库村产业扶贫与可持续脱贫的建议

（一）激发产业扶贫的内生动力

产业扶贫项目承担着促进区域经济发展与扶贫开发的双重任务，因此在产业项目的选择中，不仅要结合区域比较优势考虑产业的可行性，还要听取项目的参与者——建档立卡户的意见，分析产业发展对贫困地区带来的益贫效应。只有当一个产业项目既具有赢利性，又能使建档立卡户受惠，这样才能使建档立卡户与龙头企业之间积极互动，彼此之间建立信任，彻底改变建档立卡户被动参与或低水平参与产业项目的现状。而在调研过程中发现董马库村其实具备一定的基础来发展扶贫产业：作为镇政府驻地，董马库村交通相对便利、人口集中度较高、具有一定的流动人口和商业基础，但是在实际过程中难以把这些优势转化为发展扶贫产业的胜势，一个重要的原因就是没有“能人”带动，大家都处在“观望”“等靠要”的状态，虽有发展扶贫产业的主观意愿，却无组织和行动能力。

因此，政府部门（包括村“两委”和驻村工作队）要加大宣传产业扶贫政策力度的同时，也要因地制宜地做好董马库村的产业扶贫规划，并在激发村民们发展扶贫产业主观基础上，构建有利于发展村级扶贫产业的利益机制联结，提升村“两委”、驻村工作队的组织能力，引进村里的在外务工中的能人们化身“城归”回来创业，提高发展扶贫产业的自组织能力和行动力，从而提升村民们发展扶贫产业的内生动力。发挥产业扶贫的组织优势、制度优势，从而充分调动各参与主体，尤其是建档立卡户的积极性与主动性，增强产业扶贫发展过程中的内生动力。

（二）增加建档立卡户的教育投入与技能培训，提升人力资本

董马库村村民受教育程度偏低（见表5），有接受大专及以上家庭成员的建档立卡户仅为11%，而近81%建档立卡户家庭成员接受的最高教育水

平为初中及以下。建档立卡户家庭成员教育水平低，缺乏相应的知识储备和技能储备，从而使得董马库村扶贫产业的发展在缺乏“能人”带动的情况下变得极为困难。烟草种植不成功、养殖产业散乱小、没有合作社（专业化）的现状，与董马库村村民教育水平偏低、缺乏相应的产业技能是能密切相关的。因此，在推动董马库村发展扶贫产业的过程中，必须大力提升董马库村的人力资本（尤其是建档立卡户的人力资本）储备和培育。首先要加大教育（尤其是技能教育）投资，特别是要加大对董马库村的建档立卡在种植、养殖等农业产业方面的培训力度，使其家庭主要成员能够掌握日常生产所需的实用技术，同时随着扶贫产业链的发展、延伸，还要对建档立卡户加强产业链后续的加工技术培训，提高建档立卡户的科技水平。其次通过政府部门积极宣传，引导部分建档立卡户走出“思想贫困”的陷阱，树立正确的观念，依靠自己的主观能动性脱贫致富。最后，贫困家庭中成员的身体素质普遍较差，近70%的建档立卡户有至少一个家庭成员长期患病（见表5），这一现象加大了董马库村的建档立卡户的脱贫难度。因此，政府部门在有针对性的提高对建档立卡户的医保投入和村级医疗设施的投入以外，还需要加大对董马库村基础设施的投入，改善贫困村环境卫生状况，进而增强全体村民的身体素质，使其拥有一支健康的劳动力队伍参与生产，从而提高劳动生产效率。

（三）加大政府财政支持力度，完善贫困地区金融服务

董马库村经济基础相对薄弱，2018 年农民可支配收入仅相当于湖南省的30%，贫困发生率约30%；另外，扶贫产业的指向对象主要是建档立卡户，而非建档立卡户农户主要外出务工，还有相当一部分所谓的“能人”则在镇上从事商业经营，在实际操作过程中这部分相对经济实力雄厚的村民与扶贫产业发展的相关度不高，加上没有及时引进外面的农业龙头企业，使得董马库村在发展扶贫产业过程中资金极度短缺。另外，需要说明的是，在目前的金融体系下，相对于其他商业农户和外出务工农户，董马库村的建档立卡户的风险承担能力和主观融资意愿都很低。

因此，为了解决董马库村发展扶贫产业过程中的资金难题，除了要进一步完善利益联结机制、利用市场力量引进社会资本投入以外，各级政府仍要继续加强贫困地区扶贫资金的投入力度，也可以利用政策与制度优势鼓励贫困地区招商引资，实现自我发展。同时，在风险承担意愿和能力均不高的条件下满足建档立卡户发展扶贫产业过程中的资金需求，还必须加大对贫困地区的金融服务支持和创新，特别是要加强针对建档立卡户进行金融产品和服务创新、完善针对建档立卡户的风险管控机制，鼓励金融机构在贫困地区开展小额贷款。此外，还要在政府的支持下积极发展农村保险事业，鼓励保险公司在贫困村设立基层服务网点，为建档立卡户提供保险业务咨询与服务，提高建档立卡户应对意外风险的能力，进而提升其利用银行借贷来满足扶贫产业发展过程中资金短缺的主观意愿。

（四）以市场为导向，构造完善的产业链

董马库村虽然是镇政府所在地，但村里面的产业一直没有得到很好的发展，扶贫产业也起色不大，不能吸纳劳动力在当地就业。据统计，董马库村70%以上的劳动力以外出务工为主，其中建档立卡户近75%劳动力以外出务工为主。然而，董马库村交通较为便利，有一定的流动人口和商业基础，离县城和州府均为40千米左右，靠近农产品销售市场，具备发展农业扶贫产业的先天基础。因此，董马库村要以周边市场（特别是县城和州府市场）需求为导向，以当地较为丰富的山地资源和较为充沛的劳动力资源为基础、充分挖掘在外务工群体中的“能人”和在镇上做生意的“能人”的资金优势、对市场的敏感度和人脉关系，打造董马库村的特色农业产业。并按照特色农业产业的发展需要，通过引导组建农民专业合作社、引进相应的龙头企业，有针对性地组织实施农业科技项目，引进示范和推广动植物新品种，推进农业产业发展。此外，在特色农业产业发展到一定阶段的基础上，可以考虑建立配套特色农产品深加工环节，延长特色农业产业链，提高特色农产品附加值，保障农民收入的稳定性与可持续性。

（五）健全产业扶贫过程中多方受益机制

在调研过程中发现，董马库村实际上主要存在两套相对稳定的利益联结机制和三个相对固定利益群体，两套利益联结机制是指：外出务工农户之间的利益联结机制和镇上做生意农户之间的利益联结机制；三个利益群体是指：外出务工农户群体、镇上做生意的商业农户群体和在村从事农业生产的农户群体。前两个群体具备一定的经济实力、眼界视野和商业知识，有一定的风险承担能力，是董马库村“能人”会集的利益群体，但不是扶贫产业发展所指向的对象；后一个群体缺少资金、缺少技术、缺少市场意识，风险承担能力很小，是扶贫产业发展过程中的主要受益对象。也就是说，目前董马库村的主体利益联结机制中建档立卡户不重要（或者说根本就没有建档立卡户这一环节），使得董马库村的在推动产业扶贫过程中缺乏资金、缺乏技术、缺乏“能人”带动，最终导致董马库村扶贫产业发展流于形式。

因此，如何采取新的制度设计（包括委托、股份、合作等）打破三大利益群体之间的利益区隔，把建档立卡户作为一个重要环节嵌入已有的两大利益联结机制，建立建档立卡户与“能人”之间紧密型的扶贫产业发展利益联结机制，让“能人”们带动建档立卡户一起发展扶贫产业，充分发挥三大利益群体的比较优势和董马库村的资源优势，最终形成政府引导、社会参与、多方联动的多方收益机制和有效扶贫格局，推动董马库村扶贫产业的健康发展。村“两委”和驻村工作队在上级政府的支持下，在充分调研的基础上，预定在2019年成立包括董马库村全体村民在内的花垣县董马库村经济联合社，前期项目主要是进行茶叶和烟叶种植，油茶项目还在考察之中；上级预计安排100万元专项资金支持董马库村经济联合社的发展壮大，在董马库村经济联合社正式成立之前，专项资金投入花垣县兴盛公司并安排董马库村村民务工，预计可以覆盖50%左右的建档立卡户。这也是董马库村村“两委”和驻村工作队在创新构建多方受益利益联结机制的一次尝试。

Abstract

Reduce poverty through industrial development is at the top of the five countermeasures of *Targeted Poverty Alleviation Strategy*, which is the fundamental way to achieve poverty alleviation. Since the implementation of the poverty alleviation strategy, the practice of poverty alleviation through industrial development in *Contiguous Destitute Areas* has achieved obvious results for poverty alleviation, but also faced diverse challenges such as the pro-poor effect needed promotion, the sustainable development capability of poverty alleviation industry was weak, and failed to fully satisfy the essential requirements of poverty alleviation through industrial development. So, in the decisive stage of poverty alleviation, it is necessary to pay attention to the impact of pro-poor industrial development on farmers' livelihood and the mechanism of poverty alleviation and put forward suggestions on sustainable poverty alleviation.

Taking " Livelihood Response to Poverty Alleviation through Industrial Development, Pro-poor Mechanism and Sustainable Poverty Reduction " as the theme, this *Blue Book The Development Report of China Contiguous Destitute Areas* (*2018 - 2019*), with sample selection principle of combination of spots and areas, on the one hand, chooses four sample counties from the four Contiguous Destitute Areas and comprehensively analyses of pro-poor industrial development practices' characteristics, effect, livelihood response of farmers and its influencing factors by sample investigation, on the other hand, with 7 poor sample villages' cases, shows the pro-poor industrial development, poverty alleviation, farmers' livelihood response and its influencing factors, and sustainable poverty reduction suggestions from the grass-roots level by depth interview and investigation. This book can be divided into three parts and twelve chapters, and the three parts are general report, sample counties and sample villages investigation. The general report, using the survey data of 2363 households in 55 villages of 28 towns in 4 counties of 4

Contiguous Destitute Areas, measures and contrastively analyzes the characteristics of farmers' livelihood response to pro-poor industrial development and its influencing factors, and puts forward suggestions on innovation of pro-poor mechanism and sustainable poverty alleviation. The sample counties part consists of 4 chapters, and their topics are pro-poor industrial development performance, farmers' livelihood response and its influencing factors, poverty alleviation effect and sustainable poverty reduction countermeasures of the sample counties, that are Weng'an county in Dianguiqian Rocky Desertification Area, Huayuan county in Wuling Mountain Area, Lintao county in Liupan Mountain Area, and Guidong county in Luoxiao Mountain Area. The sample villages part consists of 7 chapters, which in-depth investigates and analyses of poverty alleviation practice, livelihood response of farmers and poverty alleviation effect of pro-poor industrial development in 7 typical poor villages, that are Hebao village in Haiyuan county, Sandishui village in Zhenxiong county, Dama village in Yongren county, Gubing village in Guiding county, Xingguo village in Anhua county, Zhaiping village in Guidong county and Dongmaku village in Huayuan county.

This report, with the perspective of coupling and cooperative relations of people, industry and land, explained the poverty reduction logic of pro-poor industry development that from livelihood response, multi-dimensional pro-poor to sustainable poverty alleviation, constructed the four dimensions and three intensities livelihood response measure elements and system, and emphasized that farmers' livelihood response to pro-poor industrial development is crucial for poverty alleviation effectiveness as well as to achieve the goal of sustainable poverty reduction, because the livelihood response dimensions and intensities would directly affect the participation and the benefit dimensions and intensities of the poor. As the livelihood transformation and upgrading of the poor is the micro foundation of sustainable poverty alleviation, pro-poor industrial development should pay attention to the livelihood response of farmers, innovate the multi-dimensional pro-poor mechanism, and lead the livelihood transformation and upgrading of farmers, especially the poor households. To cope with the challenges of weak pro-poor effect and sustainable development capability, and failure of fulfilling the essential requirements of poverty alleviation in current pro-poor industrial development, it should take actions to innovate the multi-dimensional pro-poor mechanisms that includes pro-poor by assets, income, ability and spirit, and to innovate allocation ways of pro-poor industrial development funds, make the pro-poor industrial policy more service-oriented, and strengthen the livelihood transformation and upgrading functions of pro-poor industrial development.

Contents

I General Report

Abstract: Reduce poverty through industrial development is at the top of the five countermeasures of*targeted poverty alleviation strategy*, which is the fundamental way to achieve poverty alleviation. In recent years, the practiceof poverty alleviation through industrial development in *Contiguous Destitute Areas*has achieved obvious results for poverty alleviation, and has explored three types of development leading, poor aiming and poor relief and diverse concrete practice patterns, but also faced diverse challenges such as the pro-poor effect needed promotion, the sustainable development capability of poverty alleviation industry was weak, and failed to fully satisfythe essential requirements of poverty alleviation through industrial development. With the perspective of *People-Industry-Land* coupling synergistic relationship, this report first explains the poverty reduction logic of *livelihood responsiveness-multi-dimensional pro-poor-sustainable poverty alleviation*, and constructs a livelihood response measurement system that contains *4 dimensions and 3 kinds of intensity* elements. Then, using the survey data of 2363 households in 28 towns and 55 villages of 4 sample counties in 4 Contiguous Destitute Areas such as wuling mountain area, this paper measured and compared the characteristics of farmers' livelihood response to pro-poor industrial development and their influencing factors, and found that: (1) As a whole, the farmers' livelihood response degree in 4 sample counties is in the medium level, but among the four dimensions, the response degrees are ranked as livelihood mode response, livelihood space response, livelihood output response and livelihood capital response, to the three kinds of response intensity, the perception and will of livelihood response are very similar, but there are a big gap with livelihood response action. (2) At the county level, the livelihood response of farmers in Weng'an county to pro-poor industrial development is obvious in all dimensions, while that in Huayuan county is relatively weak. At the group level, poor households have higher and more consistent responses to pro-poor industrial development than non-poor households. At the peasant household level, the material, human and financial capital responses in livelihood capital response and livelihood output response are quite different. (3) The external environment, such as geographic location, industry type, primary-level organization ability, rural social atomosphere, and internal family factors, such as resource endowment, source of income, age structure, physical condition, education status, labor force, policy trust, credit availability, social network, have significant impact on farmers' livelihood response, but varies in different dimensions and different kinds of intensity. Finally, combining with poverty alleviation framework of "*livelihood responsiveness-multi-dimensional pro-poor-sustainable poverty alleviation*" and the challenges faced by poverty alleviation practice through industrial development, this paper puts forward suggestions that innovation of multi-dimensional pro-poor mechanisms which includes pro-poor by asset, income, capability and spirit etc., innovation of using funds for pro-poor industrial development, urging pro-poor industrial development policy service-leading transformation, and promoting livelihood shift function of poverty alleviation through industrial development.

Keywords: Poverty Alleviation through Industrial Development; Livelihood Response; Pro-poor Mechanism; Sustainable Poverty Alleviation; 4 Dimensions and 3 kinds of Intensity

Ⅱ County Level Parts

B.2 Typical Model of Industrial Poverty Alleviation and Sustainable Poverty Alleviation Experience in Weng'an County, Yunnan-Guangxi-Guizhou Area *You Jun*, *Li Xiaobing* / 039

Abstract: Weng'an County takes the strong "tea industry" as the core, and promotes the "1 +6 +N" industry poverty alleviation layout, establishes stocks, orders, and business industry three industry interest linkage mechanisms, and builds industrial development, technical support, and sales services. The platform for sustainable development of the industry has achieved significant poverty alleviation effects. By investigating the industrial poverty alleviation practices of 15 villages (communities) in 13 townships (streets) of the county and the 609 households' industrial poverty alleviation livelihood response: (1) The response situation of the industrial poverty alleviation farmers in Weng'an County is generally good.

The farmers' perception is high and the willingness is strong, but the farmer's response intensity decreases from perception, willingness to action. In the four dimensions of farmer response, the response intensity from weak to strong is the livelihood output response, livelihood capital response, livelihood spatial response, and livelihood response. (2) The influencing factors of the industrial poverty alleviation farmers in Weng'an County are mainly reflected in the five aspects of cadres' assistance, farmers' family status, industrial funds in place, geographical environment and industry type, and grassroots organization construction. (3) The poverty-prone path and mechanism of industrial poverty alleviation in Weng'an County mainly includes asset poverty, income poverty, capacity poverty, and mental poverty. Based on the investigation, it is concluded that the county's industrial poverty alleviation and sustainable poverty alleviation are the core, the farmers' response is the key point, the participation of all parties is the key, the steady and steady is the fundamental, the hard work is the guarantee, and the industrial function can be optimized. Improve the quality of poverty alleviation, consolidate the effectiveness of assistance, and lay a solid foundation for poverty alleviation.

Keywords: Weng'an County; Industrial Poverty Alleviation; Livelihood Response; Typical Mode; Sustainable Poverty Alleviation

Abstract: Shibadong village, which located in Huayuan county, wuling mountain area, is the birthplace of the strategy of *targeted poverty alleviation*. As a pilot county for targeted poverty alleviation, Huayuan county takes modern characteristic agriculture as the starting point and accelerates the development of poverty alleviation industry by increasing investment, cultivating new subjects, relying on the platform of industrial parks, promoting the integration of the three industries and innovating the connection of interests, etc. , and has achieved remarkable results in poverty reduction. By investigating the poverty alleviation practices through industrial development of 15 poor villages in 4 towns of the county and the livelihood responses of more than 640 households, it is found that: (1) In huayuan county, the response degree of farmers' livelihood to poverty alleviation practices through industrial development is not high, the response degrees of livelihood space and livelihood capital are relatively high, but the response degrees of livelihood mode and livelihood output are weaker, and there are obvious differences in the response degree of towns, villages and all livelihood dimensions; (2) External factors such as the grassroots organization ability of the village, rural social atmosphere, poverty alleviation industry type, geographical location, and family factors such as poverty level, education degree, labor force quantity, and credit availability have important influences on the livelihood response of farmers, and have different influences on different dimensions and intensity levels. Lastly, with the perspective of farmers' livelihood response, it is suggested that the innovation of pro-poor mechanism of industrial development in Huayuan county should pay attention to farmers' livelihood response, optimize the soft and hard environment of the village, implement differentiated assistance, highlight response of livelihood mode and output, and prevent and control risks, vulnerability and *elite capture*.

Keywords: Reduce Poverty through Industrial Development; Livelihood Response; Pro-poor Mechanism; Huayuan County

Abstract: Lintao County through top-level design to lead the industrial poverty alleviation, industry cultivation, expand the way to become rich, expand the main body to extend the industrial chain, prevent risks to solve the worries, typical leading innovative industrial poverty alleviation model and other measures, industrial poverty alleviation has achieved remarkable results. It is mainly manifested in the following aspects: the new achievements of industry precision strategy, the steady progress of project construction, the new breakthrough of modern agriculture, the new step of industrial economy, the new vigor of the tertiary industry and so on. On this basis, the paper constructs the theory system of farmers' livelihood response in the process of industry poverty alleviation, including the comprehensive response of farmers' livelihood, the response of livelihood capital, the response of livelihood mode, and the response of livelihood output. This paper analyzes the characteristics of farmers' livelihood response in Lintao County's industrial poverty alleviation from the aspects of livelihood spatial response, and makes an empirical analysis of the influencing factors of farmers' livelihood response in industrial poverty alleviation, and puts forward that the dominant industry should be strengthened. Improving the working ability of the two committees and the cadres of helping the poor, improving the social relations of the farmers, raising the education level of the farmers, and raising the social security level of the farmers, etc., to improve the degree of farmers' livelihood response in the industrial poverty alleviation.

Keywords: Liupanshan District; Lintao County; Industrial Poverty Alleviation; livelihood response

Abstract: Industrial poverty alleviation is not only the basic soul pillar of poverty alleviation but also the key point and difficulty of poverty alleviation in the new situation. Whether or not the poor people can be effectively lifted out of poverty, the development of industry poverty alleviation plays an inestimable role. Guidong County, restricted by historical, geographical and other factors, belongs to the typical "old, mountain, border and poor" area, and is included in the scope of regional development and poverty alleviation in the national Luoxiaoshan region, which is the key county in the national poverty alleviation and development. Based on the questionnaire survey and interview of farmers in Guidong County of Luoxiaoshan District, this paper comprehensively analyzes the general situation of industrial poverty alleviation in Guidong County, and systematically combs the development status and results of industrial poverty alleviation in Guidong County. our county industry through first-hand data, this paper elaborates on the characteristics of farmers' livelihood response in industrial poverty alleviation in Guidong county, and then analyzes the overall characteristics of farmers' livelihood response and its influencing factors in industrial poverty alleviation. The results show that there are significant differences in the scores of livelihood response between the registered card households and the non-establishment card households, and the difference in the number of labor force has no significant impact on the farmers' livelihood response scores in the industrial poverty alleviation. The highest level of education of peasant households has no obvious influence on the farmers' livelihood response to industry poverty alleviation. Families with younger age structure are more willing to pay attention to the relevant policies of industry poverty alleviation and also pay more attention to the relationship between industry poverty alleviation and their own interests. Then it puts forward some policy suggestions to improve the farmers' livelihood level from four aspects: constructing the multi-industry poverty alleviation system, perfecting the poverty policy system, strengthening the project and fund supervision, and perfecting the poverty monitoring mechanism.

Keywords: Industrial Poverty Reduction; Livelihood Response; Sustainable Poverty Alleviation

Ⅲ Village Level Parts

Abstract: Hebao Village, Guanqiao Township is one of the poor villages in Haiyuan County, Ningxia. In recent years, farmers' lives have been improved to some extent, but some villagers still have not achieved poverty alleviation. Therefore, in order to truly achieve poverty alleviation, we must achieve "precise poverty alleviation" and know where the money is spent and how effective it is. Therefore, this paper takes the accurate poverty alleviation in Hebao Village, Haiyuan County, Ningxia as an example, and investigates the relevant information of the County Poverty Alleviation Office and the Village Committee, and discusses with the main responsible persons and inspects the typical poverty alleviation industrial base. The family members, family capital, farmer's livelihood, income and expenditure status, ecological environment and policy perception of Hebao Village in Guanqiao Township pointed out the characteristics of livelihood response, influencing factors and poverty alleviation of Hebao Village's industrial poverty alleviation. The results show that there is a certain correlation between the effect of poverty alleviation and the means of livelihood and livelihood output. The willingness to get rid of poverty has a certain correlation with the output of livelihood. The action of poverty alleviation is closely related to the natural capital, and the impact of livelihood space on the effectiveness of poverty alleviation. Relatively low, it shows that the industrial poverty alleviation policy of Hebao Village has received the response of farmers to a certain extent, but the related significance is low. The influencing factors of farmers' livelihood response are mainly internal factors of the family, the establishment of the card holder, the main source of family income, the education level, the long-term illness of the family of the farmer, the natural capital of the farmer's land and forest pond, and the atmosphere of the village. Therefore, the following suggestions are proposed for the industrial poverty alleviation situation in Hebao Village: one is to improve the farmers' perception and willingness to respond to poverty alleviation; the second is to improve the farmers' response to the poverty alleviation industry; the third is to improve the livelihood ability of farmers, and the fourth is to improve The quality of the farmer's labor force and the understanding of the poverty alleviation industry, the fifth is to improve the mutual conversion ability of various response indicators.

Keywords: Hebao Village; Precise Poverty Alleviation; Industrial Development; Livelihood Response; Poverty Alleviation

B. 7 Livelihood Response of Industrial Poverty Alleviation in Sandishui Village and Poverty Alleviation Effect

Long Haijun, *Zhou Jinxin and Li Feng* / 196

Abstract: Based on the "four dimension-three intensity" analysis framework of households' livelihood response in industrial poverty alleviation, this paper investigates and analyzes the livelihood response and poverty-alleviation effect of the rural households in the industrial poverty-alleviation of Sandishui village in Zhenxiong County, Zhaotong City, Yunnan Province. The results show that, due to the limitations of households' financial capital, family nature, source of income, geographical capital and other factors, the response of households' livelihood capital, livelihood style, livelihood output and livelihood space in the industrial poverty alleviation of Sandishui village are poor, and the effect of the industrial poverty alleviation in Sandishui village is not significant. Despite the high poverty rate, Sandishui villages has not yet lift the 'poor village hat'. In the light of main factors affecting the livelihood response of the rural households in the industrial poverty alleviation in Sandishui village, the paper finally puts forward some countermeasures and suggestions to promote sustainable poverty alleviation in Sandishui village, such as enlarging and strengthening the financial capital stock of the rural households, improving the health of the rural households, strengthening the construction of transportation and information technology, and implementing the cadre team construction project.

Keywords: Sandishui Village; Industrial Poverty Alleviation; Livelihood Response; Sustainable Poverty Alleviation

Abstract: since precision poverty reduction carrying out in Daba village Yongren County, Yunnan province in 2013, the various work of industrial poverty alleviation has accelerated. The industrial poverty alleviation of tobacco and vegetable has achieved remarkable results, comprehensive industrial development was strengthened, and new types of business entities was cultivated. Starting from the overall framework of ' four-dimensions and three-intensity', this research studied the characteristics of livelihood response of farmers in the industrial poverty alleviation in Daba Village. It showed that: the overall response to the implementation of the industrial poverty alleviation policy was better, the response of various dimensions was more balanced, the strength of natural capital in the response of livelihood capital was weaker, the industrial poverty alleviation has a greater impact on the material capital of farmers, the farmer's understanding of the role of industrial poverty alleviation in promoting human capital was not clear, the social network resources of the villagers under the industrial poverty alleviation has not been further expanded, and the measures for guarantee of the livelihood space activities of farmers was in effect. The influencing factors was concentrated in the single industrial structure, the lack of labor force, and the weak collective economic strength. Seven proposals were put forward, such as scientific planning and top-level design, strengthening infrastructure construction, developing new types of business entities, invigorating land circulation and management, developing characteristic industries, increasing financial support for industrial poverty alleviation, and vigorously developing the collective economy.

Keywords: Industrial Poverty Alleviation; Poverty Reduction Effectiveness; Livelihood Response

Abstract: Guizhou Province is located in the hinterland of Southwest China. It has three major concentrated areas, namely, Wuling Mountains, Wumeng Mountains, Yunnan, Guizhou and Guizhou Shimo areas. Gubing Village of Guiding County belongs to one of that. This report first introduces the situation of poverty alleviation in Gubing village, then analyses the characteristics of farmers'livelihood response from four dimensions to three intensities according to the framework of sustainable livelihood, and the impact of farmers' livelihood response on poverty alleviation. The survey found that the overall response intensity of farmers'sustainable livelihoods is general and has some effect on poverty alleviation; the spatial response of farmers' livelihoods is the strongest and the effect of poverty alleviation is the most obvious; the response of farmers' livelihood output is the weakest and the effect of poverty alleviation is the lowest. There are five main problems in industrial poverty alleviation: low identification accuracy, abnormal industrial structure, backward technology, arbitrary product acquisition system, and unhealthy style of work of some cadres. Suggestions are put forward to solve these five problems.

Keywords: Gubing Village; Industry for Poverty Alleviation; Livelihood Response; Influence Factor; Effectiveness of Poverty Alleviation

Abstract: Based on the first-hand data obtained from questionnaire survey and household interview, this paper investigates the characteristics of the farmers' livelihood response of reducing poverty through industrial development in Xingguo village from two aspects of registered households and non-registered households, The results showed: the response score and response index of registered households in livelihood capital, livelihood mode and livelihood space are significantly higher than the non-registered card households, there was no significant difference in livelihood output, it Reflect that the overall results of reducing poverty through industrial development in Xingguo is obvious, but there is still room for improvement. Further research shows that, in addition to the factor that "Whether you are a registered household", "The status of family natural capital", "Working ability and style of village committees" and "How easy it is to get a loan from the bank" also have a significant impact on the status of farmers' livelihood response. Therefore, this paper put forward six countermeasures and suggestions such as "Poverty alleviation should first help poor households upgrade their aspirations and skills" and "Enhance the long-term and endogenous development momentum" for the next stage of reducing poverty through industrial development in Xingguo village

Keywords: Xingguo Village; Reducing Poverty through Industrial Development; Farmers' Livelihood Response; Sustainable Poverty Alleviation

B. 11 Study on the Difference and Its Influencing Factors in Farmers' Livelihood Response of Industrial Poverty Alleviation in Zhaiping Village, Guidong County

Zhang Yanfei, Zhu Haiying, Zhang Xia and He Yongan / 299

Abstract: Industrial poverty alleviation is not only the key to sustainable poverty alleviation in poverty-stricken areas, but also an important way to achieve rural revitalization. Zhaiping Village in Guidong County has unique tourism resources and forest land resources, and has the conditions and foundation for implementing the forest tourism integration industry; Zhaiping Village has achieved certain results in poverty alleviation through building fast-growing and high-yield forests and oil tea scale bases, promoting industrial intensive and scale, mobilizing farmers to develop garden economy, with an annual average collective economic income exceeding 50000 yuan. The evaluation results showed that the farmers' livelihood capital response intensity to industrial poverty alleviation was the lowest, the livelihood output score was relatively low, the livelihood space score was in the middle, the livelihood method score was the highest, and the overall situation was at a good level; the responsiveness degree of farmers' perception, willingness and action to industrial poverty alleviation was significantly different, and the overall responsiveness to action was the highest. The study found that the responsiveness of farmers' livelihood was affected by factors such as the family's demographic characteristics, poverty alleviation policies and the rural household environment. Aiming at the problems existing in the industrial poverty alleviation in Zhaiping Village, it needs to improve the construction of infrastructure projects, improve the quality of poverty alleviation industry development, strengthen the cultivation of professional talents, strengthen the participation ability of farmers, strengthen the construction of industrial poverty alleviation teams, and promote the organic docking between industrial poverty alleviation and rural revitalization.

Keywords: Industrial Poverty Alleviation; Farmer' Livelihood; Response Intensity; Influencing Factors

Abstract: The Dong Maku village is a poor village, which is located in Xiangxi Tujia and Miao Autonomous Prefecture, Hunan Province. In order to fully understand the implementation of industrial poverty alleviation in this village, this paper designs a questionnaire included the four response dimensions and eight test elements. The four response dimensions are livelihood capital response, livelihood mode response, livelihood output response and livelihood spatial response respectively. Through the investigation in this village, this paper summarizes the characteristics of farmers' livelihood response and the influential factors in the process of industrial poverty alleviation, deeply analyzes the obstacles of farmers' livelihood response and puts forwards the countermeasures for industrial poverty alleviation and sustainable poverty alleviation.

Keywords: Industrial Poverty Alleviation; Livelihood Response; Sustainable Poverty Alleviation; Dong Maku Village

皮书起源

“皮书”起源于十七、十八世纪的英国，主要指官方或社会组织正式发表的重要文件或报告，多以“白皮书”命名。在中国，“皮书”这一概念被社会广泛接受，并被成功运作、发展成为一种全新的出版形态，则源于中国社会科学院社会科学文献出版社。

皮书定义

皮书是对中国与世界发展状况和热点问题进行年度监测，以专业的角度、专家的视野和实证研究方法，针对某一领域或区域现状与发展态势展开分析和预测，具备原创性、实证性、专业性、连续性、前沿性、时效性等特点的公开出版物，由一系列权威研究报告组成。

皮书作者

皮书系列的作者以中国社会科学院、著名高校、地方社会科学院的研究人员为主，多为国内一流研究机构的权威专家学者，他们的看法和观点代表了学界对中国与世界的现实和未来最高水平的解读与分析。

皮书荣誉

皮书系列已成为社会科学文献出版社的著名图书品牌和中国社会科学院的知名学术品牌。2016 年，皮书系列正式列入“十三五”国家重点出版规划项目；2013~2019 年，重点皮书列入中国社会科学院承担的国家哲学社会科学创新工程项目;2019 年,64 种院外皮书使用“中国社会科学院创新工程学术出版项目”标识。

S 基本子库
UB DATABASE

中国社会发展数据库（下设12个子库）

全面整合国内外中国社会发展研究成果，汇聚独家统计数据、深度分析报告，涉及社会、人口、政治、教育、法律等12个领域，为了解中国社会发展动态、跟踪社会核心热点、分析社会发展趋势提供一站式资源搜索和数据分析与挖掘服务。

中国经济发展数据库（下设12个子库）

基于"皮书系列"中涉及中国经济发展的研究资料构建，内容涵盖宏观经济、农业经济、工业经济、产业经济等12个重点经济领域，为实时掌控经济运行态势、把握经济发展规律、洞察经济形势、进行经济决策提供参考和依据。

中国行业发展数据库（下设17个子库）

以中国国民经济行业分类为依据，覆盖金融业、旅游、医疗卫生、交通运输、能源矿产等100多个行业，跟踪分析国民经济相关行业市场运行状况和政策导向，汇集行业发展前沿资讯，为投资、从业及各种经济决策提供理论基础和实践指导。

中国区域发展数据库（下设6个子库）

对中国特定区域内的经济、社会、文化等领域现状与发展情况进行深度分析和预测，研究层级至县及县以下行政区，涉及地区、区域经济体、城市、农村等不同维度。为地方经济社会宏观态势研究、发展经验研究、案例分析提供数据服务。

中国文化传媒数据库（下设18个子库）

汇聚文化传媒领域专家观点、热点资讯，梳理国内外中国文化发展相关学术研究成果、一手统计数据，涵盖文化产业、新闻传播、电影娱乐、文学艺术、群众文化等18个重点研究领域。为文化传媒研究提供相关数据、研究报告和综合分析服务。

世界经济与国际关系数据库（下设6个子库）

立足"皮书系列"世界经济、国际关系相关学术资源，整合世界经济、国际政治、世界文化与科技、全球性问题、国际组织与国际法、区域研究6大领域研究成果，为世界经济与国际关系研究提供全方位数据分析，为决策和形势研判提供参考。